DEPOIMENTO DE UMA GERAÇÃO

DEPOIMENTO DE UMA GERAÇÃO

arquitetura moderna brasileira

organizado por Alberto Xavier

prefácio de Julio Katinsky

edição revista e ampliada

Cosac & Naify

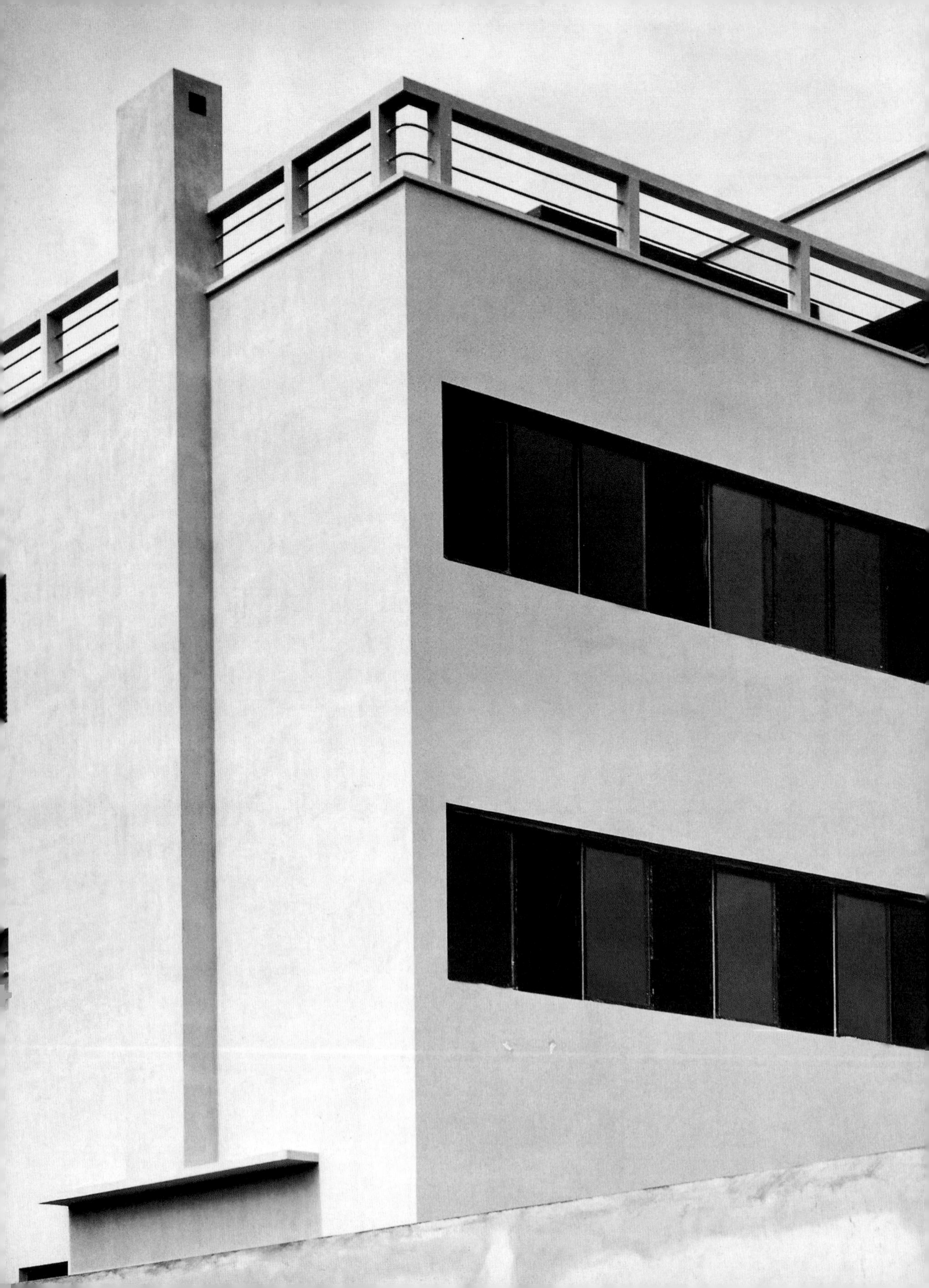

[APRESENTAÇÃO] ALBERTO XAVIER

Nota introdutória

Há exatos quinze anos era lançado *Depoimento de uma geração*. Deu-se quando se comemorava o centenário de nascimento de Le Corbusier, ocorrido em 1887. O propósito de homenagear o arquiteto franco-suíço ensejou a oportunidade de reunirmos nessa edição um importante conjunto de textos, produzidos desde a década de 20 por arquitetos e intelectuais brasileiros, publicados em revistas, em sua maioria extintas ou em jornais, esparsos e de difícil acesso. Resgate capaz de reconstituir um polêmico momento do cenário cultural brasileiro, tendo por tema central as idéias preconizadas pelo mestre e suas relações com as particularidades que nos são próprias.

Sem dúvida, foi contribuição de valia. Tornou-se presença significativa tanto na bibliografia de publicações nacionais e estrangeiras, quanto na de teses universitárias. Foi apontado como um dos dez livros mais importantes editados na década de 80, em consulta realizada pela revista *Projeto* em 1990, entre professores de arquitetura.

Apesar de esgotado há anos, o livro teve que esperar por um longo período para que a nova edição se tornasse viável, e coincide agora com outro centenário importante: o de Lucio Costa, transpositor do ideário de Le Corbusier, operação que efetuou com original e sensível atenção crítica.

Por tratar-se de uma reedição, foram conservadas a estrutura original e a quase totalidade dos textos. Como acréscimos, os capítulos "Olhar estrangeiro" e "Visão brasileira", as reflexões importantes de Mário Pedrosa, além das biografias dos autores. O primeiro, registro importante do modo como críticos de nomeada, em sua maioria europeus, avaliaram uma produção em grande parte forjada no período em que o Velho Continente fora devastado pela Guerra. O segundo, explicitação de virtudes que espíritos em sua maioria comprometidos com outra cultura não puderam enxergar.

Assim, o livro reúne documentos que abordam a arquitetura moderna brasileira sob distintos aspectos, organizados em quatro campos específicos. O primeiro trata das proposições — o equacionamento de um conjunto de circunstâncias sociais, políticas e culturais que levaram a arte e a arquitetura a trilharem caminhos novos. O segundo nos fala das principais realizações da arquitetura moderna brasileira, destacando algumas obras-chave. O terceiro corresponde à sua avaliação. Como este envolve múltiplas facetas — as relações da arquitetura com a sociedade, a técnica, a forma, a cultura, a crítica, o ambiente, as artes —, tratou-se de explicitá-las. O último reporta-se ao papel das individualidades na construção desse patrimônio. Como esses papéis foram naturalmente distintos, pareceu-nos conveniente — em especial por seu aspecto didático — ordená-los segundo suas naturezas peculiares. Alguns trabalhos, inclusive, receberam novo título, tendo em vista situá-los de acordo com a perspectiva pretendida nesta edição.

A coletânea exclui deliberadamente Brasília, uma vez que a capital configura um episódio recente e bastante peculiar, claramente caracterizado na história da arquitetura moderna, além de serem suas fontes de divulgação na maior parte acessíveis.

A grande maioria dos autores que comparecem nesta reedição é de arquitetos ligados à prática profissional, ao ensino e à preservação do nosso patrimônio. Muitos são intérpretes e, ao mesmo tempo, construtores deste quadro de amplo alcance. Alguns tiveram presença breve, outros deles participaram por mais de meio século. Como o exame da moderna arquitetura brasileira não é domínio exclusivo dos arquitetos, chamamos à cena intérpretes outros, de formações distintas — críticos de arte, homens públicos, literatos e profissionais de áreas afins à arquitetura. Podemos, desse modo ver traçado um amplo painel de personalidades, em sua maioria nascidas no início do século e que tiveram como traço definidor o empenho em proporcionar à arquitetura brasileira um caráter de franca emancipação.

A coletânea não tem espírito estático, mero registro de um período fecundo que passou. Move-a uma intenção dinâmica: a de propiciar instrumentos para um debate que há muito se mostra necessário. Especialmente ao vermos hoje o Estado — agente decisivo na construção desse período aqui retratado — travestido de observador de outros agentes aos quais delegou seu papel histórico.

Contribuíram significativamente para o bom êxito deste trabalho várias pessoas, às quais muito agradeço. À Cosac & Naify, já sinônimo de qualidade editorial, aqui presente com a dedicação e competência de Cristina Fino.

A Augusto Massi e Alberto Martins, que se empenharam em ver esta idéia viabilizada, e a esse grupo expressivo de autores, que diretamente ou, em sua maioria, através de seus sucessores legais, facilitaram a cessão de direitos. Aos colegas Eneida de Almeida, Ítalo Campofiorito e aos Geraldos pernambucanos — Gomes da Silva, Marinho e Santana —, além de Julio Katinsky, a quem devo o prefácio; às bibliotecárias Vânia Regina Peres Drummond, (EA-UFMG) e Margarete Tessainer da Fonseca (FA-UFRGS) e ao estudante João L. J. Vieira. À Ledy Valporto Leal, minha mulher, pelo constante apoio, colaboração permanente e sugestões oportunas, um agradecimento muito especial.

São Paulo, dezembro de 2002

[PREFÁCIO] JULIO ROBERTO KATINSKY

Os aprendizes da liberdade

Estamos num momento de reconstrução dos nossos sonhos despedaçados pelos últimos anos da República. Ou, se quiserem uma palavra mais familiar, cabe a esta geração e às próximas a tarefa de refazer os projetos para o país. Isto porque, como é notório, invade-nos uma clara consciência de que as promessas feitas no começo do século não se realizaram. Já desde os primeiros anos da República, sabia-se das endemias que assolavam o país: moléstia de Chagas, lepra, tuberculose, "moléstias tropicais". A saúde nacional continua sendo a última prioridade dos desgovernos locais. Em 1890, constatou-se a taxa de analfabetismo: 80% da população. Hoje, afirma-se que essa taxa é de 40%. Nesse entretempo, as cidades se favelizaram: o último diagnóstico da maior e mais rica cidade do país, São Paulo, estima que 40% da população vive em habitações subumanas (ou seja, cerca de 4 milhões de pessoas). É verdade que a República recebera uma pesada herança de imobilismo e inconseqüência do Império. Mas, não se pode negar que os problemas brasileiros se agravaram nos últimos 100 anos. Provavelmente, esta a razão maior que impulsiona a intelectualidade brasileira a exercer (quem sabe, a contragosto), nestes últimos anos, um rigoroso esforço crítico em relação ao patrimônio ideológico nacional, base única possível das tarefas acima mencionadas.

É claro que os novos projetos vão exigir o concurso das mais agudas inteligências, dos cientistas e cientistas sociais, e a parcela que cabe aos arquitetos é bem modesta. Mas, mesmo modesta, ela será necessária.

Em nossa área, Arquitetura, podemos afirmar que o pensamento autônomo chega muito atrasado. De fato, a reflexão sobre o Brasil já se manifesta na segunda metade do século XIX, na literatura, com suficiente vigor para suscitar, no início do século, pelo menos duas Histórias da Literatura, bem como propiciar todo um conjunto de interpretações do país. Em contrapartida, apareciam, na mesma época, dois livros: "O Vignola Brasileiro" de Cezar Rainville e o "Vignola dos Proprietários" este traduzido do francês e de autoria de Moisy. Ambos, meros receituários incompletos de construção rotineira.

No primeiro quartel do século XX dominam os escritos de engenheiros, alguns indiscutivelmente notáveis, não só pela época e lugar, mas pela contribuição que deram ao desenvolvimento da tecnologia nacional. Somente nos finais da década de 20, iniciam-se timidamente as discussões em torno da arquitetura conveniente para o país. Mas é durante as décadas de 30 e 40 que esse debate toma corpo e se faz público (ainda que muito reduzido em número), permitindo hoje os primeiros balanços de acertos e erros.

Eis a razão maior deste livro, organizado por Alberto Xavier, com as mesmas qualidades de paciência e probidade intelectual que já se evidenciavam quando ainda estudante organizou o livro "Sobre Arquitetura", há 25 anos, ainda hoje, a única fonte de referência disponível sobre o pensamento do arquiteto Lucio Costa.[1] E tem razão quando propõe para homenagear Le Corbusier, neste ano do seu centenário, um balanço crítico de parte do pensamento brasileiro sobre arquitetura, pois o artista franco-suíço, mais do que um mestre da arquitetura, foi o mestre da criatividade arquitetural. Nenhum arquiteto deste século pode apresentar tantos discípulos igualmente criativos: Sert na Espanha, Lucio Costa, Niemeyer e Reidy no Brasil, Maekawa e Tange no Japão, entre muitos outros.

A reflexão sobre arquitetura, sem negar as valiosas contribuições deste século, gira ainda em torno dos problemas suscitados pelos neoclássicos: arte e democracia; a origem das formas; a contribuição dos povos para a humanização da atividade humana. Desde Winckelman, pelo menos, a intelectualidade ocidental acostumou-se a identificar criação artística com liberdade dos povos.

É natural, pois, que a reflexão sobre arquitetura no Brasil se iniciasse por essas duas vertentes: de um lado a reflexão, a análise do patrimônio arquitetural, sua significação social. De outro, a necessidade premente da "atualização" do próprio pensamento sobre a atividade.

Mas não se pense que por ser "natural" esse processo não se apresenta confuso e contraditório: tanto os grupos que propõem normas democráticas de comportamento social, quanto os grupos que propõem normas autoritárias, tingem-se de seus contrários nas atuações concretas. Mas, a meu ver, adquirem condições de permanência aqueles que, audaciosamente, constatam e proclamam um curioso paradoxo intrínseco ao patrimônio herdado: no período colonial, a única faixa de liberdade possível é a da cultura "popular". É o que irá expor Lucio Costa em seu estudo "Arquitetura Jesuítica no Brasil", do final dos anos 30. Neste estudo, que apresenta uma notável sistematização dos retábulos de todo o período colonial, o arquiteto destaca como dignos de nossa atenção, do ponto de vista de uma legítima arte nacional, os retábulos de duas perdidas capelas no Planalto Paulista: Santo Antonio, em São Roque, e Votoruna, à margem dos grandes eixos econômicos nacionais. Mas, ao mesmo tempo, esse estudo (o verdadeiro manifesto da arquitetura brasileira da primeira metade do século) é a consagração dos princípios do CIAM. Poderíamos dizer que esse estudo é a organização das obras coloniais vistas sob o estrito ângulo do "construtivismo" e "purismo" dominantes no CIAM dos anos 30.

Essa proposição entretanto não encontra um caminho livre de obstáculos. Quando o arquiteto Lucio Costa é convidado para, em 1930, reorganizar o ensino da arquitetura no país, José Mariano Filho, por exemplo, combate suas diretrizes, acusando-o de mancomunado com o "judaísmo internacional", "maximalismo" etc. As tolices proclamadas não me espantam tanto, pois afinal derivam das ideologias racistas, mais ou menos explícitas, em voga entre os intelectuais brasileiros da época. Nem a mesquinhez dos interesses imediatos contrariados (o eminente crítico, mecenas do neocolonial, esperava um convite para reger a cadeira de "História da Arte Nacional", que não veio). O que me espanta mesmo é a determinação e a convicção férrea que conduziu essa personalidade durante todo esse período, sem um desfalecimento, sem hesitação, defendendo sempre essas posições pseudocientíficas, e que iriam encontrar seu trágico túmulo em Belsen e Dachau.

É completamente diversa a atitude e postura da maioria dos autores aqui reunidos. Somente como exemplo, lembro aqui o próprio "pai" do "modernismo nacional", Mário de Andrade, que ao mesmo tempo escreve "Macunaíma", o herói, fusão de três raças, e sem nenhum caráter. Não seria uma inconsciente concessão às teorias que preconizavam a segregação racial? É verdade que Mário de Andrade vai, numa "procura paciente", corrigir esse quase atavismo cultural (seu apoio irrestrito a Anita Malfatti e mais tarde a Cândido Portinari, não teria, alegoricamente, um tom autocrítico?).

Entretanto, na área da arquitetura, não podemos deixar de observar que o movimento moderno com alguma exceção foi prevalentemente aistórico. Não nos projetos e obras, como uma crítica maliciosa atual pretende nos fazer crer. Isto é uma tolice que não encontra apoio na realidade: todos os arquitetos modernos, em suas obras, conservaram sempre vínculos com o patrimônio. Não foi justamente Bruno Zevi quem acusou Mies van der Rohe há já quase 30 anos de uma estranha "involução neoclássica"? E o próprio Le Corbusier, não faz apelo constante a soluções apreendidas em suas viagens?

Os arquitetos modernos em geral, e os brasileiros em particular, mantiveram uma postura aistórica em seu exercício didático, vale dizer, teórico e político.

Tanto essa situação é sensível que, paradoxalmente, esse é o período onde os mais meticulosos estudos sobre Antonio Francisco Lisboa — o Aleijadinho — são efetuados, mas a arte e arquitetura mineiras permanecem como mistério até hoje. Não me refiro ao "mistério" intrínseco a toda obra de arte. Mas o Aleijadinho, pelo menos até agora, dentro dessa organização do conhecimento, permanece como "exceção". Nós não temos, apesar dos inúmeros estudos monográficos, uma visão de conjunto da arte e arquitetura mineiras que nos sirva de referência ao que aconteceu depois. O arquiteto mineiro permanece num plano gratuito, aleatório, de "medalhão", sem ligação aparente entre o antes e o depois, suspenso entre o céu e a terra, convivendo com os anjos. Pouco se avançou em relação ao estudo de Mário de Andrade sobre o Aleijadinho, escrito em 1928. E o mesmo se pode dizer do que aconteceu em arquitetura no século XX. Teria sido um acaso biológico ou milagre? Estas palavras são nomes que se equivalem, pois são explicações de coisas que não têm explicação.

Mas, se podemos fazer essa crítica hoje, é porque, implícita ou explicitamente, já adotamos algumas posições do movimento moderno brasileiro. As mais importantes são uma aderência mais rigorosa à realidade (é a época dos primeiros estudos sistemáticos sobre arte e arquitetura realizados exemplarmente pelo "grupo do SPHAN"). E uma postura confiante na razão. Não a razão de "mão única", tão cara aos franceses, mas a razão do diálogo, como já nos ensinariam nossos ancestrais gregos. O diálogo renascido nos finais da Idade Média e, num crescendo, inovadoramente conduzido por Galileu. O diálogo trino de Simplício (o conservador), Salviati (o renovador) e Sagredo, aquele que não tem interesse especial nem em Simplício, nem em Salviati, mas está sempre disposto a acolher a verdade do tempo.

O período abrangido por este livro conta, entretanto, com uma exceção notável que é a figura de Oscar Niemeyer. De fato, o arquiteto sempre, desde o início, explicita suas origens e seu compromisso com o momento que está vivendo sem esquecer suas esperanças em relação ao futuro. E é por isso mesmo que sua obra e pensamento galvanizaram desde companheiros de bancos escolares (alguns "veteranos", inclusive) até jovens arquitetos atuais.

Mas os intelectuais de que estamos tratando conseguiram realizar sua meta programada: transformaram a produção cultural local em contribuição universal.

Nisso eles foram intransigentes: só é criação legítima aquilo que contribui para esclarecer as relações humanas, em nosso particular contexto. Ou como exprimiu Mário de Andrade, um dos seus autorizados porta-vozes, em "O Artista e o Artesão": "Porque na arte verdadeira o humano é a fatalidade".

Não é por mero acaso ou manipulações políticas imediatistas, pragmáticas, que eles conquistaram uma audiência além das fronteiras, e em especial nos países do terceiro mundo.

Um último traço gostaria de acentuar nos intelectuais desse período: é o da generosidade que se manifesta, por exemplo, em Caio Prado Jr., quando esse membro de uma das mais poderosas famílias da oligarquia da época (Prado & Chaves) dá as costas a todo esse poder e adere ao socialismo, construindo uma obra que ainda nos serve de referência. Ou quando o poeta católico Augusto Frederico Schmidt (posteriormente ligado a grupos econômicos internacionais), luta bravamente para publicar um desconhecido alagoano, Graciliano Ramos, revelando, para o Brasil e para o mundo, uma das mais contundentes críticas a uma sociedade de classe em decomposição. Ou quando o arquiteto Carlos Leão, valendo-se de sua proximidade com o chefe da equipe, Lucio Costa, insiste em mostrar os croquis alternativos do jovem colaborador Oscar Niemeyer para o projeto do Ministério da Educação e Saúde, àquela altura em adiantada etapa de desenvolvimento. Ou o próprio arquiteto Lucio Costa, desistindo do primeiro lugar, legitimamente conquistado em concurso para elaboração do projeto do Pavilhão do Brasil na Feira de Nova York, e convidando o segundo colocado, Oscar Niemeyer, para elaborar em conjunto o projeto definitivo. Ou o próprio Niemeyer, desistindo de sua proposta preliminar para o edifício da ONU para não prejudicar o mestre Le Corbusier (combatido ferozmente, já naquela época, pelos ideólogos americanos do Museu de Arte Moderna de Nova York). Todos esses atos, mesmo sem seguimento atualmente indicam comportamentos possíveis nos tempos vindouros, e nos asseguram que a Condição Humana, apesar de tudo, é um maravilhoso milagre.

[Prefácio à primeira edição. São Paulo, 1987.]

1. Depois dessa data dois livros foram publicados: o primeiro, organizado pelo próprio Lucio Costa, *Lucio Costa: registro de uma vivência*, São Paulo, Empresa das Artes, 1995; e o segundo, de Guilherme Wisnik, *Lucio Costa*, São Paulo, Cosac & Naify, 2001.

PROPOSIÇÕES

POR UMA NOVA ARTE 1 **AS COORDENADAS DO SÉCULO XX** MÁRIO DA SILVA BRITO [*História do modernismo brasileiro. Antecedentes da Semana de Arte Moderna.* São Paulo, Saraiva, 1955, pp. 20-24] 2 **OS PRIMÓRDIOS DO MODERNISMO NO BRASIL** FLÁVIO DE AQUINO [*Módulo*, Rio de Janeiro, n. 22, pp. 32-34, abr. 1961] 3 **A VERDADE SOBRE O MODERNISMO** NELSON WERNECK SODRÉ [*Módulo*, Rio de Janeiro, n. 55, pp. 46-47, set. 1979]

[1] MÁRIO DA SILVA BRITO

As coordenadas do século XX

LIBERALISMO, FASCISMO E COMUNISMO

O século XX daria coordenadas absolutamente inéditas ao mundo. Provocaria transformações radicais e profundas. Sob o seu signo, registra-se o apogeu da época industrial e técnica, a formação da alta burguesia e do proletariado, o estabelecimento organizado do capitalismo. A revolução burguesa passa a ser a revolução dos banqueiros. Dá-se o aperfeiçoamento das máquinas de combustão e o aproveitamento da eletricidade nas indústrias, com o seu conseqüente e imediato progresso. Cresce o comércio, fomenta-se o transporte, multiplica-se a produção que, processada em larga escala, abarrota os entrepostos, gerando as rivalidades do comércio internacional. Após desenvolver-se toda uma política armamentista febril, estoura, enfim, dentro de uma atmosfera tensa, de enervante expectativa, a primeira grande guerra mundial.

O conflito, que inicialmente pareceria mera pendência mercantil entre duas nações poderosas e produtivas — a Inglaterra e a Alemanha —, ambas empenhadas no domínio dos mercados, envolve, posteriormente, o mundo inteiro, e, dele, seria conseqüência toda uma época social e econômica de novos fundamentos. O capitalismo e a política do liberalismo econômico, apoiados no individualismo e no princípio da livre concorrência, entram em estado de choque e, em breve, sofrerão os seus primeiros reveses, bem como buscarão, em adaptações e superações, os meios de subsistirem à sua crise. Em 1919, Mussolini já redigira a plataforma preparatória do fascismo, cujas origens estão no Manifesto Futurista, de Marinetti, ao qual, aliás, o líder político italiano apôs a sua assinatura. Mussolini proclamaria, mesmo, que o "mundo moderno precisa antes de tudo de poetas".[1]

Em 1917, a Rússia já era bolchevista e Stálin, o secretário-geral do Partido Comunista, e em 1919, sete homens se reúnem em Munique, numa cervejaria, e fundam o Partido Nacional Socialista dos Operários Alemães, sendo que o mais obscuro participante da reunião levaria o mundo, vinte anos depois, a uma conflagração universal: Adolf Hitler.[2]

A AMÉRICA E O EIXO POLÍTICO-ECONÔMICO

Nas zonas americanas não menores transformações se operam — e todas elas objetivam, em última instância, libertar o continente da dominação européia. Do 1º Congresso Pan-Americano, de 1888, à Revolução Mexicana, de 1910, vai toda uma intensa luta em favor da autonomia das Américas, que estão sob a liderança dos Estados Unidos. O que se verifica é que a América firma-se como uma entidade nova no panorama internacional e prepara-se para deslocar o eixo da direção política e econômica. Se a morte do herói cubano Martí, ocorrida em 1895 — data que assinala igualmente a última guerra pela emancipação de Cuba, operada em 1898 através de auxílios de Tio Sam —, tem grande realce, não menos significativo é o fato de o nicaraguano Rubén Dario lançar, em 1896, mais um livro e empolgar a liderança da literatura em língua espanhola, a ponto de os escritores e poetas da metrópole castelhana passarem a imitá-lo.[3]

Logo mais, 1903, os Estados Unidos apóiam a independência do Panamá em troca da zona do Canal e promovem o 2º Congresso Pan-Americano. A partir dessa data, o grande país do norte investe milhões de dólares na aquisição de jazidas de minérios e diversas fontes de produção da Indo-América, atraído pelas perspectivas abertas pelo controle do canal do Panamá.[4] Em 1906, o financista Elihu Root passeia — disse-o Luís Alberto Sanchez — "como um vice-rei pelo continente moreno".[5] Que significam todos esses acontecimentos que, em sua simples enumeração, já refletem todo um sistema de fatos marcantes? Apenas "que o capitalismo estrangeiro se firma em nossas terras e, com o seu robustecimento, ou melhor, com o imperialismo, a América ingressa, plenamente, na corrente capitalista universal".[6]

O BRASIL SOB O SIGNO DA TÉCNICA

Não menos ponderáveis e plenos de força renovadora, ou seja, capazes de alterar, próxima ou remotamente, as direções da nacionalidade, quer enquanto história, quer enquanto criação artística, são as ocorrências que se apresentam no plano brasileiro. Põem elas em destaque todo um roteiro de afirmações e conquistas nacionalistas. A rebelião dos jagunços de Antônio Conselheiro, 1897, que dá na Campanha de Canudos, não constitui, apenas, um momento dramático da vida sertaneja, episódio em que explodem todas as taras e cargas e sobrecargas do homem brasileiro abandonado e desgovernado, mas é também a cena para a "pesquisa de campo" de *Os sertões*, de Euclides da Cunha, obra a que o autor "aplicaria, pela primeira vez, a um acontecimento político, um processo interpretativo de nossa condição social",[7] e em que se dá, de um largo trecho do país, um retrato cru, realista, com todas as suas misérias, mazelas, grandezas e desesperos. O organismo financeiro nacional, combalido desde o Encilhamento e perturbado pelas revoluções, é restaurado, de 1898 a 1902, pela política severa — e tão combatida! — de Campos Sales. Em 1899, Santos Dumont contorna, em dirigível, a Torre Eiffel, em Paris, a mesma Torre Eiffel que aparecerá nos quadros de Delaunay e à sombra da qual Oswald de Andrade buscaria as sugestões renovadoras da literatura brasileira.

Além do saneamento econômico, impunha-se o saneamento público, e é, de um lado, Oswaldo Cruz a combater a febre amarela e, de outro, Pereira Passos a urbanizar o Rio de Janeiro. Sob o signo do progresso, ingressa o país no ciclo da técnica, em busca, eufórica, de uma afirmação civilizada e civilizadora. Inicia o Brasil a conquista do século XX e dos seus benefícios, aproveitando os meios e recursos que lhe podem proporcionar o bem-estar e a mecânica. É a construção do porto na metrópole, e de cais, docas e edifícios. É a iluminação da capital federal, a radiotelegrafia. A Estrada de Ferro Noroeste do Brasil. O adentramento do sertão através das explorações do general Rondon, que criariam o Serviço de Proteção ao Índio. Montam-se fábricas e usinas, desenvolve-se a agricultura e as lavouras de café, cacau e açúcar atravessam período de prosperidade. Em 1910 é organizada a 1ª Exposição Nacional, que vale como um inventário de nossa capacidade de produzir e onde a indústria indígena, orgulhosa e faceira, apresenta os seus melhores resultados. O Brasil torna-se o maior produtor de café do mundo, "com uma safra que nos atribuía 82,5% da produção mundial".[8]

A IMIGRAÇÃO

A Lei do Povoamento do Solo, de 1907, que se deve a Miguel Calmon, faz entrar no território brasileiro, em apenas oito anos, a espantosa massa de quase um milhão de imigrantes — e o brasileiro, dentro em pouco, conforme diria Ronald de Carvalho, com o seu tom eloqüente e até rebarbativo, "não é mais o exclusivo produto da mistura de três grupos raciais: o índio, o africano e o português".[9] "O italiano, o alemão, o eslavo e o saxão trouxeram a máquina para a nossa economia. A vida tornou-se mais ativa, mais vertiginosa, mais cosmopolita, menos conservadora, enfim" — observaria, ainda, Ronald de Carvalho.[10] Rio Branco, com sua intervenção em nossas questões de fronteiras e limites, desenha definitivamente a fisionomia geográfica do Brasil. O homem nacional sabe, agora, quais os contornos físicos de sua terra e, pela boca do poeta, que fala pela boca de Gândavo, diria, mais tarde, numa redescoberta nativa, que tem forma de harpa...[11]

Em suma, é o progresso, a modernidade, a afirmação da nacionalidade. É uma época nova à espera também de uma arte nova, que exprima a saga desses tempos e do porvir.

1. Alceu Amoroso Lima (Tristão de Ataíde). *Poesia brasileira contemporânea.* Livraria Editora Paulo Bluhm, 1941.
2. Edward McNall Burns. *História da civilização ocidental.* Trad. de Lourival Gomes Machado e Lourdes Santos Machado. Editora Globo, 1948.
3. Luís Alberto Sanches. *Balance y liquidación del novecientos.* Ediciones Ercilla.
4. Idem, p. 30.
5. Idem, p. 31.
6. Idem, p. 31.
7. Werneck Sodré. *Síntese do desenvolvimento literário no Brasil.* Livraria Martins Editora.
8. Afrânio Peixoto. *História do Brasil.* 2ª edição. Cia. Editora Nacional.
9. Ronald de Carvalho. *Pequena história da literatura brasileira.* F. Briguiet & Cia., 1925.
10. Idem, p. 368.
11. Oswald de Andrade. *Pau-Brasil.* Sans Pareil, 1925.

[2] FLÁVIO DE AQUINO

Os primórdios do modernismo no Brasil

A exposição, em 1917, de Anita Malfatti foi o cimento que uniu o grupo modernista que iria abalar a estrutura parnasiana da nossa cultura, embora já se tivesse dado pouco antes o encontro de Oswald de Andrade com Mário de Andrade e o conhecimento de Menotti del Picchia, cujo poema *Juca Mulato* recentemente saíra representando a renovação literária, apesar de não significar ainda um rompimento completo com os cânones aceitos. Di Cavalcanti, em *Viagem da minha vida*, diz com propriedade que Menotti "sempre amou o modernismo sem contudo nunca se casar com ele". Aliás, os artigos do autor de *Juca Mulato*, escritos no *Correio Paulistano* sob o pseudônimo de Helios, demonstram realmente sua desorientação pictórica. Ao lado de elogios a Anita Malfatti, Tarsila do Amaral, Cézanne, Léger e Picasso, refere-se em termos entusiásticos a Ettore Tito, Paul Chabas, Aman-Jean e à Academia

Brasileira de Letras. Em realidade, a renovação era mais sentida e praticada no campo da literatura que no das artes plásticas. Serve de exemplo o fato de que um dos componentes da Semana de 22, o arquiteto Antônio Moya, projetava edifícios em estilo neomanuelino.

Em 1917, apesar das tímidas polêmicas que se iniciam, ainda estamos na fase das indecisões e transições. "Espera-se" — como disse Mário da Silva Brito — "qualquer coisa que ainda não se sabe o que seja". Ataca-se, antes de tudo, o academismo através do parnasianismo, fala-se muito em nacionalismo, principalmente após o surto patriótico gerado pela entrada do Brasil na guerra. No entanto, os únicos processos de combate lhes são dados pelo futurismo, mas só no que diz respeito a alguns postulados do credo de Marinetti; e mesmo, em se tratando de artes plásticas, não há uma só obra que se possa identificar como futurista. Nesse intervalo, que vai de 1917 a 1922, o futurismo serve-lhes de bandeira de rebelião e, vez por outra, é relegado por alguns componentes do grupo.

Em 1920, Oswald de Andrade, Menotti del Picchia e o pintor Hélios Seelinger fazem uma descoberta importante para o início do nosso modernismo: Victor Brecheret, há pouco vindo da Europa. Oswald, em junho desse ano, escreve: "Brecheret alia a utilização eloqüente dos símbolos à sadia inocência dos primitivos". E Menotti publica uma série de crônicas sobre o escultor chamando-o de "um dos maiores escultores de todos os tempos" e de "bandeira dos futuristas paulistas". Mesmo Monteiro Lobato, na *Revista do Brasil*, aponta-o como "a mais séria manifestação escultural entre nós".

Quando, em 1922, o governador Washington Luiz deseja erguer um monumento em homenagem aos bandeirantes e Brecheret é o escolhido, o fato é encarado como a primeira vitória oficial do modernismo e particularmente da arte paulista. Embora o monumento só comece a ser executado em 1936, à sua maquete cabe a primazia de ser a primeira obra moderna a entrar num museu oficial: o Museu do Estado de São Paulo. Mas, na realidade, o Monumento às Bandeiras ainda se achava nas fronteiras do modernismo, a poucos passos de Rodin. Nele pouco havia que pudesse chocar demasiadamente a tradição acadêmica.

Os anos de 1920 e 1921 são marcados pelo nacionalismo artístico, pela glorificação do individualismo, do caboclismo, este uma espécie de último canto da era agrária, misturados com a exaltação do progresso da cidade de São Paulo refletindo os primeiros entusiasmos pela era industrial, cujos ideais em breve iriam triunfar, dando-se a São Paulo a tarefa messiânica de modificar o Brasil. A consciência de que São Paulo era o carro-chefe da federação, com uma mentalidade progressista e distinta do resto do país, é claramente expressa num artigo de Oswald de Andrade publicado em maio de 1921, onde diz: "O Brasil [...] tem uma missão a cumprir: a de alcançar o estágio atual da civilização paulista".

Ao mesmo tempo, a proximidade do Centenário da Independência dá um toque ufanista aos artigos da época. Na apresentação da revista *Papel e Tinta*, dirigida pelo grupo de vanguarda, lia-se: "O Brasil, em cinco anos, sofreu uma transformação visceral. Todas as suas forças econômicas, políticas, intelectuais tiveram uma eclosão notável".

Pouco a pouco o regionalismo é relegado pelos modernistas porque, segundo Mário da Silva Brito, "dava ao brasileiro uma idéia que não correspondia à visão de progresso que São Paulo produzia. O caipira era o atraso, a miséria, o oposto, em suma, à grandiosidade paulista".

Em 1920 já se fala muito de futurismo em São Paulo e, também, os defensores do academismo se arregimentam para combater o modernismo. De futuristas passam a ser classificados todos os que se opõem ao academismo, ou seja, Brecheret, Di Cavalcanti, Anita Malfatti, Mário de Andrade, Villa-Lobos etc. Também os modernistas já estão prontos para o combate. A ponta de lança do grupo é formada por Oswald de Andrade, Menotti del Picchia, Cândido Motta Filho, Sérgio Milliet, que passam a escrever e a polemizar nos jornais. Começam os preparativos da batalha, que iria ser travada no início do ano seguinte, com uma leve escaramuça no chamado *Manifesto do Trianon*, quando Oswald, ao saudar Menotti num banquete oferecido a este e ao qual diversos acadêmicos de projeção comparecem, ataca o academismo aprofundando ainda mais as divergências entre os dois grupos.

Até o início de 1921 a iniciativa pertencia a Oswald de Andrade pelo seu dinamismo e principalmente pelo tom irreverente dos seus artigos. É a sua grande época. Entretanto, as polêmicas se travam não apenas contra os acadêmicos, mas também se passam no seio do grupo. Pouco antes da Semana a classificação de futurista ainda é discutida por eles, numa espécie de revisão de idéias e tomada de posições. Principalmente Mário, Oswald e Menotti discutem entre si o assunto. Mário nega que seja futurista e assegura: "reformador, revolucionário, iconoclasta, não o serei jamais...". Quanto ao futurismo brasileiro, ou por outra, o de São Paulo, acrescenta: "Oswald de Andrade estará convencido que existe? Que produtos apresenta? Que idéias explora? Que quer? Que bens produz? A que futuro se endireita?". No que Mário tinha razão pois, quanto à pintura, o futurismo, como já dissemos, jamais existiu no Brasil.

Oswald retruca dizendo serem os versos da *Paulicéia desvairada* "do mais chocante, do mais estuporante e, para mim, do mais abençoado futurismo".

Quanto a Menotti, dá ele uma definição tão larga de futurismo que a mesma poderia servir a quase todos os movimentos modernos, a partir do fauvismo. Escreve, em dezembro de 1921: "A fórmula do futurismo paulista encerra-se nisto: *máxima liberdade dentro da espontânea originalidade*".

A polêmica, que continuará ainda depois da Semana, coloca Mário ao lado de Oswald como chefe do grupo, ainda mais pelos seus artigos publicados no

Correio Paulistano, onde faz a revisão da obra de vários mestres parnasianos, todos eles poetas, nem um só pintor. No modernismo paulista as artes plásticas tinham então um lugar secundário, uma vez que seus mais importantes promotores eram escritores e poetas, mais informados, portanto, da produção literária nacional e internacional. "Antes de Anita" — declarou Mário de Andrade — "os poetas que compunham o grupo moderno sabiam quando muito da existência dos impressionistas principais e ignoravam Cézanne."

Em fins de 1921, o estado de exaltação necessário a uma eclosão revolucionária já estava formado. Era preciso, agora, que a polêmica travada até então pelos jornais fosse levada a campo mais amplo. Não mais bastavam exposições e polêmicas que atingiam um público limitado. A indiferença da burguesia pela vida cultural, a mumificação acadêmica só podiam realmente ser despertadas por um estrondo violento. Não bastava apenas algo de destrutivo, mas de "destrutivo e festeiro", como disse Mário de Andrade, algo que fosse violentamente lançado contra uma assistência burguesa de corpo presente. Daí veio a idéia da Semana de Arte Moderna, ao que parece de autoria de Di Cavalcanti, após uma conversa com Paulo Prado.

[3] NELSON WERNECK SODRÉ

A verdade sobre o modernismo

Quando o modernismo apareceu, as lutas políticas refletiam sensivelmente as mudanças sociais e políticas. Desde o advento da República, a pequena burguesia funcionava como vanguarda da burguesia que disputava uma parcela do poder e chegava a conquistá-la, em alguns casos. Ao seu impulso, entretanto, opunha-se poderosamente a classe territorial, que dominava inteiramente o regime e, portanto, o sistema da escolha para o legislativo e para o executivo, travando aquele impulso de participação. O domínio absoluto do sistema fazia-se pelo consenso praticamente unânime das forças regionais que constituíam a classe territorial. Dessa unanimidade consensual e da debilidade e transigência da burguesia derivava a estabilidade relativa do regime republicano brasileiro. No momento em que aquelas forças regionais divergissem umas das outras e em que a burguesia se tornasse mais aguerrida, mobilizando ativamente a pequena burguesia, o sistema estaria ameaçado. A introdução de relações capitalistas no campo, na zona mais rica do país, geraria aquelas divergências. A urbanização, sempre estreitamente ligada à industrialização, provocaria o crescimento da pequena burguesia e o aparecimento da classe operária. Era a ruptura da estabilidade que se anunciava, disfarçada apenas pela rotina.

Essa mudança na paisagem social brasileira estava ligada a razões endógenas e exógenas. As convenções historiográficas estabeleceram, com justa razão, o fim do primeiro grande conflito militar do século XIX. Isto era válido para o Brasil por todos os motivos. O escravismo fora extinto há menos de três décadas, o novo regime político não estava isento de crises que denunciavam a presença de graves contradições, que se aprofundavam agora. Em escala universal, assistia-se à crise do capitalismo. A Revolução de Outubro e a consolidação subseqüente do poder soviético abalavam o mundo.

No Brasil, que recebia os reflexos das gigantescas transformações em processo, as mudanças acompanhavam o que ocorria no exterior, mas refletiam também o avanço da acumulação capitalista e a necessidade de maior participação da burguesia no poder. O aparelho de Estado precisava sofrer as transformações correspondentes. A pressão nesse sentido traduz-se, no país, em episódios que, coincidentes até no ano — o de 1922 —, pertenciam à mesma etapa do processo histórico: a fundação do Partido Comunista, a rebelião tenentista de Copacabana, a Semana de Arte Moderna. São peças do mosaico amplíssimo configurado pela etapa da revolução burguesa brasileira, revolução que daria, na referida etapa, um dos seus primeiros passos.

O quadro político, particularmente no que se ligava aos choques da sucessão presidencial, era de grandes lutas, envolvendo correntes apaixonadas de opinião. A estrutura institucional estava gravemente ameaçada. Os movimentos de rebeldia militar denunciariam a profundidade dessa ameaça. Não seria surpreendente que a tormenta atingisse o campo das artes e particularmente o da literatura.

A historiografia brasileira convencionou a realização das manifestações da Semana da Arte Moderna como início de uma nova etapa em nosso desenvolvimento literário, a do movimento modernista ou modernismo. A Semana tem sido superestimada, sem dúvida alguma, pois sua importância, meramente episódica, embora característica, sob muitos aspectos, do verdadeiro caráter do movimento, foi muito menor do que pretendem alguns de seus participantes e alguns de seus cronistas.

Trata-se de uma série de atividades artísticas realizadas em São Paulo, em fevereiro de 1922, com grande alarde e no intuito de provocar escândalo. Seus participantes pretendiam subverter os padrões estéticos dominantes: o escândalo destinava-se a chamar a atenção do público para as novas manifestações. Era uma ruptura com as idéias vigentes, mas uma ruptura sob proteção das representações mais consagradas do regime, as mais austeras, as mais conservadoras.

A burguesia brasileira, sempre conciliadora com o latifúndio, impulsionava a subversão nas artes e a patrocinava. Sem pretender relação direta, linear, sincrônica — os processos culturais são sempre complexos —, é possível verificar como o longo domínio oligárquico, forma assumida pela classe dos proprietários territoriais, senhores do latifúndio aqui, condicionava a quietude, a monotonia, a rotina do que se convencionou conhecer, então, como passadismo, em oposição a modernismo, enquanto a ruptura dos renovadores, na Semana e depois, vinha condicionada pelo avanço da burguesia brasileira, ascendendo novo patamar, na sua revolução por etapas, sempre recusando as viradas raciais. Sem proletariado organizado, numeroso, atuante, que a pressionasse para elas, a burguesia dava passos cautelosos. No caso, queimava alguns quadros de sua vanguarda artística, recrutados, como era natural, na pequena burguesia.

A consciência que os participantes ou assistentes tinham do processo e daquele episódio revela singular variedade e ainda nisso é característica. Desde a crueza do julgamento de Di Cavalcanti, para quem o episódio não passava de uma "semana de escândalos literários e artísticos de meter os estribos na barriga da burguesiazinha paulistana", até aquela constatação melancólica de Alceu Amoroso Lima: "O modernismo, na sua fase inicial, iria ser, acima de tudo, um movimento *contra*". Os participantes valorizaram-se sempre. O mesmo Di Cavalcanti, em outra oportunidade, diria: "Para a cultura literária brasileira, já se repetiu suficientemente, foi o movimento da operação cirúrgica necessária". Oswald de Andrade frisaria o seu sentido de libertação: "Dentro da renovação literária trazida pela Semana exprimiram-se todas as cores do Brasil político destes vinte anos". Manuel Bandeira ressaltou o lado escandaloso: "A realização, tumultuária e escandalosa, constituiu um impacto emocional de benéficas conseqüências, pois despertou o interesse dos jornais para um debate até então confinado a uns círculos restritos de intelectuais jovens e ainda pouco conhecidos do grande público".

É pouco mais ou menos a opinião de Guilherme de Almeida: "Como e por que se fez a Semana? Como e por que costumam os moços a fazer das suas: dançar o *twist* ou jogar um Volkswagen na roleta russa. Éramos os *playboys* intelectuais de 1922: ano do centenário da Independência ou Morte. Para manter aquela e destruir esta, inventamos uma fórmula: um pouco de idealismo, muito de curiosidade e muitíssimo de *gozação*". Mas Américo Facó, examinando de fora, seria objetivo em seu juízo: "A Semana foi apenas um movimento de exaltação; o que se fez, bem que poderia ser feito sem ela", esclarecendo quanto há de errôneo em marcá-la como início do movimento modernista. E Sérgio Milliet, de participação discreta na Semana, confessaria "a que ponto certas informações literárias da época eram insuficientes, senão puramente palpiteiras", para rematar: "Com exceção de Mário de Andrade, que lera quase tudo, ninguém sabia nada do que se escrevia na Europa e os que liam, liam mal".

POR UMA NOVA ARQUITETURA

1 **ACERCA DA ARQUITETURA MODERNA** GREGORI WARCHAVCHIK [*Correio da Manhã*, Rio de Janeiro, 1º nov. 1925] 2 **A ARQUITETURA E A ESTÉTICA DAS CIDADES** RINO LEVI [*O Estado de S. Paulo*, São Paulo, 15 out. 1925] 3 **RAZÕES DA NOVA ARQUITETURA** LUCIO COSTA [*Revista da Diretoria de Engenharia da* PDF, Rio de Janeiro, n. 1, pp. 3-9, jan. 1936] 4 **A CASA DO HOMEM DO SÉCULO XX** FLÁVIO DE CARVALHO [*Diário de São Paulo,* São Paulo, 27 fev. 1938]

[1] GREGORI WARCHAVCHIK

Acerca da arquitetura moderna

A nossa compreensão de beleza, as nossas exigências quanto à mesma, fazem parte da ideologia humana e evoluem incessantemente com ela, o que faz com que cada época histórica tenha sua lógica da beleza. Assim, por exemplo, ao homem moderno, não acostumado às formas e linhas dos objetos pertencentes às épocas passadas, eles parecem obsoletos e às vezes ridículos.

Observando as máquinas do nosso tempo, automóveis, vapores, locomotivas etc., nelas encontramos, a par da racionalidade da construção, também uma beleza de formas e linhas. Verdade é que o progresso é tão rápido que tipos de tais máquinas, criadas ainda ontem, já nos parecem imperfeitos e feios. Essas máquinas são construídas por engenheiros, os quais, ao concebê-las, são guiados apenas pelo princípio de economia e comodidade, nunca sonhando em imitar algum protótipo. Esta é a razão por que as nossas máquinas modernas trazem o verdadeiro cunho de nosso tempo.

A coisa é muito diferente quando examinamos as máquinas para habitação — os edifícios. Uma casa é, no final das contas, uma máquina cujo aperfeiçoamento técnico permite, por exemplo, uma distribuição racional de luz, calor, água fria e quente etc. A construção desses edifícios é concebida por engenheiros, tomando-se em consideração o material de construção da nossa época, o cimento armado. Já o esqueleto de um tal edifício poderia ser um monumento característico da arquitetura moderna, como o são também pontes de cimento armado e outros trabalhos, puramente construtivos, do mesmo material. E esses edifícios, uma vez acabados, seriam realmente monumentos de arte da nossa época, se o trabalho do engenheiro construtor não se substituísse em seguida pelo arquiteto decorador. É aí que, em nome da Arte, começa a ser sacrificada a arte. O arquiteto, educado no espírito das tradições clássicas, não compreendendo que o edifício é um organismo construtivo cuja fachada é sua cara, prega uma fachada postiça, imitação de algum velho estilo, e chega muitas vezes a sacrificar as nossas comodidades por uma beleza ilusória. Uma bela concepção do engenheiro, uma arrojada sacada de cimento armado, sem colunas ou consoles que a suportem, logo é disfarçada por meio de frágeis consoles postiços assegurados com fios de arame, os quais aumentam inútil e estupidamente tanto o peso quanto o custo da construção.

Do mesmo modo, cariátides suspensas, numerosas decorações não construtivas, como também abundância de cornijas que atravessam o edifício, são coisas que se observam a cada passo na construção de casas nas cidades modernas. É uma imitação cega da técnica da arquitetura clássica, com essa diferença que o que era tão só uma necessidade construtiva tornou-se agora um detalhe inútil e absurdo. Os consoles serviam antigamente de vigas para os balcões, as colunas e cariátides suportavam realmente as sacadas de pedra. As cornijas serviam de meio estético preferido da arquitetura clássica para que o edifício, construído inteiramente de pedra de talho, pudesse parecer mais leve em virtude de proporções achadas entre as linhas horizontais. Tudo isso era lógico e belo, mas não é mais.

O arquiteto moderno deve estudar a arquitetura clássica para desenvolver seu sentimento estético e para que suas composições reflitam o sentimento do equilíbrio e medida, sentimentos próprios à natureza humana. Estudando a arquitetura clássica, poderá ele observar quanto os arquitetos de épocas antigas, porém fortes, sabiam corresponder às exigências daqueles tempos. Nunca nenhum deles pensou em criar um estilo, eram apenas escravos do espírito do seu tempo. Foi assim que se criaram espontaneamente os estilos de arquitetura conhecidos, não somente por monumentos conservados — edifícios —, como também por objetos de uso familiar colecionados pelos museus. E é de se observar que esses objetos de uso familiar são do mesmo estilo que as casas onde se encontram, havendo entre si perfeita harmonia. Um carro de cerimônia traz as mesmas decorações que a casa de seu dono.

Encontrarão os nossos filhos a mesma harmonia entre os últimos tipos de automóveis e aeroplanos de um lado e a arquitetura das nossas casas do outro? Não, e esta harmonia não poderá existir enquanto o homem moderno continue a sentar-se em salões estilo Luís tal ou em salas de jantar estilo Renascença e não ponha de lado os velhos métodos de decoração das construções. Vejam as clássicas pilastras, com capitéis e vasos, estendidas até o último andar de um arranha-céu, numa rua estreita das nossas cidades! É uma monstruosidade estética! O olhar não pode abranger de um só golpe a enorme pilastra, vê-se a base e não se pode ver o alto. Exemplos semelhantes não faltam.

O homem num meio de estilos antiquados deve sentir-se como num baile, fantasiado. Um *jazz-band* com as danças modernas num salão estilo Luís XV, ou um aparelho de telefonia sem fio num salão estilo Renascença, é o mesmo absurdo como se os fabricantes de automóveis, em busca de novas formas para as máquinas, resolvessem adotar a forma do carro dos papas do século XIV.

Para que a nossa arquitetura tenha seu cunho original, como o têm as nossas máquinas, o arquiteto moderno deve não somente deixar de copiar os velhos estilos, como também deixar de pensar no estilo. O caráter da nossa arquitetura, como o das outras artes, não pode ser propriamente um estilo para nós, os contemporâneos, mas sim para as gerações que nos sucederão. A nossa arquitetura deve ser apenas racional, deve basear-se apenas na lógica, e esta lógica devemos opô-la aos que estão procurando por força imitar na construção algum estilo. É muito provável que este ponto de vista encontre uma oposição encarniçada por parte dos adeptos da rotina. Mas também os primeiros arquitetos do estilo Renaissance bem como os trabalhadores desconhecidos que criaram o estilo gótico, os quais nada procuravam senão o elemento lógico, tiveram que sofrer uma crítica impiedosa de seus contemporâneos. Isso não impediu que suas obras constituíssem monumentos que ilustram agora os álbuns da história da arte.

Aos nossos industriais, propulsores do progresso técnico, incumbe o papel dos Médici na época da Renascença e dos Luíses da França. Os princípios da grande indústria, a estandardização de portas e janelas, em vez de prejudicar a arquitetura moderna, só poderão ajudar o arquiteto a criar o que, no futuro, se chamará o estilo do nosso tempo. O arquiteto será forçado a pensar com maior intensidade, sua atenção não ficará presa pelas decorações de janelas e portas, buscas de proporções etc. As partes estandardizadas do edifício são como tons de música dos quais o compositor constrói um edifício musical.

Construir uma casa a mais cômoda e barata possível, eis o que deve preocupar o arquiteto construtor da nossa época de capitalismo incipiente, onde a questão de economia predomina sobre todas as demais. A beleza da fachada tem que resultar da racionalidade do plano da disposição interior, como a forma da máquina é determinada pelo mecanismo que é a sua alma.

O arquiteto moderno deve amar sua época, com todas as suas grandes manifestações do espírito humano, como a arte do pintor moderno ou poeta moderno deve conhecer a vida de todas as camadas da sociedade.

Tomando por base o material de construção de que dispomos, estudando-o e conhecendo-o como os velhos mestres conheciam sua pedra, não receando exibi-lo no seu melhor aspecto do ponto de vista da estética, fazendo refletir em suas obras as idéias do nosso tempo, a nossa lógica, o arquiteto moderno saberá comunicar à arquitetura um cunho original, cunho nosso, o qual será talvez tão diferente do clássico como este o é do gótico.

Abaixo as decorações absurdas e viva a construção lógica, eis a divisa que deve ser adotada pelo arquiteto moderno.

[Publicado originalmente em italiano, com o título "Futurismo?", no jornal *Il Piccolo*, São Paulo, 14 jun. 1925.]

[2] RINO LEVI

A arquitetura e a estética das cidades

É digno de nota o movimento que se manifesta hoje nas artes e principalmente na arquitetura. Tudo faz crer que uma era nova está para surgir, se já não está encaminhada.

A arquitetura, como arte-mãe, é a que mais se ressente dos influxos modernos devido aos novos materiais à disposição do artista, aos grandes progressos conseguidos nestes últimos anos na técnica da construção e, sobretudo, ao novo espírito que reina em contraposição ao neoclassicismo, frio e insípido. Portanto, praticidade e economia, arquitetura de volumes, linhas simples, poucos elementos decorativos, mas sinceros e bem em destaque, nada de mascarar a estrutura do edifício para conseguir efeitos que, no mais das vezes, são desproporcionados ao fim, e que constituem sempre uma coisa falsa e artificial.

Sente-se ainda a influência do classicismo que, aliás, hoje, se estuda melhor procurando-se sentir e interpretar o seu espírito, evitando-se a imitação, já bastante desfrutada, dos seus elementos.

As velhas formas e os velhos sistemas já fizeram sua época. É mister que o artista crie alguma coisa de novo e que consiga maior fusão entre o que é estrutura e o que é decoração; para conseguir isto o artista deve ser também técnico; uma só mente inventiva, e não mais o trabalho combinado do artista que projeta e do técnico que executa.

Não há arte onde não há o artista, mas o jovem, nos anos em que se forma e adquire uma personalidade, deve ser posto em contato com necessidades modernas para que se eduque no espírito do seu tempo e possa constituir uma alma sensível e correspondente ao gosto dos seus contemporâneos.

Toda obra de arte deve ser ambientada, isto é, deve ser vista sob uma determinada luz, sob uma determinada visual e deve estar em harmonia com os objetos que a contornam. Um monumento concebido para uma pequena praça e com uma orientação prefixada perde muito de seu efeito se não é colocado no ponto no qual o via o artista com seu pensamento quando o projetava. Fixada esta idéia, é evidente que as construções que hoje se projetam sem preocupação alguma da sua orientação e adaptação ao lugar constituem uma ofensa à estética das cidades.

A estética das cidades é um novo estudo necessário ao arquiteto e a ele está estritamente conexo o estudo da viação e todos os demais problemas urbanos.

Uma rua que nasce deve ser estudada no plano regulador da cidade e deve ser planejada de modo que corresponda a todas as necessidades técnicas e estéticas sem, ao mesmo tempo, prejudicar as belezas que eventualmente existam nas suas vizinhanças.

Por exemplo, se é possível dar a uma rua, como fundo, um monumento, uma cúpula ou simplesmente um jardim, por que não fazê-lo se a estética da rua ganharia com esta visual e se o monumento, a cúpula ou o jardim terão a ganhar no seu efeito?

As ruas paralelas e perpendiculares, como são projetadas quase sempre hoje nas cidades novas, na maior parte das vezes resultam monótonas e nem sempre correspondem às necessidades práticas. Sobre este assunto não se pode estabelecer uma teoria; discute-se muito, principalmente na França e na Alemanha, mas até hoje a idéia predominante é que é preciso examinar e resolver caso por caso.

Na Alemanha, a estes estudos foi dado o nome de política da cidade; na França, alguns dos mais valentes arquitetos dedicam-se completamente a este novo ramo da arte da cidade; na nova Escola Superior de Arquitetura de Roma, há uma cátedra de "edilizia" regida pelo distinto arquiteto Marcello Piacentini, uma das autoridades mais competentes da Itália sobre o assunto.

Este é um problema que interessa muito ao Brasil, onde as cidades estão em pleno desenvolvimento, e, portanto, merece a máxima consideração.

É preciso estudar o que se fez e o que se está fazendo no exterior e resolver os nossos casos sobre estética da cidade com alma brasileira. Pelo nosso clima, pela nossa natureza e costumes, as nossas cidades devem ter um caráter diferente das da Europa.

Creio que a nossa florescente vegetação e todas as nossas inigualáveis belezas naturais podem e devem sugerir aos nossos artistas alguma coisa de original dando às nossas cidades uma graça de vivacidade e de cores, única no mundo.

[3] LUCIO COSTA

Razões da nova arquitetura

Na evolução da arquitetura, ou seja, nas transformações sucessivas por que tem passado a sociedade, os períodos de transição se têm feito notar pela incapacidade dos contemporâneos no julgar do vulto e alcance da nova realidade cuja marcha pretendem sistematicamente deter. A cena é, então, invariavelmente a mesma: gastas as energias que mantinham o equilíbrio anterior, rompida a unidade, uma fase imprecisa e mais ou menos longa sucede, até que, sob a atuação de forças convergentes, a perdida coesão se restitui e novo equilíbrio se estabelece. Nessa fase de adaptação, a luz tonteia e cega os contemporâneos — há tumulto, incompreensão: demolição sumária de tudo o que a precedeu; negação intransigente do pouco que vai surgindo — iconoclastas e iconólatras se digladiam. Mas, apesar do ambiente confuso, o novo ritmo vai, aos poucos, marcando e acentuando a sua cadência, e o velho espírito — transfigurado — descobre na mesma natureza e nas verdades de sempre encanto imprevisto, desconhecido sabor, resultando daí formas novas de expressão. Mais um horizonte então surge, claro, na caminhada sem fim.

Estamos vivendo, precisamente, um desses períodos de transição, cuja importância, porém, ultrapassa — pelas possibilidades de ordem social que encerra — a de todos aqueles que o precederam. As transformações se processam tão profundas e radicais que a própria aventura humanística do Renascimento, sem embargo do seu extraordinário alcance, talvez venha a parecer à posteridade, diante delas, um simples jogo pueril de intelectuais requintados.

A cegueira é ainda, porém, tão completa, os argumentos "pró" e "contra" formam emaranhado tão caprichoso, que se afigura a muitos impossível surgir, de tantas forças contrárias, resultante apreciável; julgando outros simplesmente chegado — pois não perde a linha o pessimismo — o ano mil da arquitetura. As construções atuais refletem, fielmente, em sua grande maioria, essa completa falta de rumo, de raízes. Deixemos, no entanto, de lado essa pseudo-arquitetura, cujo único interesse é documentar, objetivamente, o incrível grau de imbecilidade a que chegamos, porque ao lado dela existe, já perfeitamente constituída em seus elementos fundamentais, em forma, disciplinada, toda uma nova técnica construtiva, paradoxalmente ainda à espera da sociedade à qual, logicamente, deverá pertencer. Não se trata, porém, evidentemente, de nenhuma antecipação miraculosa. Desde fins do século XVIII e durante todo o século passado, as experiências e conquistas, nos dois terrenos, se vêm somando paralelamente — apenas, a natural reação dos formidáveis interesses adquiridos entravou, de certo modo, a marcha uniforme dessa evolução comum: daí esse mal-estar, esse desacordo, essa falta de sincronização que por momentos se observa e faz lembrar as primeiras tentativas do cinema sonoro, quando, com a boca já falando, o som ainda corria atrás.

Conquanto seja perfeitamente possível — como o provam tantos exemplos — adaptar a nova arquitetura às condições atuais da sociedade, não é, todavia, sem constrangimento que ela se sujeita a essa contrafação mesquinha. Esta curiosa desarticulação mostra aos espíritos menos prevenidos quão próximos, na verdade, já nos achamos, socialmente, de uma nova *mise au point*, pois o nosso "pequeno drama" profissional está indissoluvelmente ligado ao grande drama social — esse imenso *puzzle* que se veio armando pacientemente peça por peça, durante todo o século passado e, neste começo de século, se continua a armar com muito menos paciência, não nos permitindo as peças que ainda faltam a segurança de afirmar se é mesmo de um anjo sem asas que se trata, como querem uns, ou, como asseveram outros igualmente compenetrados, de um demônio imberbe.

Paira, com efeito, nos arraiais da arte, como nos demais, grande preocupação. Os grunhidos do lobo se têm feito ouvir com desoladora insistência, correndo a propósito boatos desencontrados, alarmantes. A atmosfera é de apreensões, como se o fim do mundo se aproximasse, cada qual se apressando em gozar os últimos instantes de evasão: escrevendo, pintando, esculpindo as últimas folhas, telas ou fragmentos de emoção desinteressada, antes da opressão do curral que se anuncia com a humilhação do mergulho "carrapaticida".

Em momentos como este pouco adianta falar à razão: não apenas porque nenhuma atenção será prestada a quem não grite, como porque — alguém acaso escutando — muito se arrisca a ser vaiado. Ninguém se entende: uns, impressionantemente proletários, insistem em restringir a arte aos contornos sintetizadores do cartaz de propaganda, negando interesse a tudo que não cheire a suor; outros, eminentemente estetas, pretendem conservá-la em atitude equívoca e displicente entre nuvens aromáticas de incenso.

Como sempre, no entanto, a verdade não se vexa: além da bênção do sorriso branco, todos têm o seu bocado no colo opulento e acolhedor da boa babá. Ponhamos, pois, os pontos nos is. É livre a arte; livres são os artistas; a receptividade deles é, porém, tão grande quanto a própria liberdade: apenas estoura, distante, um petardo de festim, e logo se arrepiam, tontos de emoção. Esta dupla verdade esclarece muita coisa. Assim, todas as vezes que uma grande idéia acorda um povo ou, melhor ainda, parte da humanidade — senão, propriamente, a humanidade toda —, os artistas, independentemente de qualquer coação, inconscientemente quase, e precisamente porque são artistas, captam essa vibração coletiva e a condensam naquilo que se convencionou chamar obra de arte, seja esta de que espécie for. São antenas, embora nem sempre sejam as melhores, os que de melhor técnica dispõem. Não há como recear pela tranqüilidade das gerações futuras. As "revoluções" — com os seus desatinos — são, apenas, o meio de vencer a encosta, levando-nos de um plano já árido a outro, ainda fértil. Conquanto esse fato de vencê-la em luta possa constituir àqueles espíritos irrequietos e turbulentos, que evocam a si a pitoresca condição de "revolucionários de nascença", o maior — quiçá mesmo o único — prazer, a nós outros, espíritos normais, aos quais o rumoroso sabor da aventura não satisfaz, interessa exclusivamente como meio de alcançar outro equilíbrio, conforme com a nova realidade que, inelutável, se impõe.

Atingida a necessária estabilidade, estará cumprida a sua única missão: vencer a encosta. Postos de lado os petrechos vermelhos da escalada, a nova idéia, já então suficientemente difundida, é o próprio ar que se respira, e, no gozo consciente da nova alegria conquistada, uníssona, começa, em coro, a verdadeira ascensão: movimento legítimo, de dentro para fora, e não o inverso, como se receia. Nesses raros momentos felizes, densos de plenitude, a obra de arte adquire um rumo preciso e unânime: arquitetura, escultura, pintura formam um só corpo coeso, um organismo vivo de impossível desagregação. Continuando, porém, a subida, a tensão comungadora se afrouxa, os espíritos e os corpos pouco a pouco relaxam, até que o ar rarefeito não mais satisfaz, forçando ao recurso extremo dos balões de oxigênio da vida interior — onde tudo, exasperadamente, se consome.

Então, pintura e escultura se desintegram do conjunto arquitetônico: das vigorosas afirmações murais cheias de fôlego, a pintura aos poucos se isola nas indagações sutis da tela; da massa contínua e anônima dos baixos-relevos a figura gradualmente se afasta até se soltar, livre de qualquer amparo, pronta para os requebros e desvarios do drama.

Desde os tempos primitivos vem a sociedade sofrendo modificações sucessivas e periódicas, numa permanente adaptação das regras do seu jogo às novas circunstâncias e condições de vida. Essa série de reajustamentos, todas essas arrumações sociais mais ou menos vistosas tiveram, porém, a marcá-las um traço comum: esforço muscular e trabalho manual. Esta constante em que se baseou toda a economia até o século passado também limitou as possibilidades da arquitetura, atribuindo-se, por força do hábito, aos processos de construção até então necessariamente empregados qualidades permanentes e todo um formulário — verdadeiro dogma — a que a tradição outorgou foros de eternidade.

É, entretanto, fácil discernir, na análise dos inúmeros e admiráveis exemplos que nos ficaram, duas partes independentes: uma permanente e acima de quaisquer considerações de ordem técnica; outra, motivada por imposições desta última, juntamente com as do meio social e físico. Quanto à primeira, prende-se a nova arquitetura às que já passaram, indissoluvelmente; e nenhum contato com elas tem quanto à segunda, porquanto variaram completamente as razões que lhe davam sentido, e o próprio fator físico-ambiente — último traço de união que ainda persistia com ares de irredutível — já hoje a técnica do condicionamento do ar neutraliza e, num futuro muito próximo, poderá anular por completo.

Dos tempos mais remotos até o século XIX, a arte de construir — por mais diversos que possam ter sido os seus processos, e embora passando das formas mais rudimentares às mais requintadas — serviu-se invariavelmente dos mesmos elementos, repetindo, com regularidade de pêndulo, os mesmos gestos: o canteiro que lavra a sua pedra, o oleiro que molda o seu tijolo, o pedreiro que, um a um, convenientemente os empilha. As corporações e famílias transmitiam, de pai a filho, os segredos e minúcias da técnica, sempre circunscrita às possibilidades do material empregado e à habilidade manual do artífice, por mais alado que possa ter sido o engenho.

A máquina — com a grande indústria — veio, porém, perturbar a cadência desse ritmo imemorial, tornando a princípio possível, já agora, sem rodeios, o alargamento do círculo fictício em que, como bons perus cheios de dignidade, ainda hoje nos julgamos aprisionados. Assim, a crise da arquitetura contemporânea, como a que se observa em outros terrenos, é o efeito de uma causa comum: o advento da máquina. É pois natural que, resultando de premissas tão diversas, ela seja diferente, quanto ao sentido e à forma, de todas aquelas que a precederam, o que não a impede de se guiar — naquilo que elas têm de permanente — pelos mesmos princípios e pelas mesmas leis. As classificações apressadas e estanques que pretendem ver nessa metamorfose, naturalmente difícil, irremediável conflito entre passado e futuro, são destituídas de qualquer significado real. Se ainda não é fácil, porém, a espíritos menos avisados apreender, na arquitetura, o verdadeiro sentido dessa transformação a que não poderemos fugir, a evolução dos meios de transporte, impelida pela mesma causa, mostra toda a sua significação, de maneira clara e sem sofismas, nos resultados surpreendentes a que chegou, muito embora já nada disso nos espante, tão familiarizados estamos com essa forma corriqueira de milagre.

Convém, todavia, insistir não pelo fato em si — cuja importância é evidentemente relativa —, mas pelo extraordinário alcance humano que encerra. Desde o dia memorável em que o homem conseguiu domar a primeira besta, até o dia — igualmente memorável — em que conseguiu se locomover com a simples ajuda do próprio engenho, a arquitetura dos carros e barcos, embora variasse passando da mais tosca e incômoda à mais elegante e confortável, conservou-se subordinada ao argumento de possibilidades limitadas, embora convincente, do chicote, e aos favores incertos da brisa. No entanto, em menos de cem anos de trabalho, a máquina nos trouxe das primeiras tentativas, ainda presas à idéia secular do animal e da vela, aos espécimes atuais, já completamente libertos de qualquer saudosismo, e aos quais a nossa vista prontamente se habitua e se identifica — ainda que seja de bom tom, nestes assuntos, certa atitude de afetada displicência.

O nosso interesse — como arquitetos — pela lição dos meios de transporte, a teimosa insistência com que nos voltamos para esse exemplo, é porque trata de criações, onde a nova técnica, encarando de frente o problema, e sem qualquer espécie de compromissos, disse a sua palavra desconhecida, desempenhando-se da tarefa com simplicidade, clareza, elegância e economia.

A arquitetura terá que passar pela mesma prova. Ela nos leva, é verdade, além — é preciso não confundir — da simples beleza que resulta de um problema tecnicamente resolvido; esta é, porém, a base em que se tem de firmar, invariavelmente, como ponto de partida.

De todas as artes é, todavia, a arquitetura — em razão do sentido eminentemente utilitário e social que ela tem — a única a que, mesmo naqueles períodos de afrouxamento, não se pode permitir, senão de forma muito particular, impulsos *individualistas*. Personalidade, em tal matéria, se não é propriamente um defeito, deixa, em todo caso, de ser uma recomendação. Preenchidas as exigências de ordem social, técnica e plástica a que, necessariamente, se têm de cingir, as oportunidades de evasão se apresentam bastante restritas; e se, em determinadas épocas, certos arquitetos de gênio revelam-se aos contemporâneos desconcertantemente originais (Brunelleschi no começo do século XV; atualmente, Le Corbusier), isto apenas significa que neles se concentram em um dado instante preciso, cristalizando-se de maneira clara e definitiva em suas obras, as possibilidades até então sem rumo de uma nova arquitetura. Daí não se infere que, tendo apenas talento, se possa repetir a façanha: a tarefa destes, como a nossa — que não temos nem um nem outro —, limita-se em adaptá-la às imposições de uma realidade que sempre se transforma, respeitando, porém, a trilha que a mediunidade dos precursores revelou.

Ainda existe, no entanto, presentemente, completo desacordo entre a arte, no sentido acadêmico, e a técnica: a tenacidade, a dedicação, a intransigente boa-fé com que tantos arquitetos — moços e velhos — se empenham às cegas por adaptar num impossível equilíbrio a arquitetura que lhes foi ensinada às necessidades da vida de hoje e possibilidades dos atuais processos construtivos causam pena; chegam mesmo a comover o cuidado, a prudência pudica, os prodígios de engenho empregados para preservar, no triste contato da realidade, a suposta reputação da donzela arquitetura. Um verdadeiro reduto de batalhadores apaixonados e destemerosos se formou em torno à cidadela sagrada e, penacho ao vento, pretende defender, contra a sanha bárbara da nova técnica, a pureza sem mácula da deusa inatingível.

Todo esse augusto alarido resulta, porém, de um equívoco inicial: aquilo que os senhores acadêmicos — iludidos na própria fé — pretendem conservar como a deusa em pessoa não passa de uma sombra, um simulacro; nada tem a ver com o original do qual apenas é o arremedo em cera. Ela ainda possui aquilo que os senhores acadêmicos já perderam e continua a sua eterna e comovente aventura. Mais tarde, enternecidos, os bons doutores passarão uma esponja no passado e aceitarão, como legítima herdeira, esta que já é hoje uma garota bem esperta, de cara lavada e perna fina.

É pueril o receio de uma *tecnocracia*; não se trata do monstro causador de tantas insônias em cabeças ilustres, mas de animal perfeitamente domesticável, destinado a se transformar no mais inofensivo dos bichos caseiros. Especialmente no que diz respeito ao nosso país, onde tudo ainda está praticamente por fazer — e tanta coisa por desmanchar —, e tudo fazemos mais ou menos de ouvido, empiricamente, profligar e enxotar a técnica com o receio de uma futura e problemática hipertrofia parece-nos, na verdade, pecar por excesso de zelo. Que venha e se alastre despertando com a sua aspereza e vibração este nosso jeito desencantado e lerdo, porquanto a maior parte — apesar do ar pensativo que tem — não pensa, é mesmo, em coisa alguma.

Seja como for, não sendo ela um fim, mas, simplesmente, o meio de alcançá-lo, não lhe cabe a culpa se os benefícios, porventura obtidos, nem sempre têm correspondido aos prejuízos causados, mas àqueles que a têm nas mãos. E, neste particular, o exemplo dos Estados Unidos — onde, num respeitoso tributo à *Arte*, as estruturas mais puras deste mundo são religiosamente recobertas, de cima a baixo, de todos os detritos do passado — é típico.

Enquanto os engenheiros americanos elevam a uma altura nunca antes atingida as impressionantes afirmações metálicas da nova técnica, os arquitetos americanos — vestindo as mesmas roupas, usando os mesmos cabelos, sorrisos e chapéus, porém desgostosos com o passado pouco monumental que os antepassados legaram, e sem nada compreender do instante excepcional que estamos vivendo —, embarcam, tranqüilamente, para a Europa, onde se abastecem das mais falsas e incríveis *estilizações* modernas, dos mais variados e estranhos documentos arqueológicos, para grudá-los — com o melhor cimento — aos arcabouços impassíveis, conferindo-lhes assim a desejada porcentagem de "dignidade".

No entanto, os "velhos" europeus, fartos de uma herança que os oprime, caminham para a frente, fazendo vida nova à própria custa, aproveitando as possibilidades do material e da prodigiosa técnica que os "jovens" americanos não souberam utilizar.

Assim, com vinte séculos de intervalo, a história se repete. Os romanos — admiráveis engenheiros —, servindo-se de alvenaria e concreto, ergueram, graças aos arcos e abóbadas, estruturas surpreendentes: não perceberam que a dois passos estava a arquitetura; apelaram para a Grécia decadente, revestindo a nudez sadia dos seus monumentos com uma crosta de colunas e platibandas de mármore e travertino — vestígios de um sistema construtivo oposto. E foram precisamente os gregos em Bizâncio — Santa Sofia — que aproveitaram, tirando-lhe todo o partido da extraordinária beleza, a nova técnica.

Aliás, existem outras curiosas afinidades entre americanos e romanos, esses dois povos tão afastados no tempo: a coragem de empreender, a arte de organizar, a ciência de administrar; a variedade das raças; a opulência dos centros cívicos; os estádios e certa ferocidade esportiva; o pragmatismo; o me

cenismo; o gosto da popularidade; a mania das recepções triunfais e, até mesmo, o próprio jeitão dos senadores — tudo os aproxima. Tudo que o romano tocava, logo tomava ares romanos; quase todos que atravessam o continente saem carimbados: "USA".

A nova técnica reclama a revisão dos valores plásticos tradicionais. O que a caracteriza e, de certo modo, comanda a transformação radical de todos os antigos processos de construção, é a *ossatura independente*.

Tradicionalmente, as paredes, de cima a baixo do edifício cada vez mais espessas até se esparramarem solidamente ancoradas ao solo, desempenharam função capital: formavam a própria estrutura, o verdadeiro suporte de toda a fábrica. Um milagre veio, porém, libertá-las dessa carga secular. A revolução, imposta pela nova tecnologia, conferiu outra hierarquia aos elementos da construção, destituindo as paredes do pesado encargo que lhes fora sempre atribuído. A nova função que lhes foi confiada — de simples vedação — oferece, sem os mesmos riscos e preocupações, outras comodidades.

Toda a responsabilidade foi transferida, no novo sistema, a uma ossatura independente, podendo tanto ser de concreto armado quanto metálica. Assim, aquilo que foi — invariavelmente — uma espessa muralha durante várias dezenas de séculos, pode, em algumas dezenas de anos, transformar-se (quando convenientemente orientada, bem entendido: sul no nosso caso) em uma simples lâmina de cristal.

Parede e suporte representam hoje, portanto, coisas diversas; duas funções nítidas, inconfundíveis. Diferentes quanto ao material de que se constituem, quanto à espessura, quanto aos fins, tudo indica e recomenda vida independente, sem qualquer preocupação saudosista e falsa superposição. Fabricadas com materiais leves, à prova de som e das variações de temperatura, livres do encargo rígido de suportar, deslizam ao lado das colunas impassíveis; param a qualquer distância, ondulam acompanhando o movimento normal do tráfego interno, permitindo outro rendimento ao volume construído.

É este o segredo de toda nova arquitetura. Bem compreendido o que significa essa independência, temos a chave que permite alcançar, em todas as suas particularidades, as intenções do arquiteto moderno; porquanto foi ela o trampolim que, de raciocínio em raciocínio, o trouxe às soluções atuais — e não apenas no que se relaciona à liberdade de planta, mas, ainda, no que respeita à fachada, já agora denominada "livre", pretendendo-se significar com essa expressão a nenhuma dependência ou relação dela com a estrutura. Com efeito, os balanços impostos pelo aproveitamento racional da armação dos pisos teve como conseqüência imediata transferir as *colunatas* — que sempre se perfilaram, muito solenes, do lado de fora — para o interior do edifício, deixando assim às fachadas (simples vedação) absoluta liberdade de tratamento: do fechamento total ao pano de vidro; e como, por outro lado, os cantos aparentes do prédio não têm mais responsabilidades de amarração — o que motivara, tradicionalmente, a criação dos cunhais reforçados —, os vãos, livres de qualquer impedimento, podem vir morrer de encontro ao topo dessas paredes protetoras, fato este de grande significação, porquanto a beleza em arquitetura, satisfeitas as proporções do conjunto e as relações entre as partes e o todo, se concentra nisto que constitui propriamente a expressão do edifício: o jogo dos cheios e vazios. Conquanto esse contraste de que depende, em grande parte, a vida da composição tenha constituído uma das preocupações capitais de toda arquitetura, se teve sempre que pautar, na prática, aos limites impostos pela segurança, os quais assim, indiretamente, condicionavam os padrões usuais de beleza às possibilidades do sistema construtivo.

A nova técnica, no entanto, conferiu a esse jogo imprevista liberdade, permitindo à arquitetura uma intensidade de expressão até então ignorada: a linha melódica das janelas corridas, a cadência uniforme dos pequenos vãos isolados, a densidade dos espaços fechados, a leveza dos panos de vidro, tudo voluntariamente excluindo qualquer idéia de esforço, que todo se concentra, em intervalos iguais, nos pontos de apoio; solto no espaço, o edifício readquiriu, graças à nitidez das suas linhas e à limpidez dos seus volumes de pura geometria, aquela disciplina e *retenue* próprias da grande arquitetura, conseguindo mesmo um valor plástico nunca antes alcançado e que o aproxima — apesar do seu ponto de partida rigorosamente utilitário — da arte pura.

É essa seriedade, esse *quê* de impassível altivez, a melhor característica dos verdadeiros exemplos da nova arquitetura e que a distingue, precisamente, do *falso modernismo* cujos ares brejeiros de trocadilho têm qualquer coisa de irresponsável.

Entretanto, tais soluções características e de grande beleza plástica chocam aqueles que, armados de preconceitos, e não convenientemente esclarecidos das razões e do sentido da nova arquitetura, procuram analisá-la baseados não somente nos princípios permanentes — que estes ela os respeita integralmente —, mas naqueles que resultaram de uma tecnologia diferente, pretendendo assim descobrir-lhe "qualidades" que ela não pode nem deve possuir.

Todavia, muito poucos entre nós compreendem, em seu verdadeiro sentido, essas transformações. Conquanto a estrutura seja, de fato, independente, o material empregado no enchimento das paredes externas e divisórias é pesado e impróprio para tal fim, obrigando-as assim, naturalmente, a não perder de vista as vigas e nervuras, para evitar um reforço antieconômico das respectivas lajes; daí a preocupação de interpenetrar — numa identificação impossível e estéril — a espessura contraditória das colunas e paredes; e, como ainda procuramos recompor as fachadas reproduzindo as idéias mentirosas de embasamento e parede-suporte, atribuindo assim aos nossos edifícios certas aparências próprias a construções de outro sistema, todas as possibilidades da nova técnica são praticamente anuladas — carecendo de significação a maior parte das tentativas, apesar das grotescas feições *modernísticas* e outras incongruências.

É preciso, antes de mais nada, que todos — arquitetos, engenheiros, construtores e o público em geral — compreendam as vantagens, possibilidades e beleza própria que a nova técnica permite, para que então a indústria se interesse e nos forneça — economicamente — os materiais leves e à prova de ruído que a realidade necessita. Não podemos esperar que ela tome a si todos os riscos da iniciativa, empenhando-se em produzir aquilo que os únicos interessados ainda não lhe reclamaram.

Além do ar-condicionado, que já é uma realidade, e o complemento lógico da arquitetura moderna (é expressiva a anedota-reclame do médico que recomenda ao doente a freqüência assídua ao cassino da Urca), é imprescindível que a indústria se apodere da construção, produzindo, convenientemente apurados, todos os elementos de que ela carece.

Entretanto, apesar das sedutoras possibilidades econômicas que tal aventura sugere, ela ainda se abstém de uma intromissão desassombrada em tão altos domínios, justamente receosa de incorrer em atitude sacrílega. E, também, porque, para se empreender alguma coisa, é preciso inicialmente saber-se, com a possível exatidão, aquilo que se pretende, para, então, mobilizar os meios necessários: é nesta obra grandiosa de abrir o caminho conveniente à indústria que, em todo o mundo, inúmeros arquitetos se empenham com fé, alguns com talento, e um — com gênio. Todos, porém, de acordo com o seguinte princípio essencial: *a arquitetura está além*; a técnica é o ponto de partida. E, se não podemos exigir de todos os arquitetos a qualidade de artistas, temos o direito de reclamar daqueles que o não forem, ao menos, na arte de construir.

Embora desmascare os artificialismos da falsa imponência acadêmica, a nova arquitetura não se pretende furtar — como levianamente se insinua — às imposições da "simetria", senão encará-la no verdadeiro e amplo sentido que os antigos lhe atribuíam: *com medida* — com metro —, tanto significando o rebatimento primário em torno de um eixo como o jogo dos contrastes sabiamente neutralizados em função de uma linha definida e harmônica de composição, sempre controlada pelos *traçados reguladores*, esquecidos dos acadêmicos e tão do agrado dos velhos mestres.

Ela caracteriza-se, aos olhos do leigo, pelo aspecto *industrial* e ausência de ornamentação. É nessa uniformidade que se esconde, com efeito, a sua grande força e beleza: casas de moradia, palácios, fábricas, apesar das diferenças e particularidades de cada um, têm entre si certo ar de parentesco, de família que — conquanto possa aborrecer àquele gosto (quase mania) de variedade a que nos acostumou o ecletismo diletante do século passado — é um sintoma inequívoco de vitalidade e vigor, a maior prova de não estarmos diante de experiências caprichosas e inconsistentes como aquelas que a precederam, porém, de um todo orgânico, subordinado a uma disciplina, um ritmo — diante de um verdadeiro estilo enfim, no melhor sentido da palavra.

Porque essa uniformidade sempre existiu e caracterizou os grandes estilos. A chamada arquitetura *gótica*, por exemplo, que o público se habituou a considerar própria apenas para construções de caráter religioso, era, na época, uma forma de construção generalizada — exatamente como o concreto armado, hoje em dia —, e aplicada indistintamente a toda sorte de edifícios, tanto de caráter militar como civil ou eclesiástico.

Da mesma forma com a arquitetura contemporânea. Essa feição industrial que, erradamente, lhe atribuímos tem origem — além daqueles motivos de ordem técnica, já referidos, e social, a que as regras atuais da *bienséance* não permitem alusão — num fato simples: as primeiras construções em que se aplicaram os novos processos foram, precisamente, aquelas em que, por serem exclusivamente utilitárias, os pruridos *artísticos* dos respectivos proprietários e arquitetos serenaram em favor da economia e do bom senso, permitindo assim que tais estruturas ostentassem, com imaculada pureza, as suas formas próprias de expressão. Não se trata, porém, como apressadamente se conclui — incidindo em lamentável confusão —, de um estilo reservado apenas a determinada categoria de edifícios, mas de um sistema construtivo absolutamente geral.

É igualmente ridículo acusar de monótona a nova arquitetura simplesmente porque vem repetindo, durante alguns anos, umas tantas formas que lhe são peculiares quando os gregos levaram algumas centenas trabalhando, invariavelmente, no mesmo padrão, até chegarem às obras-primas da acrópole de Atenas. Os estilos se formam e se apuram, precisamente, à custa dessa repetição que perdura enquanto se mantêm as razões profundas que lhe deram origem.

Tais preconceitos têm cedido um pouco à conveniência e, conquanto ainda aceitos pela maioria, tenderão, todavia, a desaparecer.

Quanto à ausência de ornamentação, não é uma atitude, mera afetação como muitos ainda hoje supõem — parece mentira —, mas a conseqüência lógica da evolução da técnica construtiva, à sombra da evolução social, ambas (não será demais insistir) condicionadas à máquina. O ornato no sentido artístico e humano que sempre presidiu à sua confecção é, necessariamente, um produto manual. O século XIX, vulgarizando os moldes e fôrmas, industrializou o ornato, transformando-o em artigo de série, comercial, tirando-lhe assim a principal razão de ser — a intenção artística —, e despindo-o de qualquer interesse como documento humano.

O "enfeite" é, de certo modo, um vestígio bárbaro — nada tendo a ver com a verdadeira arte, que tanto pode se servir dele quanto ignorá-lo. A produção industrial tem qualidades próprias: a pureza das formas, a nitidez dos contornos, a perfeição do acabamento. Partindo destes dados precisos, e por um rigoroso processo de seleção, poderemos atingir, como os antigos, formas superiores de expressão contando para tanto com a indispensável colaboração da pintura e da escultura — não no sentido regional e limitado do ornato, porém num sentido mais amplo. Os grandes panos de parede tão comuns na arquitetura contemporânea são verdadeiro convite à expressão pictórica, aos baixos-relevos, à estatuária como expressão plástica pura, integrada ou autônoma.

Além daquela aparente uniformidade, daquele "tom de conversa" que predomina nas construções contemporâneas tanto de caráter privado como público — em contraste com o tom de discurso exigido para estas últimas pelos nossos avós —, ainda se quer atribuir à nova arquitetura outro pecado: o internacionalismo.

Acreditamos que tal receio seja, no entanto, tardio, pois a internacionalização da arquitetura não começou com o concreto armado e o pós-guerra; quando começou — omitindo as arquiteturas românica e gótica, eminentemente internacionais, no pressuposto que se possa alegar, como justificativa, a influência catalizadora da Igreja —, ainda havia índios nas nossas praias virgens do suor português: começou com a expedição turístico-militar de Carlos VIII à Itália, na primavera de 1494, a que se seguiram as de Luís XII e Francisco I. Foi então que se derramou pela Europa inteira — cansada de malabarismos góticos — o novo entusiasmo que, como a expansibilidade de um gás, penetrou todos os recantos do mundo ocidental, intoxicando todos os espíritos. E a nova arquitetura, mesclando-se de início às caturrices góticas, foi, aos poucos, simplificando, suprimindo os "barbarismos", impondo ordenação, ritmo, simetria, até culminar no classicismo do século XVII e no academismo que se lhe seguiu. Nada se pode, com efeito, imaginar *tão absolutamente internacional* como essa estranha maçonaria que — "supersticiosamente" — de Viena a Washington, de Paris a Londres ou Buenos Aires, com insistência desconcertante, repetiu, até ontem, as mesmas colunatas, os mesmos frontões, as mesmíssimas cúpulas, indefectíveis.

Assim, o internacionalismo da nova arquitetura nada tem de excepcional, nem de particularmente *judaico* — como, num jogo fácil de palavras, se pretende —; apenas respeita um costume secularmente estabelecido. É, mesmo, neste ponto, rigorosamente tradicional.

Nada tem tampouco de germânica — conquanto na Alemanha, mais do que em qualquer outro país, o pós-guerra (1914-1918), juntando-se às verdadeiras causas anteriormente assinaladas, criasse atmosfera propícia, servindo de pretexto à sua definitiva eclosão, pois, apesar da quantidade, a qualidade dos exemplos deixa bastante a desejar, acusando mesmo, a maioria, uma ênfase barroca nada recomendável. Com efeito, enquanto nos países de tradição latina — inclusive as colônias americanas de Portugal e Espanha — a arquitetura barroca soube sempre manter, mesmo nos momentos de delírio a que por vezes chegou, certa compostura, até dignidade, conservando-se a linha geral da composição, conquanto elaborada, alheia ao assanhamento ornamental —, nos países de raça germânica, encontrando campo apropriado, frutificou, atingindo mesmo, em alguns casos, um grau de licenciosidade sem precedentes.

Ainda agora é fácil reconhecer no *modernismo* alemão os traços inconfundíveis desse barroquismo, apesar das exceções merecedoras de menção, entre as quais, além da de Walter Gropius, a da obra verdadeiramente notável de Mies van der Rohe: milagre de simplicidade, elegância e clareza, cujos requintes, longe de prejudicá-la, dão-nos uma idéia precisa do que já hoje poderiam ser as nossas casas.

Nada tem, ainda, de eslava, como se poderia confusamente supor, baseado no fato de ser a Rússia, de todos os países, o mais empenhado na procura do novo equilíbrio — consentâneo com a noção mais ampla de justiça social que a grande indústria, convenientemente orientada e distribuída, permite, e cujas necessidades e problemas coincidem com as possibilidades e soluções que a nova técnica impõe. Para comprová-lo, basta que se note a maneira pouco feliz com que os russos — apesar das experiências iniciais do "construtivismo" — dela se têm servido, o que atesta uma estranha incompreensão. Torna-se, mesmo, curioso observar que a Rússia — como as demais nações — também reage, presentemente, contra os princípios da nova arquitetura, procurando em Roma inspiração às obras de caráter monumental com que pretende *épater* turistas beócios e camponeses recalcitrantes. Não passará este fato, possivelmente, de uma crise de fundo psicológico e de fácil explicação. Era, na verdade, industrialmente, esse país um dos menos preparados para embarcar na aventura comunista, não obstante, em menos de vinte anos de trabalho, o resultado já obtido — embora o padrão de vida ainda seja baixo com relação ao de certos países capitalistas — surpreenda os espíritos mais céticos. É, pois, natural que, depois de tantos séculos de exploração sistematizada e miséria, o otimismo transborde e se derrame em aparatosas manifestações exteriores, numa escolha nem sempre feliz de formas de expressão.

Essa falta de medida resultante de uma crise de crescimento e, portanto, temporária, é, porém, tão humana, tem um gosto tão forte de adolescência, que faz sorrir, porquanto repete — com acentuada malícia — a pequena tragédia do "novo rico" burguês, com a agravante de ser, desta vez, coletiva.

Filia-se a nova arquitetura, isto sim, nos seus exemplos mais característicos — cuja clareza nada tem do misticismo nórdico — às mais puras tradições mediterrâneas, àquela mesma razão dos gregos e latinos, que procurou renascer no Quatrocentos para logo depois afundar sob os artifícios da maquilagem acadêmica — só agora ressurgindo, com imprevisto e renovado vigor. E aqueles que, num futuro talvez não tão remoto como o nosso comodismo de privilegiados deseja, tiverem a ventura — ou tédio — de viver dentro da nova ordem conquistada, estranharão, por certo, que se tenha pretendido opor criações de origem idêntica e negar valor plástico a tão claras afirmações de uma verdade comum.

Porque, se as formas variaram, o espírito ainda é o mesmo, e permanecem, fundamentais, as mesmas leis.

[Programa para um curso de pós-graduação do Instituto de Artes da antiga Universidade do Distrito Federal, dirigido por Celso Kelly.]

[4] FLÁVIO DE CARVALHO

A casa do homem do século xx

O homem do século XX, o homem que conheceu os efeitos da máquina, não pode viver da mesma maneira que o homem que não conhecia a máquina.

A casa do século XX é um acessório para auxiliar o homem a viver, enquanto que a casa de tempos idos era mais uma fortaleza para proteger o homem.

A casa antiga era uma demonstração do medo que o homem tinha do mundo, enquanto que a casa de hoje é mais uma demonstração da ausência de medo. A fragilidade e a leveza da arquitetura contemporânea revelam uma espiritualidade maior, uma elevação do homem, uma internacionalização do seu modo de perceber a vida.

O desenvolvimento da máquina, aliviando o homem da monotonia do trabalho especializado e repetido, deslocou a sua atividade para outras esferas, rompeu um novo mundo para ele: o mundo da eficiência. A significação da palavra eficiência não era praticamente conhecida antes do desenvolvimento da máquina. Uma das conseqüências da palavra eficiência como é conhecida é a velocidade que se manifesta em todas as esferas da vida.

O *continuum* velocidade-segurança tornou-se de suma importância na vida de hoje, e a casa é apenas um acessório, uma conseqüência dessa necessidade.

O homem do século XX, o homem que conheceu a máquina, não tem mais tempo a perder em contemplação beatífica. A beatitude faz parte da sonolência do passado, do entupimento cerebral do escravo e do despotismo das religiões. A máquina destrói o deus déspota e o seu séquito. A sonolência do homem e o rosário da repetição estão hoje entregues aos cuidados da máquina. Toda a beatitude, ou o trabalho clássico de repetição, passa a ser exercido pela máquina.

Todos os componentes da casa são funções desse *continuum* velocidade-segurança.

O homem do século XX se utiliza da sua casa como um ponto de passagem, um local de repouso na rotina da sua vida diária. Ele passa quando muito cinqüenta por cento do dia normal na sua casa, o resto do tempo é gasto nos compartimentos da cidade. Existe uma tendência sempre crescente de diminuir esse período de estadia na casa. À medida que a cidade adquire compreensão maior da idéia de coletividade, à medida que ela fornece coletivamente maior conforto e luxo, a importância da casa como centro único de atividade diminui. As atividades do homem espalham-se mais pela cidade em vez de somente pela casa.

A máquina chama a si todo o trabalho embrutecedor e entorpecente de repetição.

A máquina e a compreensão da idéia de eficiência destroem aos poucos os obstáculos que impediam a movimentação do homem. Sair de casa não tem mais a natureza de uma expedição, não são mais necessárias carruagens com séquitos, couraças, armas e munições para enfrentar o mundo fora de casa.

O que resta do potentado senhorial saiu para a rua e se nivela hoje à chamada ralé, que em épocas idas não tinha casa e vivia nas ruas. As necessidades econômicas da máquina, que são o abandono da beatitude religiosa, criaram as noções de coletividade de hoje.

A invasão das ruas e dos arredores no exterior da casa tornou esse exterior habitável e próprio ao uso e à estadia do homem.

Observamos para breve a concretização do fenômeno: *A cidade é toda ela a casa do homem.*

E mais ainda, com a intensificação da vida fora da fortaleza da família e além das muralhas do nacionalismo, uma bela promessa desponta no horizonte internacional: *O mundo será todo ele a casa do homem.* É uma promessa muito bela mas também distante, e é provavelmente por esse motivo que ela é tão bela. Apesar do internacionalismo dessa visão, ela pouco tem que ver com política, mas sim depende das grandes e sempre crescentes velocidades alcançadas pelo homem e do conforto sempre maior de que se reveste o transporte.

Esse ponto de passagem que é a casa do homem do século XX não pode ter as características da velha casa-fortaleza senhorial, da casa anterior ao advento da máquina.

A evolução das condições econômicas, religiosas e sociais do mundo transformou completamente o valor da habitação do homem. Os gregos só empregavam a sua magnificência artística e técnica na construção da casa para homens ideais e aperfeiçoados que eram os deuses da civilização helênica. Na Grécia, só ficaram os templos; a casa do operário e do burguês, sem importância arquitetônica, desapareceu. Os egípcios ocupavam-se principalmente da última morada dos faraós: os túmulos. Os romanos preocupavam-se muito em comemorar e ornamentar o vitorioso pelas armas. Através das civilizações, observamos que só os chefes divinizados e os elementos da casta dominante, a nobreza, recebiam os refinamentos da técnica e da arte de construir.

Com o limiar do século XX apareceram as primeiras noções importantes sobre a organização racional do trabalho e os homens começam a compreender que, melhorando o nível de vida e as condições higiênicas do elemento produtor de um país, a capacidade de produção e o nível do país também se elevam. A cidade, a casa e os meios de transportes são fatores que afetam sensivelmente essa capacidade de produção.

O século XX assiste no momento ao problema de criar um ambiente e construir a habitação apropriada ao elemento produtor do país, para que esse elemento, recebendo mais conforto e mais higiene, possa aumentar a sua capacidade produtora, para que esse elemento, vivendo em condições superiores, aplique as suas energias combativas, o seu sentimento de luta, tão necessários à idéia de progressos e de vida, num campo mais elevado. Para que as dificuldades a serem vencidas por esse elemento não sejam de natureza tão elementar como, por exemplo, as de ter casa higiênica e alimentação sadia.

Criar higiene e conforto não significa eliminar ou diminuir a idéia de luta, mas sim o nível da luta.

O monumento do século não é mais um templo para alojar uma perfeição helênica, ou uma pirâmide para conservar viva a alma de faraós, ou um arco de triunfo para enfeitar em glória e saciar em pompas o vencedor pelas armas, ou templos contendo o sentimentalismo semita e mórbido do cristianismo... O monumento do século é um alojamento adequado para que a idéia de eficiência aplicada ao ser humano e à máquina possa viver na sua mais alta porcentagem, é um monumento à sensibilidade sempre crescente do homem, uma mostra legítima da luta no século entre as duas expressões humanas: forças ancestrais e mentalismo. É um monumento às novas idéias sobre trabalho sugeridas pela máquina.

Explorando regiões inéditas, e alheias aos estados alheios à máquina, o sentimento de beleza e adorno se concretizará diferente. A beleza será um ritual constante de sacrifício à eficiência, será a negação de formas ancestrais pois que visa a um aperfeiçoamento crescente do homem por meio de uma sensibilidade crescente, exibirá sempre o resultado de uma luta entre mentalismo e essas forças ancestrais, exibirá a vitória do mentalismo.

Estudando a planta da casa pompeiana, observamos que ela é um centro de atividade: possuía biblioteca, galeria de quadros, alojamentos de escravos, apartamentos especiais para as mulheres onde estas teciam etc. Hoje, essas atividades não pertencem mais a uma família, mas foram deslocadas para a cidade. As bibliotecas e galerias de quadros são coletivas, os escravos transformaram-se em trabalhadores de toda a comuna com outros direitos, freqüentemente moram em casa própria e a tendência é para elevar esse nível de vida, o ex-escravo construindo para estes grandes palácios. Enfim, toda a atividade passou com a evolução social e econômica a se exercer em toda a cidade. A família patriarcal ou matriarcal com os chefes quase divinizados perde gradualmente a sua importância como centro social e religioso e é substituída por um centro cívico geral, a cidade.

Essa diminuição da importância da família na vida do homem é dos fatores determinantes mais poderosos das formas da cidade e da casa do homem do século XX.

Chamo a atenção para o estudo magistral de Gilberto Freyre sobre o desenvolvimento da rua no seu livro *Sobrados e mocambos*.

A nova arquitetura, a chamada arquitetura moderna ou contemporânea, já se apresenta como uma previsão: ela é nua e lisa, despida de todo o preconceito ancestral; os berloques que ornamentavam o espírito sanguinolento do homem até pouco tempo ainda selvagem se encontram ausentes. Ela quase não tem pudor e não tem medo, pois as suas aberturas são grandes e acolhedoras e as suas paredes, freqüentemente transparentes. Ela é mais mentalista que emotiva, o que, por si só, é uma demonstração de movimento para frente.

[Palestra realizada na Rádio Cultura, São Paulo, em 27 jan. 1938.]

POR UM NOVO ENSINO 1 **A SITUAÇÃO DO ENSINO DAS BELAS-ARTES** LUCIO COSTA [*O Globo*, Rio de Janeiro, 29 dez. 1930] 2 **O SALÃO** MÁRIO DE ANDRADE [*Diário Nacional*, São Paulo, 13 set. 1931] 3 **A REFORMA DA ESCOLA DE BELAS-ARTES E DO SALÃO** PAULO SANTOS [*Quatro séculos de cultura*. Rio de Janeiro, UFRJ, 1966, pp. 176-179] 4 **A ENBA, ANTES E DEPOIS DE 1930** ABELARDO DE SOUZA [*Arquitetura no Brasil: Depoimentos*. São Paulo, Diadorim/Edusp, 1978, pp. 13-32]

[1] LUCIO COSTA

A situação do ensino das Belas-Artes

Embora julgue imprescindível uma reforma em toda a Escola, aliás como é do pensamento do governo, vamos falar um pouco de arquitetura. Acho que o curso de arquitetura necessita de uma transformação radical. Não só o curso em si, mas os programas das respectivas cadeiras e principalmente a orientação geral do ensino. A atual é absolutamente falha. A divergência entre a arquitetura e a estrutura, a construção propriamente dita, tem tomado proporções simplesmente alarmantes. Em todas as grandes épocas, as formas estéticas e estruturais identificam-se. Nos verdadeiros estilos, arquitetura e construção coincidem. E quanto mais perfeita a coincidência, mais puro o estilo. Pártenon, Reims, Santa Sofia, tudo construção, tudo honesto, as colunas suportam, os arcos trabalham. Nada mente.

Nós fazemos exatamente o contrário — se a estrutura pede cinco, a arquitetura pede cinqüenta. Procedemos da seguinte maneira: feito o arcabouço, simples, real, em concreto armado, tratamos de escondê-lo por todos os meios e modos; simulam-se arcos e contrafortes, penduram-se colunas, atarracham-se vigas de madeira às lajes de concreto. Pedra fica muito caro? Não tem importância, o pó de pedra aparelhado com as regras da estereotomia resolve o problema. Fazemos cenografia, "estilo", arqueologia, fazemos casas espanholas de terceira mão, miniaturas de castelos medievais, falsos coloniais, tudo, menos arquitetura.

A reforma visará aparelhar a escola de um ensino técnico-científico tanto quanto possível perfeito e orientar o ensino artístico no sentido da uma perfeita harmonia com a construção. Os clássicos serão estudados como disciplina; os estilos históricos como orientação crítica, e não para aplicação direta.

Acho indispensável que os nossos arquitetos deixem a escola conhecendo perfeitamente a nossa arquitetura da época colonial, não com o intuito da transposição ridícula de seus motivos, não de mandar fazer falsos móveis de jacarandá — os verdadeiros são lindos —, mas de aprender as boas lições que ela nos dá de simplicidade, perfeita adaptação ao meio e à função, e conseqüente beleza.

Quanto às outras artes plásticas, o mal não é menor. O Salão, por exemplo — que exprime sobejamente o nosso grau de cultura artística —, diz bem do que precisamos. De ano para ano, tem-se a impressão que as telas são sempre as mesmas, as mesmas estátuas, os mesmos modelos, apenas a colocação ligeiramente varia. Apesar do abuso de cor (ter colorido gritante, julgam muitos, é ser moderno), sente-se uma absoluta falta de vida, tanto interior como exterior, uma impressão irremediável de raquitismo, de inanição. O alheamento em que vive a grande maioria dos nossos artistas a tudo o que se passa no mundo é de pasmar.

Tem-se a impressão que vivemos em qualquer ilha perdida no Pacífico, as nossas últimas criações correspondem ainda às primeiras tentativas do impressionismo. Todo esse movimento criador e purificador pós-impressionista de Cézanne para cá é desconhecido e renegado sob o rótulo ridículo de "futurismo". É preciso que os nossos pintores, escultores e arquitetos procurem conhecer sem *parti-pris* todo esse movimento que já vem de longe, compreender o momento profundamente sério em que vivemos e que marcará a fase "primitiva" de uma grande era. O importante é penetrar-lhe o espírito, o verdadeiro sentido, e nada forçar. Que venha de dentro para fora, e não de fora para dentro, pois o falso modernismo é mil vezes pior que todos os academismos.

[2] MÁRIO DE ANDRADE

O Salão

Neste ano o Salão de Belas-Artes, do Rio, teve um aspecto novo. O arquiteto Lucio Costa, que com uma liberdade admirável está dirigindo a Escola Nacional de Belas-Artes, resolveu abrir as portas do Salão a todas as obras apresentadas. O que quer dizer que a comissão organizadora limitou-se a convidar artistas, dispor quadros, agüentar com as responsabilidades, sem se arrogar o direito, melodioso pra qualquer vaidade, de se imaginar juíza do mundo e da beleza. Não cortou ninguém, não recusou entrada a nenhum quadro. O público que julgue e castigue.

Diante desse critério, sucedeu o que era de prever: os artistas moços compareceram oferecendo batalha, os artistas velhos, bem-pensantes, o bem-pintante, fugiram em quantidade, recusaram batalha, sob pretexto de que os novos são "insulto à arte", são ignorantes, são loucos, são cabotinos etc. etc. Dos nomes consagrados da velha-guarda apenas poucos se apresentaram. A prevalência dos modernos foi por isso completa.

Essa covardia dos velhos é realmente irritante. Sob qualquer critério histórico ou filosófico, o processo adotado por Lucio Costa e a Comissão é o único esteticamente aceitável. A própria incompetência técnica, a própria inexistência de qualquer estudo ou reflexão preliminar são injustas para garantir o valor duma criação artística. Deus me livre de afirmar que cultura, técnica, trabalho são desnecessários em arte, sou mesmo dos que exigem isso dum artista pra considerá-lo realidade criadora permanente; mas se a Arte exige cultura, exige técnica, uma determinada obra de arte, certos determinados aspectos da criação não só prescindem de cultura e técnica, como são prejudicados por elas. O que em parte grande estraga o romanceiro popular nordestino é a pretensão de cultura, e, por outro lado, os criadores do impressionismo tiveram que ignorar a forma, a composição, a pincelada e a paleta renascentes ou acadêmicas pra criar o que nos deixaram de bom. E de ruim. Assim: se filosoficamente não existe arte verdadeira e todas as artes o são, não é possível, historicamente, mesmo e, especialmente, num Salão que é fenômeno de arte erudita, determinar o que está sendo e o que será, na interminável evolução da técnica e do sentimento da beleza, a manifestação que dá prazer artístico individual ou a que correrá de qualquer forma pra enriquecer ou organizar a humanidade. Os velhos sabem disso, sabem que Miguel Anjo foi censurado por causa da Sistina, que Greco passou por louco e Manet foi muito rido; mas, na verdade, o que nas suas fugas e covardias eles defendem não é a Arte não, mas as suas pessoinhas empafiosas, as gloríolas que conquistaram e o dinheiro que lhes vem disso. Se recusam a comparecer, porque assim o público pelos seus governos, impressionado pela idéia de respeito aos consagrados, que é mesmo uma das normas tradicionais da bestice coletiva, recusará, no ano seguinte, o acesso aos novos, para que os velhos compareçam. Covardia. Simplesmente covardia.

Mas vamos gozar o Salão deste ano, enquanto a inadvertência do governo permite que Lucio Costa continue sendo útil e bem orientado. Os modernos destacam-se em toda linha, muito embora não apareça na exposição nenhuma obra que se possa dizer formidável. Dos novos já nossos velhos conhecidos só Di Cavalcanti está bem representado com um painel de negros, um excelente grupo de mulatas duma iridescência de pastel claríssimo. Tarsila está mal representada e Anita Malfatti também, embora apresente dois dos seus mais belos quadros da fase expressionista, o *Homem amarelo* e a *Estudante russa.* Duas obras admiráveis, porém já nossas conhecidas. O que a artista está fazendo de novo me inquieta, não consigo perceber bem ao que ela se destina com trabalhos de ordem tão diversas e transitórias como *Puritas, Torrando café* e *Natureza morta*.

Três figuras novas parecem-me se firmar definitivamente no Salão: Vitório Gobbis, Candido Portinari e Alberto da Veiga Guignard. Não é possível estudá-los aqui, e o farei em tempo, são pra mim as revelações do Salão. De Gobbis se destaca especialmente um *Retrato*, duma lógica de construção, duma sensualidade de matéria realmente esplêndidas. Portinari, com o *Violinista*, nos dá talvez a melhor obra do Salão. Obra notável, dum encanto impregnante, que a gente não esquece mais. Guignard parece hesitar ainda entre a pintura construída e a pintura... destruída. Povoa-se de fantasmas e fluidez. A sua pincelada parece ter remorsos de abandonar a plasticidade gorda do óleo e se esgueira num fru-fru de quase crepe-da-China. É encantador.

Do outro lado há dois anjos músicos, Ismael Nery e Cícero Dias. São "completamente loucos", como se diz. Cícero Dias mais dentro do sonho, ao passo que Ismael Nery vive mais dentro duma realidade, por assim dizer, translata. Este prefere os instrumentos de sopro, os seus cantos são mais fortes, são mais serenos, mais construídos. Nas obras mais recentes atinge um equilíbrio de invenção e plasticidade que é realmente raríssimo no gênero de criação plástica a que se dedica. Em *Formação*, esse equilíbrio está com uma pureza mesmo extraordinária.

Quanto a Cícero Dias, que toca viola e harpa, está se completando admiravelmente. Se é certo que vai abandonando em grande parte aquele sentido de tragicidade que foi o que nos deu de melhor na sua primeira fase, ganha em compensação cada vez mais com riqueza de invenção e com técnica. O ao mesmo tempo violento e gracioso *Retrato de Estácio Sá* é uma das criações mais completas que já nos deu.

Em suma: um Salão que me deixa otimista. A obra-prima não é quotidiana. E se o Brasil tivesse agora uma revista, gênero Crapouillot, que dedicasse um número ao Salão deste ano, todos sentiam que o nosso Salão não difere em nada dum Salão da universal Paris. Mas constatando isto a minha carranca se fecha porque me recordei de novo que é justo nessa parecença que está o nosso primeiro, derradeiro e único mal.

[3] PAULO SANTOS

A reforma da escola de Belas-Artes e do Salão

A posse de Lucio Costa na direção da Escola Nacional de Belas-Artes (ENBA) deu-se em 12 de dezembro de 1930. No dia 29 dava ele uma entrevista a Gerson Pompeu Pinheiro,[1] arquiteto recém-diplomado e *doublé* de repórter e caricaturista de *O Globo*, a qual caiu como uma bomba, pulverizando a arquitetura de *estilos* da década de 1920-1930, que tinha constituído a base do ensino na ENBA. Arrasou com o Salão de Belas-Artes e com a orientação da pintura que, a seu ver, ignorava tudo depois de Cézanne.

> Fazemos cenografia [disse ele], "estilo", arqueologia, casas espanholas de terceira mão, miniaturas de castelos medievais, falsos coloniais, tudo, menos arquitetura. [...] Acho indispensável que os nossos arquitetos deixem a Escola conhecendo perfeitamente a nossa arquitetura da época colonial, não com o intuito da transposição ridícula de seus motivos, ou de mandar fazer falsos móveis de jacarandá — os verdadeiros são lindos —, mas de aprender as boas lições que ela nos dá de simplicidade perfeita, adaptação ao meio e à função, e conseqüente beleza.

Fora da Escola, a reforma do Salão de Belas-Artes, na opinião do dr. Rodrigo M. F. de Andrade, teve importância e repercussão maiores do que a Semana de Arte de 1922 e foi ponto de partida para a integração da pintura no Movimento Moderno. Na seção de arquitetura expuseram Warchavchik — a quem Lucio não conhecia pessoalmente e, no afã da coleta de material para o Salão, fora procurar em São Paulo — e o próprio Lucio, que exibiu uma bonita casinha para si mesmo, a ser construída na rua Gustavo Sampaio.

Na Escola, a reforma começa com a contratação de novos professores: Alexander Buddeus, para a cadeira de Composição de Arquitetura, do 5º ano; Gregori Warchavchik, para a de Composição de Arquitetura, do 4º ano; Celso Antonio, para a de Escultura; Leo Putz, para uma das cadeiras de Pintura. Aluno de Leo Putz foi Roberto Burle Marx, que ainda guarda com carinho pendurados às paredes do seu atelier trabalhos desse tempo de estudante.

Buddeus e Warchavchik fizeram na Escola verdadeira revolução. As fontes de inspiração dos alunos eram até então os *Concours d'École*, os *Grand Prix de Rome* e os *Concours Chénavard*, da Escola de Belas-Artes de Paris. Buddeus introduziu as revistas *Form* e *Modern Bauformen*, com novo vocabulário plástico de sólidos geométricos elementares e nova técnica de apresentação: exata, pura, que começou a ser adotada dentro e fora da Escola e continua em uso até hoje. Ele era partidário da escola *racionalista* ou *funcionalista*. "A fachada", dizia, "deve ser o reflexo da planta." Ernani Vasconcellos, que foi seu aluno, fala dele com entusiasmo. Warchavchik, como pioneiro do Movimento Moderno, trazia para o ensino o prestígio das casas "modernas", que desde 1927-1928 construíra em São Paulo, e o de ter sido escolhido por Le Corbusier representante dos CIAMs para toda a América do Sul.

Os alunos deliram com as inovações. Entre eles estava lançada a revolução modernista. Chefiava-os Luiz Nunes, presidente do diretório acadêmico (logo em seguida afastado das lides pela enfermidade que meia dúzia de anos depois o vitimaria), autor no Rio de um prédio de apartamentos na rua do Lavradio, com minúsculos balcões salientes (inspirado em Gropius), e de outro na rua Senador Dantas, e que em Pernambuco fez obra de pioneiro,[2] não apenas como arquiteto, mas também como doutrinador, através das funções públicas que exerceu. Um dos seus primeiros trabalhos lá, o Castelo D'água, em Olinda, foi construído pelo engenheiro Ayrton Carvalho, depois chefe de Distrito da DPHAN e professor de Arquitetura no Brasil na Escola de Belas-Artes (hoje Escola de Arquitetura) de Recife, onde, em conformidade com a diretriz daquele serviço, traçada por Rodrigo M. F. de Andrade, influiu desde o começo com sua colaboração e apoio — como o fariam Luís Saia em São Paulo e mais tarde Sylvio de Vasconcellos em Belo Horizonte —, no duplo sentido da cultura tradicional e da arquitetura moderna. Com a doença de Luiz Nunes, assume a presidência do diretório acadêmico da ENBA o estudante Jorge Moreira, que viria a ser arquiteto de primeiro plano do Movimento Moderno, sucessivas vezes premiado nos salões de Belas-Artes e nas bienais de São Paulo e que, nessa ocasião, tinha por colegas de escola, entre outros, Alcides Rocha Miranda, Ernani Vasconcellos, Oscar Niemeyer, Milton Roberto, Hélio Uchoa, todos arquitetos de alto merecimento na moderna arquitetura do Brasil.

Tendo-se realizado nessa ocasião o concurso ao prêmio de Viagem Caminhoá, com a vitória do aluno Wladimir Alves de Souza (projeto nos moldes habituais), Lucio faz afixar na portaria da ENBA um aviso chamando a atenção dos estudantes para o trabalho classificado em segundo lugar, de Affonso Eduardo Reidy, "cuja arquitetura era a preconizada pela direção". E Reidy é guindado ao quadro de professores como assistente de Warchavchik.

O novo diretor age discricionariamente. Transfere, demite professores. Estes movimentam-se contra ele. Os alunos tomam partido, transformando uma greve contra determinado professor num movimento de solidariedade a Lucio Costa. Procuram influir no governo para que lhes dê ganho de causa nas suas reivindicações, que no essencial eram de apoio à política de Lucio Costa. Jorge Moreira vai buscar Rodrigo M. F. de Andrade para que o acompanhe, como de fato o fez, à casa de Juarez Távora, então ministro da Agricultura; José Mariano, cansado de ver inatendidas suas reivindicações para que se criasse na escola uma cadeira de Estudos Brasileiros, entra na contenda, atacando Lucio pelos jornais. Lucio revida. A linguagem dos contendores torna-se desabrida. Não se tratava de uma polêmica entre duas pessoas, mas entre duas doutrinas: uma, de um *tradicionalismo romântico*, tinha os olhos voltados para o *passado*; outra, *racionalista* e *moderna*, perscrutava o *futuro*.

A polêmica entre os dois contendores e o antagonismo entre o diretor e a congregação tiveram eletrizante efeito sobre os arquitetos e o público e puseram em evidência o movimento renovador que, de outro modo, poderia ter passado quase despercebido — fato com similitudes ao que aconteceu em 1918 na Alemanha, quando, ante a grita dos conservadores, a Bauhaus teve de ser transferida de Weimar para Dessau, conferindo repercussão mundial ao que de, outro modo, não teria passado de um episódio de província.

1. Ver pp. 57-58 da presente edição.
2. Ver pp. 350-353 da presente edição.

[4] ABELARDO DE SOUZA

A ENBA, antes e depois de 1930

Podemos dividir a história da nossa arquitetura em duas partes ou épocas bem distintas: antes de 1930 e depois de 1930.

Antes dos anos 30, a arquitetura brasileira era uma constante cópia dos vários estilos que imperavam na época, vindos todos de outras terras. Para a arquitetura residencial, que era o que mais se fazia, copiava-se o "espanhol", com seus grandes avarandados em arcos, suas janelas protegidas por grades de ferro retorcido formando desenhos os mais variados, seus pátios internos pavimentados com lajes de pedra e um poço no meio, geralmente sem água. Copiava-se também o "mexicano", um "espanhol" transportado para o Brasil via Hollywood, sem passar pelo México. [...]

Outro estilo muito em voga naquela época era o "inglês" ou "tudor" que, apesar de suas diferenças, era confundido quando copiado, porque seus "criadores" empregavam os mesmos elementos: pórticos de pedra; vãos guarnecidos com vigas de madeira (geralmente alvenaria pintada imitando madeira); fachadas com estrutura de madeira aparente como se estivesse suportando a cobertura (simples tábuas pregadas na alvenaria); telhado com várias águas; pesada porta de madeira dando acesso ao *hall* sempre pavimentado com lajes de pedra; e paredes revestidas com lambris de madeira. O *living-room* (é preciso lembrar que o estilo é "inglês") sempre tinha uma grande lareira, simplesmente decorativa, pois, com o clima tropical do Rio, não poderia ter outra função.

Para os prédios públicos, como o edifício da Câmara dos Deputados, da Câmara dos Vereadores, chamada Gaiola de Ouro pelo seu elevado custo de construção, da sede do Jóquei Clube hoje demolido, do próprio Jóquei Clube da Gávea, assim como para os "palacetes", residências dos "esnobes" ou novos-ricos, o estilo era o "clássico". Os "Luíses" variavam do XIV ao XVI segundo a "inspiração" do arquiteto. [...]

O nosso "colonial" tão puro e autêntico, quando construído ou projetado de forma a levar em conta suas origens, acabou tão deturpado que quando entrava na dança, o melhor que acontecia eram prédios como o da Escola Normal do Rio ou o da Faculdade de Direito de São Paulo.

Todos esses estilos, menos o nosso "colonial", chegavam por aqui por meio de revistas ou livros de arquitetura. Duas revistas muito difundidas na época entre os estudantes, que não podiam se dar ao luxo, na sua quase total maioria, de comprar as revistas estrangeiras, eram a *Mi Casita*, se não nos enganamos, de origem argentina, e uma outra, bem brasileira, feita por um então aluno da Escola Nacional de Belas-Artes (ENBA), seu proprietário, seu editor, seu redator, autor da maioria dos projetos apresentados e, também, seu distribuidor. Alguns desses projetos eram antológicos: as fachadas das casas reproduziam as iniciais dos nomes de seus proprietários; "A" para o "seu" Antonio, "B" para o "seu" Benedito, e assim por diante.

Afora essa cartilha arquitetônica, como se fora uma precursora do Mobral, nada se criava naquela época.

O livro sagrado dos arquitetos da época, sua bíblia, era o *Vignola*, ditador supremo das proporções, da composição das fachadas, o mestre supremo das ordens gregas e romanas. Quando eles queriam fazer um projeto, a planta era resolvida dentro daquela simetria indispensável e a fachada era uma cópia exata dos cânones fixados. Quando começaram a aparecer no Rio os primeiros "arranha-céus", aí então os nossos arquitetos, organizadores de espaços que deveriam ser, deram largas às suas imaginações: resolviam a planta e a fachada como se fossem uma residência e empilhavam-na até a altura desejada. Estava pronto o "arranha-céu". Qual *patisseurs*, com coluninhas, balaústres, gregas e frontões, faziam verdadeiros "bolos de noiva". Um exemplo desse conjunto de monstrinhos é a Cinelândia no Rio, onde se pode ver a antiarquitetura.

Os culpados dessa situação, de somente copiar o que os livros estampavam e as revistas publicavam, não eram somente os arquitetos. Os engenheiros civis, porque tinham em seu currículo na Escola Politécnica uma cadeira que "ensinava", durante um ano (!), arquitetura e urbanismo, dominavam o campo da arquitetura e da construção. Eram eles, na opinião geral, que sabiam projetar e construir. Os arquitetos eram os "poetas" que faziam coisas inexeqüíveis e caras, que não tinham noção de economia, que não sabiam os preços dos materiais, que não tinham firmas organizadas. [...]

ESCOLA NACIONAL DE BELAS-ARTES

O curso de arquitetura dado na velha ENBA se arrastava por seis longos anos. Esse curso era ministrado de uma forma totalmente clássica. Era a velha teoria de que o aluno tem de aprender o que o mestre sabe ensinar, coisa que, por sua vez, o mestre aprendeu de seus mestres. Nada de inovações. Nada de novo poderia se esperar de professores que pareciam emissários diretos da École des Beaux-Arts, de Paris, trazendo debaixo dos braços os *Cahiers d'architecture*. Também os alunos, na sua quase totalidade, por falta de maiores e melhores informações e por total ignorância do que se fazia na Europa e nos Estados Unidos, eram, por formação e espírito, clássicos. Desinformados de que, desde 1919, ao terminar a Primeira Guerra Mundial, Walter Gropius, o grande arquiteto, era indicado por Henry van de Velde como o único nome com capacidade para dirigir o que se tornou, mais tarde, a fabulosa Bauhaus, nós, pobres alunos de uma faculdade arcaica, ignorávamos, quase todos, que na Bauhaus lecionavam Paul Klee, Wassily Kandinsky, László Moholy-Nagy e muitos outros artistas e arquitetos de grande fama na época. Nada sabíamos da sucessora da Arts and Crafts e da Werkbund.

O ensino da arquitetura, como já dissemos, era encarado, na época, de um modo completamente obsoleto. Durante os três primeiros anos, tínhamos aulas em comum com os alunos de pintura, escultura e gravura. Era o curso geral, como era chamado. Tínhamos aulas de Desenho Figurado, Escultura de Ornatos, Descritiva, Perspectiva, História das Artes, e Física e Química Aplicadas às Artes. [...]

E pensar que, com aquele ensino, com aqueles professores completamente desatualizados da realidade, completamente ignorantes do que já se fazia no resto do mundo, se formaram arquitetos, citando apenas alguns, como Lucio Costa, Affonso Eduardo Reidy, Marcelo Roberto, Attílio Corrêa Lima, Paulo Antunes Ribeiro e Jayme da Silva Teles!

A situação social e política por volta dos anos 28 e 29 era muito conturbada. Sentia-se uma insatisfação generalizada na camada popular menos favorecida; a distância entre os operários, mesmo nas grandes cidades, e os patrões era muito grande. Não havia diálogo.

No campo, então, era o regime feudal que existia. O camponês só tinha o direito de não ter nada.

No meio estudantil se notava uma grande intranqüilidade. Era uma juventude mais politizada, que não estava mais aceitando a situação vigente. Novas idéias, novos anseios.

Na ENBA, o relacionamento entre os alunos e os professores, a direção da faculdade e principalmente o método de ensino deterioravam-se a passos largos. Não se falava mais a mesma língua; eram duas mentalidades em conflito.

O estudante de arquitetura, pela sua formação, já naquele tempo, tinha uma mentalidade aberta a tudo que era novo, tudo que era criação; então, não podia se conformar com o ensino que lhe era ministrado.

Melhor informados pelos nossos colegas Carlos Leão, Luiz Nunes, Affonso Eduardo Reidy e outros nomes que nos fogem no momento, íamos tomando consciência do que se fazia e do que ia acontecendo no exterior. Víamos, pelas poucas revistas de arquitetura que esses colegas traziam, que existia um franco-suíço chamado Charles-Édouard Jeanneret, mais conhecido por Le Corbusier, que abria os olhos do mundo, através da sua arquitetura, para uma nova maneira de viver; que na Bauhaus se ensinava a verdadeira arquitetura; que em São Paulo, já por volta de 1925, um jovem arquiteto russo, Gregori Warchavchik, lançava um manifesto *Acerca da arquitetura moderna*, que causou grande polêmica entre o grupo mais reacionário e a turma mais evoluída, componentes da Semana de Arte de 22. Na Europa e nos Estados Unidos se falava em arquitetura em termos de concreto armado ou estrutura metálica, enquanto nós ainda pensávamos em paredes de tijolo ou de taipa.

Na escola, a agitação e a insatisfação iam-se avolumando, até que explodiu a greve geral liderada por Luiz Nunes. Não queríamos o diretor José Mariano Filho, não queríamos os velhos mestres, não queríamos seus métodos de ensino.

Para vencermos, ficamos mais de três meses sentados à porta da Escola, noite e dia, fazendo um revezamento de três alunos para cada aula, o mínimo exigido pelo regulamento, para que um professor fosse obrigado a comparecer e a dar aula.

DEPOIS DE 30

Com o advento da Revolução de 1930, liderada por Getúlio Vargas à frente das tropas vindas do Sul e de Minas, houve uma total reformulação na vida brasileira, presa ainda às fórmulas arcaicas de um coronelismo de interior, onde mandavam os "coronéis" de patentes compradas e os chefes políticos com diplomas de deputado ou senador, que passavam de pai para filho, através de eleições onde o eleitor (muitas vezes já falecido) ganhava um par de sapatos para votar no filho do "coronel".

Essa revolução, que se fez sentir mais intensamente no setor social com a promulgação de novas leis, teve sua influência também no setor educacional com a criação do Ministério da Educação.

Graças à nomeação de um ministro mineiro chamado Gustavo Capanema para o novo ministério, foi feita uma outra revolução muito restrita à nossa Escola Nacional de Belas-Artes, onde, pelo currículo, se deveria ensinar arquitetura. Essa outra revolução ficou sendo chamada Lucio Costa.

Com a sua nomeação para a diretoria da ENBA, Lucio Costa, formado pela mesma velha ENBA, famoso cultor do nosso "colonial", conseguiu transformar um museu numa escola viva, onde se começava a ensinar arquitetura. Essa transformação começou a se operar com a nomeação dos novos professores; novos na idade e novos na mentalidade.

Gregori Warchavchik, com 34 anos, e seu assistente Affonso Eduardo Reidy, com 20; Alexander Buddeus, jovem arquiteto alemão, autor de vários bons projetos na Europa e no Brasil, podendo citar o projeto da sede do Instituto do Cacau, em Salvador; Emílio Baumgart, grande inovador do processo do cálculo estrutural no Brasil.

No escritório deste último trabalhavam, a "troco de experiência", vários engenheiros, hoje grandes calculistas. Foram nomeados, também, para o corpo docente da ENBA, Felipe dos Santos Reis, catedrático da cadeira de Resistência dos Materiais, da Politécnica; Mello e Souza, escritor famoso conhecido como Malba Tahan, para a cadeira de Cálculo Integral; Edson Passos, da Politécnica, para a cadeira de Materiais de Construção, substituindo um velho mestre que dizia que "concreto armado era uma mistura de trilhos velhos com cimento e pedra".

A revolução do ensino de arquitetura foi total. Passamos de uma longa fase de cópias de modelos e fórmulas arquitetônicas para a criação. O *Vignola* foi solenemente queimado e suas cinzas espalhadas pelas praias do Rio.

Longe daqueles temas bombásticos já citados, que os alunos eram obrigados a fazer nos anos anteriores a 1930 e que os dos quinto e sexto anos continuavam a fazer, pois os novos professores lecionavam apenas nos três primeiros anos, nós, seus alunos, com grande entusiasmo, passamos a estudar temas mais práticos como "casa mínima", postos de gasolina, grupos escolares, equipamentos de cozinhas e banheiros. Esses temas eram estudados em todos os seus mínimos detalhes, observando seu funcionamento com muito cuidado. E esta já era uma coisa que até então nós desconhecíamos: a *função* das coisas que éramos chamados a projetar.

Era a função de cada cômodo; era a utilidade de uma cozinha, observando seu funcionamento e a disposição de seu equipamento; era a interligação desses cômodos, mais os quartos e salas, que dava a funcionalidade da planta. Tínhamos uma planta livre, sem os cânones e a simetria até então obrigatórios.

Podíamos criar uma fachada, uma cobertura e uma estrutura.

Houve, logo ao início do advento de nossa liberdade de criação, muitos exageros por parte dos mais exaltados. Faziam uma planta para uma casa mínima, com as medidas a tal ponto reduzidas que dificilmente poderia haver uma boa habitabilidade, supondo-se (hipótese remota) que fosse construída.

Por influência da arquitetura moderna européia, principalmente a alemã, então importada, sobre a que nos era mostrada pelos nossos mestres europeus ou de formação européia, usava-se muito as janelas de canto, fachadas lisas e uma planta ainda com resquícios de arquitetura clássica.

As coberturas, os velhos porém belos telhados de telhas francesas ou coloniais, foram substituídas por lajes planas de concreto armado impermeabilizado, com tratamento contra calor e água, que se iam transformando em jardins suspensos. Nas fachadas foram abolidos os beirais, os frontões, as guarnições em torno das janelas e portas. Os pavimentos superiores já iam ensaiando uns modestos balanços, as plantas eram livres e a estrutura também se libertava.

Foi nesse ambiente de intenso trabalho e de absoluta fé nos destinos da nova arquitetura brasileira que se formaram os primeiros arquitetos modernos como Oscar Niemeyer, Carlos Leão, Luiz Nunes, Jorge Moreira, Alcides da Rocha Miranda e tantos outros que, abrindo caminho, iriam dar um grande impulso à arquitetura que nascia.

Esses foram os verdadeiros pioneiros da nova arquitetura brasileira, uma vez que a que faziam Warchavchik, Rino Levi e Flávio de Carvalho era ainda uma arquitetura importada.

A arquitetura moderna brasileira começou, de fato, com o uso da linha curva, com a plástica leve e sensual que só o concreto armado pode dar, com o Conjunto da Pampulha, de Oscar Niemeyer. O prédio do Ministério da Educação, apesar de toda sua beleza, beleza essa que se espalhou pelo mundo como a marca da nova arquitetura brasileira, ainda trazia a rigidez das linhas retas da arquitetura européia.

Um dos fatos marcantes para o desenvolvimento da nossa arquitetura, e que lhe deu grande impulso, um grande prestígio e muita divulgação, foi a vinda ao Brasil, convidado pelo ministro da Educação, Gustavo Capanema, do grande mestre da arquitetura mundial, Le Corbusier. Universalmente conhecido pelas suas revolucionárias teorias sobre arquitetura e urbanismo, criador do *l'esprit nouveau*, quando mostrou ao mundo uma nova forma de morar e viver. Suas palestras com os jovens arquitetos e os alunos de arquitetura vieram dar a esses uma maior segurança no que estavam fazendo e um sentido certo no caminho da nova arquitetura.

As palestras de Le Corbusier foram muito comentadas e discutidas. Elogiadas pelos jovens, que viam, através de suas palavras, um caminho para tudo aquilo com que sonhavam, e combatidas pelos mais reacionários e os formados pela escola clássica, que, não podendo entendê-las, tachavam o conferencista de louco, inconseqüente. [...]

Naquela época ser arquiteto ou "engenheiro-architecto", como era o nosso título escrito no diploma, era visto pelo grande público com muitas reservas. Quem sabia projetar e construir, como já dissemos, eram os engenheiros e os mestres-de-obras. Nós, arquitetos, principalmente os "futuristas", como éramos chamados, encontrávamos inúmeras dificuldades para poder, através de nossos projetos, criar para o povo a idéia da possibilidade de uma nova arquitetura, a que estava nascendo no Brasil. Queríamos mostrar um novo modo de viver, uma nova técnica de construir. Queríamos mostrar a "máquina de morar".

Éramos combatidos pelos mestres-de-obras, pelos engenheiros e pela grande camada mais conservadora da população. Diziam, todos eles, que o que estávamos fazendo era "coisa de moda", e que não resistiria ao tempo. Diziam, também, que o concreto armado, o responsável pela grande beleza plástica da arquitetura moderna brasileira, que nos possibilitava criar novas formas, não tinha tradição na arquitetura brasileira, na "nossa arquitetura", como eles chamavam a arquitetura que faziam. O concreto armado, na opinião deles, era só para as grandes obras de engenharia.

Eles não sabiam que, já em 1890, os engenheiros franceses Hennebique e Coignet utilizaram o concreto armado em suas construções, e que August Perret fez o mesmo em seu primeiro prédio de apartamentos, à rua Franklin, existente até hoje. Isto em 1903.

Alguns arquitetos que tiveram uma formação clássica e que tentaram fazer arquitetura moderna, mas sem ter a necessária mentalidade evoluída, mentalidade adequada à nova ordem arquitetônica, prestaram um grande desserviço e um grande mal na formação de uma consciência artística do povo.

Um exemplo frisante dessa situação foi a construção de um prédio, infelizmente existente até hoje, na avenida Rio Branco, no Rio. Esse projeto foi copiado e imitado por centenas de "arquitetos" e construtores em todo o Brasil, em todas as escalas e em todas as cores. Até pequenas residências imitavam, nas suas fachadas, os elementos predominantes do citado prédio.

Nos escritórios de arquitetura onde nós, alunos, íamos trabalhar para adquirir alguma experiência profissional e aprender um pouco de arquitetura, o regime de trabalho era: desenhar para a prefeitura todo o projeto em papel tela — um tecido de cambraia de linho recoberto por uma camada protetora —, desenho feito a nanquim, sem poder errar, pois o papel não aceitava rasuras. Era fogo! [...]

Nosso aprendizado não se limitava ao escritório; fazíamos, também, estágio nas obras, o que era um excelente exercício para a nossa profissão. Lá, nas obras, é que era possível avaliar a importância de um projeto bem estudado e detalhado no desenvolvimento de um serviço. O contato com a obra e ter de resolver no local qualquer dúvida que aparecesse nos davam muita segurança e maior facilidade para a execução de melhores soluções e novos detalhes.

Enquanto no Rio era essa a situação quanto ao ensino da arquitetura, em São Paulo a situação era praticamente a mesma, tendo a seu favor a luta gigantesca que travaram para impor suas idéias três grandes da arquitetura moderna: Gregori Warchavchik, Rino Levi e Flávio de Carvalho que, vindos da Europa, de lá trouxeram as novas idéias e a arquitetura européia.

Warchavchik, Rino e Flávio lutaram sozinhos, uma vez que não tinham contato com a classe estudantil em que se pudessem escorar para enfrentar a luta, como aconteceu no Rio com Lucio, Reidy, Buddeus e tantos outros que puderam transmitir aos seus alunos suas idéias, que frutificaram através de Niemeyer, Marcelo Roberto, Jorge Moreira, Rocha Miranda e muitos outros.

O ensino de arquitetura em São Paulo, que naquele tempo era um curso dado na Escola Politécnica, com um vestibular único para todas as especialidades, foi iniciado com a fundação da Politécnica, por volta de 1894. O curso preliminar era de um ano para todos os aprovados no vestibular. O curso geral, em dois anos, ainda era comum a todos os aprovados no curso preliminar, e o curso especial, em três anos, era onde as turmas se dividiam, cada uma em sua especialidade.

Em certa ocasião, o professor Ramos de Azevedo, um dos primeiros a ser nomeado para ensinar arquitetura, vindo das faculdades européias onde adquiriu sólida cultura, dentro do rigor que caracterizava o seu método de ensino, mandou que um aluno seu, o então jovem José Maria da Silva Neves, projetasse um portal para a entrada de um parque. O jovem aluno, querendo inovar, como um prenúncio de rebelião ao classicismo, fez um frontão em linhas curvas, tudo muito bem desenhado a nanquim e aguadas em sépia marcando as sombras. Levou a maior "bronca" do mestre, com uma advertência: "quando você for arquiteto, poderá ter o direito de inventar coisas; mas como estudante, é pegar o *Vignola* e copiar o que os mestres já fizeram".

Era assim o ensino da arquitetura. Aqui ou lá. [...]

REALIZAÇÕES

PANORAMA GERAL

1 **A RENOVAÇÃO DA ARQUITETURA BRASILEIRA** LOURIVAL GOMES MACHADO [*Retrato da Arte Moderna do Brasil.* São Paulo, Departamento de Cultura, 1947, pp. 79-83] 2 **MUITA CONSTRUÇÃO, ALGUMA ARQUITETURA E UM MILAGRE** LUCIO COSTA [*Correio da Manhã,* Rio de Janeiro, 15 jun. 1951] 3 **A ARQUITETURA MODERNA NO BRASIL** MÁRIO PEDROSA [*L'Architecture d'aujourd'hui,* n. 50-51, Boulogne (Seine), pp. XXI-XXIII, nov.-dez. 1953 (Tradução de Aracy Amaral)] 4 **ARQUITETURA PAULISTA** LUÍS SAIA [*Diário de São Paulo*, São Paulo, 1959]

[1] LOURIVAL GOMES MACHADO

A renovação da arquitetura brasileira

A dispersão de esforços, que o observador da arte brasileira lastima na escultura dos últimos vinte anos, é parcialmente compensada pelo caráter nitidamente organizado que assumiu o trabalho dos arquitetos desde que em seu meio surgiu o grito de modernização. Com a pressa de todo crítico de arte, que é espantado dos territórios da construção pelo temor das implicações técnicas, deixamos apenas sugerida, mais acima,[1] uma maior subsistência da arquitetura mesmo na época do declínio acadêmico, que não conseguiu causar-lhe o mal feito às outras artes menos utilitárias e, portanto, mais sujeitas às flutuações puramente modais. Seria, não obstante, muito arrojado lançar tal pormenor histórico à categoria de fundamento básico da atual situação dos estudos arquitetônicos no Brasil. A simples aproximação entre a escola de Grandjean de Montigny e os jovens construtores atuais seria chocante em si mesma, mas, para além da extravagância, há ponderável parcela de tempo decorrido entre esses dois movimentos e se, nela, a arquitetura não se estagnou, tampouco manteve desenvolvimento linear.

Houve a entrada, nessa época, dos elementos europeus provindos de dois pólos opostos: de um lado, a imigração estrangeira, sobretudo a italiana, trouxe-nos uma leva de artesãos rudimentares, de trabalhadores habituados a padrões formais fixos e imutáveis, que se incumbiram de adaptar à planta que tradicionalmente se fixara nas cidades brasileiras; por outra parte, o olhar dos ricos voltado sempre, nessa época de folgança econômica que viria até 1929, para os modismos europeus, provocou a importação de um *art nouveau* por vezes quase grandioso nessa segunda onda, e de todo o batalhão de mofinos "estilos" regionais e pitorescos, sem deixar de continuar a cópia das mansardas e das ardósias empinadas da tradição francesa. Assim foi que os bairros ricos se encheram de inexpressivas aproximações de "suíços" e "normandos", provocando a reação de um "colonial" estranhamente misturado com o "bangalô" que logo entrou em fácil acomodação geradora dos mais inesperados hibridismos formais. Enquanto isso, a casa modesta só conhecia o mesmo impacto que, advindo nos primeiros anos da República, já assentara uma fisionomia de fachada sem entrar pela casa adentro. Os pedreiros responsáveis por essa modificação têm um nome que diz de toda a sua atividade — chamam-se, na gíria profissional, "frentistas". De fato, sua ação nunca passou da frente da casa; para além da parede externa desenvolve-se, nas construções dos bairros hoje chamados pobres, a mesma distribuição tradicional, espécie de adaptação do plano das casas rurais da zona cafeeira às condições e às dimensões urbanas.

Esta fase da construção brasileira não encontrou o analista paciente que exige. Parece-nos, contudo, de menor risco afirmar que a revolução arquitetônica visou principalmente à arquitetura abastada, cujos excessos de importação pretendeu anular, ao tempo em que se dispunha a demonstrar a falsidade dos chamados colonialistas apegados à tábua de salvação do ornato e da aparência formal externa que, com inteira displicência, transplantavam da arquitetura de adobe, pedra e telha portuguesa para as casas que agora se faziam de tijolo perfurado, com apoio do cimento e cobertas pela telha francesa, incapaz de se pôr em acordo com os achinesados bicos de beiral. Em síntese, poder-se-ia dizer que o arquiteto moderno do Brasil gritou contra o figurino.

De fato, a moda estava a tal ponto senhora da situação que a própria arquitetura posta em dia, oferecida pelos primeiros pioneiros, surgia aos olhos do público como novos figurinos. Juntava gente — contam as testemunhas do tempo — à porta da primeira casa construída em São Paulo por Gregori Warchavchik, o novidadeiro recém-chegado, como se ali estivesse um animal de circo, uma ousadia infinita. O mesmo espanto cobriu as experiências, muito mais generosas de gratuidade, com que Flávio de Carvalho anunciou, no clima de desvario que ama e cria, sua volta ao país. Mas a calma construtiva de um e os arremetimentos estrondosos de outro talvez correspondam — com algum natural atraso, é certo — à fase vanguardeira que a literatura e a pintura já tinham conhecido, pelo menos uns dez anos antes. Depois do choque que, do ponto de vista do movimento geral, representa como que a propaganda prévia do novo produto, veio o período ativo, diríamos mesmo fabril, em que se procura a fórmula mais útil, mais econômica, mais eficiente e inteiramente autêntica que irá assegurar a conquista do mercado que a surpresa abriu.

Nesse novo período, a liderança passou ao Rio de Janeiro (para onde aliás já viajara, em multiplicação, boa parte da pintura modernista). E, durante os anos de rápida e profunda evolução da década de 30, talvez o maior acontecimento, pelas conseqüências que acarretou, seja a visita a essa cidade de Le Corbusier, convidado pelo grupo de arquitetos encarregados da construção do prédio do Ministério da Educação e Saúde. Não que o estrangeiro viesse impor sua visão cubista da casa, trazendo de fora ou aqui elaborando a planta do novo palácio. Pelo contrário, a visita de Le Corbusier teve uma orientação tão marcadamente didática, e em seu melhor sentido, que chega a surpreender. Sua atitude foi a de estudar junto, de apenas encaminhar o esclarecimento das questões e a solução dos problemas. E a melhor prova de sua eficiência como professor se patenteia no ter deixado aqui, ao se retirar, não o risco de um prédio público, mas um grupo de jovens arquitetos capacitados a resolver esse problema urgente e, mais, de construir, como realmente veio depois a construir, as melhores amostras contemporâneas do país.

A renovação da arquitetura brasileira rompeu inteiramente, como era sua intenção inicial, com o velho apegamento às aparências formais do enfeite e da silhueta importada, mas não as substituiu por outra silhueta e outras aparências mais recentes. A transposição da arquitetura do grande suíço seria fácil e, possivelmente, perduraria por muito seu valor ilusório. Mas o "grupo do Ministério" e todos os seus afins e demais contaminados preferiram erguer a nova casa sobre a própria terra e dela ir tirando aos poucos uma fisionomia autêntica, natural. Isso decorreu fluentemente dos estudos conscienciosos dos limites impostos pelas condições ambientes. O material de construção foi explorado em todas as suas minúcias, até oferecer o máximo de possibilidades. O clima imperativo dos trópicos, que se faz particularmente sensível no Rio, exigiu soluções inéditas e chegou mesmo a impor modificações estruturais. Assim, nasceu a nova casa brasileira. Há, nela, atributos diferentes e inovações surpreendentes que impressionam o técnico estrangeiro.[2] Seu construtor é capaz de se entregar com quase fanatismo ao esmiuçamento de um problema particular, embora o saiba destinado a ser em breve superado pela evolução normal da técnica, como aconteceu com a questão do *brise-soleil*.

Por outro lado, o cimento, material de base para as construções desse país, ironicamente assentado sobre imensas jazidas de ferro, tornou-se dócil e submeteu-se ao domínio do construtor, que dele tira o quanto deseja. Mas, evidentemente, esses detalhes devem caber ao comentarista iniciado ou ao arquiteto estudioso; a nós, nos basta a certeza de que a nova arquitetura brasileira corresponde fielmente às necessidades, às condições e à mentalidade do país e que, entre ela e a autêntica arquitetura dos tempos da colônia, só vai a diferença imposta pela dimensão temporal em cuja função variou a sociedade transformando-se no tocante às condições de vida e ao alcance da técnica. Tão perfeita é a correspondência que, por vezes, o observador sente revelar-se no risco dos edifícios novos, não o cubismo europeu do mestre, mas a gratuidade e as ilusões de perspectiva que foram, em seu tempo, o apanágio do barroco, elemento histórico da arte do Brasil.

Seria entretanto injusto fechar este capítulo sem uma observação que dê a devida importância ao movimento arquitetônico em São Paulo. Graças à chegada de elementos estrangeiros (Bernard Rudofsky é apenas um exemplo), à volta de seus estudos no exterior de estudantes nacionais (o caso agora é o de Rino Levi), e graças, principalmente, ao enorme esforço de progresso e superação das novas gerações, às quais se deve, entre outras achegas, um maior estudo da arquitetura norte-americana atual, em São Paulo se desenvolveu uma arquitetura que, em linhas gerais, não fica a dever ao exemplo carioca. Sua fisionomia topográfica e a ausência de grandes palácios ministeriais talvez leve a cidade a se tomar o centro arquitetônico destinado a resolver os problemas peculiares à casa de moradia. Mas, se falamos em São Paulo, é preciso ainda referirmo-nos à contaminação, pelos cariocas, de núcleos mais afastados como a Bahia, o Recife e, sobretudo, Belo Horizonte.

1 Refere-se a capítulo anterior do livro que contém este artigo. [N.O.]

2 Ver Philip L. Goodwin, *Brazil Builds. Architecture new and old 1652-1942*. Nova York, The Museum of Modern Art, 1943.

[2] LUCIO COSTA

Muita construção, alguma arquitetura e um milagre

No segundo quartel do século XIX, o arquiteto francês Auguste Henri Victor Grandjean de Montigny, formado na prestigiosa tradição acadêmica então em voga, conseguia finalmente, depois de longos anos de penosas atribulações e mal disfarçada hostilidade, dar início ao ensino regular da arquitetura no próprio edifício construído por ele para sede da recém-fundada Academia de Belas-Artes.

Integrava-se assim, oficialmente, a arquitetura do nosso país no espírito moderno da época, ou seja, no movimento geral de renovação inspirado, ainda uma vez, nos ideais de deliberada contensão plástica próprios do formalismo neoclássico, em contraposição, portanto, ao dinamismo barroco do ciclo anterior, já então impossibilitado de recuperação, ultrapassadas que estavam as suas últimas manifestações, cujo "desenho irregular de gosto francês" — segundo expressão da época — motivara, pejorativamente como de praxe, o qualificativo de rococó.

Neste segundo quartel do século XX, apenas encerrado, aportou à Guanabara um compatriota do ilustre mestre, procedente como ele da mesma École de Beaux-Arts, velha matriz das instituições congêneres espalhadas pelo mundo — mas, desta vez, simples aluno e especialmente credenciado pelo presidente do diretório acadêmico da referida escola — o Grand Massier —, para coligir material relacionado com a nossa arquitetura moderna, a fim de organizar uma exposição no recinto daquele tradicional estabelecimento de ensino e de, assim, corresponder ao excepcional interesse ali despertado pelas realizações da arquitetura brasileira contemporânea.

Para que a dívida contraída com o velho professor pudesse ser tão fiel e honrosamente saldada no prazo vencido de um século — muito embora as vicissitudes decorrentes da incompreensão e da hostilidade enfrentadas fossem porventura maiores — tornou-se, porém, necessária a intervenção de outro francês, mas este autodidata de gênio: Charles Edouard Jeanneret, dito *Le Corbusier*. No entanto, e o fato é significativo, quando ele aqui esteve pela primeira vez, a caminho do Prata, 1929, onde realizaria um curso de conferências verdadeiramente fundamentais, reunidas depois no volume *Précisions*, o Rio, conquanto retificado no seu delineamento primitivo e já modernizado, ainda se apresentava, quanto à *escala*, nos moldes da sua feição tradicional, pois então — e durante muito tempo — existiu na cidade um *único* prédio de apartamentos, infelizmente já demolido, o edifício Lafont, projetado pelos arquitetos Viret & Marmorat, mas que, pelas peculiaridades do estilo, dir-se-ia mandado vir, já pronto, de Paris.

Tal circunstância teria contribuído, em parte, para a sensação de pasmo e escandalizada apreensão provocada pelo fôlego genial da concepção lírico-urbanística do Rio sugerida por esse renovador do conceito tradicional da cidade, no seu impacto com a terra carioca, sugestão então reputada simplesmente louca.

É que, impressionado pela beleza diferente da paisagem nativa e convencido de que o desenvolvimento iminente da cidade, comprimida entre o mar e a montanha, iria comprometer sem remédio o seu esplendor panorâmico, criando, por outro lado, problemas insolúveis de tráfego e ainda o desconforto da habitação, como decorrência do seu acúmulo e crescimento em altura sobre loteamento impróprio, concebeu, com aquela facilidade e falta de inibição próprias do gênio, uma ordenação arquitetônica monumental capaz de absorver no seu bojo a totalidade das inversões imobiliárias em perspectiva, bem como os capitais interessados nas futuras obras de viação metropolitana, tudo a ser levado a cabo por iniciativa e com a participação direta da municipalidade.

Tratava-se, em síntese, de um extenso viaduto de percurso sinuoso conforme a topografia local, construído a cavaleiro das edificações de poucos andares então existentes, e destinado à comunicação rápida dos bairros distantes, tanto para tráfego de automóveis quanto de coletivos. Sobre essa possante estrutura de ponte, uma superestrutura de concreto armado ou metálica com pisos servidos de água e esgoto, gás, luz e força — os *terrenos artificiais* como os denominava com muita propriedade —, *todos com frente desimpedida para a vista da serra ou do mar*, e destinados à venda avulsa ou em lotes para construções de renda ou de incorporação (o que tornaria a obra do arcabouço em parte autofinanciável), evitando-se assim, como contrapartida, a valorização indevida dos *terrenos de verdade*, destinados apenas a construções de outra natureza e às casas isoladas, as quais poderiam então dispor de área ajardinada compatível com a área construída, ficando igualmente livres de se verem inopinadamente bloqueadas por edifícios de apartamentos, limitação de valor que viria ainda facultar a eventual recuperação de determinadas quadras para arborização e recreio coletivo.

Semelhante empreendimento, verdadeiramente digno dos tempos novos, no dizer do autor, e capaz de valorizar a excepcional paisagem carioca por efeito do contraste lírico da urbanização monumental, arquitetonicamente ordenada, com a liberdade telúrica e agreste da natureza tropical, foi qualificado como irreal e delirante porque em desacordo com as possibilidades do nosso desenvolvimento; porque o brasileiro, individualista por índole e tradição, jamais se sujeitaria a morar em apartamentos de habitação coletiva; porque a nossa técnica, o nosso clima... enfim, a velha história da nossa *singularidade*: como se os demais países também não fossem cada qual "diferente" à sua maneira.

Isto há pouco mais de vinte anos. E, no entanto, como se empreendeu, como se projetou, como se construiu! Se juntássemos umas sobre outras as peças avulsas dessa mole edificada que sepultou em vida o carioca, o seu volume já daria para a empresa e ainda teríamos os viadutos de quebra. Houve procura; houve capitais; houve capacidade técnica e houve, até mesmo, nalguns casos, qualidade arquitetônica. Faltou apenas a necessária visão.

Mas como explicar um tal milagre? Milagre, por assim dizer, *double-faced*, como explicar que, de um lado, a proverbial ineficiência do nosso operariado, a falta de tirocínio técnico dos nossos engenheiros, o atraso da nossa indústria e o horror generalizado pela *habitação coletiva* se pudessem transformar a ponto de tornar possível, num tão curto prazo, tamanha revolução nos "usos e costumes" da população, na aptidão das oficinas e na proficiência dos profissionais; e que, por outro lado, uma fração *mínima* dessa massa edificada, no geral de aspecto vulgar e inexpressivo, pudesse alcançar o apuro arquitetônico necessário para sobressair em primeiro plano no mercado da reputação internacional, passando assim o arquiteto brasileiro, da noite para o dia e por consenso unânime da crítica estrangeira idônea, a encabeçar o período de renovação que vem atravessando a arquitetura contemporânea, quando ainda ontem era dos últimos a merecer consideração?

Há certa tendência — agora que o louvor de fora a consagrou, e o hábito decorrente da vista e do uso já lhe vai assimilando as formas e percebendo a intenção — de pretender encarar essa floração de arquitetura como processo natural, fruto de umas tantas circunstâncias e fatores propícios, e, conseqüentemente, demonstrável por a + b. Nada menos verdadeiro, entretanto.

Se, com respeito ao surto edificador e ao modo de morar, os fatos se explicam como decorrência mesma de umas tantas imposições de natureza técnica e econômico-social, outro tanto não se poderá dizer quanto à revelação do mérito excepcional daquela porção mínima do conjunto edificado, já que a febre construtora dos últimos 25 anos não se limitou, apenas, às poucas cidades do nosso país, mas afetou toda a América, a África branca e o Extremo Oriente, sem que adviesse daí qualquer manifestação com iguais características de constância, maturidade e significação; e, ainda agora, a reconstrução européia não deu lugar, ao contrário do que fora de se esperar, senão a raros empreendimentos dignos de maior atenção, como, por exemplo, o caso excepcional de Marselha.

Convirá, pois, rememorar a nossa atividade arquitetônica deste meio século, ainda quando apenas referida à cidade do Rio de Janeiro, a fim de precisar melhor os antecedentes do movimento restrito e autônomo, mas persistente, que, por suas realizações, teve o dom de despertar o interesse dos arquitetos estrangeiros a ponto de lhes merecer a visita e o empenho espontâneo da divulgação.

O desenvolvimento da arquitetura brasileira ou, de modo mais preciso, os fatos relacionados com a arquitetura no Brasil nestes últimos cinqüenta anos não se apresentam concatenados num processo lógico de sentido evolutivo; assinalam apenas uma sucessão desconexa de episódios contraditórios, justapostos ou simultâneos, mas sempre destituídos de maior significação e, como tal, não constituindo, de modo algum, estágios preparatórios para o que haveria de ocorrer.

Dois fatores fundamentais, ambos originários do século XIX, condicionaram a natureza das transformações por que passaram entre nós, nesta primeira metade do século, tanto o programa da habitação, quanto a técnica construtiva e a expressão arquitetônica decorrente dela.

O primeiro, de alcance limitado ao país conquanto de consequências imediatas para a vida rural, de efeito lento, embora progressivo, na economia doméstica citadina: a *abolição*.

A *máquina* brasileira *de morar*, ao tempo da Colônia e do Império, dependia dessa mistura de coisa, de bicho e de gente, que era o *escravo*. Se os casarões remanescentes do tempo antigo parecem inabitáveis devido ao desconforto é porque o negro está ausente. Era ele que fazia a casa *funcionar* — havia negro para tudo —, desde negrinhos sempre à mão para recados até negra velha, babá. O negro era esgoto; era água corrente no quarto, quente e fria; era interruptor de luz e botão de campainha; o negro tapava goteira e subia vidraça pesada; era lavador automático; abanava que nem ventilador.

Mesmo depois de abolida a escravidão, os vínculos de dependência e os hábitos cômodos da vida patriarcal de tão vil fundamento perduraram, e, durante a primeira fase republicana, o custo baixo da mão-de-obra doméstica ainda permitiu à burguesia manter, mesmo sem escravos oficiais, o trem fácil de vida do período anterior, tanto mais assim porquanto, além da água encanada, era então iniciada aqui a exploração dos serviços de utilidade pública — City Improvements, Compagnie du Gaz, Light & Power — capazes de tornar menos rude a faxina caseira.

Só mais tarde, com o primeiro após-guerra, a pressão econômica e a conseqüente valorização do trabalho despertaram nas "domésticas" a consciência da sua relativa libertação, iniciando-se então a fase da *rebeldia*, caracterizada pelas "exigências absurdas" (mais de cem mil réis!) e pela petulância no trato ao invés da primitiva humildade.

Aliás, a criadagem negra e mestiça foi precursora da *americanização* dos costumes das moças de hoje: as liberdades de conduta, os *boy-friends*, os *dancings* e certos trejeitos vulgares já agora consagrados nos vários escalões da hierarquia social. Essa tardia valorização afetou o modo de vida e, portanto, o programa da habitação. Em vez de quatro ou cinco criados, duas empregadas ou apenas uma, senão mesmo prescindir de todo da ajuda mercenária. Daí a manutenção das casas requerer desdobrada diligência das "patroas", tornando-se incômoda e até mesmo penosa, devido às distâncias, à altura e ao excesso de cômodos ou espaço perdido; enfim, a "máquina" já não funcionava bem.

Data de então, além da construção de casas minúsculas em lotes exíguos, os pseudobangalôs, a brusca aparição das casas de apartamentos — o antigo espantalho da habitação coletiva —, solução já então corrente alhures, mas retardada aqui em virtude precisamente daquelas facilidades decorrentes da sobrevivência tardia da escravidão.

Doutra parte, o afluxo sempre crescente dos antigos brasileiros das províncias e de brasileiros novos, de variada procedência do ultramar, bem como os hábitos salutares da vida ao ar livre, determinaram a expansão da cidade no sentido das praias da zona sul, então ainda meio despovoadas, provocando assim, de forma desordenada, o surto acelerado das incorporações imobiliárias que se tornaria, dentro em pouco, febril devido à desenfreada especulação.

O segundo fator, de ação ainda mais prolongada e tremenda repercussão internacional, porque origem da crise contemporânea, cujo epílogo parece cada vez mais distante, foi a revolução industrial do século XIX.

Poderá parecer fora de propósito, tratando-se aqui de um tema restrito, a alusão a ocorrência tão distante no tempo, mas é que, apesar da sua remota origem, ela se faz cada vez mais presente e está na raiz dos grandes e pequenos problemas atuais, não apenas os que afetam o nosso egoísmo, porventura legítimo, e nos afligem a cada dia a consciência e o coração, mas também aqueles de cuja solução depende a própria feição material da cidade futura.

Se, numa perspectiva mais ampla, o desajuste profundo provocado pelo advento da industrialização se agravou devido à circunstância de o espírito agnóstico se haver antecipado ao espírito religioso na inteligência do seu verdadeiro sentido e alcance, no caso particular das relações da técnica com a arte, fundamental para a arquitetura, esse desajuste e os efeitos da sua ação retardada também se tornaram mais vivos por causa da incompreensão e hostilidade do pensamento oficial acadêmico, inconformado.

A técnica tradicional do artesanato, com os seus processos de fazer *manuais* e, portanto, impregnados de contribuição *pessoal*, pois não prescindiam no pormenor da iniciativa, do engenho e da invenção do próprio obreiro, estabelecendo-se assim certo vínculo de participação efetiva entre o artista maior, autor da concepção mestra da obra, e o conjunto dos artífices especializados que a executavam — os artesãos —, foi bruscamente substituída pela técnica da produção industrializada, onde o processo inventivo se restringe àqueles poucos que concebem e elaboram o modelo original, não passando a legião dos que o produzem de autômatos, em perene jejum de participação artística, alheios como são à iniciativa criadora.

Estabeleceu-se, desse modo, o divórcio entre o artista e o povo: enquanto o *povo artesão* era parte consciente na elaboração e evolução do *estilo* da época, o *povo proletário* perdeu contato com a arte. Divórcio ainda acentuado pelo mau gosto burguês do fim do século, que se comprazia, envaidecido, no *luxo barato* dos móveis e alfaias da produção industrial sobrecarregada de enfeites pseudo-artísticos, enquanto a arquitetura, hesitante entre o funcionalismo neogótico do ensino de Viollet-le-Duc e as reminiscências do formalismo neoclássico do começo do século, se entregava aos desmandos estucados dos cassinos e aos espalhafatosos empreendimentos das exposições internacionais, antes de resvalar para as belas estilizações, destituídas de conteúdo orgânico-estrutural, do *art nouveau* do novecentos.

Mas ao lado de tão generalizado aviltamento do gosto oriundo dos focos industriais, e cuja vulgaridade o comércio se incumbe de levar aos confins da terra, essa mesma indústria e essas mesmíssimas exposições internacionais, utilizando novos materiais e novos processos, tanto no fabrico dos utensílios quanto na construção das estruturas, provocavam, simultaneamente àquela onda de falso brilho, um surto de formas funcionais de proporções inusitadas e singular elegância, muito embora não lhes assistisse o propósito deliberado da quebra das formas consagradas, pois na maioria dos casos sempre diligenciaram por disfarçar a beleza incipiente, escondendo a pureza do *achado* sob a maquilagem do gosto equívoco de então. Sem embargo, porém, desse empenho, a nova *intenção*, o espírito novo — ou seja, precisamente, o *espírito moderno* — já se desprendia com surpreendente desenvoltura: desde o mundialmente famoso Palácio de Cristal, da exposição de Londres de 1851 (velho de um século — e ainda se invoca a "precipitação" do modernismo!), do elegante molejo das caleches e do tão delicado e engenhoso arcabouço dos guarda-chuvas — versão industrializada do modelo oriental — até as cadeiras de madeira vergada a fogo, ou de ferro delgadíssimo, para jardim, e as estruturas belíssimas criadas pelo gênio de Eiffel.

Esse o quadro de fundo quando se iniciou aqui a era republicana. Já então se haviam definitivamente perdido tanto o apego às formas de feição tradicional quanto a fecunda experiência neoclássica dos numerosos discípulos de Montigny e, de permeio, a modalidade peculiar de estilo própria do casamento dessas duas tendências opostas.

Os beirais com telhões de louça azul e branca ou policrômica, característicos da metade do século, e as platibandas azulejadas com remate de pinhões ou estatuetas da fábrica Santo Antônio, do Porto, eram substituídos pelos lambrequins de madeira recortada ou pelos acrotérios sobrecarregados de ornamentação; e o gracioso e variado desenho da caixilharia das vidraças de guilhotina, que havia tomado o lugar das primitivas gelosias de treliça, cedia por seu turno a vez aos vidros inteiros das esquadrias de abrir à francesa.

Conquanto a planta da casa ainda preservasse a disposição tradicional do Império, com sala de receber à frente, refeitório com puxado de serviço aos fundos e duas ordens de quartos ladeando extenso corredor de ligação, cuja tiragem garantia a boa ventilação de todos os cômodos, o seu aspecto externo modificara-se radicalmente, não só devido à generalização dos porões *habitáveis*, de pé-direito extremamente baixo em contraste com a altura do andar, e que se particularizavam pelos bonitos gradeados de ferro fundido e malha miúda (como defesa contra os gatos), mas por causa da troca das tacaniças do telhado tradicional, de quatro águas, pela dupla empena do chalé, na sua versão local algo contrafeita por pretender atribuir certo ar faceiro ao denso retângulo edificado.

É que prevalecia, então, o gosto do pitoresco: os jardins, filiados ainda aos traçados românticos de Glaziou, faziam-se mais caprichosos, com caramanchões, repuxos, grutas artificiais, pontes à japonesa e fingimentos de bambu; os elaborados recortes de madeira propiciados pela nova técnica de serragem guarneciam os frágeis varandins e as empenas, cujos tímpanos se ornavam com estuques estereotipados, enquanto os vidros de cor ainda contribuíam para maior diferenciação.

Por outro lado, construções "apalaçadas" de estilo bastardo e aparência ostensivamente *rica*, com altas esquadrias de guarnecer nas aduelas, sacadas de fundição pré-fabricada, fingimentos de escaiola e reluzentes parquetes, também vinham acentuar a quebra definitiva da velha tradição. Essa quebra não se deveu apenas aos caprichos da moda; foram as condições econômicas decorrentes da nova técnica industrial e das facilidades do comércio com o ultramar que impuseram a mudança nos processos de fazer e, como consequência, o novo gosto: as couçoeiras e frisos de pinho-de-riga para o madeiramento dos telhados e vigamento dos pisos e respectivo soalho chegavam aqui mais baratos e mais bem aparelhados que a madeira nativa; as telhas cerâmicas Roux-Frères, de Marselha, eram mais leves e mais seguras; os delgados esteios e vigas procedentes dos fornos de Birmingham ou de Liège facilitavam a construção dos avarandados corridos de abobadilhas à prova de cupim. Vidraças inteiriças Saint Gobain, papéis pintados para parede, forros de estamparia, mobílias já prontas, lustres para gás e arandelas vistosas, lavatórios e vasos sanitários floridos — tudo se importava, e a facilidade relativa das viagens aumentava as oportunidades do convívio europeu.

Assim, pois, a força viva avassaladora da idade da máquina, nos seus primórdios, é que determinava o curso novo a seguir, tornando obsoleta a experiência tradicional acumulada nas lentas e penosas etapas da Colônia e do Império, a ponto de lhes apagar, em pouco tempo, até mesmo a lembrança.

A distinção entre transformações estilísticas de caráter *evolutivo,* embora por vezes radicais, processadas de um período a outro na arte do mesmo ciclo econômico-social — e, portanto, de superfície —, e transformações como esta, de feição nitidamente *revolucionária*, porquanto decorrentes de mudança fundamental na técnica da produção — ou seja, nos modos de fabricar, de construir, de viver —, é indispensável para a compreensão da verdadeira natureza e motivo das substanciais modificações por que vem passando a arquitetura e, de um modo geral, a arte contemporânea, pois, no primeiro caso, o próprio "gosto", já cansado de repetir soluções consagradas, toma a iniciativa e guia a intenção formal no sentido da renovação do estilo, ao passo que, no segundo, é a nova técnica e a economia decorrente dela que impõem a alteração e lhe determinam o rumo — o gosto *acompanha.* Num, simples mudança de cenário; no outro, estréia de peça nova em *temporada* que se inaugura.

Não foi pois, em verdade, sem propósito que o começo do século se revestiu, no Rio de Janeiro, das galas de um autêntico espetáculo. O urbanismo providencial do prefeito Passos, criador das belas avenidas Beira-Mar e Central, além de outras vias necessárias ao desafogo urbano, provocara o surto generalizado de novas construções, dando assim oportunidade à consagração do ecletismo arquitetônico, de fundo acadêmico, então dominante.

É comovente reviver, através dos artigos do benemérito Araújo Viana, a inauguração, a 7 de setembro de 1904, do eixo da avenida, iluminada com "70 lâmpadas de arco voltaico e 1 200 lâmpadas incandescentes", além dos grandes painéis luminosos, quando o bonde presidencial a percorreu de ponta a ponta, aclamado pelo cândido entusiasmo da multidão.

Em pouco tempo brotava do chão, ao longo da extensa via guarnecida de amplas calçadas de mosaico construídas por calceteiros importados, tal como o calcário e o basalto, especialmente de Lisboa, toda uma série de edificações de vulto e aparato, para as quais tanto contribuíam conceituados empreiteiros construtores, de preferência italianos, como Januzzi e Rebecchi, quanto engenheiros prestigiosos que dispunham do serviço de arquitetos anônimos, franceses ou americanos — os "nègres", da gíria profissional — e, finalmente, arquitetos independentes, a começar pelo mago Morales de los Ríos, cuja versatilidade e mestria não se embaraçavam ante as mais variadas exigências de programa, fosse a nobre severidade do próprio edifício da Escola — então dirigida por Bernardelli e exemplarmente construída, embora hoje, internamente desfigurada —, ou o gracioso Pavilhão Mourisco de tão apurado acabamento e melancólico destino.

Enquanto tal ocorria nas áreas novas do centro da cidade, nos arrabaldes o chalé caía de moda, refugiando-se pelos longínquos subúrbios, e, nos bairros elegantes de Botafogo e Flamengo, onde, mesmo antes do fim do século, construíam-se formalizados "vilinos"[1] de planta simétrica, poligonal ou ovalada, e aparência distinta (como, por exemplo, à rua Laranjeiras, 29), e, noutro gênero e com outra intenção, toda uma série de casas irmãs, combinando sabiamente a pedra de aparelho irregular com as cercaduras e cornijas de tijolos aparentes, protegidas por amplos beirais acachorrados,[2] de inspiração a um tempo tradicional e florentina (rua Cosme Velho, Bambina, Álvaro Chaves) — já começava a prevalecer nova orientação.

É que, em meio ao ostensivo mau gosto da arquitetura corrente dos mestres-de-obras, cuja despreocupação no entanto soube casar tão bem a bela tradição dos enquadramentos de pedra com soluções de acentuado sentido moderno, tais o envidraçamento dos "jardins de inverno", as varandas esbeltas e as escadas externas vazadas, avultam dois outros movimentos distintos, ambos de feição erudita: de uma parte, numerosos exemplos do mais apurado e sóbrio *art nouveau*, tanto na versão praieira da casa à avenida Atlântica, esquina de Prado Júnior, onde morou Tristão da Cunha, agora desmantelada e inerme à espera do fim, e que ainda ostenta no cunhal o timbre do arquiteto Silva Costa, quanto na versão mais elaborada da casa já demolida onde residiu, também no Leme, dona Lúcia Coimbra, e, de outra parte, toda uma sequência de edificações proficientemente compostas nos mais variados estilos históricos, do gótico às várias modalidades do Renascimento italiano ou francês (tais como, por exemplo, o tão simpático ateliê dos irmãos Bernardelli, afoitamente demolido, e a casa saudosa do vale do Loire ainda existente à esquina das avenidas Flamengo e Ligação), bem como a versão *Beaux-Arts* dos estilos Luís XV e XVI, reveladora, desde o *rendu* dos projetos até o último pormenor de acabamento, de uma exemplar consciência profissional acadêmica. Período este marcado principalmente pela personalidade de Heitor de Melo, cujo bom gosto e *savoir-faire* tão bem se refletem no pequeno prédio Luís XV da avenida Rio Branco, 245, ou na sede social do Jockey Club, anteriormente ao acréscimo de 1925 que lhe desfigurou em parte a entrada, e ainda, no Luís XVI modernizado do Derby Club contíguo. Conquanto se alegasse maliciosamente que o estilo do mestre variava conforme mudasse de arquitetos, na verdade, o senso de medida e propriedade, o *tempero*, eram de fato dele, pois na obra dos seus vários colaboradores, o *paladar* inconfundível se perdeu.

Com o primeiro após-guerra, duas tendências vieram manifestar-se. O sonho do *art nouveau* se desvanecera, dando lugar à "arquitetura de barro", modelada e pintada por aquele prestidigitador exímio que foi Virzi, artista filiado ao "modernismo" espanhol e italiano de então, ambos igualmente desamparados de qualquer intenção orgânico-estrutural e, portanto, destituídos de significação no sentido racional contemporâneo. Contudo, não se deve ajuizar da obra dessa "ovelha negra" da crítica contemporânea, pela fama de mau gosto que lhe ficou e pelo aspecto atual das construções lamentavelmente despojadas pelos moradores, ao que parece envergonhados, dos complementos originais indispensáveis: as folhagens entrelaçadas às caprichosas volutas de ferro batido do Pagani, e, principalmente, o elaborado desenho da pintura decorativa de sábia composição cromática que as recobria, atribuindo ao conjunto a aparência irreal de um fogo de artifício à luz do dia.

Assinale-se igualmente, desde logo, como antídoto, certa arquitetura de aspecto neutro e sóbria de intenção, que, por isto mesmo, resistiu melhor às mutações do gosto oscilante da época, tal seja, o antigo setecentos da avenida Atlântica, projetado pelo arquiteto Gastão Bahiana para o sr. Manuel Monteiro e construído pelo engenheiro Graça Couto.

Simultaneamente, ocorria também a arquitetura residencial cem por cento tedesca de Riedlinger e seus arquitetos (construtores do típico Hotel Central), caracterizada pelo deliberado contraste do rústico pardo ou cinza — "a vassourinha" — das paredes com o impecável revestimento claro dos grandes frontões de contorno firme; pelo nítido desenho da serralheria e pelos caixilhos brancos e venezianas verdes da esquadria de primorosa execução. O apuro germânico da composição se completava com sólido mobiliário de Laubistch Hirth e era ainda realçado pela pintura esponjada à têmpera, com medalhões e enquadramentos de refinado colorido, obra dos pintores austríacos Vendt e Treidler — este, renomado aquarelista.

Por outro lado, a tendência anglo-saxônica também se fazia valer na sua feição ortodoxa, acadêmica, por intermédio dos arquitetos Preston & Curtiss, seguidos pela dupla austro-britânica de Prentice e Floderer, e na interpretação livre nativa dos bangalôs de Copacabana, com telhados postiços, pé-direito exíguo, alegres cretones e móveis de Mappin Stores, por intermédio da firma

Freire & Sodré na sua efêmera fase "romântica", que antecedeu à construção, em série, de casas sólidas demais. E, como se já não bastasse, prosseguia ainda, como anteriormente, a escola francesa, diga-se assim, do pseudo-Luís XVI (arquiteto Armando Teles) com mobiliário e "boiserie" de Bethenfeld e Leandro Martins, bem como dos pseudobasco e normando da preferência de certas firmas construtoras idôneas, cuja clientela tinha o pensamento sempre voltado para Deauville e Biarritz. Só mais tarde ocorreria a sobriedade decorativa de Sajous e Rendu.

Foi contra essa feira de cenários arquitetônicos improvisados que se pretendeu invocar o artificioso revivescimento formal do nosso próprio passado, donde resultou mais um pseudo-estilo, o neocolonial, fruto da interpretação errônea das sábias lições de Araújo Viana, e que teve como precursor Ricardo Severo e por patrono José Mariano Filho.

Tratava-se, no fundo, de um retardado *ruskinismo*, quando já não se justificava mais na época o desconhecimento do sentido profundo implícito na industrialização, nem o menosprezo por suas consequências inelutáveis. Relembrada agora, ainda mais avulta a irrelevância da querela entre o falso colonial e o ecletismo dos falsos estilos europeus; era como se, no alheamento da tempestade iminente, anunciada de véspera, ocorresse uma disputa por causa do feitio do toldo para o *garden-party*. Equívoco ainda agravado pelo desconhecimento das verdadeiras características da arquitetura tradicional e conseqüente incapacidade de lhe saber aproveitar convenientemente aquelas soluções e peculiaridades de algum modo adaptáveis aos programas atuais, do que resultou verdadeira salada de formas contraditórias provenientes de períodos, técnicas, regiões e propósitos diferentes.

Assim como a avenida Central marcou o apogeu do ecletismo, também o pseudocolonial teve a sua festa na exposição comemorativa do centenário da Independência, prestigiado como foi pelo prefeito Carlos Sampaio, o arrasador da primeira das quatro colinas — Castelo, São Bento, Conceição, Santo Antonio — que balizavam o primitivo quadrilátero urbano, arrasamento, aliás, necessário e já preconizado desde 1794, segundo apurou o arquiteto Edgard Jacinto, por dom José Joaquim da Cunha de Azeredo Coutinho, "Bispo que foi de Pernambuco e Elvas e Inquisidor-Geral" —, apenas não se levou na devida conta a criteriosa recomendação para que se orientassem as ruas no sentido da viração da barra.

Período marcado pela atividade profissional dos arquitetos Memória e Cuchet — herdeiros do escritório de Heitor de Melo —, Nereu Sampaio, Angelo Bruhns, José Cortez, Armando de Oliveira, Cipriano de Lemos, Santos Maia e tantos outros, inclusive Edgar P. Viana, diplomado nos Estados Unidos, de onde trouxera o gosto do chamado estilo *Missões* (tratado de modo pessoal e com extremado carinho, como poderá ser constatado na pequena casa da encosta de Santa Teresa) e a quem caberia, mais tarde, a culpa de uma derradeira manifestação plástica inconseqüente e inorgânica filiada ainda às concepções anteriores do "art-nouveau" e de Virzi: a extravagância do "estilo arquitetônico" *marajoara*, pretensamente inspirado na arte puríssima da cerâmica indígena. E assinalado ainda pela ação de Nestor de Figueiredo, espírito tutelar das sociedades de classe, e de Adolfo Morales de los Ríos filho — incansável paladino da *regulamentação* profissional.

Conquanto se possa discordar, com fundamento, da justiça dessa delimitação entre arquitetos de verdade e de mentira, quando a proficiência pode estar na ordem inversa — os franceses, por exemplo, ficariam privados dos seus dois arquitetos mais representativos, embora de tendências opostas, Le Corbusier e Auguste Perret —, do ponto de vista restrito dos interesses de classe, justificava-se então a medida.

É que, na época, ainda persistia na opinião leiga certa tendência no sentido de considerar o engenheiro civil uma espécie de faz-tudo, cabendo-lhe responder por todos os setores das atividades liberais que não se enquadrassem na alçada do médico ou do bacharel. Além de teórico do cálculo e da mecânica e especialista de estrutura hidráulica, eletrotécnica e viação, presumiam-no ainda — ao fim do currículo de cinco anos — químico, físico, economista, administrador, sanitarista, astrônomo e arquiteto.

Se, na generalidade dos casos, a especialização dependia apenas do deliberado propósito de futuro aperfeiçoamento no rumo escolhido, valendo então o sentido amplo da formação inicial como preventivo contra os riscos latentes da "burrice especializada" a que pode eventualmente conduzir a fragmentação cada vez maior dos vários setores do conhecimento profissional — com referência à arquitetura o caso era diferente, pois que se tratava e se trata de *outra coisa.*

Conquanto seja de fato, e cada vez mais, ciência, ela se distingue, contudo, fundamentalmente, das demais atividades politécnicas porque, durante a elaboração do projeto e no próprio transcurso da obra, envolve a participação constante do *sentimento* no exercício continuado de *escolher* entre duas ou mais soluções, de partido geral ou pormenor, igualmente válidas do ponto de vista funcional das diferentes técnicas interessadas — mas cujo teor plástico varia —, aquela que melhor se ajuste à intenção original visada. Escolha que é a essência mesma da arquitetura e depende, então, exclusivamente, do *artista*, pois quando se apresenta é porque já o *técnico* aprovou indistintamente as soluções alvitradas.

A distinção entre *essência* e *origem* é, no caso, fundamental e, nisto, a lição abrange a generalidade das artes plásticas: se é indubitável que a origem da arte é *interessada*, pois a sua ocorrência depende sempre de fatores que lhe são alheios — o meio físico e econômico-social, a época, a técnica utilizada, os recursos disponíveis e o programa escolhido ou imposto —, não é menos verdadeiro que na sua *essência*, naquilo por que se distingue de todas as demais atividades humanas, é manifestação *isenta*, pois nos sucessivos processos de escolha a que afinal se reduz a elaboração da obra, escolha indefinidamente renovada entre duas cores, duas tonalidades, duas formas, dois partidos igualmente apropriados ao fim proposto, nessa escolha última, ela tão-só — *arte pela arte* — intervém e opta.

Entretanto, a nossa engenharia civil estava, no que respeita à técnica das estruturas arquitetônicas, às vésperas de uma fase nova que se desenvolveria em dois tempos distintos: o primeiro, de iniciação e aprendizado, provocado pelo surto cego de construções incaracterísticas devidas à especulação comercial imobiliária; o segundo, de auto-suficiência e de procura por conta própria, embora a princípio a contragosto, de soluções capazes de atender à insistência apaixonada dos arquitetos de espírito moderno empolgados pelas possibilidades plásticas inerentes à técnica nova do concreto armado, cuja beleza formal imatura ainda escapava à percepção da grande maioria dos engenheiros, alheios, precisamente pelo caráter científico da própria formação, à natureza artística do fenômeno em causa, pois não é comum a ocorrência de técnicos criadores — tais, por exemplo, Eiffel, Maillart, Freyssinet — nos quais a mentalidade científica privilegiada se casa ao apuro de uma sensibilidade artística inata.

Essa feliz conjugação de capacidades e intenções complementares de procedência diversa levou a nossa técnica do concreto armado a adiantar-se a ponto de constituir, a bem dizer, escola autônoma, capaz de orientar, pelo exemplo da sua prática, a técnica estrangeira sob tantos aspectos menos experimentados.

A aplicação em grande escala do novo processo, que vinha substituir a técnica norte-americana dos arcabouços de aço (empregada na construção dos imponentes edifícios da antiga avenida Central: *Jornal do Brasil* e *Jornal do Comércio*, entre outros), iniciou-se, aqui, nos terrenos do antigo convento da Ajuda — cuja memória sobrevive, na bela fonte dita das Saracuras, preservada na praça General Osório —, graças à audácia empreendedora de Francisco Serrador, lamentavelmente desajudado de orientação urbanística adequada, pois de outra forma não se teria aventurado a construir, com a inexplicável complacência municipal, os becos sombrios do infeliz quarteirão. Foi no louvável intuito de evitar a repetição de semelhantes aberrações que a administração Prado Júnior recorreu ao urbanista Alfred Agache, de cuja colaboração, porém, já agora, pouco resta, além do livro publicado, das calçadas cobertas e do simpático convívio do autor. É que às vésperas do desenvolvimento definitivo da cidade, o pensamento de todos ainda se voltava para trás.

A anomalia do quarteirão Serrador foi de certo modo compensada, a seguir, pelo empreendimento levado avante no outro extremo da mesma avenida e igualmente oposto quanto ao critério e à validez da concepção. Mas ainda aqui, a despeito da alta classe do arquiteto Gire — a cuja traça se deve igualmente a bela planta do Hotel e Cassino de Copacabana, articulada pelos eixos de composição, segundo o princípio acadêmico —, e não obstante também as proporções elegantes da massa arquitetônica, o acabamento comprometeu sem remédio a monumentalidade da estrutura. Faltou-lhe, além do mais, a devida *encadernação*, ficou no estado de brochura exposta à intempérie.

Construído pela firma Gusmão & Dourado, já então integrada por Baldassini, a cujo espírito rude de aventura e simpática vivacidade coube o patrocínio do pseudomodernismo, que se foi juntar à ciranda dos demais "estilos" cariocas — e de que a criminosa demolição do teatro João Caetano assinalaria o clímax —, o edifício de *A Noite* pode ser considerado o marco que delimita a fase experimental das estruturas adaptadas a uma "arquitetura" avulsa, da fase arquitetônica de elaboração consciente de projetos já integrados à estrutura, e que teria, depois, como símbolo definitivo, o edifício do Ministério da Educação e Saúde.

Significativamente, tanto uma quanto a outra estrutura foram calculadas pelo mesmo engenheiro, Emílio Baumgart, cujo engenho, intuição e prática do ofício, a princípio malvistos pelo pensamento catedrático dos doutos, acabaram por consagrá-lo, tal como merecia, mestre dos novos engenheiros especializados na técnica do concreto armado. O seu imenso escritório instalado no próprio edifício da praça Mauá, onde levas de engenheiros recém-formados se exercitavam nos segredos da nova técnica, capitalizando precioso cabedal de conhecimentos, embora, por vezes, se presumissem lesados, preencheu honrosamente as funções de uma verdadeira escola particular de aperfeiçoamento.

Posto que referência a nomes, lembrados ao acaso do convívio pessoal, fosse de veteranos, como Fragoso, Ness, Bidard no original, Froufe, Holmes, ou de mais novos, como Sidney Santos e Sylvio Rocha, não se enquadre aqui, pois implicaria necessariamente omissões injustas, cabe, contudo, especial referência a outro espírito singular, procedente não de Santa Catarina, como mestre Baumgart, mas da terra dos cajueiros: o poeta, engenheiro, artista e *olindense* Joaquim Cardozo, que há cerca de vinte anos, a princípio com Luiz Nunes, agora com Oscar Niemeyer e José Reis, vem dando a colaboração do seu lúcido engenho às realizações modernas da arquitetura brasileira, devedora, ainda, a dois engenheiros, além dos que, na faculdade, contribuem decisivamente para a formação do arquiteto: Carmen Portinho, traço vivo de união, desde menina, entre Belas-Artes e Politécnica, e Paulo Sá, dedicado desde a primeira hora ao problema arquitetônico fundamental da orientação e insolação adequada dos edifícios.

Conquanto o movimento modernista de São Paulo já contasse desde cedo com a arquitetura de Warchavchik (o romantismo simpático da casa de Vila Mariana data de 1928), aqui, no Rio, somente mais tarde, depois da tentativa frustrada de reforma do ensino das Belas-Artes, de que participou o arquiteto paulista e que culminaria com a organização do Salão de 1931, foi que o processo de renovação, já esboçado aqui e ali individualmente, começou a tomar pé e organizar-se.

O albergue da Boa Vontade, risco original dos arquitetos Reidy e Pinheiro, as casas Nordshield, de Warchavchik, e Schwartz, minha, os apartamentos da rua Senador Dantas e Lavradio, de Luiz Nunes — transferido depois para o Recife, onde, na Diretoria de Arquitetura, contaria com a colaboração de Joaquim Cardozo —, a primeira série de casas de Marcelo Roberto, já então preocupado com o problema da sombra, as obras do engenheiro Fragelli e as de Paulo Camargo, as varandas em balanço das construções cuidadas de Paulo Antunes, a surpresa da presença, em São Paulo, do autônomo e solitário Vital Brazil, e, ainda, a primeira fornada dos projetos do autor deste escorço, de Carlos Leão, Jorge Moreira, José Reis, Firmino Saldanha, seguidos da iniciação de Oscar Niemeyer, Alcides Rocha Miranda, Milton Roberto, Aldary Toledo, Ernani Vasconcellos, Fernando de Brito, Hélio Uchoa, Hermínio Silva e todos os demais.

O registro de reminiscências traz à lembrança prioridades imprevistas: o primeiro rebelado modernista da escola, já em 1919, na aula de pequenas composições de arquitetura, foi Atílio Masieri Alves, filho do erudito Constâncio Alves, ex-aluno da Politécnica, entusiasta da cenografia de Bakst e da mímica de Chaplin — mentalidade privilegiada que a boêmia perdeu; o primeiro a assinalar em aula o aparecimento da revista *L'Esprit nouveau* foi o então aluno Jaime da Silva Teles; o primeiro edifício construído sobre *pilotis*, onde moro desde 1940, data de 1933 ou 1934, e foi projetado por Paulo Camargo; o primeiro quebra-sol foi obra de Alexandre Baldassini, no edifício de apartamentos de uma rua transversal do Flamengo, e era constituído de lâminas verticais basculantes e contraíveis, repetindo-se nas varandas de todos os andares.

Nesse conjunto de profissionais igualmente interessados na renovação da técnica e da expressão arquitetônicas, constituiu-se, porém, de 1931 a 1935, pequeno reduto purista consagrado ao estudo apaixonado não somente das realizações de Gropius e de Mies van der Rohe, mas, principalmente, da doutrina e da obra de Le Corbusier, encaradas já então, não mais como um exemplo entre tantos outros, mas como o Livro Sagrado da arquitetura.

Foi o conhecimento e a demorada e minuciosa análise dessa tese monumental nos seus três aspectos — o econômico-social, o técnico e o artístico —, foi o dogmatismo dessa disciplina teórica auto-imposta e o intransigente apego, algo ascético, aos princípios de fundo moral que fundamentavam a doutrina — atitude que faz lembrar a dos positivistas —, foi esse estado de espírito predisposto à receptividade que tornaram possível resposta instantânea quando a oportunidade de pôr a teoria em prática se apresentou.

As atitudes *a priori* do "modernismo oficial", cujo rígido protocolo ignoravam, jamais os seduziu. Tornaram-se modernos sem querer, preocupados apenas em conciliar de novo a arte com a técnica e dar à generalidade dos homens a vida sã, confortável, digna e bela que, em princípio, a Idade da Máquina *tecnicamente* faculta.

Os edifícios da Associação Brasileira de Imprensa, de Marcelo e Milton Roberto, da Obra do Berço, de Oscar Niemeyer Soares, e da Estação de Passageiros, destinada originariamente aos hidroaviões, no qual Renato Soeiro, Jorge Ferreira, Estrella e Mesquita colaboraram com Attílio Corrêa Lima — de cuja perda até hoje se ressente o meio profissional, como de Luiz Nunes e, ainda, de Washington Azevedo —, edifícios projetados e construídos durante o longo e acidentado transcurso das obras do edifício do Ministério da Educação e Saúde, já atestam, de modo inequívoco, o alto grau de consciência, capacidade e aptidão então alcançados.

Contudo, o marco definitivo da nova arquitetura brasileira, que se haveria de revelar igualmente, apenas construído, padrão internacional e onde a doutrina e as soluções preconizadas por Le Corbusier tomaram corpo na sua feição monumental pela primeira vez, foi, sem dúvida, o edifício construído pelo ministro Gustavo Capanema para sede do novo ministério.

Baseado no risco original do próprio Le Corbusier para outro terreno, motivado pela consulta prévia, a meu pedido, tanto o projeto quanto a construção do atual edifício, desde o primeiro esboço até a definitiva conclusão, foram levados a cabo sem a mínima assistência do mestre, como espontânea contribuição nativa para a pública consagração dos princípios por que sempre se bateu.

Estão, de fato, ali codificados, numa execução primorosa, e com apurada modenatura, todos os postulados da doutrina assente: a disponibilidade do solo apesar de edificado, graças aos *pilotis*, cuja ordenação arquitetônica decorre do fato de os edifícios não se fundarem mais sobre um perímetro maciço de paredes, mas sobre os pilares de uma estrutura autônoma; os pisos sacados para sua maior rigidez; as fachadas translúcidas, guarnecidas — conforme se orientam para a sombra ou não — de "quebra-sol" para amortecer a luminosidade segundo a conveniência e a hora, e motivadas pela circunstância de já não constituir mais a fachada elemento de suporte, senão simples membrana de vedação e fonte de luz, o que faculta melhor aproveitamento, em profundidade, da área construída; a livre disposição do espaço interno, utilizado independentemente da estrutura; a absorção dos vigamentos para garantir a continuidade calma dos tetos; a recuperação ajardinada da coberta.

Construído na mesma época, com os mesmos materiais e para o mesmo fim utilitário, avulta, no entanto, o edifício do ministério, em meio à espessa vulgaridade da edificação circunvizinha, como algo que ali pousasse, serenamente, apenas para o comovido enlevo do transeunte despreocupado e, vez por outra, surpreso à vista de tão sublimada manifestação de pureza formal e domínio da razão sobre a inércia da matéria.

É belo, pois. E não apenas belo, mas simbólico, porquanto a sua construção só foi possível na medida em que desrespeitou tanto a legislação municipal vigente quanto a ética profissional e, até mesmo, as regras mais comezinhas do saber viver e da normal conduta interesseira.

A lei exigia o limite de sete pavimentos alinhados em quadra com área interna — os pisos concentraram-se em altura no centro do terreno devolvido ajardinado para gozo dos contribuintes; a ética profissional mandava que a obra fosse atribuída a um dos premiados no concurso havido, ainda que fossem sacrificados os melhores princípios da arte de construir — os prêmios foram efetivamente pagos, mas venceu a arquitetura; feita pessoalmente a encomenda, o egoísmo determinava limitação da partilha — o número dos associados se ampliou; aprovado o primeiro projeto, mandavam o comodismo e a eficiência fosse a obra atacada sem tardança — reclamaram os próprios autores a sua revisão e, como conseqüência, foi necessário recomeçar da estaca zero; prevenia a experiência que não se devia confiar a arquitetos novos, sem tirocínio, a responsabilidade de tamanha empresa — a obra resultou sólida e de esmerada execução; alertava o instinto político de autopreservação e a prática da vida, no sentido da transigência ante a crítica dos grandes, a insinuação malévola dos medíocres e o divertido sarcasmo dos demais — tanto a autoridade quanto os profissionais mantiveram-se intransigentes em favor da realização da obra tal como fora originariamente concebida; finalmente, insinuava a vaidade, amparada na verdade dos fatos, discrição quanto à participação pessoal de Le Corbusier — ela não foi apenas destacada, mas acrescida, em atenção ao vulto da sua obra criadora e doutrinária, e a inscrição comemorativa deixa intencionalmente presumir a participação do mestre no risco original do edifício construído, quando se refere a risco diferente, destinado a outro local, mas que serviu efetivamente de guia ao projeto definitivo.

O episódio vale como *lição* e *advertência*. Lição de otimismo e esperança porque, à vista da repercussão alcançada no exterior, deve-se admitir a possibilidade do engenho nativo mostrar-se apto, também noutros setores de atividade profissional, a apreender a experiência estrangeira não mais apenas como eterno caudatário ideológico, mas antecipando-se na própria realização; e também por demonstrar que, entre as deformações para cima do sr. Conde de Afonso Celso e o retrato de corpo inteiro como de fato somos, mas de ângulo forçado para baixo, do sr. Paulo Prado, é igualmente possível colher, quando menos se espera, flagrantes despreocupados como este, capazes de revelar-nos tal como também sabemos ser. E advertência, pois parece insinuar que, quando o estado normal é a doença organizada, e o erro, lei, o afastamento da norma se impõe e a ilegalidade, apenas, é fecunda.

Entretanto, o êxito integral do empreendimento só foi assegurado devido à circunstância de estar incluída entre os seus legítimos autores a personalidade que se revelaria a seguir decisiva na formulação objetiva, pelo exemplo e alcance da própria obra, do rumo novo a ser trilhado pela arquitetura brasileira contemporânea.

Pois se o sentido geral dos acontecimentos é, de fato, determinado por fatores de ordem vária, cuja atuação convergente assume, num determinado momento, aspecto de inelutabilidade, ocorre ponderar que na falta eventual da personalidade capaz de captar possibilidades latentes, a oportunidade pode perder-se e o rumo da ação irremediavelmente alterar-se, devido ao fracasso no momento decisivo da primeira prova.

A personalidade de Oscar Niemeyer Soares Filho, arquiteto de formação e mentalidade genuinamente cariocas — conquanto, já agora, internacionalmente consagrado —, soube estar presente na ocasião oportuna e desempenhar integralmente o papel que as circunstâncias propícias lhe reservavam e que avultou, a seguir, com as obras longínquas da Pampulha. Desse momento em diante um rumo diferente se impôs e nova era estava assegurada.

Assim como Antônio Francisco Lisboa, o Aleijadinho, em circunstâncias muito semelhantes, nas Minas Gerais do século XVIII, ele é a chave do enigma que intriga a quantos se detêm na admiração dessa obra esplêndida e numerosa devida a tantos arquitetos diferentes, desde o impecável veterano Affonso Eduardo Reidy e os admiráveis irmãos Roberto, de sangue sempre renovado, ao civilizado arquiteto Mindlin, transferido para aqui de São Paulo, e às surpreendentes realizações de todos os demais, tanto da velha guarda quanto da nova geração e até dos últimos conscritos. Obra cuja divulgação, em primeira mão, é avidamente disputada pelas revistas estrangeiras de arquitetura e que se enriqueceu pela contribuição paisagística do pintor Roberto Burle Marx, que soube renovar a arte da jardinagem, introduzindo-lhe na concepção, escolha e traçado os princípios da composição plástica erudita de sentido abstrato.

Sem embargo dessa feição internacional que lhe é própria, tal como também o fora na arte da Idade Média e do Renascimento, a arquitetura brasileira de agora, como então as européias, já se distingue no conjunto geral da produção contemporânea e se identifica aos olhos do forasteiro como manifestação de caráter local, e isto não somente porque renova uns tantos recursos superficiais peculiares à nossa tradição, mas fundamentalmente porque é a própria personalidade do gênio artístico nativo. Conquanto se antecipasse ao desenvolvimento cultural ambiente, ela se ajusta e se integra facilmente ao meio, porque foi conscientemente concebida com tal propósito.

Não se trata da procura arbitrária da originalidade por si mesma, ou da preocupação alvar de soluções "audaciosas" — o que seria o avesso da arte —, mas do legítimo propósito de inovar, atingindo o âmago das possibilidades virtuais da nova técnica, com a sagrada obsessão, própria dos artistas verdadeiramente criadores, de desvendar o mundo formal ainda não revelado.

Conquanto exista como contraponto a essa atitude tensa de permanente anseio de revelação certa corrente racionalista refratária por natureza aos rasgos da pura intuição, posição louvável mas, se levada ao extremo, sujeita aos riscos opostos da paralisia por inibição, vêm-se ultimamente observando, no acervo edificado, graves sintomas de doença latente que importa conjurar para que a obra dos verdadeiros arquitetos não se veja envolvida na onda crescente de artificialismo que, mormente fora do Rio, vem sendo assinalada.

Não se trata, ainda, de novo e precoce academismo, pois seria macular palavra de tão nobre ascendência, mas do arremedo, inepto e bastardo, caracterizado pelo emprego avulso de receitas modernistas desacompanhadas da formulação plástica adequada e da sua apropriada função orgânica. É, sem dúvida, louvável que as construções se pareçam e as soluções se repitam, porquanto o estilo de cada época se funda precisamente nessa mesma repetição e parecença, mas é imprescindível que a aplicação renovada e desejável das fórmulas ainda válidas se processe com aquela mesma propriedade que originariamente as determinou.

Este grave desajuste ocorre em parte por culpa das intervenções indevidas dos que se poderiam chamar *pingentes* do modernismo, a tal ponto se dispõem apear ao primeiro contratempo, passando então a maldizer dos objetivos da viagem que não chegaram a empreender — mas tem como verdadeira causa a circunstância de o movimento de renovação arquitetônica haver-se desenvolvido à revelia do ensino oficial, colhido de surpresa, no seu deliberado alheamento circunspecto, pela súbita repercussão e renome dos brasileiros nos meios profissionais mais autorizados e nos próprios centros universitários, de índole conservadora.

Não podendo já então reagir no sentido da orientação "pseudoclássico-modernizada", que consistiria numa vã pretensão estilística ainda baseada no apego à técnica de compor acadêmica e à comodulação convencional, mas de aparência hirta porque despojada da molduragem e dos ornatos integrantes do organismo original, o ensino oficial passou a adotar o regime da liberdade desamparada do indispensável esclarecimento, como se a arquitetura contemporânea dita moderna fosse mera questão de licença ou de improvisação do capricho pessoal. Não por estrita incapacidade dos mestres, sempre dedicados e idôneos, mas porque a falta de convicção e experiência própria, senão mesmo certa natural repulsa, os impedia de transmitir a lição moderna com a indispensável objetividade e clareza, resultando daí prevalecer no espírito dos alunos certa pretensão pueril de auto-suficiência e a tola presunção de que o ensino acadêmico apropriado é dispensável à boa formação profissional — quando o exercício continuado e oportuno da crítica adequada haveria de torná-los, senão imunes, ao menos refratários a toda e qualquer atitude leviana e a refrear a adoção de soluções formais impróprias por sua gratuidade fora de propósito ou porque antifuncionais.

Como é, porém, de tradição no ensino artístico a existência de vários *ateliês* autônomos para opção do aluno segundo sua preferência ou natural inclinação, cabe renovar aqui o apelo feito por ocasião da inauguração do edifício do Ministério da Educação e Saúde:[3] nomeiem-se (*amanhã*, que as calendas já estão abarrotadas) catedráticos, "*hors-concours*", de composição de arquitetura e pintura, respectivamente, o arquiteto Oscar Niemeyer Soares e o pintor Cândido Portinari, pois se temos à mão dois artistas de tamanha projeção internacional pelo vulto e qualidade da obra realizada, não se compreende por que privar, oficialmente, as novas gerações da mútua lição insubstituível de tão exercitada experiência.

Esta medida singela e sensata viria sanar o mal na própria raiz e, sem quebra de sua atual feição, reconciliar a Escola com a vida, restabelecendo-se novamente o equilíbrio, perdido desde 1930, para maior proveito do ensino e maior prestígio e renome da secular instituição, pois, embora separadas e com propósito de montar casa própria, para os alunos da antiga Escola, belas-artes e arquitetura serão sempre uma coisa só.

E a esta voz, a saudade de um ex-discípulo revê e rememora — ainda vestido de menino inglês — os velhos mestres de 1917, já agora ausentes, por sua interinidade, porque se aposentassem ou porque nos tenham deixado de vez: o erudito Basílio de Magalhães; os pintores Lucílio de Albuquerque e Rodolfo Chambelland; os escultores Cunha Melo e Petrus Verdié; o venerando arquiteto Morales de los Ríos; Heitor Lira, Álvaro Rodrigues, Gastão Bahiana, sempre irrepreensíveis; Graça Couto, Cincinato, Chalréo. E mais Luís, o porteiro fidalgo, e o querido Caetano, no imenso salão da biblioteca encostado aos barrancos vermelhos do Castelo.

Nas extensas galerias povoadas do testemunho em gesso de obras imortais ainda parece ressoar o passo cadenciado do velho diretor Batista da Costa, sempre sombrio e cabisbaixo, mãos para trás, e a esconder tão bem a alma boníssima sob o ar taciturno, que a irreverência acadêmica o apelidara *Mutum*.

Como tudo isso já parece distante... E, no entanto, apenas vinte anos depois, construía-se o edifício do Ministério da Educação e Saúde. A arquitetura jamais passou, noutro igual espaço de tempo, por tamanha transformação.

[Texto elaborado para a edição comemorativa do cinqüentenário do *Correio da Manhã*, a pedido de Carlos Drummond de Andrade e Paulo Bittencourt.]

1 Construção que corresponde à vila italiana, com menores proporções. [N.O.]

2 Construções dotadas de peças de madeira em balanço, para sustentar o beiral do telhado ou as bacias de balcões ou sacadas. [N.O.]

3 "Carta de Lucio Costa a Gustavo Capanema" (3 out. 1945), in Schwartzman, Simon et al., *Tempos de Capanema*, São Paulo, Paz e Terra/Edusp, 1984, pp. 355-359. [N.O.]

[3] MÁRIO PEDROSA

A arquitetura moderna no Brasil

ORIGEM

A arquitetura moderna no Brasil, apesar de sua súbita emergência, não é uma eclosão espontânea. Como em várias manifestações de ordem cultural, é do exterior que é preciso buscar sua origem. Por volta de 1930, jovens arquitetos puristas se reuniram sob a direção de Lucio Costa para estudar as obras dos grandes mestres europeus da nova arquitetura que nascia. Conheceram assim a obra de Gropius, ainda presente nessa época na Bauhaus, de onde Hitler em breve ia expulsá-lo. Conheceram igualmente a obra de Mies van der Rohe e sobretudo as teorias de Le Corbusier.

Entretanto, já bem antes dessa data, a revolução literária "modernista", nascida em Paris, surgira no Brasil. Na Europa, a moda era então a arte dos povos primitivos, sobretudo a arte negra.

As forças vivas do instintivo venciam com preponderância nos meios intelectuais. Nossos jovens escritores e artistas vindos de Paris se encontraram diante de um culto novo por tudo o que fosse ingênuo, bárbaro, antiintelectual, anticivilizado, antiocidental. Compreenderam a contribuição que poderiam representar os valores instintivos e primitivos que eles podiam fazer surgir de seu próprio solo, sem que lhes fosse necessário buscá-los em África, na Ásia ou nas ilhas perdidas do arquipélago oceânico. Foi de Montparnasse e de Montmartre que eles descobriram seu país. Seu evangelho fundamentou-se então na fusão de dois termos opostos: cultura e instinto.

No campo da arquitetura, a partir de 1927, Flávio de Carvalho e Warchavchik puderam ser considerados como pioneiros representando os dois termos da antítese. Mas o *modernismo* na arquitetura foi muito diferente do *modernismo* literário. A questão não era descobrir ou redescobrir o país. Este sempre estivera lá, presente com sua ecologia, seu clima, seu solo, seus materiais, sua natureza e tudo o que nele há de inelutável. Sem primitivismo como entre os literatos e os músicos e sem nacionalismo ideológico como entre os escritores políticos, a realidade geográfica e física é, para um arquiteto, alguma coisa de absoluto e de primordial. Para os demais é, de certa forma, uma matéria de escolha ou de interpretação.

A propósito do *modernismo*, Lucio Costa escreveu: "Eles se tornam modernos sem se aperceber disso, preocupados unicamente em estabelecer de novo a conciliação da arte com a técnica e de tornar acessíveis à maioria dos homens os benefícios agora possíveis da industrialização".

A inspiração doutrinária do grupo purista de Lucio Costa, Niemeyer, Carlos Leão, Moreira, Reidy, fundida nas idéias de Le Corbusier, criou assim entre eles um estado de espírito revolucionário. Seu dogmatismo teórico dessa época lhes foi necessário a fim de levar a bom termo seu papel de militantes. Este dogmatismo repousava, contudo, sobre um sentimento bem moderno: a fé (o que vos falta aqui) nas virtualidades democráticas da produção em massa. Esta disciplina teórica lhes permitiu colocar em prática suas idéias no momento oportuno.

As teorias de Le Corbusier eram então, para estes jovens jacobinos, purismo arquitetônico, segundo a expressão mesma de Lucio Costa, o "livro sagrado da arquitetura moderna brasileira".

Por que esta aceitação em bloco das idéias de Le Corbusier? E sua colocação em prática quase súbita? O caráter revolucionário destas idéias foi contagioso para o estado de espírito no Brasil nesse momento. É que, em 1930, o país vivia num clima de revolução. A crise econômica que acabava de explodir em 1929, em Nova York, se propagara rapidamente pelo Brasil. Aqui, ela se devia à queda do preço do café no mercado mundial; teve como conseqüência o desequilíbrio de toda nossa economia, baseada nessa exportação, e como outra conseqüência, direta ou indireta, a revolução política.

Graças às contradições dessa época transitória, Lucio Costa foi um belo dia chamado à direção da Escola Nacional de Belas-Artes, ato verdadeiramente revolucionário. No mesmo instante, queimam-se, dia e noite, milhares de toneladas de café, para fazer subir seu preço. Também nos Estados Unidos queimam-se quilômetros de plantações de algodão, o que parece como o cúmulo do antifuncional e que é, de fato, perfeitamente irracional.

Nesse clima contraditório, a ditadura se instala entre nós, mas, se no domínio político é a reação que domina, em certos setores isolados como a arquitetura, é a revolução que domina; então vemos produzir-se o que se chama às vezes de "milagre" do Ministério da Educação, onde, pela primeira vez, punham-se em prática as teorias de Le Corbusier, mas com uma independência de pontos de vista, uma preocupação de adaptação às condições locais verdadeiramente admiráveis. De um dia para outro, a arquitetura moderna era lançada e parecia ter adquirido a maturidade.

Além do mais, esta obra é uma realização coletiva de Lucio Costa, Oscar Niemeyer, Affonso Reidy, Carlos Leão, Jorge Moreira e Ernani Vasconcelos. No mesmo momento, realizava-se o Conjunto da Pampulha, verdadeiro oásis, fruto das condições políticas excepcionais da época, quando um grupo de governantes com plenos poderes, pelo amor a seu prestígio, decidiram, como os príncipes absolutistas dos séculos XVII e XVIII, construir esse capricho magnífico.

Para melhor captar o caráter particular de nossa revolução da arquitetura no plano social e artístico, seria útil fazer um ligeiro paralelo entre a revolução brasileira e a revolução mexicana. Esta última teve lugar antes que a nossa; possuía, em certos aspectos, um caráter racial. Foi, nesse sentido, um protesto das raças autóctones oprimidas. A revolução mexicana teve sobretudo um caráter de restauração, de revanche do peão índio contra o ocupante branco, contra o conquistador espanhol, destruidor de antigas culturas, de antigas civilizações representadas em nossos dias pela velha raiz popular do país. Entre nós, nada disso; nada de velhas culturas, mas uma população dispersa de índios nômades. Mesmo o negro é trazido de fora; apesar da escravidão a que foi submetido, trabalhou no mesmo sentido que o português, isto é, para conquistar a terra selvagem, para domesticar a natureza virgem.

O caráter reivindicativo ou, antes, vindicativo das raças oprimidas oferece aos artistas mexicanos seus temas no plano social e político. Eis por que, na arte, é a pintura que conhece sua mais bela realização, mas a pintura social representada pelo mural afresco. O muro foi conquistado pela pintura, não a pintura para o muro, isto é, para a arquitetura. Esta não conheceu, como no Brasil, uma revolução total, permaneceu o que era antes da revolução. Entre nós, ao contrário, é a arquitetura que precedeu o mural. Os jovens arquitetos foram os verdadeiros revolucionários; e a revolução que eles empreenderam foi a sua, em nome de ideais sociais e estéticos muito afirmados, bem mais profundos que os dos políticos e de sua revolução, além do mais muito superficial. No Brasil, a primazia no plano artístico coube à arquitetura, o importante era criar algo novo, ali onde o solo era ainda virgem.

Depois, os acontecimentos políticos e sociais se sucederam, a economia pouco a pouco se restabeleceu, o clima democrático retornou, ao passo que a arquitetura, amadurecida, já mais enraizada em nosso meio e na aceitação popular, se encontra diante de tarefas cada vez mais difíceis e complexas. Em particular, diante daquela, decisiva entre todas, da organização racional de nossas cidades, das que já existem e das que são criadas a cada dia nas regiões ainda intactas do país.

CONDICIONAMENTO SOCIAL E POLÍTICO

A rapidez com que se desenvolveu a nova arquitetura nos anos febris que precederam a última guerra não deu tempo a um crescimento mais natural. A ditadura é a liberdade total do Estado e a opressão quase total dos cidadãos. A do Brasil, sem constituir exceção à regra, concebeu leis em cima de cada dia, cuidando acima de tudo de sua propaganda, e buscou em sua tendência totalitária atrair a si os jovens arquitetos cujas idéias e concepções eram, entretanto, de inspiração completamente oposta. Estes últimos trabalharam, com efeito, para a ditadura, mas sem renunciar a suas idéias.

Os novos construtores utilizaram-se do poder de ação dos ditadores para pôr em prática suas idéias. Souberam fazer compreender então tudo o que pensavam e sonhavam realizar. A ditadura lhes ofereceu esta possibilidade, mas resultou daí uma contradição, ainda não totalmente superada, entre os ideais democráticos e sociais implícitos na nova arquitetura, entre seus princípios racionais e funcionalistas e as preocupações de autopropaganda, de exibição de força, o gosto do suntuoso e da riqueza para impressionar os responsáveis pela ditadura, simbolizada, talvez então, pelo "brio" às vezes excessivo e as formas gratuitas que se tornaram moda.

O "milagre" do Ministério da Educação não pôde ser realizado a não ser em razão de sua "grandiosidade" e de seu programa impositivo. Sem o gosto do grande conforto, da fruição, do poderio e da riqueza de um governador de Estado de poderes ilimitados, Pampulha, o primeiro grande conjunto de Oscar Niemeyer, não teria sido encomendado, tampouco realizado. Uma parte do lado faustuoso da nova arquitetura vem, sem dúvida, de seu comércio inicial com a ditadura. Certos aspectos de gratuidade experimental das construções da Pampulha procedem do programa de capricho e de luxo do pequeno ditador local. As verdadeiras preocupações sociais só apareceriam bem mais tarde, depois da guerra, quando um pouco por toda a parte a restauração da democracia se impusera. É evidente, portanto, que a Pampulha não podia senão ser um fruto da ditadura, ao passo que Pedregulho é a obra de uma época já democrática.

A defasagem entre uma arquitetura de orientação realmente social, feita segundo o espírito de seus criadores para colocar a serviço do homem os benefícios da produção em massa, e as condições sociais, econômicas e políticas sob as quais ela nasceu marcou com seu selo todos os primeiros anos de realização. Até nossos dias, o arquiteto no Brasil não era senão um engenheiro e fazia seus estudos na Escola Politécnica. Além do mais, a maior parte constitui aqueles que são, ao mesmo tempo, seus próprios empregadores. Esta combinação híbrida não é sempre feliz, pois as funções respectivas são bastante dessemelhantes, e isso aparece freqüentemente no trabalho prático e já à mesa do desenhista, no momento da concepção do projeto.

O desenvolvimento rápido da nova arquitetura não é tampouco uma conseqüência exclusiva das condições políticas da época, mas, em última análise, uma conseqüência das condições econômicas anormais: prosperidade econômica devida à guerra e à inflação. As construções eram então realizadas um pouco por toda parte, ao acaso, segundo a marcha frenética da especulação. Em 1951, calculava-se que em São Paulo, em uma hora, construíam-se quatro casas e meia. Ora, é claro que nessa velocidade doida, superamericana, o futuro era sacrificado ao imediatismo.

Desde então, a febre se acalmou. Conhecemos mesmo agora uma grave crise financeira e de produção. O entusiasmo inicial dos jovens arquitetos cedeu lugar a preocupações mais graves.

A consciência dos problemas mais sérios referentes a toda verdadeira arquitetura, como a da habitação popular, não deixa despreocupados os construtores; preocupam-se com questões muito complexas; com a criação de uma indústria e com quadros que podem se utilizar de técnicas novas.

A arquitetura moderna apresenta de maneira radical o problema do urbanismo que, por sua vez, apresenta de modo não menos radical o da organização racional de toda a sociedade. Os melhores de nossos arquitetos de hoje são cada vez mais conscientes de todos estes problemas. Lucio Costa, o veterano do *modernismo* arquitetônico entre nós, expressa bem todas essas preocupações quando, num ensaio bastante recente,[1] faz voto de que se conciliem de novo a arte e a técnica para o bem de toda a população. Infelizmente, estamos ainda muito longe disso.

Deve-se reconhecer que nossas realizações mais belas, nossos palácios mais belos, são ainda uma ilha na imensidão do país. O próprio Lucio Costa reconhece o fato, muito fastidioso, de que a jovem arquitetura está em atraso diante do desenvolvimento geral do Brasil. Isso cria uma defasagem lamentável entre o que é concebido e o que é possível e realizável.

O mais grave problema, o da habitação popular, permanece intocado. Apenas se esboça. Em nossa primeira Bienal de Arquitetura, o júri internacional concedeu o prêmio a Affonso Eduardo Reidy pelo Conjunto Residencial de Pedregulho. O júri considerou esta bela realização de Reidy como um exemplo para o Brasil, porque através dela, por sua solução audaciosa no campo da habitação, fez-se obra social. Abre às realizações novo caminho.

A unidade construída pela municipalidade do Rio se localiza num dos bairros mais antigos e mais pobres. O terreno apresenta um desnível de cinqüenta metros. A forma sinuosa do bloco principal responde precisamente às condições topográficas existentes. Mas Pedregulho é ainda obra isolada: em torno a ela estão favelas, barracos, a efervescência da miséria e um urbanismo caótico.

TENDÊNCIAS

Opinião unânime, a contribuição mais original e significativa, do ponto de vista técnico dos arquitetos brasileiros, é a proteção contra o calor. É normal que seja num país de clima tropical e subtropical que apareçam as soluções mais audaciosas e eficazes para este problema.

Ainda aqui Le Corbusier foi um promotor; foi ele quem, para seu projeto não realizado de Barcelona, concebera os primeiros *brise-soleil* móveis orientáveis. Coube aos jovens arquitetos brasileiros utilizá-los na prática, mas, ainda nesse caso, demonstraram invenção e leveza pessoal notáveis. Foi deles que veio toda esta variedade de sistemas *brise-soleil*, móveis e fixos, orientáveis, basculantes, horizontais e verticais, hoje conhecidos, adotados e adaptados em todo o mundo. Seu papel é duplo: não somente protegem do calor, mas ainda podem permitir captar a brisa que, nas cidades litorâneas do Brasil, sopra, com efeito, com morna doçura, atenuando os excessos do sol tropical. P. A. Ribeiro, para o edifício Caramuru na Bahia, concebeu um sistema natural de condicionamento de ar. Niemeyer, para o seu hotel em Ouro Preto, utilizou o princípio aplicado às janelas das velhas casas coloniais que era já um sistema de *brise-soleil*.

Os painéis móveis dos *brise-soleil* animam as fachadas e criam, às vezes, graças aos jogos de sombras e de luzes, e à utilização da cor, uma impressão pictural. Os irmãos Roberto, de início, depois Lucio Costa, Niemeyer em seus princípios, Reidy, Rino Levi, Franscico Bolonha elevaram essas invenções a uma verdadeira arte gráfica, bidimensional.

Através dos *brise-soleil*, a imaginação plástica de nossos arquitetos recriou as fachadas e, através das paredes fenestradas, as tramas, os claustros, o cobogó, os painéis montados sobre chassis deram o toque próprio à nossa arquitetura moderna, feito de encanto, graça audaciosa e de nervosismo.

Isso terminou por criar uma espécie de tendência entre nossos arquitetos, que se distinguem pela atenção dada às pesquisas plásticas no plano das superfícies, talvez em detrimento de um pensamento espacial mais articulado e mais aprofundado, nos jogos dos volumes e dos espaços interiores.

Uma indicação de que este problema da integração funcional e plástica ainda não está resolvido aparece no fato curioso de que as tentativas de revestimento das paredes em mosaico com azulejo, por exemplo, velha e encantadora arte portuguesa transplantada para o Brasil colonial e morta no século passado, ainda não deram resultados convincentes.

Nada do que foi feito neste sentido do ponto de vista decorativo em nossos edifícios modernos pode ser comparado com os brilhantes resultados obtidos pelos próprios arquitetos, com seus próprios meios, no jogo sutil das superfícies.

Depois de se demorar, também ele, em certas experiências bem-sucedidas nesses jogos de superfícies, Oscar Niemeyer, obedecendo sem dúvida às exigências de seu temperamento, se entrega cada vez mais a um gosto barroco pelas grandes formas irregulares e amplas curvas. Por esse lado, ele representa uma outra tendência, a que busca as soluções plásticas nos jogos de volumes, na articulação dos espaços, o verdadeiro campo das experiências plásticas arquitetônicas. O perigo, com Niemeyer, é que freqüentemente dir-se-ia que ele esquece a importância do programa em função da liberdade do partido e dá preferência a uma forma gratuita, uma grande curva no perfil espetacular do conjunto. Há perigo em confundir os volumes articulados com o perfil sinuoso das curvas, mas, de todo modo, esta tendência corresponde talvez a uma constante cultural, se não for racial. O Brasil, não o esqueçamos, nasceu sob o signo do barroco português e, parcialmente, do espanhol.

Deve-se reconhecer, contudo, a linearidade que nossos arquitetos observam nas velhas construções senhoriais, coloniais e imperiais edificadas pelo rude mestre-de-obras português com a intuição da concordância necessária com o meio ambiente, o clima e os materiais que se encontravam *in loco*. Um desses traços mais característicos é a constante predominância da horizontalidade.

Bolonha, M. M. Roberto e Lucio Costa são muito sensíveis ao encanto calmo desta dominante horizontal. Encontrarão nas velhas casas rurais, sobretudo em Pernambuco, região de nosso Cícero Dias, janelas de grades leves em madeira e paredes fenestradas para permitir a aeração. Vejam, estes arquitetos não buscam deliberadamente uma tradição em suas preocupações de fachada e de horizontalidade em relação ao sol e aos acidentes de terreno, mas, ao final, terminaram por descobrir certas afinidades bem distantes entre o que fazem hoje e as velhas casas dos séculos XVII e XVIII. É a beleza linear que seduz o espírito de um Lucio Costa ou um Bolonha, mais que a monumentalidade ou a explosão dinâmica dos volumes à maneira de Niemeyer. As velhas igrejas barrocas de Minas têm algum sentido no amor de Niemeyer pela forma curva.

Assim, o amor pelas ondulações corajosas, pelas linhas sinuosas de Niemeyer não significam uma irrupção súbita, um capricho puramente individual e a expressão de um temperamento na severidade da arquitetura brasileira de nossos dias. Trata-se de uma repercussão distante, de uma explosão cultural em forma do gênio criador do povo. Arouca[2] desempenha o papel de um antepassado de Niemeyer.

ESPAÇOS CIRCUNDANTES, JARDINS, INTEGRAÇÃO

O ideal seria não fazer distinção entre os espaços interiores e exteriores. Os exemplos, a esse respeito, são muitos. Não há um único dos arquitetos sérios que tenha negligenciado este aspecto da construção. Lucio Costa é um mestre da integração das construções com o meio circundante. Henrique Mindlin obteve o prêmio da Bienal por sua casa particular em Petrópolis onde, da sala de estar, é-se transportado para um terraço-jardim sob a ala dos quartos; aberto de três lados, sem solução de continuidade se não fosse por uma parede móvel de vidro. Os espaços exteriores prolongam a casa. Coloca-se então o problema do jardim. Nós podemos pretender ter trazido para isso uma nova solução, o que o professor Giedion acentua.[3]

O parque, à maneira francesa do século XVIII, era o ideal dos defensores de um pretenso estilo colonial. É ainda um hábito dos jardineiros das nossas municipalidades cortar as árvores como se tosa, de maneira divertida, o pêlo dos cachorrinhos de raça. Essa prática não é senão um sincretismo entre a velha *arte topiária* de origem romana e a estilização voluntária do jardim à francesa.

A verdadeira natureza, nossa natureza tropical transbordante, era outrora admitida, embora cerimoniosamente. Os jardins eram concebidos em torno a canteiros privilegiados de flores de essências raras, isto é, cultivadas, ao passo que as flores do país nunca eram ali admitidas.

Foi preciso que chegasse um artista jovem, um pintor, Roberto Burle Marx, para que esses preconceitos fossem esquecidos. Ele foi o primeiro a trazer à nova arquitetura uma notável contribuição no campo de uma arte que lhe é complementar: a do jardim. Ele concedeu direito de cidadania às plantas plebéias. Utilizou-as como verdadeiro paisagista, pintor e arquiteto.

José Lins do Rego, o romancista brasileiro, teve muita razão em dizer que nossos antepassados portugueses começaram sua tentativa de civilização na terra selvagem lutando contra a paisagem, pois esta era o inimigo.[4] Eles não tiveram tempo de amar a natureza e trataram a floresta com o machado em punho. Segundo ele, dom João, o Regente, ao fundar no Rio o primeiro jardim botânico, fez vir das Antilhas a palmeira imperial, solene e altaneira, que seria o símbolo vegetal de uma época nova. Tornou-se a marca do jardim de estilo imperial, isto é, do neoclássico, trazido pelos artistas franceses, vindos com Lebreton no século XIX, a convite do então regente.

Excetuando-se o jardim, nem a escultura, nem a pintura, e nem mesmo a decoração das paredes pelos azulejos atingiram um nível razoável de integração com a arquitetura. Todas as tentativas feitas até agora no mesmo sentido são ainda ao acaso, indecisas, pouco conclusivas. Pintores e escultores, com raras exceções, e em ocasiões felizes, não estão ainda preparados para a tarefa que a nova arquitetura lhes solicita. Sua formação, diversa da dos arquitetos, não se adapta mais às novas condições. Não têm a humildade necessária para compreender que a grande arte de nosso tempo não pode ser feita por caprichos individuais ou românticos.

A integração das artes que a nova arquitetura pede exclui as vedetes, as estrelas da pintura de cavalete, desvestida de qualquer pensamento especial. As novas gerações de pintores e escultores estão mais próximas desta síntese. Querem fazer da arte uma atividade prática e eficaz de nossa civilização. Eis por que penetram na escola dos construtivos, a fim de chegar a uma verdadeira síntese, condição indispensável à criação do estilo que o mundo e o futuro esperam de nós.

[Texto introdutório à exposição Arquitetura Brasileira Contemporânea, realizada no Museu de Arte Moderna de Paris em 1953.]

1 Intervenção de Lucio Costa no I Congresso Internacional de Artistas, patrocinado pela UNESCO e realizado em Veneza em setembro de 1952. Lucio Costa, *Registro de uma vivência*, pp. 268-275. [N.O.]

2 José Pereira Arouca, oficial pedreiro e construtor português (1733-1795). [N.O.]

3 Ver pp. 155-158 da presente edição.

4 Ver pp. 287-291 da presente edição.

[4] LUÍS SAIA

Arquitetura paulista

Esta história começa em 1929 no momento em que dois arquitetos paulistas, ambos procedentes da velha estrutura agrária e ambos formados no curso de arquitetura da Escola Politécnica, realizam dois trabalhos fundamentais para a vida da sociedade regional e para as respectivas carreiras. Prestes Maia remata o seu estudo sobre o Plano de Avenidas para a cidade de São Paulo e Anhaia Mello diz, no Instituto de Engenharia, um ciclo de palestras sobre serviços públicos. Ambos são também professores da Escola Politécnica. O trabalho do amparense Prestes Maia é uma resultante remoçada das idéias do engenheiro francês Bouvard, célebre pelo seu trabalho sobre as diagonais de Buenos Aires, e que aqui esteve no princípio do século, inspirando soluções que posteriormente receberam contribuições sucessivas do português afrancesado Vitor da Silva Freire, do alemão Eugênio Guilhem, de permeio com idéias e colaboração dos nacionais Gofredo da Silva Telles e, principalmente, João Florence de Ulhôa Cintra. O estudo do ituano Anhaia Mello expunha, num resumo bem-feito, o que havia acontecido e o que acontecia, em matéria de serviço público, nas cidades dos Estados Unidos que já tinham ultrapassado o estágio de crescimento que a capital paulista se preparava para ultrapassar, com os seus então 900 mil habitantes e sua centena de quilômetros quadrados de área já comprometida pela instalação urbana.

De diferentes pontos de vista os dois trabalhos atuaram profundamente na vida paulista, pelo menos até o fim da última guerra, quer pela adoção parcial de soluções expostas, quer simplesmente por constituírem um modo de colocar os problemas que, daí por diante, seriam discutidos e manipulados como questões fundamentais para a vida regional. Na verdade, enquanto permaneceram os termos então existentes da vida regional, isto é, enquanto São Paulo foi encarado como uma expressão da fisionomia agrária e como uma unidade de colonização tipo feudal, as idéias e proposições exaradas por esses dois trabalhos serviram sempre, pelo menos, como ponto de partida.

Esta ação de presença de dois arquitetos em setores antes exclusivamente tratados pela técnica "infalível" dos engenheiros, e vedados, portanto, aos arquitetos, aos quais o consenso geral apenas cometia a tarefa de embonitar as construções, justamente no momento em que surgiam os primeiros sinais da próxima transformação da capital regional em unidade metropolitana, prenuncia uma situação nova em São Paulo. Situação que, infelizmente, aguardaria mais vinte anos para conseguir termos mais completos de explicitação.

De qualquer modo, foram as primeiras manifestações da arquitetura paulista, no sentido de expressões independentes do paternalismo da engenharia e computando valores estranhos à órbita estrita da vestimenta plástica da construção. Significativamente, esses dois trabalhos foram acirradamente combatidos na medida em que enfrentavam o arranjo estabelecido pela estrutura econômica e política. A fundamentação principal do projeto de avenidas radiais e perimetrais, assim como as medidas preconizadas e capazes de um alcance mais profundo — o remanejamento do sistema ferroviário e o reconhecimento completo de um crescimento demográfico de segura perspectiva —, foram ridicularizadas e inferiorizadas por todos os meios, inclusive o de apelidar o substancioso estudo de "Divina Comédia". A série de palestras do professor Anhaia Mello reunidas em publicação que rapidamente se esgotou teve uma segunda edição sonegada do mercado. Nisto viram alguns uma ação interessada e sub-reptícia da Light, que era a concessionária particularmente interessada em não permitir que a opinião pública fosse armada com sólidos argumentos contrários ao tradicional regime que lhe permitia uma ação desafogada e livre em face da desarmada estrutura popular.

Tamanha reação somente pode ser explicada pelo fato de as classes dirigentes temerem a introdução, junto ao contexto dos problemas técnicos, de considerações disciplinadoras de ordem social. Era uma reação, portanto, contra o que representa a própria condição de existência da arquitetura; e seus resultados positivos foram possíveis porque os referidos trabalhos não se lastreavam numa consciência de uma participação correta dos arquitetos na vida da sociedade. Os arquitetos eram em número reduzido e viviam subjugados pelas firmas construtoras; os cursos de arquitetura então existentes, na Escola Politécnica e no Mackenzie, estavam anquilosados numa concepção tradicional obsoleta e se arrastavam, como um luxo necessário, sob as vistas paternais da engenharia civil onipresente e onisciente. Salvo detalhes destituídos de importância senão pelo seu significado, pelo menos, seu volume, tal situação, herdada do primeiro quartel do século, permanecerá até o fim da Segunda Guerra, tanto no setor da construção quanto no setor da formação profissional dos arquitetos.

Salvo casos individualistas sem maior valor expressional, todas as construções volumosas estavam nas mãos de firmas construtoras entrosadas com a estrutura governamental. Alguns edifícios que marcaram época nas imediações de 1929 exemplificam a situação existente. A estação da Sorocabana, projetada inicialmente pelo arquiteto Cristiano S. das Neves, e reestudada pelo arquiteto Bruno Simões Magro, se arrastava numa construção morosa, depois de ter sofrido o escândalo de um rumoroso processo judicial em que as soluções reivindicadas pelo projetista inicial, tais como mansardas, foram reconhecidas pela justiça como improcedentes. Sem entrar no mérito nem do projeto primitivo, nem do projeto remanejado, posto que os horrorosos resultados finais delatam um nível pouco favorável à qualidade arquitetônica da obra, interessa notar uma circunstância significativa: o poder judiciário se instituía como julgador de valores arquitetônicos.

O Palácio da Justiça, outra obra que vinha de dias anteriores a 1929, estava sob a responsabilidade da firma Severo Villares. O projeto inicial, de autoria de Domiciano Rossi, foi inteiramente remanejado por Felisberto Ranzini. A firma Severo Villares herdara o escritório de Ramos de Azevedo e era dirigida pelo engenheiro português Ricardo Severo, que, apenas aqui chegado, entrara firmemente para a classe dirigente paulista por seu casamento com uma irmã de Santos Dumont. Depois do seu falecimento, tomou seu lugar no escritório seu filho, o arquiteto Antonio Severo, formado na Escola de Belas-Artes do Rio de Janeiro, na mesma turma de Oscar Niemeyer. Pela firma Severo Villares passaram inúmeros arquitetos e projetistas, entre os quais vale citar Dubugras, Adolfo Borioni, Felisberto Ranzini, Domiciano Rossi, José Maria da Silva Neves e Flávio de Carvalho.

Dubugras era um desenhista belga que se transferira para a arquitetura trabalhando no ateliê de Tamburini. Vindo para o Brasil, teve uma acolhida simpática e uma atuação ainda mais interessante, pela sua alta sensibilidade e pela proverbial honestidade de profissional de ateliê. A ele são devidos muitos projetos dos mais variados estilos, inclusive e principalmente alguns exemplares de *art nouveau* construídos em São Paulo. Adolfo Borioni foi o autor do painel do fecho superior do palco do Teatro Municipal, "Nascimento de Vênus", e do projeto da Associação Comercial. O projeto do Teatro Municipal, ao tempo ainda de Ramos de Azevedo, foi de Domiciano Rossi.

Estas indicações de Domiciano, Borioni e Dubugras, embora estranhas ao período que interessa a esta rápida resenha, servem para indicar como esta firma mantinha um sentido de indústria de construção sobre todos os demais aspectos, mesmo os mais simpáticos e "artísticos". Esta capacidade de servir ao gosto variável do cliente, sem se propor nenhuma impositura de significado cultural, representa uma característica fundamental das firmas paulistanas, que responderam ao maior volume da demanda do mercado imobiliário metropolitano. Pessoalmente Ricardo Severo era uma espécie de Mariano Filho, pela paixão saudosista que cultivava pelo colonial. Incentivava o aquarelista Norfini nas suas andanças pelo Brasil, o mesmo fazendo com Wasth Rodrigues, cuja longa permanência em Minas ele custeou. O documentário resultante dessa permanência ficou longo tempo na posse de Ricardo Severo, à espera de um prometido escrito que devia acompanhar a sua publicação. Com a morte do patrono, grande parte desses desenhos foi devolvida ao seu autor, que a publicou em cadernos chamados "Documentário Arquitetônico".

Um dos resultados dessa paixão pelo colonial foi a atual Faculdade de Direito, em cujos detalhes colaborou intensamente Felisberto Ranzini, que dividia suas atividades entre o escritório e a Escola Politécnica, onde teimava em ensinar a gente a desenhar cartuchos e encarar a vida com simpatia. Quando despontam em São Paulo os primeiros concursos, o predomínio das firmas é completo, e o escritório Severo Villares ganha o primeiro prêmio no 1º Concurso do Paço Municipal, cuja exposição pública promove um escândalo interno, pois os arquitetos da prefeitura, encarregados de arrumar a exposição, teimaram em colocar o segundo colocado, de Warchavchik e Artigas, em posição central de maior evidência. Este foi talvez o primeiro gesto público de luta entre os arquitetos como coletividade consciente e as firmas construtoras (1938).

Outras firmas construtoras, umas vindas dos dias anteriores a 1929, outras montadas na década de 30 a 40, completam o quadro dos responsáveis, nesse período, pelas construções mais volumosas e de maior interesse financeiro, com exclusão completa de qualquer significado de cultura ou de arte. Quase todas viviam direta ou indiretamente à sombra do paternalismo estatal e eram dirigidas por engenheiros civis. As Cias. Construtoras e de Imóveis, dos irmãos Vidigal (Cassio, Cícero e Álvaro), Construtora de Santos (Roberto Simonsen), Comercial e Construtora, de Heitor Portugal e Jorge Alves de Lima (Viaduto do Chá), Azevedo Travassos, Lindenberg, Alves e Assumpção, Construtora Nacional e Construtora Brasileira repartiram obras do governo.

A Cia. Construtora de Santos, por exemplo, de Roberto Simonsen, montara sua saúde financeira na base da construção de quartéis militares no interior. Simonsen, porém, cedo exorbitou da simples indústria de construção, procurando habilmente se encaixar nos novos sinais, ainda incertos, da estrutura econômica em perspectiva: escreveu um livro sobre economia, colaborou na fundação da Escola de Sociologia e Política e fundou os SESI e SESC. Os sinais de espírito perscrutador inquieto e prevenido já se haviam anteriormente manifestado na sua iniciativa de facilitar a vinda para o Brasil dos arquitetos Warchavchik e Rino Levi.

Dessa década de 30 a 40 ainda são as firmas onde surge a participação de arquitetos: Albuquerque Longo, que construiu a Caixa Econômica Federal, segundo um projeto inspirado pelo então diretor regional da mesma, o simpático engenheiro anglicanizante Samuel Ribeiro, ou Pilon-Matarazzo, que construiu e projetou a Biblioteca Municipal de São Paulo, terminada já ao tempo do governo municipal de Prestes Maia, o que permitiu a este último uma razoável influência no acabamento desse edifício.

Paralelamente às firmas construtoras, cuja umbilicação governamental representava a sua maior substância financeira, surgiram firmas mais modestas, principalmente interessadas no mercado da construção residencial e muitas delas integradas exclusivamente por arquitetos, outras armadas com a participação conjunta de arquitetos e engenheiros ou arquitetos e capitalistas ou ainda arquitetos e construtores. Embora não inteiramente inédita, posto que mesmo antes de 1929 se assinalam casos esporádicos de atividade ex-órbita da engenharia civil, é esta a saída que vai se estabelecer como ponte entre o período em que predominou, sem contraste, a firma construtora e aquela fase em que o arquiteto inicia o seu aparecimento no campo da edificação, como uma entidade independente do engenheiro.

Como antecedentes podem ser citados, sem esquecer evidentemente o caso do edifício Martinelli, o trabalho de Álvaro Botelho no edifício do Banco de São Paulo, do arquiteto Júlio de Abreu Júnior no excelente e pioneiríssimo prédio de apartamentos da avenida Angélica (entre as praças Marechal Deodoro e Olavo Bilac) e a desaparecida Confeitaria Vienense. Este mesmo arquiteto mais tarde chamará Oscar Niemeyer para projetar o edifício Califórnia. Mas nesse período, de 30 a 40, em quase tudo onde aparece o arquiteto tem uma ponta de pioneirismo. A bandeira do modernismo fora levantada pela Semana de Arte Moderna (cujo arquiteto oficial era Antônio Garcia Moya, integrante da dupla Moya-Malfatti) e os caminhos da rebeldia contra o academismo estavam abertos. O arquiteto Dacio de Morais, da firma Dacio e Winter, publica um folheto discutindo a arte e a arquitetura modernas; Flávio de Carvalho escandaliza o paulistano com suas experiências de comportamento coletivo, de teatro, de arquitetura, especialmente com suas residências na alameda Lorena e seu projeto para o concurso do Paço Municipal; Warchavchik, que antes transferira para a Vila Mariana a última expressão da sensibilidade arquitetônica européia e voltava para São Paulo aureolado com a parceiragem de Lucio Costa no curso de Arquitetura da Escola de Belas-Artes do Rio de Janeiro, em que pese a acusação insistente de seus projetos dependerem muito mais do lápis de seus sucessivos colaboradores, de qualquer modo contribuía substancialmente para colocar o problema de uma arquitetura liberta dos moldes estilísticos e históricos.

Fora os casos de Gregori Warchavchik, Rino Levi (edifício Columbus) ou do italiano Giovanni Bianchi, que fora trazido da Europa para responder à demanda da família Crespi-Prado, e que trabalhavam, pelo menos na aparência, escoteiros, a grande maioria dos escritórios trabalhava em duplas: Pujol e Toledo, Bratke e Botti, Espinheira e Becher, Camargo e Mesquita, Chiaperi e Souza, Kosuta e Santos, Neves e Duarte, Siciliano e Silva etc. Algumas destas firmas se transformaram depois em pura indústria de construção, outras conseguiram deixar na tradição um ou outro projeto mais falado.

Essencialmente aqueles que se haviam especializado em atender aos modismos passageiros conseguiram um número considerável de projetos e tiveram seus dias de lustre. Na arquitetura religiosa imperou, nessa época, José Pzerembell, autor do novo Convento do Carmo. Os arquitetos Alfredo Ernesto Becker, Oswaldo Bratke (que, depois da morte de Botti, continuou com firma individual), Dacio de Morais, Rino Levi, Eduardo K. Mello e Warchavchik projetaram e construíram grande número de residências nos bairros que a City havia aberto para a burguesia paulista. A mixórdia estilística que esses projetos representam, a circunstância de que todos terem abjurado as obras desse período e a importância maior da atuação desses mesmos arquitetos na década imediatamente posterior tornam inútil uma tentativa de referência a obras. Vale entretanto anotar, já que estamos no plano da história, a curiosidade da solução de Bratke para o viaduto Boa Vista, problema que se arrastava de longa data sem solução; o projeto "mourisco", de José Maria da Silva Neves, para o cinema Alhambra; e a entrada em campo dos jovens profissionais formados nos últimos anos do decênio 1930-1940, alguns dos quais passam a atuar no Departamento de Obras Públicas (DOP) e na prefeitura, levando para esses ambientes um tipo de sensibilidade que haviam conquistado num convívio com os artistas e intelectuais chamados modernos.

Este tipo de convívio, com artistas e intelectuais, representou para os estudantes de arquitetura desse período não apenas uma saída para se libertarem de seu primitivo apego à Escola de Belas-Artes, que muitos freqüentavam paralelamente ao curso de arquitetura, mas especialmente para se emparelhar, como sensibilidade e como comportamento social, aos jovens artistas plásticos e intelectuais que representavam a inteligência mais viva do decênio 1930-1940. Não só desse convívio nasceram colaborações interessantes do ponto de vista profissional, como a do arquiteto Artigas com o escultor Brecheret, no estudo do Monumento a Caxias e a criação de uma demanda potencial dos arquitetos por parte desses artistas e intelectuais, demanda essa que iria se concretizar especialmente depois da última guerra, mas sobretudo se evidenciou a existência de uma área comum de sentimento dos problemas nacionais e dos problemas da arte, capaz de conduzir a uma unidade da inteligência paulista. Essa unidade vem denunciada desde as primeiras oportunidades de manifestação explícita e cada vez mais se consolida em todas as ocasiões que porventura surjam.

A freqüentação dos artistas pelos arquitetos e dos escritórios dos arquitetos pelos artistas se tornou um fato corriqueiro e, por isso mesmo, pouco percebido, em que pese a enorme importância de tal acontecimento. Três fatos bastam para evidenciar a importância desta situação peculiar e vantajosa. O poder de polarização que exercia Mário de Andrade — cujo prestígio de cultura e inteligência transbordava facilmente do âmbito das suas preocupações exclusivamente literárias e musicais — derramava-se generosamente entre todos aqueles cuja sensibilidade procurava um apoio em termos desconhecidos pelo formalismo acadêmico e pelo aristocratismo artístico. A aliança que se iniciou nos ateliês e escritórios passou para o clube comum (CAAA) e acabou num longo e sadio período de convivência na própria sede do Instituto de Arquitetos do Brasil (IAB). Em terceiro lugar vale assinalar a circunstância de uma unidade bastante significativa entre o congresso dos escritores e o primeiro congresso dos arquitetos, ambos realizados em São Paulo, em 1945.

No âmbito dos organismos oficiais, especialmente em São Paulo, sempre tão avessos a aceitar fórmulas novas que necessariamente vêm romper a rotina interna, novos termos intervêm quer por efeito da entrada de arquitetos recém-formados quer por causa da repercussão cada vez mais intensa que alcançam as manifestações já incontornáveis de antiacademismo. Verifica-se, então, um esforço da antiga estrutura agrária paulista no sentido de pesquisar fórmulas capazes de impedir a identificação de certas conquistas irrecusáveis com expressões mais perigosas pelo seu conteúdo revolucionário. Com Armando Sales na interventoria e Fábio Prado na prefeitura, fundam-se a universidade e o departamento de cultura, onde a atuação de Teodoro Ramos e Mário de Andrade, endossados ambos pelas correntes mais vivas do pensamento regional, consegue abrir uma brecha no pesado muro que inutilizava as tentativas de ação mais livre e desimpedida.

Inaugura-se, com essas medidas, a passagem definitiva da velha capital provinciana para a metrópole. Vários trabalhos são iniciados e ângulos novos se abrem para o exercício da inteligência regional. O DOP e a prefeitura abrem suas portas, embora contidamente, para arquitetos recém-formados. Nomeia-se uma comissão para tratar de prédios escolares, dirigida pelo arquiteto Silva Neves. Não só essa comissão acolhe as experiências do que fora feito no Rio de Janeiro durante a administração Pedro Ernesto, como também publica um volume, *Nôvos prédios para grupos escolares*, e projeta o Grupo Escolar São Paulo, na rua da Consolação, mas especialmente preludia a futura criação do Convênio Escolar, que iria mais tarde se tornar um núcleo ativo de aplicação de novos princípios de arquitetura nesse setor. As pesquisas de Bruno Rodolfer na prefeitura ajudariam a encarar os problemas da cidade de um modo mais realista e objetivo.

A administração, afinal, reconhece que certos indícios deveriam receber acolhida: abrem-se concursos públicos para o Monumento ao Soldado de 1932, para o Viaduto do Chá (projeto de Baiana e construção da Cia. Comercial e Construtora), Paço Municipal e Praça da República, todos com larga participação de arquitetos de São Paulo e do Rio de Janeiro. São iniciadas as obras do Estádio Municipal (Severo Villares), Jockey Club (Sajous), Biblioteca Municipal (Pillon); iniciam-se as perfurações dos túneis sob a avenida Paulista e a abertura da 9 de Julho e da rua Marconi. A administração seguinte, de Prestes Maia, prossegue nas obras iniciadas, inicia outras (retificação do Tietê e abertura da avenida Perimetral). Os concursos citados desembocam num ambiente diverso do anterior. Não se chega ao cúmulo de uma volta completa aos cânones greco-romanos anteriores, mas estabelece-se uma condição limite para as concessões: moderno italiano (isto é, o fascista do prédio Matarazzo e do Estádio Municipal, de vasto prestígio firmado com a vinda de Piacentini), ou alemão. Este último nada mais conseguira depois da igreja de

São Bento, de período anterior. Até o fim da guerra, essa situação ganha desenvolvimento e maturidade.

A concentração urbana, em crescimento acelerado, embora previsto e perfeitamente normal, propõe de um modo claro e insofismável os novos termos do centro principal da cidade. Inicia-se o grande período do capitalismo imobiliário dos apartamentos e dos condomínios que iria atingir seu ápice no início do decênio 1950-1960. A acusação mais grave que se faz ao trabalho de Prestes Maia é a de não ter tomado iniciativa alguma para disciplinar esse crescimento. Os trezentos quilômetros quadrados que foram comprometidos com a ocupação urbana, de 1938 a 1958, foram abandonados à sanha loteadora, de fundas raízes na tradição colonialista. A razão tantas vezes alegada pelas concessionárias de serviços públicos e pelos sucessivos responsáveis por este setor da administração desse crescimento urbano ser imprevisto e extraordinário não procede. Desde 1926, fora previsto por Henrique Novais e, na década de 30, foi sacramentado pelas verificações positivas.

Os novos arquitetos formados nos tradicionais cursos de arquitetura da Politécnica e do Mackenzie, embora esses continuassem fundamentalmente os mesmos, voltavam-se nitidamente para as novas tendências, agora já prestigiadas pela enorme repercussão internacional da arquitetura do grupo do Rio de Janeiro, cujo exemplar paulista, o edifício Esther, representava em alto índice a excelência das novas tendências. O antigo Serviço do Patrimônio Histórico e Artístico Nacional, prestigiado em São Paulo pela orientação inicial de Mário de Andrade, que foi o seu assistente técnico nos primeiros tempos, além do estudo mais científico e particularizado do que fosse, na verdade, a arquitetura tradicional, contribuía para afastar os últimos arremedos de estilismo e chegava até a forçar novas posições para arquitetos anteriormente de manifestas preferências pelo estilo tradicional.

A unidade que rapidamente se estabeleceu entre os arquitetos, arregimentados em torno das novas tendências, reforçada pela exposição do "Brazil Builds" na Galeria Prestes Maia, proporcionou a oportunidade de realização em 1945, em significativa coincidência com o 1º Congresso Brasileiro de Escritores, que se realizava na mesma época, do 1º Congresso Brasileiro de Arquitetos. Nesse Congresso, realizado na Escola Caetano de Campos, e onde foram debatidos calorosamente problemas do mais profundo significado exórbita do estilo, como a questão dos abrigos antiaéreos e o problema da regulamentação profissional, desde então sentida como viciada e obsoleta, saiu organizado o IAB de São Paulo, que logo depois passou a ocupar o porão do edifício Ester. A "luva" obtida com a cessão desse local a uma boate serviu como base financeira para a aquisição do terreno onde depois se construiu a sede atual do IAB paulista, projetada e construída pelos próprios arquitetos. Até o final desta construção e até que obtivesse o reconhecimento oficial e irrecusável da existência autônoma de uma arquitetura brasileira, com a criação da Faculdade de Arquitetura e Urbanismo da Universidade de São Paulo, essa unidade foi mantida.

Os interesses imobiliários volumosos, num ambiente onde as incorporações e a quantidade grande de projetos estabeleceram um regime de competição capaz de levar de cambulhada os novos e os velhos, inclusive com a interferência hábil e mascarada de um quadro de valores que era atingido frontalmente pela proposição institucional da classe dos arquitetos, acabaram por romper a unidade existente, o que veio reforçar, nas escolas, no CREA e no ambiente geral, a ação daqueles elementos que procediam da velha situação. A importância da atuação dos arquitetos no sentido progressista já era então percebida pelos grupos mais atrasados, que acusavam os arquitetos de atividade esquerdista, identificando-os com o processo de democratização em curso.

Na prefeitura, novos rumos se delineiam no trato dos assuntos urbanos. Como sempre acontece quando os responsáveis se vêem acossados pelos problemas graves e incontornáveis, o prefeito Paulo Lauro contratou um parente de Nelson Rockefeller para opinar sobre os problemas urbanos. O tiro saiu pela culatra, porque o relatório que resultou desse contrato, monstruosidade de insensibilidade em face dos problemas paulistanos, apenas serviu para reforçar o ponto de vista que forçaria os arquitetos nacionais a tomar conhecimento mais íntimo dos problemas de planejamento. Logo depois da última guerra vieram missões após missões (Albink, Right etc.) para estudar os problemas econômicos e sociais brasileiros. Os relatórios resultantes, incapazes de mascarar os interesses que verdadeiramente os moviam, serviram como outra pedra de toque para chamar a atenção sobre os problemas gerais da coletividade, inserindo na preocupação dos arquitetos mais progressistas o problema do planejamento.

O urbanismo, tratado nas escolas com um sentido ilustrativo e teórico, não se apresentava capaz de municiar os arquitetos neste novo campo de trabalho. Os profissionais que anteriormente tratavam do assunto o faziam numa forma não condizente com os novos termos da vida paulista. Os planos de Prestes Maia para Panorama, Votuporanga, Campinas foram vistos de soslaio. O velho conceito napoleônico, que encarava a arquitetura como uma especialização de luxo da engenharia, predominante nas escolas e nos ambientes menos ventilados, e que aliara o planejamento urbano exclusivamente às preocupações da engenharia sanitária (Lindenberg e Assumpção) ou, quando muito, às preocupações de promover alargamentos sucessivos das vias públicas, em função do tráfego de veículos motorizados, já não satisfazia.

Entre 1950 e 1951, se faz a primeira tentativa, fracassada de resto, de estudo de um Plano Diretor para uma cidade do interior paulista (Rio Preto/Luís Saia). Daí por diante, não só o planejamento urbano, mas o planejamento no seu sentido mais geral e moderno, foi posto em discussão. A velha caçoada inventada pela Semana de Arte Moderna para ridicularizar o tradicional urbanismo inglês (*The Most Difficult Town*, de S. O. Gramt, iniciais de Sérgio Milliet, Oswald de Andrade, Guilherme de Almeida, Rubens de Morais, Antonio Couto de Barros, Mário de Andrade e Tácito de Almeida) ressurgia agora em termos objetivos que pesquisavam uma operosidade forçada pela gravidade dos problemas em foco. A administração vai repetir, nos mais diferentes escalões, a mesma atitude desconfiada de sempre: contrato com especialistas estrangeiros. Arranja-se um contrato experimental entre a prefeitura de Ourinhos e o Grupo da Economia e Humanismo, dirigido pelo padre Lebret. Em que pese a inoperância desta iniciativa, se repete depois o mesmo tipo de contrato para um âmbito mais largo: bacia do Paraná-Uruguai, na parte do Estado de São Paulo. Mais tarde, o prefeito Piza, acossado pela acusação de esquerdista, tem uma saída que passa por cima de todos os trabalhos que, de há longo tempo, vinham sendo realizados pelos profissionais da Divisão de Urbanismo, e contrata uma pesquisa com o mesmo padre Lebret. Em 1952, a cidade de Lins contrata o estudo de seu plano diretor, aprova-o e o põe em execução.

Em 1955, o problema da formação de profissionais de arquitetura, em termos de enfrentar o campo do planejamento, é proposto aos estudantes reunidos em Congresso, em Belo Horizonte. A intenção que dormia no nome da Faculdade de Arquitetura e Urbanismo é transformada num organismo, Centro de Estudos e Pesquisas de Urbanismo da Faculdade de Arquitetura e Urbanismo, que, embora no momento esteja viciado por um funcionamento indevido e prejudicial, está certamente destinado a cumprir uma tarefa importante neste setor da atividade profissional do arquiteto paulista: a organização da pesquisa e a sistematização das informações disponíveis e indispensáveis. O volume de interesse não é de molde, entretanto, a aceitar um compasso de espera. Em 1956, os estudantes promovem um curso complementar de Urbanismo e Planejamento, organizado pelo autor deste apanhado, cuja procura vai além de trezentos e cinqüenta interessados, estudantes e profissionais formados. Paralelamente, o professor Anhaia Mello proporciona um curso de Noções Gerais de Urbanismo na Escola Politécnica, com uma procura considerável, em face da impropriedade do local. Dada a excitação reinante em torno do assunto, e dos perigos naturais por ela provocados, o IAB de São Paulo organiza um curso de Noções de Planejamento, especialmente para os candidatos a cargos eletivos municipais.

Nesse meio tempo, os governos vão organizando seus "planos", destinados, na maior parte das vezes, a utilizar o prestígio da palavra planejamento, mais do que propriamente a promoção de uma técnica mais racional e esclarecida na condução dos negócios públicos. O paternalismo exacerbado que ainda funciona no ambiente administrativo e político vai, entretanto, perdendo suas posições chaves, em face do nível cada vez maior de esclarecimento público e profissional.

Ao se findar a década de 40, quando o capitalismo imobiliário atingia as proximidades do seu índice mais alto, São Paulo assistia ao recrudescimento na atividade das firmas exclusivamente investidas na exploração comercial do mercado imobiliário disponível. Muitas das firmas antigas haviam transferido sua atividade para o setor de serviço público (construção de estradas, usinas etc.), numa atitude algo coerente com o caráter mais propriamente engenheirático da sua montagem e com o tipo de relações governamentais que sempre mantiveram. As novas firmas, montadas a partir de 1940, apresentam uma proximidade maior com as preocupações levantadas pela arquitetura moderna. Novos arquitetos estrangeiros, porém, são chamados para satisfazer o velho vezo da sobrevivente estrutura agrária. Entre estes releva a atividade de Lucjan Korngold (arquiteto da Companhia Brasileira Imobiliária (CBI) organização que estourou com grande escândalo), Franz Heep (escritório de Otto Meimberg) e Francisco Beck. As tentativas de introdução de firmas norte-americanas são cada vez mais amiudadas, e isto constitui uma pedra de toque para uma luta surda que se desenvolve contra a orientação do IAB, natural e patrioticamente contrário a esta permissão. Entre as firmas nacionais, estabelecidas nesse período, as de Alfredo Matias, Lello, Kogan, Badra e Monções valem como exemplos da diversidade de orientação, que vai desde o mais exacerbado comercialismo da Monções até o reticente cuidadoso de Bratke, este último agora já exclusivamente interessado no exercício de um tipo mais erudito de trabalho.

Entre as iniciativas que evidenciaram nesse período, especialmente depois de 1950, as contradições ainda existentes no ambiente da arquitetura paulista, vale referir o que aconteceu com as bienais, com os estudantes e com os projetos mais importantes que, nesse tempo, foram estudados e construídos, os concursos e iniciativas em curso de mais relevante sentido.

Os problemas de atualização dos cursos de arquitetura, ainda influenciados na sua formulação e na sua estrutura pelos vícios procedentes dos primitivos cursos anexos às escolas de engenharia, foram enfrentados pelos estudantes e jovens arquitetos principalmente de dois modos. Os estudantes criaram um organismo com o fim de complementar a atividade escolar, naqueles setores considerados menos atendidos pelo tradicionalismo teimoso: o Centro de Estudos e Pesquisas de Folclore. Inicialmente, em contato bastante íntimo com o Patrimônio Histórico e Artístico Nacional, promoveu este organismo pesquisas e publicações, assim como atividades culturais complementares, inclusive enquetes e pesquisas sobre o problema do ensino. Nos momentos em que mais se fazia sentir a influência residual da engenharia na orientação do ensino, inclusive pela imposição de direção da faculdade exercida por engenheiros, estas atividades representavam o refúgio e o apoio mais eficientes. Ultrapassada a fase inicial e formulados os problemas de cultura, já agora sem os perigos da deformação nacional pela influência de arquitetos estrangeiros, já que a maturidade ambiente superara este medo, pela afirmação vigorosa e definitiva da arquitetura moderna brasileira, este Centro recolheu-se a uma ação mais discreta e especializada, valorizando-se novamente a orientação do grêmio oficial da faculdade (GFAU) e do organismo representativo da totalidade dos estudantes brasileiros, o Bureau.

Contribuíram consideravelmente para este esforço do organismo estudantil as vitórias alcançadas nos concursos internacionais das bienais de Arquitetura. Os estudantes do Mackenzie, cuja ação se reservava tradicionalmente ao ambiente estrito dos problemas internos, entraram com notável vivacidade no panorama geral do problema da formação profissional do arquiteto brasileiro, alcançando vitórias que reforçavam esta nova situação de camaradagem e maior entrosamento com os demais estudantes. Entre os resultados mais notáveis alcançados pela vivacidade estudantil deve ser referida a interessante unidade que estabeleceram com o IAB, especialmente no momento em que este levantou a bandeira da revisão da regulamentação profissional (1º Encontro de Arquitetos e Estudantes de Arquitetura, realizado em São Paulo, no ano passado [1958]).

O Núcleo de Debates de Arquitetura Brasileira (NEDAB), originado no Rio de Janeiro com intenção de divulgação, tomou em São Paulo um sentido diverso, se encaminhando preferentemente para o debate dos problemas de cultura e atuação do arquiteto na sociedade. Uma importante reunião realizada em São Paulo para debater problemas de planejamento (mesa-redonda com os engenheiros Catulo Branco e Plínio de Queiroz e o arquiteto Saia) teve a maior repercussão inclusive entre os responsáveis pela orientação das comissões de planejamento dos vales do Paraíba e Tietê, exorbitando, portanto, do caráter da preocupação que marcara inicialmente o referido organismo. Além dessa reunião, outras foram promovidas pelos jovens integrantes do NEDAB, umas com a participação de arquitetos (sobre ensino, com a colaboração dos arquitetos Corona, Artigas e Saia) e outras de estudo dos nomes principais da arquitetura moderna (Corbusier, a Bauhaus, Frank Lloyd Wrigth). Finalmente, a atividade deste órgão foi reconhecida pelo IAB de São Paulo e seus dirigentes passaram a formar uma comissão desse IAB, com incumbências correspondentes àquelas que exerciam no NEDAB.

A primeira bienal de Arquitetura, realizada no inicio da presente década, alcançou um êxito retumbante, capaz de assegurar os sucessos atingidos pelas bienais seguintes. Infelizmente, a atuação nefasta de Giedion, nessa época, fez com que as coisas se encaminhassem para uma direção que resultou, afinal, na desistência de sua realização. Para a próxima bienal [1961], a seção de arquitetura não está programada. Embora a mostra dos trabalhos de arquitetos estrangeiros, conhecidos de resto através das revistas especializadas, não tivesse influído minimamente na orientação já firmada pela arquitetura nacional, é fora de dúvida que a oportunidade de uma reunião volumosa de trabalhos da mais diversa origem terá influído substancialmente para consolidar as diretrizes que a arquitetura brasileira vinha formando desde a década de 30.

A oportunidade do 4º Centenário de São Paulo foi motivo para a construção do parque do Ibirapuera, para o que foi convocado o arquiteto Oscar Niemeyer, que projetara a fábrica Duchen, no caminho do Rio de Janeiro. As vicissitudes por que passou tal projeto, inclusive com a sua decapitação lamentável e um nível menor e desastrado de construção, contribuíram negativamente para a arquitetura moderna paulista, que sofreu e sofre com isso de uma desconfiança superada a duras penas.

A intenção de identificar a arquitetura moderna brasileira com um suntuarismo esbanjador e com o Estado forte esconde interesses inconfessáveis, que têm surgido reiteradas vezes, sempre que as iniciativas arquitetônicas se realizam fora da órbita de específico interesse dos grupos mais atrasados e perdulários, como acontece agora no caso de Brasília. Outras manifestações plásticas, inclusive algumas de filiação fascista, desde que entrosadas com interesses inconfessáveis de uma classe atrasada ou retardatária, têm sabor e significado suntuário e... cafajeste. A arquitetura moderna brasileira, em que pese alguns dos seus mais importantes exemplares terem surgido na época em que o governo manifestava tendências direitistas mais claras, na verdade demonstrou sempre um sentido profundamente democrático, quer pelo carinho com que procurou se enraizar profundamente na tradição mestiça brasileira, quer pelas tendências que manifesta freqüentemente de vasto interesse no trato dos assuntos do povo, já quando este é encarado como expressão numérica da coletividade, já quando é interpretado nas suas mais legítimas expressões de cultura.

A arquitetura moderna de São Paulo, neste sentido talvez mais do que a do Rio de Janeiro, a qual esteve naturalmente sempre mais próxima do burocratismo federal, constitui uma manifestação vinda de baixo para cima. Nunca esteve, pelo menos até o momento, incluída nas preocupações dos governos. Para citar apenas um exemplo, basta referir o que aconteceu no México e o que acontece no Rio de Janeiro, com o problema da construção da universidade. Enquanto em São Paulo se constrói uma universidade positivamente de meio-tijolo, no Rio de Janeiro os arquitetos participam ativamente, e com respeitável audiência, do empreendimento; no México, centena e meia de arquitetos é empregada no importante mister de levantar um verdadeiro monumento de cultura. O paternalismo suntuário de São Paulo, quando existe, ou existiu, nunca foi jamais acompanhado pelos arquitetos.

Tendo havido, em 1952, um novo concurso para o Paço Municipal, e não tendo sido classificado nenhum projeto em primeiro lugar, o prefeito Armando de Arruda Pereira resolveu nomear uma equipe que, sob a direção de Niemeyer, se responsabilizou pelo projeto do Paço Municipal para São Paulo. A orientação subseqüente da prefeitura de São Paulo, governada por Jânio Quadros, não foi particularmente favorável nem à realização dessa iniciativa necessária nem, em geral, na prefeitura e no governo do Estado, à arquitetura. Nesse longo período, que se encaminha para cinco anos, os arquitetos paulistas foram praticamente desconhecidos, senão atingidos e frontalmente contrariados (como o caso vital dos projetos-tipo para fóruns, cadeias e edifícios escolares), pelos poderes públicos sediados em São Paulo. Perseguição imerecida, pois que os arquitetos paulistas já deram mostras cabais da sua vivacidade criadora e competência, inclusive em concursos realizados fora de São Paulo, como o da Estação Ferroviária da Pampulha, do Paço de Campinas, de Brasília, do Palácio da Justiça de Porto Alegre, oportunidades em que as equipes de arquitetos paulistas levantaram prêmios confirmatórios de seu inegável valor.

Projetos volumosos e importantes, como os cinemas de Rino Levi, sedes de clubes como a do Paulistano, elaborada por uma equipe da qual participaram os arquitetos Abelardo, Lotufo, Helio e Aflalo (sujeita agora a um remanejamento parcial por via de um concurso recentemente realizado), ou do estádio do São Paulo Futebol Clube, do arquiteto Artigas, ou os diversos projetos de estádios do arquiteto Ícaro de Castro Mello e edifícios de Bratke, Rino Levi, Artigas etc., delataram um nível profissional em nada condizente com a atitude governamental paulista em relação aos seus arquitetos.

Tal atitude, felizmente não endossada pelos setores mais ilustrados e desimpedidos da inteligência paulista, não impediu, entretanto, que a maturação da arquitetura paulista atingisse um alto nível, reconhecido e proclamado pelos arquitetos nacionais e estrangeiros. E não é sem um especial significado a unidade indestrutível conseguida entre os arquitetos e estudantes da arquitetura do Brasil e a formulação definitiva, pelo menos em seus termos gerais, da regulamentação profissional, também ambos partidos do trabalho elaborado democraticamente pelos arquitetos paulistas. Tais fatos, de fundamental importância para a conceituação do ensino da arquitetura e para o progresso nacional em termos independentes do paternalismo interessado dos países que atingiram uma estatura econômica inconformável com a independência econômica e cultural do Brasil, são também a motivação primeira da unidade que se observa no momento entre os arquitetos paulistas e um grande incentivo para a luta que colocará os problemas da técnica e do planejamento na dependência dos valores da inteligência, da cultura e dos interesses do Brasil.

OBRAS-CHAVE 1 **DEPOIMENTO SOBRE O EDIFÍCIO DO MINISTÉRIO DA EDUCAÇÃO** GUSTAVO CAPANEMA [*Módulo*, Rio de Janeiro, n. 85, pp. 28-32, mai. 1985] 2 **O MINISTRO QUE DESPREZOU A ROTINA** CARLOS DRUMMOND DE ANDRADE [*Módulo*, Rio de Janeiro, n. 40, pp. 21-22, set. 1975] 3 **RELATO PESSOAL** LUCIO COSTA [*Módulo*, Rio de Janeiro, n. 40, pp. 23-25, set. 1975] 4 **PAVILHÃO DO BRASIL NA FEIRA DE NOVA YORK** LUCIO COSTA [*Arquitetura e urbanismo*, Rio de Janeiro, maio-jun. 1939, pp. 16-26] 5 **A FORMA NA ARQUITETURA** OSCAR NIEMEYER [*A forma na arquitetura*. Rio de Janeiro, Avenir Editora, 1978, pp. 16-54] 6 **O EPISÓDIO DA PAMPULHA** JOAQUIM CARDOZO ["Dois episódios na história da arquitetura moderna brasileira". *Módulo*, Rio de Janeiro, n. 4, pp. 32-36, mar. 1956]

[1] GUSTAVO CAPANEMA

Depoimento sobre o edifício do Ministério da Educação

Quando entrei para o Ministério da Educação, em 1934, estava ele instalado no edifício da Assembléia Legislativa do Estado da Guanabara. Àquela época, encontrávamo-nos no final do período do governo provisório, instalado pela Revolução de 1930 e extinto com a Constituição de julho de 1934. Com a reconstitucionalização do país, promovida pela Carta de 1934, tomei posse na pasta da Educação. Acabava, portanto, o período de governo ditatorial do presidente Getúlio Vargas, começado em outubro de 1930.

Com a vitória da Revolução de 1930, verificava-se o seguinte: não havia, no Brasil, Ministério da Educação. Os assuntos da educação estavam vinculados ao Ministério da Justiça e Negócios Interiores. O presidente Getúlio Vargas, logo que se empossou como chefe do governo provisório, em fins de outubro de 1930, entendeu de destacar do Ministério da Justiça o Serviço da Educação e o da Saúde Pública e Assistência Social para formar um ministério especializado, a que deu o nome de Ministério da Educação e Saúde Pública.

O novo Ministério foi instalado no edifício onde funcionava o antigo Conselho Municipal da cidade do Rio de Janeiro, aquele belo edifício popularmente chamado "Gaiola de Ouro". O professor Archimedes Memória — que nos tempos de então esteve em grande voga — foi o arquiteto que projetou esse edifício, impregnado daquelas coisas da arquitetura acadêmica da época.

E foi lá que o professor Francisco Campos, nomeado primeiro ministro da Educação e Saúde Pública pelo presidente Getúlio Vargas, em novembro de 1930, instalou aquele ministério. Foi também ali que eu, em 1934, no alvorecer da época constitucional — porque sendo a Constituição de 18 de julho de

1934, creio eu, havia sido nomeado ministro aí pelos dias 24 ou 25 de julho do referido ano — instalei-me, aliás, muito bem acomodado.

O prédio é uma obra muito bonita, com boas instalações para o restrito gabinete do Ministério da Educação e Saúde Pública daquela época, uma vez que os serviços executivos do ministério permaneciam nas suas antigas dependências no Rio de Janeiro. Ocorreu, porém, que, com a inauguração do período constitucional, surgiu a necessidade do local para a instalação, novamente, do órgão legislativo da municipalidade do Rio de Janeiro, que reclamava a sua casa. Senti-me ameaçado de despejo. Tinha de entregar a Gaiola de Ouro para o antigo Conselho Municipal, de que é sucedânea, hoje, a Assembléia Legislativa do Estado da Guanabara.

Tive que tomar duas providências: alugar salas para o meu gabinete — afinal instalado em dois andares do edifício Rex, na rua Álvaro Alvim — e mostrar ao presidente Getúlio Vargas que, apesar da política de restrição de despesas em que vinha sendo pautada a obra do governo revolucionário, tínhamos que pensar em construir a nova casa do Ministério da Educação. A mudança da capital federal, naquele tempo, era ainda uma coisa em que ninguém acreditava, era uma providência que se estava deixando para o futuro, para um ou dois séculos depois, apesar do preceito constitucional. Pedi ao presidente que me autorizasse abrir um concurso para a construção de um novo edifício para o Ministério da Educação e Saúde Pública.

O prefeito da cidade na ocasião, Pedro Ernesto — muito conhecido na história do Brasil pelo seu vigor revolucionário, pelo seu ardor cívico, pelas suas qualidades —, doou, para construção do Ministério, aquela quadra situada entre a rua Santa Luzia e a avenida Araújo Porto Alegre e, ainda, entre a rua da Imprensa e a avenida Graça Aranha. Tudo ali era naquela época uma esplanada vazia, resultado do desmonte do morro do Castelo com o aproveitamento da terra removida para o aterro da baía, empreendimento concluído no período do governo do deposto presidente Washington Luiz. Portanto, aquele local era um deserto, um matagal.

Autorizou-me o presidente a abrir concurso para o projeto do novo edifício. O concurso era a regra de então, como o é hoje. Aberto o concurso e julgados os trabalhos apresentados, foi escolhido, em primeiro lugar, o projeto do arquiteto Archimedes Memória que, além de ser o autor do edifício da Câmara Municipal, o era também do Palácio Tiradentes, onde funcionava a Câmara dos Deputados no Rio de Janeiro. Ele era, também, o diretor da Escola Nacional de Belas-Artes e, assim, um homem muito importante. O primeiro lugar tinha direito a um prêmio de cem contos de réis que, em 1935, era uma quantia respeitável.

Por essa época, a construção do edifício era, para mim, uma preocupação secundária. Minha atenção estava voltada principalmente para os campos da saúde pública e da educação. Havia necessidade de uma reestruturação do ensino primário, do ensino profissional, do ensino secundário, do ensino agrícola — afeto que era ao Ministério da Agricultura — e do ensino superior, ao qual eu queria conferir o caráter de verdadeiro ensino universitário, tirando-lhe aquela feição antiga que perdura ainda hoje, de um ensino ministrado em escolas "esparramadas" numa cidade em que os alunos e os professores não têm convivência, não há tempo integral e não há vida em comum.

A cidade universitária com que sonhei seria uma cidade universitária onde os estudantes teriam bolsa de estudos; os professores teriam tempo integral de modo a trabalhar o dia todo na universidade. Eu queria realizar no Rio de Janeiro, então, uma primeira tentativa de verdadeiro ensino universitário. Iria construir ali uma cidade universitária. Essa expressão "cidade universitária" que dei ao empreendimento não tinha para mim o mesmo sentido que a palavra tem em Paris, *cité universitaire*, que é, apenas, o lugar onde os estudantes habitam. Esta seria a residência dos estudantes e, também e principalmente, o conjunto das faculdades, a reitoria, as faculdades com institutos anexos e tudo o mais que constitui aquilo que, nos Estados Unidos e na Inglaterra, se chama *campus*. Quer dizer, toda a cidade que constitui o bloco inteiro da universidade. Eu queria fazer, então, num terreno que encontrasse no Rio de Janeiro, uma cidade universitária de primeira ordem.

O professor Aloísio de Castro, da Faculdade de Medicina da Universidade do Rio de Janeiro, já falecido, sugeriu-me chamar ao Rio de Janeiro, para ajudar-me no empreendimento, o arquiteto Marcello Piacentini, que estava, por aquela ocasião, terminando, em Roma, a construção da cidade universitária e que, portanto, tinha uma experiência muito interessante. Além de ser um arquiteto moderno e muito conceituado, era o diretor da Escola de Arquitetura da Universidade de Roma e presidente do Instituto de Arquitetura. Enfim, era uma figura famosa naquele tempo, no campo da arquitetura e do urbanismo. Achei muito boa a idéia, pois a indicação vinha a calhar com minhas cogitações. Sendo ele uma sumidade no assunto "cidade universitária", era também um homem que podia, de certo modo, colaborar na hora em que eu estava às voltas com o problema do edifício do Ministério da Educação.

O professor Marcello Piacentini chegou ao Rio de Janeiro em agosto de 1935, depois de aberto e julgado o concurso. Chegou para tratar apenas da construção da cidade universitária. Mas, muito ocupado que era em Roma, não podia se ausentar por mais de uma semana ou quinze dias. Vinha por gentileza do governo italiano e por prestígio do professor Aloísio de Castro, que era amigo dele, e porque eu mantinha, também, relações cordiais com o embaixador da Itália, que nos ajudou muito a trazê-lo.

O professor Marcello Piacentini escolheu um terreno na Urca que, naquela época, era em grande parte desabitada. Lá não havia aquela escola do Ministério da Guerra, nem aqueles grandes palácios da praia Vermelha: tudo era deserto. Havia ali um quartel do Exército que, na Revolução Comunista de 1935, foi de tal forma canhonado que ficou inteiramente destruído, tanto que o Exército o abandonou. Grande parte do terreno era ocupada pela Faculdade de Medicina, pelo Instituto Nacional de Surdos-Mudos e pelo Hospital de Alienados. Daquele túnel que agora lá existe, até a Urca, estendendo-se pelos lados do Pão de Açúcar, tudo formava um vasto terreno, maravilhoso para a implantação de uma cidade universitária, pois ali havia o mar, a montanha, os melhores elementos urbanísticos — uma localização especial num recanto da cidade.

O professor Marcello Piacentini achou esplêndido o lugar e fez um ligeiro esboço do projeto. Mostrei-lhe, também, o projeto premiado do professor Memória, dizendo-lhe que estava horrorizado com o mesmo e que não o executaria. O projeto era uma coisa horrível, um pouco "marajoara" e não estava à altura das anteriores realizações do professor Memória. Comuniquei ao professor Marcello Piacentini essa minha impressão e queria, de certo modo, ver se ele me amparava no meu desejo de abandonar o projeto.

Era uma situação muito difícil, especialmente em meio a uma opinião pública inteiramente aderida àquele tipo de arquitetura e, de certo modo, havia a dificuldade do governo, as despesas realizadas, e o prêmio que deveria ser conferido. O professor Marcello Piacentini disse: "Eu não o faria. O senhor tem toda a razão. Isso não serve, definitivamente. Eu lhe dou o conselho de não o fazer".

Informei, então, ao presidente da República que eu estava disposto a assumir a responsabilidade de não realizar o projeto, que lhe iria fazer uma proposição por escrito para pagar ao professor Memória o prêmio que lhe cabia. O governo tinha o dever de pagar o prêmio, mas não de executar o projeto vencedor. Lutei com uma certa dificuldade, pois o professor Memória tinha muito prestígio na Ação Integralista Brasileira que, naquele tempo, dava apoio muito vigoroso ao presidente Vargas. Além disso, o professor Memória era um dos membros da tal Câmara dos Quarenta, que era um órgão muito importante, ao que me parece, da Ação Integralista Brasileira. Era ele também um arquiteto muito conceituado e, afinal de contas, o diretor da Escola Nacional de Belas-Artes e amigo pessoal do presidente.

Havia todas essas dificuldades. Mas o presidente, que sempre prestigiou os seus ministros, concordou em que eu não executasse o projeto. O professor Memória escreveu-lhe uma carta reclamando da injustiça da minha decisão, mas o presidente deu-me mão forte[1]. O professor Memória ficou, daí por diante, um pouco distanciado de mim. Não houve malquerência entre nós dois. Mas houve um certo desapontamento, evidentemente. Ele ficou desapontado, sentindo-se desprestigiado porque pagamos o prêmio, mas não executamos o projeto, que era para ele a principal pretensão. Mas não houve nada de grave. O grupo seguiu o ritmo da vida administrativa.

Contei então ao presidente a minha decisão de não abrir novo concurso para o projeto, pois o resultado poderia ser o mesmo. Ficara eu impressionado com a beleza dos projetos de Lucio Costa, Reidy, Carlos Leão, dos arquitetos novos e jovens que competiram e que não haviam sido premiados no concurso. Havia projetos muito interessantes, inteiramente revolucionários, inteiramente novos. Eram "um estouro". Então, disse ao presidente:

> Fiquei muito impressionado e nós poderíamos tentar no Brasil fazer uma experiência com a arquitetura nova, com essa "rapaziada" que temos aí, de primeira ordem. Vamos fazer uma coisa corajosa, interessante. Vale a pena. Comporemos uma comissão, com esses rapazes, encarregada de fazer um projeto do Palácio do Ministério da Educação e Saúde Pública, livremente. Vamos dar-lhes oportunidade de fazer uma coisa avançada.

Com a autorização do presidente, compus uma comissão constituída por Lucio Costa, Affonso Eduardo Reidy, Ernani Vasconcellos, Carlos Leão, Jorge Moreira e Oscar Niemeyer. Lembro-me que eram uns três ou quatro concorrentes e que passaram a fazer parte dessa nova comissão e, eles próprios, indicaram vários outros elementos. Fiz a comissão a partir desses elementos. Lá na placa de inauguração do edifício está mais ou menos isso: "Este edifício foi construído sob o risco original de Le Corbusier e com os projetos feitos pelos arquitetos tais e tais". Lucio Costa era o mais idoso deles e também o que tinha mais prestígio. Já era uma figura de grande importância na arquitetura brasileira, de orientação moderna e havia sido diretor da Escola Nacional de Belas-Artes. De modo que era ele presidente natural dessa Comissão e tinha carta branca para fazer o edifício do Ministério naquela quadra em que está atualmente.

O edifício do Ministério eu considerava secundário. O principal para mim era a cidade universitária, que estava atacando com mais vigor, entusiasmo e interesse. Como ministro da Educação, sonhava com a fundação da Universidade Nova, da cidade universitária que seria padrão para o mundo, de uma universidade de primeira ordem, equiparada às dos Estados Unidos e Inglaterra. Como eu estava perante esses dois problemas, a Comissão veio a mim e me propôs:

> V. Exa. poderia chamar Le Corbusier, que é o maior arquiteto do nosso tempo, o grande mestre, o grande inovador, o grande revolucionário, uma figura muito combatida e que não tem uma grande realização no terreno prático, mas que, pelo que se lê nos seus livros e na sua doutrina, é o líder da arquitetura nova do mundo.

"Pois não" — respondi-lhes — "Vou chamá-lo". Tratei de me pôr em contato com Le Corbusier, a fim de que ele viesse ao Brasil para essas duas coisas, ou melhor, como dizia Lucio Costa:

> Para ajudar-nos e orientar-nos na construção do edifício do Ministério da Educação. Queremos fazer uma coisa nova, mas não queremos nos arriscar a um tão grandioso empreendimento, a uma realização tão monumental, que seria a primeira do mundo, sem primeiro ouvir o conselho do grande mestre no momento da nova arquitetura. Além do mais, ele vem também ajudar a fazer a cidade universitária.

Naquela ocasião, já estávamos organizando o projeto da cidade universitária. Para isso, havia também uma comissão, da qual fazia parte Lucio Costa e composta de engenheiros, de representações de todas aquelas instituições. De modo que eu estava com esses dois problemas, em ambos os quais à frente o professor Lucio Costa. Então, Le Corbusier foi por mim chamado para esses dois objetivos: a cidade universitária e o Palácio do Ministério da Educação e Saúde Pública.

Quando Le Corbusier chegou, deu-se aquilo que os senhores já devem ter conhecimento: é que não poderíamos fazer contrato com ele em virtude das leis brasileiras. Teria que pagar-lhe por outro modo. Como idealista que era, não exigia muito. Combinamos o seguinte: ele teria uma terceira incumbência no Brasil, além das duas já citadas: a de fazer um ciclo de conferências sobre a arquitetura nova, mediante remuneração. Chegando ao Brasil, começou de pronto a trabalhar, pois ele era um homem muito ativo, brilhante, escrevia muito bem. Iniciou uma série de conferências com um sucesso extraordinário. Tive a ventura de assistir a todas elas.

Num trecho de *L'Architecture d'aujourd'hui* ele diz o seguinte: "É interessante observar que o ministro Capanema assistiu às minhas seis conferências, enquanto que o embaixador da França não esteve presente senão na primeira".[2] Ele ressalvava o abandono em que se achava pela sua gente, pelo seu país. Mas salientava ainda que eu lhe dava uma importância tal que havia ido assistir às seis conferências, e muito interessado do começo ao fim.

Comecei a ficar interessado e me apaixonei pelas suas exposições e tenho, no meu arquivo, os originais dessas conferências, taquigrafadas, que nunca foram publicadas. Quando ele veio ao Brasil em 1929, eu advogava no interior de Minas Gerais, em Pitangui. Em 1930, fui para Belo Horizonte ocupar o cargo de secretário particular de Olegário Maciel, presidente eleito do Estado — como se designava então. Encontrava-me distanciado de tudo que se relacionasse com arquitetura.

Apaixonei-me pela matéria quando tive que construir o edifício. Aí fiquei apaixonado, como sempre acontece comigo quando começo a mexer com as coisas. É do meu temperamento. Fiquei como secretário particular do governador do Estado apenas durante um ou dois meses. Com a vitória da Revolução de 30, o governador me nomeou secretário do Interior, cargo que exerci até 1933. Nesse período me secundava numa turma de gente muito moderna em que comecei a desenvolver contatos.

A comissão começou o trabalho juntamente com Le Corbusier. Quando de sua chegada, ele ofereceu duas soluções: começou achando que naquele lugar o edifício não ficava bem, que aquela quadra não servia. Por aquela época, o mar vinha até a rua chamada Beira-Mar, que é aquele caminho que vai do aeroporto até o Hotel Glória. Tudo aquilo era mar. De modo que Le Corbusier achava que eu devia fazer o edifício ali, em frente ao mar, onde hoje é a Maison de France, a Casa da Itália. Ele era muito teimoso. Queria que eu fizesse o edifício lá. E lá projetou um edifício muito bonito, longo e baixo. Quem o ajudava muito nos seus projetos, quem era o *enfant gaté* de Le Corbusier era o Oscar Niemeyer. Como era o mais jovem e desenhava muito bem, Oscar Niemeyer passou a ser o "sacristão" de Le Corbusier. Ele não fazia nada sem o Oscar. O Oscar convertia as suas idéias logo em desenhos.

Le Corbusier fez esse primeiro esboço e o trouxe para mim. Disse-lhe, então: "Eu não posso fazer esta obra por uma razão fundamental — o terreno é da prefeitura". Eu já havia "feito o diabo" para obter aquela outra quadra. "Não posso conseguir do prefeito Pedro Ernesto que me dê mais terreno. E depois, também, iria levar uns dois anos para se conseguir novo terreno. É impossível. Não tenho muito tempo no ministério. É preciso iniciar logo essa obra."

Eu não imaginava que ficaria onze anos no Ministério da Educação. Pensava que ficaria mais dois anos, pois estávamos em 1936 e o presidente Getúlio Vargas havia sido eleito pela Assembléia Constituinte para um mandato que terminaria em princípios de 1938. Era preciso, então, nos apressarmos. Não iria eu gastar mais de dois anos para iniciar o projeto. Insisti com Le Corbusier que era naquela mesma quadra que havia recebido do prefeito Pedro Ernesto que ele deveria projetar o prédio. Le Corbusier executou um anteprojeto, em esboço para o edifício, um risco.

Ao mesmo tempo, o assunto da cidade universitária já estava em outro ponto. É que havíamos chegado à conclusão de que para fazê-la na praia Vermelha teríamos de gastar muito dinheiro não só com desapropriações, mas para localizá-la nalgum lugar mais seguro dentro daquela área já descrita. Tudo era muito difícil. Fui, aos poucos, fazendo um levantamento das possibilidades e verifiquei que o que mais convinha era desistir daquilo. Surgiu, então, a idéia de fazer a cidade universitária na Quinta da Boa Vista, que era um jardim maravilhoso para servir logo de campus para a universidade. Aquela área estendia-se por uma vastidão de terrenos, abrangendo, inclusive, o local onde hoje está situado o estádio do Maracanã. Lá não seria muito difícil construir a cidade universitária. Seria apenas uma questão de um certo esforço, que seria muito menor do que a sua construção na praia Vermelha.

Quando Le Corbusier chegou, já estávamos com esta idéia. Havia já um escritório composto de professores cuidando do assunto, e Le Corbusier e Niemeyer passaram a trabalhar no projeto. A comissão existente no ministério tinha o caráter de assessoramento, de opinar, mas não era executiva. A executiva era o Le Corbusier e o Niemeyer. Oscar Niemeyer estava fazendo o papel de secretário de Le Corbusier, quer desenhando, quer ajudando-o em tudo mais. A cada dia Oscar Niemeyer crescia e desenvolvia mais sua capacidade. O projeto que Le Corbusier fez e que está na obra dele seria situado na Quinta da Boa Vista. É uma beleza.

Para examiná-lo, nomeamos uma comissão de professores que era composta de homens eminentes — Ernesto de Souza Campos, de São Paulo, que vive até hoje, deve estar com uns 80 anos, e Inácio Azevedo do Amaral, diretor da Escola de Engenharia. Ficariam trabalhando como os dois elementos que definiriam o programa da cidade universitária: reitoria, faculdade de direito, faculdade de filosofia, de medicina, de arquitetura, institutos, residências, enfim, todo o conjunto, esclarecendo, essencialmente, quantas salas seriam necessárias, quantos metros quadrados etc. Por essa ocasião, veio ainda da Europa um auxiliar de Marcello Piacentini, chamado Vitório Mopurgo, professor também em Roma, para ajudar naquelas idéias de Le Corbusier.

Verificou-se depois que não se poderia construir a cidade universitária na Quinta da Boa Vista pelas grandes dificuldades que surgiram — a via férrea passava pelo meio do terreno etc. Encontramos, afinal, um terreno maravilhoso em Vila Valqueire, na Zona Norte, próximo ao Campo dos Afonsos. Posteriormente, demos preferência pela Ilha do Fundão, onde, realmente, começamos a construção. Nessa época, eu ainda era ministro. Quando sai do ministério, em 1945, já estava a cidade universitária sendo planejada na Ilha do Fundão. Praticamente, ficou parada até hoje, pois vai sendo construída muito lentamente. A minha resolução era sempre no sentido de prestigiar a arquitetura nova. Eu não faria uma cidade universitária a não ser como grande monumento da arte moderna. Era mais ou menos o mesmo espírito de Brasília.

Havia, em primeiro lugar, as dificuldades de terreno. Vocês não podem imaginar a luta, o sofrimento, as providências que tive que tomar durante anos seguidos para encontrar, afinal, um terreno satisfatório e, ainda mais, para adquiri-lo com aquela dificuldade de verbas que tínhamos. Em segundo lugar, havia o próprio custo da cidade universitária, da sua construção. Eram essas, portanto, as grandes dificuldades. Quantas e quantas vezes eu vi que a coisa exigia um heroísmo, um trabalho imenso.

Le Corbusier realizou, simultaneamente, suas três funções: a de fazer o anteprojeto da cidade universitária, a de fazer o anteprojeto, ou risco inicial, do edifício do Ministério da Educação e a de promover uma série de conferências. Ele realizou grandes conferências, o que justificava a remuneração que recebia.

Depois, foi embora. Daí por diante, as coisas desenvolveram-se da seguinte maneira: o projeto do edifício do Ministério da Educação foi feito por essa comissão, cuja composição já enunciei. O projeto da cidade universitária foi também sendo desenvolvido por um grupo de arquitetos, o principal dos quais era Oscar Niemeyer. Iniciamos, então, a construção do edifício do Ministério, que demorou muito tempo para ser concluído. Naquela época não se edifícava, no Brasil, com a facilidade de hoje, e nem os materiais de construção eram essas maravilhas que vemos por aí e nem tampouco tínhamos dinheiro sobrando e nem a arquitetura daquele tempo tinha os recursos de que dispõe atualmente. A guerra, de certo modo, prejudicou a sua construção. Só pude inaugurar o edifício em 1945, após o que, então, se foram fazendo aquelas esculturas, os jardins etc. Tudo aquilo foi muito difícil para nós.

Aí foram lançados nomes como os de Portinari, Celso Antonio, para quem o Congresso Nacional acaba de votar uma pensão, porque ele está na miséria, inclusive passando necessidades. Colaborou também Lipchitz, em uma escultura na parede curva do auditório. Aquela parede devia ter uma escultura, e uma escultura ali era uma coisa muito difícil. Tentamos com o Celso Antonio, com o Bruno Giorgi, com o Brecheret, enfim, com muitos escultores brasileiros. Nenhum dava certo.

O Celso Antonio fez uma escultura muito bonita para lá, uma beleza de escultura. Fez a maquete e eu e Lucio Costa fomos vê-la. Então, Lucio Costa me disse: "Dá idéia de uma borboleta pregada na parede". Então, eu lhe disse: "Olha, Lucio, você liquidou com o projeto inicial, eu já não faço mais".

A nossa idéia a respeito do projeto é de que fosse ou representasse uma vitória, uma coisa como *A vitória de Samotrácia*. A vitória de Samotrácia era o que estava na minha cabeça, embora eu não a conhecesse ainda. Ela nunca esteve no Brasil. Só muito tempo depois é que pude vê-la em Paris. A vitória de Samotrácia me entusiasmava muito. Eu queria uma coisa como aquilo, uma coisa daquele gênero, com aquele sentido. Foi então que Oscar Niemeyer sugeriu-me que indagasse se o Lipchitz, que estava em Nova York, poderia vir fazer a escultura.

Lipchitz era um grande escultor polonês, extraordinariamente avançado, moderno e, ao mesmo tempo, de grande capacidade realizadora e que estava nos Estados Unidos, refugiado do nazismo. Como eu me dava muito bem com Nelson Rockefeller, hoje governador do Estado de Nova York e naquela época moço ainda, pedi-lhe pelo telefone internacional que perguntasse ao Lipchitz sobre essa possibilidade. Como dirigente do Museu de Arte Moderna de Nova York, Nelson Rockefeller estava em contato com esses artistas europeus que entravam nos Estados Unidos como imigrantes.

O Lipchitz mandou-me uma revista contendo um desenho dele que me impressionou muito e que ele gostaria de realizar, intitulado *Prometeu domi-*

nando o abutre, em que a lenda de Prometeu sendo comido eternamente, como castigo, pelo abutre, era por ele concebida de forma diferente: um Prometeu que se liberta do abutre, que domina o abutre, que esmaga o abutre. Com essa concepção é que ele fez o desenho publicado na revista que me mandou. Achei aquilo muito bonito e esplêndido. Disse-lhe que poderia começar a obra. Então, ele fez um esboço com meio metro de largura num cubo de meio metro de aresta.

Depois que lhe pedi que executasse o projeto, mandou-nos um gesso — o que está lá na parede é a reprodução em bronze do modelo enviado. Mas, quando chegou o trabalho, eu já pressentia que o nosso tempo estava terminando, que o governo teria que sair: as eleições já estavam marcadas para 2 de dezembro de 1945. Concluí que não teria tempo suficiente para terminá-la, porque tinha que chamar técnicos para ampliar aquilo em dois metros de altura e dois metros de largura, conforme concebida por Lipchitz. A que lá se encontra tem um metro de altura por um metro de largura. Eu tinha, por conseguinte, que duplicar aquilo em gesso e, depois, transformar o gesso em bronze. Fiz os cálculos de quanto tempo precisaria para acabá-la e verifiquei que não teria prazo. Eu iria sair do ministério, na melhor das hipóteses, em princípios de 1946. O melhor seria mandar fazer em bronze aquilo mesmo e, depois com o tempo, forcejar fora do governo a fim de ampliar a escultura.

Colocamos a obra no lugar daquele jeito. Mas aquilo está desproporcional. O Lipchitz nunca quis vir [ao Brasil para] ver, porque ficou com raiva. Achou que aquilo não era o que ele queria fazer. Não considerou terminado o trabalho, porque queria que, depois de fundida a escultura, fosse por ele feito um trabalho manual de acabamento. Mas ele não queria vir, até porque eu saíra do ministério. Meu plano era o de conseguir que o governo fizesse a ampliação e que o Lipchitz viesse para terminá-la, o que não foi feito até hoje. É possível, quem sabe, que algum dia se faça aquilo que estava no projeto inicial.

Em 1937, o quadro político e a situação mundial complicaram-se de tal maneira que o governo, do qual eu fazia parte, deu o golpe de Estado, às vésperas da sucessão de Getúlio Vargas, quando já se apresentavam como candidatos José Américo de Almeida e Armando de Salles Oliveira, governador de São Paulo. Decretou-se uma nova Constituição, que era para ser plebiscitada e não o foi. O governo que devia terminar, pois, em princípios de 1938, prolongou-se até 1945, quando as Forças Armadas, em 29 de outubro, nos depuseram, porque havia chegado a hora final daquele regime, da ditadura Vargas. Foi uma deposição muito amistosa, porque já saímos todos para ser eleitos. O presidente Getúlio foi eleito senador pelo Rio Grande do Sul e deputado por vários Estados, o que era, então, permitido. Eu fui eleito por Minas Gerais para a Constituinte.

O fato é que, com a duração que tivemos, pude fazer a obra com certa lentidão, porque, como já o disse anteriormente, estava preocupado com muitas outras coisas, mas eu não imaginava que aquele edifício iria ter tamanha importância, mesmo porque ele era isolado naquele local. Era o único edifício moderno no Rio e era muito ridicularizado.

A princípio, a reação era de combate. Fui, durante anos a fio, combatido, ridicularizado por todo mundo. Aquele edifício era conhecido no Rio de Janeiro como "Capanema Maru", nome que o povo lhe dava porque tinha forma de navio, e "Maru" eram os navios japoneses que freqüentavam muito o porto do Rio de Janeiro. Mas os artistas, os escritores, de um modo geral, e o próprio presidente Vargas eram a favor da renovação. O presidente, pelo menos, admitia que se fizesse ali, ao lado do Ministério do Trabalho, do Ministério da Fazenda, aquela coisa totalmente diferente que era o Ministério da Educação.

O edifício do Ministério da Educação, como diz Mindlin no seu livro, em inglês e em francês, logo no início, "é a primeira realização monumental da arquitetura nova em todo o mundo".

[Entrevista concedida em 12 dez. 1968 aos arquitetos Alberto Xavier, José Carlos Coutinho e Luiz Fisberg, professores do IAA da UnB, no recinto do Congresso Nacional.]

1. Ver, abaixo, "O ministro que desprezou a rotina", de Carlos Drummond de Andrade.
2. *L'Architecture d'aujourd'hui*, s/n, Boulogne (Seine), p.10, set. 1947.

[2] CARLOS DRUMMOND DE ANDRADE

O ministro que desprezou a rotina

Em julho de 1934, um mineiro de 33 anos, conhecido nos meios políticos nacionais como hábil negociador, era nomeado ministro da Educação e Saúde Pública do primeiro governo constitucional após a Revolução de 1930. Fora do ambiente onde se debatiam questões de poder, para o julgamento frívolo-irônico dos cariocas era praticamente um anônimo, embora se houvesse destacado no cenário administrativo de Minas Gerais. Como capital federal, o Rio de Janeiro costumava receber com malícia valores regionais que viessem ocupar algum espaço na direção do país. Gustavo Capanema, bacharel de província, assumia uma pasta considerada de menor importância no quadro oficial, e certamente passaria nela quatro anos de repousada burocracia, sem mexer a fundo nos problemas de toda natureza que, em um e outro setor a ele confiado, estavam exigindo, mais do que simples dedicação ao trabalho, uma inquieta e contínua inventividade.

Quase quatro anos de funcionamento, transcorridos entre crises políticas sucessivas e até sob uma segunda revolução em grande estilo, a de São Paulo em 1932, não tinham bastado para dar ao Ministério da Educação estrutura coerente e sobretudo eficaz, sem embargo da vigorosa mentalidade do seu primeiro ocupante, o político e jurista Francisco Campos. Capanema percebeu logo que os instrumentos de ação a seu dispor não eram adequados para o desenvolvimento de novos conceitos de política educacional e sanitária, que se impunham na perspectiva mundial da terceira década do século, e sem os quais a máquina trabalharia no vácuo.

Renunciando a operar os dispositivos convencionais, ele causou pasmo, suspeita, apreensão e revolta. Dir-se-ia que não aspirava nem mesmo a ser um ministro bonachão, afeiçoado ao culto da sacrossanta rotina, que evita dores de cabeça. Parecia antes um titular completamente paralisado, indiferente a tudo, incapaz de prestar ouvidos à sabedoria e experiência dos peritos na arte de governar. Começou a ruminar reformas. Reformar o que ainda era quase novo em folha, o que mal começava a ser testado? Que espécie de ministro era esse, pois nem acabava de tomar posse e já queria botar por terra uma organização tão boa como qualquer outra, se era uma organização estabelecida no papel?

Capanema não ligou à assustada atmosfera que se criou em sua volta. Com paciência, determinação e humildade, realizou pesquisas, juntou documentação, consultou elementos que jamais tinham sido convidados a opinar sobre os problemas da pasta, chamando-os nos Estados e até no estrangeiro, se não os encontrava no Rio. Ponderou, discutiu, estudou e meditou, enquanto, ao mesmo tempo, com sutileza de político, e político mineiro forrado de formação humanística, que vê mais longe do que o comum, ia cativando a adesão ou quebrando a resistência de um Congresso Nacional estreante, ávido de influir e um tanto infenso aos pendores de um ministro jovem e sem cobertura política no seu Estado natal.

O que foi essa longa batalha da reforma do Ministério da Educação, em várias frentes, só ele mesmo poderia contar, pois, invariavelmente discreto e generoso, calava muitas vezes os incidentes, as mortificações, os sacrifícios de amor próprio que teve de suportar, em favor da impessoalidade dos seus objetivos. Veio afinal, votada pelos parlamentares e sancionada pelo presidente da República, a ambicionada reforma, em que poucos acreditavam.

Reformas, via de regra, fazem-se para não serem executadas, mesmo porque muitas partem do irreal para voltar a ele. Capanema fez questão de executar a sua, instalando órgãos que pouco a pouco foram cobrindo uma faixa inexplorada de interesses sociais e humanos, e dando sentido cultural ao conjunto, definido antes mais como uma série de agências cartoriais do que como laboratório de experiências ao vivo.

Quando baixou sobre as instituições o arbítrio do Estado Novo (1937), o ministro só se prevaleceu da faculdade de legislar, então estabelecida, para criar novos serviços que complementassem a imagem cultural da pasta, voltada para numerosas formas de atividade criadora e possibilidade de ação prática.

Seja dito de passagem que, ao contrário do que alguns viam nele, jamais adotou ponto de vista reacionário, no estilo político então dominante, para a formulação desse complexo de administração e pesquisa. Manteve sempre abertas as portas de seu gabinete a todas as ponderações e críticas; digo mais: a todos os ataques injustos. Técnicos, que ele recebia para consultá-los, saíam da inconfortável salinha da rua Álvaro Alvim para combatê-lo pelas colunas dos grandes jornais. Um professor que mantinha coluna diária sobre assuntos de ensino farpeava-o implacavelmente, sem que nunca o ministro apelasse para o DIP, órgão oficial de propaganda e censura, para contestar ou emudecer o oposicionista inveterado. Com estudantes, sempre indóceis desde que se inventaram as escolas, mantinha diálogo franco, de igual para igual, perante seus líderes mais inflamados.

Os resultados de uma atividade de onze anos desenvolvida entre incompreensões e novas crises políticas, que às vezes tinham como pivô a própria intenção de afastá-lo da equipe ministerial, estão patentes no Brasil de hoje. Já pouca gente sabe quem os possibilitou, pois esta é a sorte dos inovadores, omitidos pelo tempo em suas pessoas, mas presentes em suas obras tornadas um bem comum, sem autoria declarada.

Pondo de lado a notável remodelação dos serviços de saúde, com erradicação de endemias que assolavam o interior do país, vou referir apenas alguns serviços por ele criados. Se hoje dispomos de um aparelho de proteção ao acervo histórico e artístico nacional, devemo-lo a Capanema, assessorado por Mário de Andrade e Rodrigo M. F. de Andrade. Instituto Nacional do Livro, Serviço Nacional de Teatro, Museu Nacional de Belas-Artes, Instituto Nacional de Estudos Pedagógicos são outras tantas criações suas.

A primeira faculdade federal de Filosofia, Ciências e Letras deve-se à sua visão do problema universitário, quando o leque de opções oferecidas ao estudante brasileiro não ia além dos cursos de tradição colonial, salvo a solitária exceção de São Paulo. As ciências econômicas, a arquitetura, o canto orfeônico, a educação física e os desportos passaram a ser objeto de cursos regulares e de alto nível, por sua iniciativa. O ensino industrial foi totalmente reformulado e atualizado, com escolas-padrão disseminadas de norte a sul do país.

Finalmente, Gustavo Capanema deu ao Rio de Janeiro e ao Brasil a bela e sofrida sede do Ministério da Educação, exemplar típico e fecundante da evolução da arquitetura moderna, erigido sabe Deus a que duro preço de remoques, picuinhas, sofrimentos e agressões morais e políticas, e tão maltratado pela sucessiva indiferença ou incompreensão de muitos de seus prestigiosos ocupantes.

Para dar idéia do que foi, desde a primeira hora, a luta pela construção dessa casa que se tornou famosa no mundo inteiro como expressão de uma estética renovadora, permito-me transcrever aqui um documento até agora sigiloso. É a representação de um arquiteto que teve o seu projeto aprovado pela comissão julgadora, mas repudiado pelo ministro que, após demorado exame e de acordo com pareceres autorizados, o considerou pobre de qualidades positivas. Pagando a seu autor o prêmio devido, e obtendo do presidente da República a anulação do concurso que aprovara tal projeto, Capanema partiu corajosamente para uma solução revolucionária: encomendou a jovens arquitetos, imbuídos de idéias novas, o projeto que viria a concretizar-se na obra hoje reverenciada pelos mestres da arquitetura universal. Os termos da representação-denúncia, já agora documento para a história, dispensam qualquer comentário:

Exmo. Sr. Dr. Getúlio Vargas, DD. Presidente da República:

Muito a contragosto, embora, vimos trazer ao conhecimento de V. Exa. os fatos por demais lamentáveis que abaixo passamos a expor.

Como é do conhecimento de V. Exa., foi aberto concurso público para a execução do futuro Palácio do Ministério da Educação e Saúde Pública, concurso esse dividido em duas partes: a primeira para o anteprojeto, em que deviam ser classificados cinco concorrentes, e a segunda para a classificação definitiva dos projetos selecionados, depois de desenvolvidos. Como arquitetos, estabelecidos nesta capital, concorremos a esse concurso.

A longos e contínuos estudos procedeu a comissão de técnicos, presidida pelo Sr. Ministro Gustavo Capanema, para o julgamento das duas etapas do concurso, acossada constantemente por uma inominável campanha de intrigas e difamações, encobertas quase sempre pelo anonimato, com que elementos desagregadores pretendiam suprir a sua incapacidade profissional.

Embora fosse grande o número de concorrentes, aquela comissão, que pelo edital devia selecionar cinco anteprojetos, não encontrou senão três que merecessem consideração; entre os quais, o nosso.

Desenvolvidos os anteprojetos e julgada a segunda parte do concurso, tivemos a satisfação de ver o nosso projeto classificado em primeiro lugar.

Acabamos de saber, entretanto, com grande surpresa nossa, que o Sr. Ministro da Educação, tendo encomendado, sem concorrência, ao arquiteto Lucio Costa, vários projetos, entre eles o do futuro Palácio para sede do Ministério, acaba de autorizar-lhe seja paga por esse projeto a importância de cem contos de réis, segundo informações que me chegaram ao conhecimento. E sobe de ponto esta surpresa por não se encontrar justificativa desse ato na moral comum, de vez que se sabe ter sido o arquiteto Lucio Costa desclassificado na primeira prova daquele concurso.

O que acabamos de narrar tem, no presente momento, gravidade não pequena, em se sabendo que esse arquiteto é sócio do arquiteto Gregori Warchavchik, judeu russo de atitudes suspeitas, por esse mesmo Sr. Lucio Costa levado para uma cadeira da Escola Nacional de Belas-Artes, onde ambos tanto têm concorrido para as constantes agitações em que esta escola se tem visto.

Não ignora o Sr. Ministro da Educação as atividades do arquiteto Lucio Costa, pois, pessoalmente, já o mencionamos a S. Exa. entre vários filiados ostensivos à corrente modernista que tem como centro o Clube de Arte Moderna, célula comunista cujos principais objetivos são a agitação no meio artístico e a anulação de valores reais que não comunguem no seu credo. Esses elementos deletérios se desenvolvem justamente à sombra do Ministério da Educação, onde têm como patrono e intransigente defensor o Sr. Carlos Drummond de Andrade, chefe do gabinete do Ministro. Expondo aos olhos de V. Exa. esses fatos, esperamos que V. Exa., defendendo o Tesouro Nacional e a honorabilidade do vosso governo do país, alente a arte nacional que ora atravessa uma crise dolorosíssima, próxima do desfalecimento.

Atenciosamente, subscrevemo-nos de V. Exa., concidadão e criado — Archimedes Memória.[1]

1. Carta de 1936. [N.O.]

[3] LUCIO COSTA

Relato pessoal

O projeto do edifício-sede do Ministério da Educação data de 1936. A sua construção, iniciada no ano seguinte, foi lenta. Em 1944, já estava praticamente concluído, mas foi inaugurado em 1945. Se considerarmos, portanto, como referência, a sua concepção, já tem mais de cinqüenta anos, mas apesar da marca da época não perdeu nem perderá jamais a força e carga expressiva que lhe são inerentes.

É difícil ao arquiteto de hoje perceber a significação dessa obra e aquilatar o que ela representou de paixão, de esforço, de sacrifício.

Os novos conceitos arquitetônicos, formulados na década anterior, ainda não haviam sido assimilados pela opinião culta e popular e eram violentamente refutados. Mas para mim, que tinha dedicado o *chômage* de 1932 a 1935 ao estudo da obra teórica de Le Corbusier, o problema arquitetônico parecia então indissoluvelmente entranhado no problema social, porquanto oriundos da mesma fonte — a Revolução Industrial do século XIX —, e esse vínculo de origem conferia sentido ético à tarefa em que estávamos empenhados, exigindo-nos dedicação total, como se fôssemos, na nossa área, moralmente responsáveis pelo bom encaminhamento da meta comum.

Isso explica por que, tendo um projeto já pronto e aprovado, em vez de darmos logo início à obra como seria normal e faria qualquer arquiteto hoje em dia, resolvemos considerar o dito por não dito e recomeçar tudo da estaca zero. É que, apesar de se tratar de um belo projeto, tínhamos as nossas dúvidas e deliberamos submetê-lo ao veredito do mestre.

Esse projeto inicial compunha-se de um bloco mais alto na posição do atual edifício, já com a fachada sul envidraçada e quebra-sol na fachada norte, mas dispondo de pavimento térreo com saguão ligado ao auditório, construção esta solta do bloco principal ao qual se articulavam do lado oposto, ou seja, norte, duas alas de menor altura, sobre *pilotis* baixos, enquadrando a entrada com pórtico carroçável precedido por um espelho d'água e pela escultura do Celso Antônio intitulada *Homem de pé*, cujo modelo já estava pronto. Nas salas de trabalho dessas alas laterais, orientadas para leste, as janelas eram corridas, enquanto as galerias de acesso, voltadas para o poente, dispunham apenas, em cada tramo, de uma pequena janela quadrada, prevendo-se revestimento externo com granito rosa do Joá.

Mas não foi fácil conseguir a vinda de Le Corbusier, porquanto no ano anterior já aqui estivera Piacentini — o arquiteto de Mussolini — contratado pelo governo para ajudá-lo no problema da implantação da Cidade Universitária (a escolha então oscilava entre a praia Vermelha e a área existente aos fundos da Quinta da Boa Vista, onde se acha atualmente o Jardim Zoológico) —, e o ministro Capanema não se sentia em condições de pleitear nova contratação. Mas tanto fiz que me levou ao Catete, e o dr. Getúlio, entre divertido e perplexo, diante de tamanha obstinação, acabou por aquiescer, como se cedesse ao capricho de um neto. Recorremos, então, ao Monteiro de Carvalho, que conhecia pessoalmente Le Corbusier, ficando estabelecido que viria por quatro semanas para reexaminar o problema da Cidade Universitária, fazer uma série de conferências (realizadas no então Instituto Nacional de Música, sempre lotado) e, finalmente, para dar parecer sobre o projeto do Ministério.

Ele viajou pelo Graf Zeppelin, que fazia em quatro a cinco dias a rota do Atlântico Sul, pousando em Santa Cruz. E fomos todos de madrugada esperá-lo em companhia de Hugo Gouthier, então do gabinete do ministro, chefiado por Carlos Drummond de Andrade.

Tínhamos escritório no edifício Castelo, na avenida Nilo Peçanha, 151, onde ele se instalou, mantendo inicialmente certa reserva para conosco pois, ignorando as circunstâncias da sua convocação, julgava-se convidado por iniciativa do próprio ministro, desejoso do seu parecer sobre a construção projetada.

Considerou, de saída, o terreno impróprio porque estaria dentro em pouco cercado por prédios inexpressivos. Parecia-lhe que o edifício deveria ficar voltado para o mar e o Pão de Açúcar, fixando-se na área correspondente, antes do segundo aterro, àquela onde agora se encontra o MAM, e para ela elaborou, com extrema espontaneidade, o belo risco de um edifício de partido baixo e alongado que serviu depois de base ao projeto definitivo. "*J'ai simplement ouvert les ailes de votre bâtiment*", disse ele então, num generoso *understatement*. Mas a troca do terreno já na posse do governo federal por outro de propriedade municipal implicaria delongas, e não se efetivou. Ele ainda tentou adaptar a sua concepção ao terreno original, surgindo então um impasse, porque sendo o lote mais estreito na desejada orientação sul não haveria como dispor, nessa orientação, a metragem total de piso requerida pelo programa, uma vez que então as autoridades da Aeronáutica limitavam o gabarito a dez pavimentos. Teve, assim, que implantar o bloco no sentido norte-sul, com fachadas para leste e oeste, o que resultou numa composição algo contrafeita que não agradou nem a ele, nem a nós. Contudo, apesar dessa frustração final, ele ainda nos deixaria de quebra, sem querer — além dos planos para a Universidade, das aulas ao vivo e daquele risco fundamental —, uma dádiva: foi durante esse curto mas assíduo convívio de quatro semanas que o gênio incubado de Oscar Niemeyer aflorou.

Depois de sua partida nos atribuímos a tarefa de fazer novo projeto baseado na sua proposição inicial, ou seja, orientado mesmo para o sul e com a altura necessária, determinando desde logo a Emílio Baumgart, engenheiro responsável pelo cálculo estrutural, a previsão de fundações capazes de suportar a carga definitiva, isto porque eu, como bom carioca, entendia que, com o tempo, a coisa se resolveria. E assim de fato ocorreu.

Elaborado o projeto, enviamos um jogo de cópias acompanhado de fotografias da maquete à rua de Sèvres, 35, e ele respondeu congratulando-se conosco: "*Il est beau, votre projet*".

Éramos todos ainda moços e inexperientes — Oscar Niemeyer, Carlos Leão, Affonso Eduardo Reidy, Jorge Moreira, Ernani Vasconcelos; o mais velho e já vivido profissional era eu. Entretanto, agimos como donos da obra, construída sem interferência de um empreiteiro geral, pela própria Divisão de Obras do Ministério, chefiada então por Souza Aguiar, e tivemos como técnico principal para as instalações Carlos Ströebel. Foi uma experiência difícil tanto mais que a concepção arquitetônica do prédio era tida pela crítica e opinião pública como exótica, imprópria para ambientação local, além de "absurda" por deixar o térreo em grande parte vazado. Aliás, o próprio Auguste Perret, de passagem aqui, menosprezou, na presença do ministro, o risco original de Le Corbusier, declarando que o edifício estaria dentro de pouco tempo sujo "devido à falta de cornijas" — mas, apesar desse sombrio prognóstico, as suas belas empenas continuam impecavelmente limpas.

Com o início da guerra, os contatos eventuais se interromperam de todo, e Le Corbusier só teve notícias da obra concluída quando, terminado o pesadelo, revistas especializadas em todos os países começaram a divulgar, como revelação, a chamada arquitetura brasileira, despertando assim o interesse de arquitetos que aqui vinham unicamente para conhecer o Ministério, a ABI, a Pampulha, o Parque Guinle etc., enquanto daqui partiam grupos de estudantes em excursão pela Europa, orientados por professores nem sempre suficientemente informados, mas que faziam palestras sobre o assunto. E como tanto as revistas como os improvisados divulgadores omitissem pormenores da participação pessoal de Le Corbusier no caso, e os contatos diretos conosco ainda não houvessem sido restabelecidos, ele passou a interpretar tais ocorrências como usurpação da parte que, de direito, lhe cabia, estado de espírito que o levou, numa espécie de revide, *à défaillance* de publicar como risco original seu para o edifício efetivamente executado um croqui calcado sobre aquela fotografia da maquete que lhe havíamos em tempo enviado junto com o projeto, desenho este feito sem muita convicção e sem data (ele sempre datava todo e qualquer risco que fizesse). Evidentemente, a sua intenção fora simplesmente evidenciar o vínculo — melhor, a filiação — de uma coisa com outra.

Esse risco figurou maliciosamente numa exposição havida em São Paulo, por volta dos anos 50, quando eu já havia escrito aos organizadores da mostra alertando para o fato de se tratar de um *falso testemunho* que deveria ser substituído pelo risco original da edificação baixa e alongada destinada à beira-mar que, este sim, serviu de base ao novo projeto.

Informado do que ocorria, escrevi-lhe então precisando os fatos e as circunstâncias e remetendo, inclusive, fotografia da inscrição gravada na própria parede do saguão do edifício e redigida por mim em substituição ao texto omisso que me fora submetido, pois já estava prevendo as possíveis conseqüências do caso.[1] E a coisa assim se desfez, tanto mais que nos sucessivos encontros em Paris passou a me conhecer melhor e logo compreendeu que o empenho de todos nós fora unicamente contribuir para a consolidação da sua obra e fazer, tanto quanto possível, na sua ausência, o que fosse do seu agrado. Assim, acatamos as suas recomendações no sentido do emprego de "azulejôs" nas vedações térreas e dos gnaisses, nos enquadramentos e nas empenas, bem como a preferência assinalada no seu risco por outra escultura de Celso Antônio que não a escolhida por nós, o *Homem Sentado.*

A propósito dessa figura monumental, de vários metros de altura, cabe aqui, num parêntese, o registro da cena trágica que presenciei no ateliê improvisado no próprio canteiro de obras onde o escultor trabalhou vários anos a fio. Certa tarde, o ministro — tal como Lourenço de Médici ou Júlio II, ele acompanhava amorosamente o trabalho dos seus artistas, mormente os de Portinari e do Celso — nos pediu que mostrássemos a obra a Aníbal Machado. O escultor, que já havia recoberto a enorme massa de alto a baixo com panos umedecidos para a devida preservação do barro, determinou ao seu auxiliar que a descobrisse novamente; a estátua foi aos poucos surgindo; mas, quando a tarefa ia a meio, a possante figura com o seu olhar parado foi-se inclinando lentamente para trás e desmoronou num estrondo.

Seja como for porém, a verdade é que depois daquelas quatro semanas de 1936 não houve mais qualquer interferência de Le Corbusier, que só veio a conhecer o edifício já pronto poucos anos antes da sua morte, quando aqui retornou para projetar a embaixada da França em Brasília.

Esse belo edifício do Ministério é, conforme já tenho dito, um marco histórico e simbólico. Histórico, porque foi nele que se aplicou, pela primeira vez, em escala monumental, a adequação da arquitetura à nova tecnologia construtiva do concreto armado, inclusive a fachada totalmente envidraçada, o *pan de verre;* as experiências anteriores haviam sido todas em edifícios de menor porte. Quando, com a sua estrutura já adiantada, fui com Oscar Niemeyer cuidar do Pavilhão do Brasil, na Feira Internacional de 1939, não havia em Nova York *nenhum* edifício com essas fachadas translúcidas que caracterizam a cidade, as agora chamadas *curtain walls* ou *murs rideaux*. Vieram todos depois. E simbólico, porque, num país ainda social e tecnologicamente subdesenvolvido, foi construído com otimismo e fé no futuro, por arquitetos moços e inexperientes, enquanto o mundo se empenhava em autoflagelação.

Assim, as marchas e contramarchas, os obstáculos, as contrariedades, tudo valeu a pena. Mesmo a difícil deliberação de me afastar da obra quando senti que já perdia o poder de decisão e que, portanto, a minha presença tolhia os demais; tudo valeu a pena porque, assim, o grupo não traiu a confiança do extraordinário ministro e do nosso poeta maior, que, na sua condição de eficiente mortal, lhe chefiava o gabinete.

A minha última intervenção, já no final da obra e depois do ostracismo que me impusera, foi quanto à cor dos peitoris da fachada norte, que o Oscar pretendia azuis como as lâminas do quebra-sol. Juntos descemos pela avenida Graça Aranha, a fim de ajuizar à distância, e me pareceu melhor fazê-los cinza, conforme felizmente ficaram.

E com esta pequena e derradeira escolha, dei por encerrado este capítulo da minha vida profissional.

1. "Mise au point". In Costa, Lucio, *Lucio Costa: registro de uma vivência*, op. cit., p. 140. [N.O.]

Pavilhão do Brasil na Feira de Nova York

Um pavilhão de exposições deve apresentar características de construção provisória, e não simular artificiosamente obra de caráter permanente.

Em uma terra industrial e culturalmente desenvolvida como os Estados Unidos, e numa feira em que tomam parte países mais ricos e "experimentados" que o nosso, não se poderia razoavelmente pensar em se sobressair pelo aparato, pela monumentalidade ou pela técnica. Procurou-se interessar de outra maneira: fazendo-se um pavilhão simples, pouco formalístico, atraente e acolhedor, que se impusesse não pelas suas proporções, que o terreno não é grande, nem pelo luxo, que o país ainda é pobre, mas pelas suas qualidades de harmonia e de equilíbrio e como expressão, tanto quanto possível pura, de arte contemporânea.

Por outro lado, diante da massa pesada, mais alta e muito maior do Pavilhão Francês, nosso vizinho, impôs-se a adoção de um partido diferente, leve e vazado, que, em vez de se deixar absorver, contrastasse com ele. Daí, também, o recuo do corpo principal da construção e o aproveitamento da curva graciosa do terreno. Desse recuo resultou o jardim interno, e do jardim, a conveniência de se deixar grande parte do pavimento térreo envidraçado para atrair a curiosidade dos transeuntes. E, como o sol castiga a fachada lateral, ela foi vedada, deixando-se, pelo contrário, completamente aberto o lado da sombra, isto é, do jardim.

O ritmo ondulado do terreno que o corpo maior da construção acentua, repete-se na marquise, na rampa, nas paredes de proteção do pavimento térreo, na sobreloja, no auditório etc., concorrendo para dar ao conjunto uma feição original inconfundível e extremamente agradável.

• • •

Levei o Oscar comigo para Nova York a fim de elaborarmos novo projeto para o Pavilhão do Brasil, na Feira Mundial de 1939,[1] porque foi depois da vinda de Le Corbusier, em 36, por iniciativa minha, que a sua criatividade se revelou subitamente, com grande força inventiva; entendi então que era o momento dele desabrochar e ser reconhecido internacionalmente.

O meu objetivo na época era *contribuir* fazendo o melhor possível, naquilo que dependesse de mim, para o bom êxito da adequação arquitetônica às novas tecnologias do aço e do concreto. O que estava em jogo era *a boa causa da arquitetura.*

Com o irrestrito apoio do comissário geral Armando Vidal, consegui a colaboração de Portinari — três grandes painéis — e de Celso Antônio — réplica da escultura *Moça reclinada*. O primoroso agenciamento da ambientação interna e o impecável *display* dos mostruários se devem a Paul Lester Wiener.

O Pavilhão resultou uma *obra-prima*, compensando assim o sacrifício, inclusive doméstico, que me impus.

1. In Costa, Lucio, *Lucio Costa: registro de uma vivência*, op. cit., p. 190. [N.O.]

[5] OSCAR NIEMEYER

A forma na arquitetura

A forma plástica evoluiu na arquitetura em função das novas técnicas e dos novos materiais que lhe dão aspectos diferentes e inovadores. Primeiro, foram as formas robustas que as construções em pedra e argila obrigavam; depois, surgiram as abóbadas, os arcos e as ogivas, os vãos imensos, as formas livres e inesperadas que o concreto permite e os temas modernos solicitam.

Diante dessa evolução contínua e inevitável e dos programas que surgem, criados pela vida e pelo progresso, o arquiteto vem concebendo, através dos tempos, o seu projeto: frio e monótono ou belo e criador, conforme seu temperamento e sensibilidade. Para alguns, é a função que conta; para outros, incluem-se a beleza, a fantasia, a surpresa arquitetural que constituem, para mim, a própria arquitetura. E essa preocupação de criar a beleza é, sem dúvida, uma das características mais evidentes do ser humano, em êxtase diante desse universo fascinante em que vive. E isso encontramos nas épocas mais remotas, com o nosso ancestral longínquo a pintar as paredes de sua caverna, antes mesmo de construir o seu pequeno abrigo. E o mesmo se repete pelos tempos afora, a partir das pirâmides do Egito. Arquitetura-escultura, forma solta e dominadora sob os espaços infinitos.

Sobre a beleza e a forma plástica na arquitetura é que lhes vou falar — sem delas fazer um histórico ocioso —, tendo como base o tempo presente e a minha arquitetura.

Começarei lembrando a situação da forma na arquitetura, lá pelo ano de 1936, quando iniciei minha vida de arquiteto e a arquitetura contemporânea se fixava entre nós, com o funcionalismo pontificando, recusando a liberdade de criação e a invenção arquitetural, sempre presentes nos grandes períodos da arquitetura.

Foi o tempo da *planta de dentro para fora*, do *ângulo reto*, da *máquina de habitar*, da imposição dos sistemas construtivos, limitações funcionalistas que não me convenciam ao olhar as obras do passado tão cheias de invenção e lirismo. Não podia compreender como, na época do concreto armado que tudo oferecia, a arquitetura contemporânea permanecesse com um vocabulário frio e repetido, incapaz de exprimir aquele sistema em toda a sua grandeza e plenitude.

Recordava, então, os velhos períodos, quando, limitado por uma técnica ainda incipiente, o arquiteto penetrava, corajoso, no caminho do sonho e da fantasia. Mas a arquitetura contemporânea baseava sua presença na técnica construtiva que tudo devia modificar, apoiando-se no funcionalismo para realizar a metamorfose desejada: substituir as antigas fachadas pelos grandes painéis de vidro; as grossas paredes de alvenaria pelas finas colunas de concreto; os telhados, frontões e outros elementos que compunham as coberturas pelo terraço-jardim; e os espaços, antes ocupados pelos edifícios, pelos pilotis. E o funcionalismo se transformou na sua arma preferida, recusando a liberdade de concepção com seu rigorismo estrutural opressivo.

Durante os primeiros tempos, procurei aceitar tudo isso como uma imitação provisória e necessária, mas depois, com a arquitetura contemporânea vitoriosa, voltei-me inteiramente contra o funcionalismo, desejoso de vê-la integrada na técnica que surgira e juntas caminhando pelo campo da beleza e da poesia. E essa idéia passou a dominar-me, como uma deliberação interior irreprimível, decorrente talvez de antigas lembranças, das igrejas de Minas Gerais, das mulheres belas e sensuais que passam pela vida, das montanhas recortadas esculturais e inesquecíveis do meu país. "Oscar, você tem as montanhas do Rio dentro dos olhos", foi o que um dia ouvi de Le Corbusier.

Mas, não raro, era a forma abstrata que me atraía, pura e delgada, solta no espaço à procura do espetáculo arquitetural. E nela me detinha, conferindo-a tecnicamente, certo de que alguns teriam empenho em analisá-la, com essa vocação para a mediocridade que não permite concessões nem obra criadora.

E isso explica minha atuação diante das obras de Pampulha, apesar de recém-saído da escola de arquitetura, mas já tocado por essa vontade imperiosa de contestação e desafio. E Pampulha surgiu com suas formas diferentes, suas abóbadas variadas, com as curvas da marquise da Casa do Baile a provocarem os tabus existentes.

Mas não devo falar de Pampulha sem antes me referir a certos fatos que a precederam, sem lembrar que outros projetos — já modernos — começavam a aparecer, embora despidos do espírito radical e renovador que ela exibia. E lembrar a atuação decisiva de Gustavo Capanema, convocando Lucio Costa, que liderava o nosso grupo com seu excepcional talento, convocando também Le Corbusier, daí surgindo esse prédio esplêndido que é o atual Palácio da Cultura. E o clima de confiança que faltava se estabeleceu, permitindo a construção de novos edifícios, dando-nos, pela colaboração prestada, maior desenvoltura, convictos de que também poderíamos intervir na arquitetura. Mas, sem Lucio, eu não teria trabalhado no prédio do Ministério da Educação e Saúde, nem conhecido Capanema. Sem Capanema, não teria encontrado

Benedito Valadares e Juscelino Kubitschek; Pampulha e Brasília, quando construídas seriam muito diferentes.

E cabe recordar aquele período excepcional dando a Capanema a dimensão que merece, construindo, contra todos os obstáculos, o prédio do Ministério, convocando os artistas plásticos, revolucionando o ensino, criando o SPHAN (atual IPHAN), destinado a defender o nosso patrimônio histórico e artístico, tão desfigurado nos últimos anos. E não esquecer também os que o acompanharam e com ele se integraram nos programas que surgiam, como Rodrigo M. F. de Andrade e Carlos Drummond de Andrade.

Mas, se o prédio do Ministério, projetado por Le Corbusier, constituiu a base do movimento moderno no Brasil, é à Pampulha — permitam-me dizê-lo — que devemos o início da nossa arquitetura voltada para a forma livre e criadora que até hoje a caracteriza.

Durante anos acompanhei com JK as obras da Pampulha, visitando juntos, altas horas da noite — como vinte anos depois ocorreu em Brasília —, os canteiros de serviço, surpreso com o seu entusiasmo a imaginar Pampulha já construída e o cassino, o clube, a igreja e a Casa do Baile a se refletirem nas águas da represa. E Pampulha inaugurou-se e cobriu-se de casas e jardins, de vegetação, ruídos e alegria. Era o bairro diferente que Juscelino sonhava e que tanta falta fazia a Belo Horizonte. Os que visitavam Pampulha se entusiasmavam com as formas novas que ela oferecia e a leveza de sua arquitetura.

De Lucio Costa, que a visitou logo depois de inaugurada, recebi este telegrama: "Oscar, Pampulha é uma beleza". Do meu colega francês, Deroche, que encontrei vinte anos depois em Paris, esta frase sugestiva: "Pampulha foi o grande entusiasmo da minha geração". De Ozenfant, amigo de Le Corbusier, recolhi, no seu livro de memórias, este trecho claro, de destino inconfundível: "Le Corbusier, depois de ter defendido a disciplina purista e a lealdade ao *ângulo reto*, pelo qual pretendia direitos particulares, parece ter decidido abandoná-lo, ao sentir no vento as premissas de um novo barroco, vindo de fora, que faz justiça a ele mesmo e, como sempre, com um imenso talento".

Mas nem todos sorriam. Para os mais dotados, Pampulha era uma opção atraente, permitindo a liberdade que o funcionalismo recusava. Para outros, um caminho difícil de seguir e, principalmente, de conceber. Uns se aventuraram nessa tarefa, e os resultados nem sempre foram satisfatórios, o que explica alguns exemplos lamentáveis disseminados pelo país; outros, mais realistas, preferiram manter-se nas soluções simples e fáceis de projetar. Mas alguns, contra Pampulha, se insurgiram, incapazes de nos acompanhar nas formas mais livres que propúnhamos.

E as palavras *barroca* e *fotogênica* se repetiam, vazias e gratuitas, pois os que nos contestavam nada de novo tinham a sugerir. A idéia do barroco, que Herbert Read tão bem compreendia, resumia-se para eles num termo pejorativo, cujas nuanças e significação pareciam desconhecer. A própria curva, que tanto os perturbava, era por eles desenhada de forma frouxa e desfibrada, não a sentindo, como nós, estruturada, feita com curvas e retas. Até as colunas que afastávamos dos edifícios e desenhávamos com formas livres e variadas, eles não conseguiam compreender. Um dia, contei como as projetava, como ao desenhá-las me via a circular entre elas e os edifícios, imaginando as formas que teriam, os pontos de vista possíveis de variar etc. Meu intuito era mostrar como o problema plástico era laboriosamente pensado e como nele nos detínhamos com carinho.

Eram incompreensões que se repetiriam, muito depois, na Europa, e que esta frase de Le Corbusier denuncia: "Oscar, veja esta marquise do Congresso de Chandigarh. Dizem que é barroca, mas poucos a poderiam conceber".

E a arquitetura brasileira prosseguiu o seu caminho, incorporando ao seu vocabulário plástico as novas formas que hoje a caracterizam. De minha parte, contribui com as coberturas de formas livres iniciadas na Casa do Baile; com as fachadas inclinadas da residência Prudente de Moraes e da escola Júlia Kubitschek; com os elementos de cúpulas diferentes do Estádio Nacional; com o teto convexo do Iate Clube do Rio de Janeiro; com as coberturas em curvas e retas da residência Oswald de Andrade; com os pilotis em dois "vs" do Conjunto JK, e, depois, com a arquitetura de Brasília, ainda mais variada e radical.

Aos que nos contestavam, explicava pacientemente as razões da minha arquitetura, dizendo, por exemplo — para evitar discussões ociosas —, que as curvas da marquise da Casa do Baile acompanhavam e protegiam as mesas localizadas junto à represa, quando na verdade eram apenas as curvas que me atraíam.

Às vezes, revoltava-me contra tanta insensibilidade, respondendo aos mais complexados que formalista era a arquitetura "purista" que propunham, pois antes de elaborada já a esperávamos nos seus eternos cubos de vidro, o que para mim constitui formalismo absoluto, considerando que os programas construtivos sugerem, muitas vezes, soluções recortadas e inovadoras.

Aos que reclamavam do arrojo da nossa arquitetura, não dávamos resposta. Deviam saber, como nós, que a arquitetura, quando o tema permite, deve exprimir o progresso técnico da época em que é realizada. Hoje, projetamos espaços livres de cinqüenta metros (Constantine), o que não é muito se considerarmos que o grande salão do Palácio dos Doges tem trinta metros de vão. Aos que reclamavam uma arquitetura mais simples, "despojada", "mais ligada ao povo", eu desabafava, dizendo que falar de arquitetura social num país capitalista é, como declarou Engels, uma atitude paternalista que se pretende revolucionária. E, mais, que não acredito ter a burguesia interesse em resolver o problema da classe operária, que o importante é mudar a sociedade. Lembrava-me de uma das minhas convocações à polícia política quando, ao me perguntarem o que pretendíamos, respondi: "Mudar a sociedade". Esta é a reforma de base indispensável para a arquitetura mais humana que desejamos. E reclamá-la, a única atitude a tomar, se estamos realmente interessados no problema social.

Já não caminhávamos sozinhos. Os últimos projetos de Le Corbusier denunciavam, como disse Ozenfant, um alheamento ostensivo ao ângulo reto que sempre defendera. Não mais se limitava a jogar com os volumes, a fazer os apoios mais robustos do que o concreto armado propunha ou projetar fortes vigamentos de cobertura onde uma simples laje bastaria, mas a procurar deliberadamente a forma arquitetural: *gratuita* para os neofuncionalistas, *funcional* para nós que, como ele, a compreendíamos como o caminho da beleza arquitetural (Ronchamps, Olivetti etc.). E aplaudíamos intimamente o velho mestre. Fazíamos o mesmo, embora num sentido diferente, procurando a leveza arquitetônica.

Em certos grupos, ainda hoje encontramos uma irritação tão gratuita e incontida que não os podemos levar a sério, como desejariam, apesar das frases preparadas, sibilinas, já fora de moda que contra nosso trabalho fazem circular, esquecidos dos projetos que elaboram, marcados pelo primarismo da repetição. [...]

É o que eu tenho a dizer sobre a forma na arquitetura, sobre a criação arquitetural que tanto me ocupou por toda a vida, embora interessado em outros problemas, revoltado com a miséria, muito mais importante, para mim, do que a arquitetura.

[6] JOAQUIM CARDOZO

O episódio da Pampulha

No desenvolvimento da arquitetura moderna brasileira, convém acentuar dois movimentos que, pela sua singularidade e expressividade, têm o mérito de caracterizar e fixar, de modo definitivo e iniludível, uma formação histórica, uma constante no tempo da nossa existência e evolução artística; dois movimentos que representam, no seu sentido geral, o espontâneo potencial de divulgação que possui todo acontecimento com tendência a subsistir, a perdurar e exprimir esse ímpeto orgânico e positivo que instala no tempo e no espaço a estrutura configurativa de uma realidade.

A história da arte está cheia desses impulsos animadores quando se produz a eclosão de um novo estilo, sobretudo quando este surge, por uma ou outra razão, com um poder de contágio impressionante e dominador; basta lembrar-se a extraordinária força de propagação do estilo da Renascença italiana, que inaugurou "uma nova era na arquitetura" e estendeu até a França do espírito analítico e da ordem cartesiana uma das suas linhas mais firmes e duradouras. Essa capacidade de irradiações era um sinal de certeza e de vitória.

A moderna arquitetura brasileira, já anunciada pelo contágio da arte pura de Le Corbusier, que veio até nós, que esteve entre nós, não somente pelas suas idéias e pensamentos, mas pela própria presença pessoal e comunicativa, iria, logo no início da construção do Ministério da Educação e Saúde, obra que é o marco de partida da grande renovação, assinalar duas direções de expansão artística que revelam, desde os seus primórdios, a grande vitalidade de que vinha possuída.

Provinda de uma comunicação exterior representada pelas manifestações de uma cultura que parcialmente acompanhávamos, a nova arquitetura aparece no Rio de Janeiro com o caráter não mais apenas de uma especulação curiosa e inteligente, mas de uma agitação criadora cuja amplitude se processaria, depois, de maneira vertiginosa; aparece, dissemos, no Rio de Janeiro, e daqui de fato partiram as duas linhas de desenvolvimento histórico que pretendo seguir.

O primeiro desses dois movimentos, realizado pelo arquiteto Luiz Nunes, um dos mais ardorosos partidários do novo estilo, se verificou no Recife em 1935.[1] [...]

O segundo movimento é aquele realizado por Oscar Niemeyer na Pampulha, em Belo Horizonte; observa-se, assim, que o primeiro se estendeu até uma cidade do litoral e do nordeste brasileiro, o segundo se dirigiu para o interior do país.

Antes de o arquiteto Niemeyer receber o convite para projetar o conjunto de edifícios da Pampulha, o grupo de arquitetos que trabalharam no projeto do Ministério da Educação, com exceção de Ernani Vasconcellos e Lucio Costa, mantinha-se unido num mesmo ateliê: ainda estavam incertas as diretivas diferentes — de acordo com seus temperamentos tão diversos — que tomariam mais tarde e que hoje constituem a contribuição pessoal de cada um no conjunto total da arquitetura contemporânea brasileira.

Esses arquitetos conservavam-se unidos, embora executassem projetos diferentes, pela necessidade de trocar idéias e de se auxiliarem mutuamente no começo de uma experiência que se caracterizava pela negativa do estilo individual, ou melhor, pela interpretação da arquitetura no seu velho conceito de arte coletiva — mantinham-se ainda unidos pela incerteza, convenhamos, na penetração desse "vazio" que é o campo de criação sem base em experiências anteriores, campo de criação pura e de especulação no espaço das novas formas.

O arquiteto Oscar Niemeyer inaugurou a série de projetos que executou para Belo Horizonte com o edifício do Cassino, situando-o numa posição privilegiada à margem do lago artificial cuja barragem então se concluía; projetou depois o Iate Clube, a Casa do Baile e a Igrejinha de São Francisco; ainda projetou, sem entretanto vir a ser executado, um hotel. Esses trabalhos ocorreram entre os anos de 1941 e 1945.

Apesar de não obedecer a um plano estabelecido *a priori*, o Conjunto da Pampulha é, no Brasil, o primeiro e, em certo sentido, talvez o único de um grupo de edifícios visando a uma finalidade coletiva e social; o próprio Cassino construído com o objetivo imediato de servir à exploração do jogo de azar não está, pela disposição dos seus elementos, imperativamente destinado a esse fim: é, na verdade, um cassino, mas organicamente mais adaptado a uma colônia de férias para estudantes ou funcionários públicos do que mesmo para jogadores profissionais.

Com o seu jardim e o seu lago artificial e mais o seu *grill-room*, com feição de teatro adaptável a "cena aberta", com os seus salões de jogos que não são necessariamente para roletas e bancas francesas, mas que poderão receber também mesas de bilhar ou de xadrez ou de pingue-pongue, o Cassino da Pampulha está associado aos outros edifícios, Iate Clube e Casa do Baile, por um vínculo comum de ordem social.

Estes últimos, efetivamente, tinham já desde a idéia originária um propósito mais definido e permanente a alcançar: o Iate Clube à margem do lago era centro indispensável de atrações para as tardes luminosas do "campo mineiro" — passeio de lanchas, de barcos a vela, regatas etc.; a Casa do Baile, lugar de reunião para pessoas mais modestas, embora revele essa feia discriminação que ainda perdura na sociedade em que vivemos, representava um esforço em dotar a população mais pobre com um ambiente acima das "gafieiras" e só comparável ao dos bailes populares de qualquer país civilizado. A Casa do Baile poderia acolher algumas das festas populares de que é tão rica a nossa tradição.

A igreja dedicada a São Francisco de Assis, de linhas arquitetônicas admiráveis, enriquecidas com os grandes painéis de azulejos e a bela pintura do altar-mor, todos de autoria de Cândido Portinari, e mais os baixos-relevos de Ceschiatti, apesar disso ou talvez por esse mesmo motivo, até hoje não conseguiu despertar em nosso clero a necessária unção religiosa para que seja utilizada. A igreja da Pampulha, que tem sido objeto da admiração e da curiosidade de tanta gente, não teve ainda, entre os representantes da Igreja, quem compreendesse o alto significado místico e cristão das suas abóbadas, das suas linhas circulares e parabólicas tão enquadradas na tradição da arquitetura religiosa.

Além desses edifícios, Niemeyer projetou para o então prefeito de Belo Horizonte, o sr. Juscelino Kubitschek, a quem se deve a iniciativa de todos esses trabalhos, uma casa de residência que indicaria uma marcha, uma conduta, uma orientação para o estilo das futuras residências à margem da represa.

Nesse Conjunto da Pampulha o arquiteto Oscar Niemeyer começa a manifestar a sua ilimitada força de invenção, toda ela dirigida para o problema da estrutura: estrutura no seu aspecto formal e nos seus princípios de equilíbrio. Procura purificar a forma retirando das estranhas posições de equilíbrio um conteúdo emocional que é, segundo o critério de muitos, o principal atributo da "beleza nova".

O uso freqüente das linhas curvas, no Cassino, na Igreja e na Casa do Baile, uso este que tem a sua origem no *art nouveau* e se manifesta definitivamente na "forma aerodinâmica", não aparece nas composições do arquiteto Niemeyer como uma textura decorativa, que era o ponto de vista de Gottfried Semper, e sim numa intenção de leveza, de desligamento do solo e das condições materiais, e, mais ainda, numa sugestão de efeito dinâmico.

Compreendendo, já nessa época, que as imposições orgânicas a que está sujeita a boa arquitetura não definem categoricamente a sua forma, antes, deixam-na ainda indeterminada, ele alcança, partindo daquelas premissas indispensáveis, uma expressão mais pura, mais simples, mais fácil de ver, provocando também um movimento de admiração e surpresa.

É assim desde o início um artista de grande ação especulativa no propósito de liberar a forma arquitetônica — sem prejuízo, evidentemente, das suas funções ligadas à vida humana — das contingências por assim dizer "vulgares", e que lhe dão certa impureza do ponto de vista estético.

Cumpre assinalar, entretanto, que nesses projetos da Pampulha a idéia de forma purificada não repousa mais naquele espírito geométrico tradicional, e sim nesse outro mais moderno de desafio e oposição às teorias estabelecidas, onde se investigam as possibilidades de novas funções matemáticas que não se subordinam a essas teorias, introduzindo no pensamento dedutivo um sentido de aventura e talvez mesmo sugerindo uma ordem para a fantasia.

1 Ver pp. 350-353 da presente edição, "Luiz Nunes", de Antônio Bezerra Baltar.

CONFRONTAÇÕES

OLHAR ESTRANGEIRO 1 **UM VIGOROSO MOVIMENTO** WALTER GROPIUS [*Architectural Review*, Londres, v. 116, n. 694, pp. 236-237, out. 1954] 2 **O BRASIL E A ARQUITETURA CONTEMPORÂNEA** SIEGFRIED GIEDION [Mindlin, Henrique E., *Modern Architecture in Brazil*. Rio de Janeiro, Colibris, 1956, pp. IX-X] 3 **O ARQUITETO, A ARQUITETURA, A SOCIEDADE** MAX BILL [*Architectural Review*, v.116, n. 694, out. 1954. pp. 238-239] 4 **A MODA LECORBUSIANA NO BRASIL** BRUNO ZEVI [*Cronache di architettura*, Bari, Laterza, v. 1., 1971, pp. 198-201] 5 **PRETEXTOS POR UMA CRÍTICA NÃO FORMALISTA** ERNESTO NATHAN ROGERS [*Casabella*, Milão, v. 200, pp. 1-3, fev.-mar. 1954] 6 **ARQUITETURA MODERNA NO BRASIL** GIULIO CARLO ARGAN [*Comunità*, Roma, n. 24, pp. 48-52, 1954 (Tradução de Ana Luiza Nobre)]

[1] WALTER GROPIUS

Um vigoroso movimento

O Brasil é um país de contrastes, apresentando um crescimento caótico e quase explosivo. Parece ter um futuro promissor, porquanto suas riquezas mal foram exploradas. Carece de vias de transporte — ferrovias e rodovias —, para viabilizar a exportação de seus produtos minerais e de sua valiosa madeira, extraída das florestas virgens. O crescimento dos últimos dez anos é incrivelmente grande. Os serviços públicos, como água e eletricidade, não conseguem acompanhar o ritmo rápido do crescimento das cidades, especialmente São Paulo e Rio de Janeiro.

E — o que é mais sério —, não há planejamento adequado para controlar esse crescimento desordenado. São Paulo, com seus 2,5 milhões de habitantes e apenas 170 mil carros, fica congestionada nas horas de pico, porque não conta com vias perimetrais, e todos os carros circulam pelo centro. Os arranha-céus pipocam como cogumelos. Nunca vi nada parecido; assim, a questão urbanística é prioritária, porém há muito poucos indícios quanto à criação de comissões de planejamento que tenham poder de decisão. Tudo é feito de um modo aleatório por políticos suspeitos.

Como o Brasil não tem uma arquitetura anterior ao Descobrimento a preservar, praticamente todos seus edifícios são modernos. Mas, claro, somente alguns deles são bem concebidos, já que não se proporciona aos arquitetos tempo para realizar adequadamente seus projetos. Todas as pessoas com quem mantive contato estão muito interessadas em arquitetura moderna, assim como a totalidade da imprensa, como ficou evidenciado com a surpreendente divulgação que tive ao receber o "Prêmio São Paulo" das mãos do presidente Vargas.[1]

Creio que todos concordam que os edifícios devem ser concebidos segundo uma linha contemporânea. Quase não se vêem edifícios concebidos conforme o estilo Beaux Arts francês, exceto alguns nos bairros residenciais ricos. Por outro lado, é grande o número de residências modernas bem projetadas. E não há dúvida de que o Brasil é líder num tipo distinto de edifício — os apartamentos em condomínio, visíveis por toda São Paulo e Rio.

Dentre os elementos mais marcantes da arquitetura brasileira, dois se destacam: o *brise-soleil* e os dispositivos de proteção contra roubo, desenhados com forma muito agradável e variada de grelhas.

Não vi muitos edifícios modernos deteriorados. Pelo contrário, eles são bem construídos; o uso abundante da pedra e, recentemente, o revestimento de fachadas inteiras, com pastilhas cerâmicas coloridas asseguram naturalmente uma longa durabilidade, favorecida por não estarem submetidos às condições dos países de clima muito frio. São também empregados recursos muito interessantes, como pequenas peças retangulares de granito, resultando em construções resistentes e duradouras. O Ministério da Educação no Rio de Janeiro, que considero um marco da arquitetura moderna, é bem construído, mas sua conservação parece precária, já que se apresenta muito sujo e com vazamentos, que poderiam facilmente ser reparados.

O conjunto Pedregulho de Reidy é notável; o grupo de habitações, incluindo escola, ginásio, centro de saúde, mercado e piscina, é um modelo tanto do ponto de vista estético quanto social, não só para o Brasil quanto para todo o mundo. Considero Reidy um arquiteto realmente notável, que conta agora com a colaboração da engenheira Carmem Portinho como Diretora de Habitação do município.

Os prédios de Niemeyer são sempre interessantes e ousados na sua concepção, mas ele parece dar pouca atenção aos detalhes, o que acaba comprometendo a qualidade dos edifícios. Vimos também muitos projetos de Roberto Burle Marx, e, embora não se possa ajuizá-los pelos desenhos, são muito agradáveis, concebidos com pleno conhecimento das plantas e suas características.

Concluindo, posso ressaltar o fato de que os brasileiros desenvolveram uma arquitetura moderna com caráter próprio e que é grande o número de arquitetos genuinamente capacitados para responder aos desafios. Não creio que se trate de uma moda passageira, mas sim de um vigoroso movimento.

1 Refere-se à láurea máxima que lhe foi autorgada na II Bienal do Museu de Arte Moderna de São Paulo, realizada em novembro-dezembro de 1953. [N.O.]

[2] SIEGFRIED GIEDION

O Brasil e a arquitetura contemporânea

É um bom sinal para a nossa civilização que ela esteja se desenvolvendo a partir de mais de um centro. Obras criativas têm subitamente surgido em países que, em épocas anteriores, permaneciam provincianos. Finlândia e Brasil: como é possível que estes países, que por tanto tempo se mantiveram na periferia da civilização, tenham alcançado um nível arquitetônico tão alto? Qual é a razão? Seriam os próprios arquitetos? Sem dúvida, sem arquitetos criativos não haveria trabalho criativo, mas arquitetos criativos existem em muitos outros países.

Entretanto, o que está faltando em muitos outros países é o suporte financeiro, além de clientes, governos e administrações que não estorvem o verdadeiro talento. O problema da arquitetura, hoje, é que, tanto em Estados ditatoriais quanto em países democráticos, o gosto do cliente costuma anular os esforços dos arquitetos.

Finlândia e Brasil são dois países onde isto não tem acontecido; a resistência mal orientada do cliente não chega a prejudicar a criatividade. No curso dos últimos vinte anos ficou claro que, tanto nos trópicos quanto nas proximidades do Círculo Polar, há campo propício para um novo florescimento, contanto que não seja artificialmente sufocado.

Brasil: curioso problema de uma cultura há muito tempo adormecida. Há mais de 400 anos, próxima da atual Santos, foi fundada a primeira cidade, em 1532. O Brasil constituiu uma sociedade agrária. Os grandes proprietários mantinham padre e capela dentro de suas próprias terras; espoliaram o país, mas também criaram tesouros culturais com base num sistema de agricultura extensiva. Índios com arco e flecha e negros com mosquetes formavam uma espécie de guarda pessoal para os seus senhores. Enquanto classe, formavam uma sociedade independente, sempre pronta a resistir às incursões da Coroa ou da Igreja. Gilberto Freyre disse que os portugueses foram os primeiros europeus a fazer da família, e não das companhias de comércio, a base de sua obra civilizatória.

Em contraste com os Estados Unidos, os portugueses prosseguiram com sua tradição de se miscigenar. O conde Keyserling observou que a unidade do Brasil se fez a despeito das diferenças raciais. Nele, o difícil problema racial foi resolvido de modo diferente dos EUA: no belo conjunto habitacional de Pedregulho, negros e noruegueses estão vivendo lado a lado.

Há outro problema, que aos olhos do estrangeiro pode parecer uma grave ameaça à paz interna e ao futuro do país. É a vergonhosa especulação da terra; é o câncer do desenvolvimento brasileiro. Se ela não for drasticamente coibida, o país poderá por certo ser capaz de produzir excelente arquitetura, mas estará sob a permanente ameaça dos tremores da sublevação política.

O Brasil é um país de contrastes, resultado de um período febril de especulação. Barracos toscos brotam como cogumelos nos terrenos baldios das grandes cidades e nos lotes absurdamente caros da sua periferia. Nenhum equilíbrio da estrutura social e nenhum planejamento urbano em grande escala serão possíveis sem que esse quadro financeiro caótico seja superado.

Em meio a isto, o prodígio da arquitetura brasileira floresce como uma planta tropical. O Brasil tem, comparativamente, baixa produção de ferro e de cimento. Mesmo assim, os arranha-céus brotam por toda parte. Há algo de irracional neste aspecto da arquitetura brasileira. Contrastando com os Estados Unidos, com sua sequência de grandes precursores desde 1880 — Richardson, Louis Sullivan, F. L. Wright —, o Brasil está encontrando sua própria expressão arquitetônica com uma rapidez surpeendente. Sem dúvida, a visita de Le Corbusier ao Brasil, em 1936, foi a centelha que incitou talentos a encontrar seu próprio modo de expressão. Mas Le Corbusier havia visitado muitos outros países sem que nada resultasse, salvo manchetes hostis, como certa vez nos jornais de Nova York.

Arquitetura Moderna no Brasil, de Henrique Mindlin — um importante arquiteto brasileiro —, atende a um valioso propósito, o de abrir os olhos do mundo à moderna arquitetura que emergiu no Brasil. Ele tratou o tema de forma muito direta, tanto na introdução quanto, especialmente, nas breves e objetivas explanações que acompanham as numerosas ilustrações.

No Brasil, a arquitetura contemporânea deitou raízes no solo tropical. Embora seu surgimento esteja identificado com construções de grande porte, jamais perdeu os vínculos com o passado. Mas Henrique Mindlin também destaca a grande importância que teve, para seu desenvolvimento posterior, a estada de um mês de Le Corbusier, em 1936, quando trabalhou com um grupo de jovens arquitetos brasileiros. As afinidades latinas talvez sejam uma das razões para as estreitas relações que se estabeleceram entre eles. Outra provável razão foi o emprego, desde cedo, no Brasil, do concreto armado na estrutura de grandes obras, contrastando claramente com o ocorrido nos Estados Unidos, onde os edifícios de grande envergadura utilizavam estruturas metálicas.

O florescimento da arquitetura brasileira a partir dos anos 30 fica evidente no livro de Mindlin. Mas o que mais chama a atenção são seus desdobramentos mais recentes — os projetos dos anos 50 —, em grande parte desconhecidos fora do Brasil. Assim, torna-se agora possível comparar a obra de arquitetos brasileiros contemporâneos com as realizações e tendências de outras partes do mundo. E o que se pode concluir disto?

Primeiramente, deve-se reconhecer que o Brasil alcançou um determinado padrão construtivo que se mantém em todas as regiões. Se certas características são claramente visíveis nas obras de algumas individualidades excepcionais, elas também estão presentes na produção arquitetônica de nível médio. Tal não ocorre na maioria dos outros países. Por exemplo: a maior parte dos arquitetos brasileiros parece apta a resolver os diversos problemas de um programa complexo com uma planta baixa simples e cortes claros e inteligentes.

Os arquitetos brasileiros também têm a coragem de tratar o exterior dos edifícios com linhas bem definidas. Sabem como evitar a rigidez, um perigo do qual não escapam alguns outros países do hemisfério.

Em terceiro lugar, a reelaboração da antiga tradição brasileira de proteger o interior das construções do calor ao reforçar as paredes externas, que assumiam função de suporte. Agora, os arquitetos contemporâneos utilizam de maneira inovadora painéis exteriores vazados, cobogós, azulejos, além do *brise-soleil*. Este tratamento das fachadas está relacionado, no Brasil, com uma tendência mais ampla que recentemente se manifesta em outros lugares.

A habilidade dos arquitetos de organizar os espaços internos é também muito interessante. Por detrás do caos dos arranha-céus do Rio e de São Paulo, podemos perceber o resultado de um dom inerente para articular volumes. São exemplos o conjunto residencial de Pedregulho, de Reidy (1951), o Centro Tecnológico da Aeronáutica, de Niemeyer (1947) e, especialmente, recentes realizações, como o Palácio das Artes (Pavilhão de Exposições), com formato de cúpula, de Oscar Niemeyer e equipe,[1] projetado para exposições de escultura. Neste caso, o principal atrativo está na interpenetração dos espaços interiores em três níveis, acima e abaixo do solo.

Esperamos que, num futuro próximo, os arquitetos brasileiros contribuam na tarefa de conceber a forma de abóbada compatível com nosso tempo, e que é diferente daquela de todos os períodos anteriores — tarefa essa em que estamos todos engajados. Mas aqui não é o lugar apropriado para essa discussão. Fiz alguns comentários sobre as tendências que estamos delineando em meu pequeno livro *Architektur und Gemeinschaft* (Hamburgo, 1956), em minha análise da obra de Eduardo Catalano, da Sala de Conferências de Berlim, de Hugh Stubbins, de 1957, e da capela de Ronchamp, de Le Corbusier, que dão talvez as mais claras indicações das linhas segundo as quais a solução será encontrada.

Como se dá a relação desse movimento arquitetônico com a natureza, de uma exuberância tropical que podemos sentir quase que fisicamente? O Brasil também nos deu Burle Marx, um dos poucos grandes arquitetos paisagistas do nosso tempo. Ele é um pintor. O que podemos aprender com ele? Devemos-lhe a aplicação de superfícies horizontais estruturadas. Muitas vezes, escolhe plantas simples, como as que crescem em nossos próprios países, o lírio amarelo (lírio de um dia), por exemplo. Ele as reúne em canteiros sinuosos, muitas vezes em forma de ameba, criando grandes superfícies coloridas, amarelas e laranjas, como podemos ver no jardim da casa de campo projetada por Henrique Mindlin. Trata-se de um princípio de composição transposto da pintura moderna para a natureza viva.

Espero que este livro ajude o mundo a ter uma melhor imagem do que aconteceu no Brasil durante as duas décadas mais importantes de seu desenvolvimento arquitetônico.

1 Refere-se à atual Oca, que integra o conjunto arquitetônico do Parque Ibirapuera, inaugurado em 1954. [N.O.]

[3] MAX BILL

O arquiteto, a arquitetura, a sociedade

Pretendo falar francamente, sem no entanto recair na crítica destrutiva, nem questionar os remarcáveis sucessos da arquitetura brasileira. Em especial, o famoso conjunto Pedregulho no Rio de Janeiro, obra plenamente bem-sucedida tanto do ponto de vista social quanto de arquitetura e urbanismo. Minhas observações devem ser entendidas como de alguém que é admirador e amigo sincero do Brasil.

Quando aqui cheguei, os jornalistas imediatamente me cercaram, indagando-me sobre questões que, para alguém nessa condição, não eram nem um pouco fáceis de responder. "O que você acha da arquitetura brasileira?", "O que você acha da arte brasileira?", perguntavam, quando eu, na verdade, só as conhecia através de publicações, que, com freqüência, podem nos dar uma impressão distorcida.

Talvez fosse, de fato, precipitado de minha parte falar francamente sobre as impressões que me causou a arte brasileira, especialmente com relação à arquitetura. Quando fui convidado, julguei que seria útil falar sobre arte e sobre arquitetura como arte. Tal abordagem poderia soar bastante gentil e agradável a todos vocês; mas, depois do que tive oportunidade de ver aqui, teria sido levado a dizer-lhes coisas que poderiam causar muita incompreensão. Se eu tivesse falado, como poderia fazê-lo na Europa, de questões artísticas e da beleza de um ponto de vista da defesa da arte contra o racionalismo puro, poderia parecer que estava defendendo o mais terrível dos academicismos.

Dirijo-me especialmente aos estudantes, futuros arquitetos do Brasil, país com um ritmo de obras que supera os limites da imaginação, onde a necessidade de construir tem uma importância primordial, onde são vocês os responsáveis por moldar a fisionomia das cidades do amanhã.

O que cabe então dizer a vocês? Descartadas belas obviedades, falarei francamente sobre o papel do arquiteto e sobre a arquitetura brasileira. Será, portanto, uma crítica. Como fui convidado oficialmente, abordarei questões que poderão ser úteis ao futuro de seu país, coisas que aqui observei. Dentro de dois dias partirei; talvez meu avião se espatife nos Andes. Serei, então, franco e despido de formalidades. Ficaria desgostoso comigo mesmo se não afirmasse que a arquitetura brasileira corre o risco de cair em um perigoso academicismo anti-social.

Pretendo então falar da arquitetura como arte social; uma arte que não pode ser descartada simplesmente porque, num determinado instante, o "estilo" mudou. Simplesmente porque descartar interesses que envolvem milhões ou bilhões não é tão fácil quanto descartar umas tantas telas ou esculturas consideradas ruins ou medíocres.

Comecemos, então, analisando aqueles elementos da arquitetura brasileira que mais chamam atenção. Identifiquei quatro, importantes porque materializam o que chamarei de "espírito acadêmico modernizado". Assemelham-se grosseiramente àquelas colunas dos templos gregos transformadas em renascentistas e, depois, nas assim chamadas "clássicas". Tornaram-se meras fórmulas, aplicadas sem reflexão ou razão. Eis a primeira delas:

Forma livre, forma orgânica ou planta livre. A liberdade da forma nasceu com o art nouveau, mas foi introduzida na arte moderna por Kandinsky, em suas pinturas, por volta de 1910. Agora tem sua expressão típica na obra de Hans Arp, que, em seus harmoniosos relevos e esculturas, vem seguindo há algumas décadas estes princípios. A todo momento, na Europa, nos deparamos com aplicações dessa concepção formal na decoração, nos tecidos, na publicidade e nos horríveis estandes de exposições.

Credita-se a Le Corbusier a introdução da forma livre no paisagismo e na arquitetura; nesta, através de paredes curvas e terraços-jardim. Também a introduziu, mais tarde, no urbanismo, com o plano para a cidade de Argel, no norte da África. Não que fosse ele o primeiro a ter essa idéia: já no século XVIII dois bairros importantes da cidade de Bath tinham sido planejados mais ou menos dentro desse espírito.

A forma livre, de fato, pode ser útil quando se trata de atender a uma função, como, por exemplo, a de tornar um edifício mais útil. Mas isso é exceção. Hoje, muitas das aplicações da forma livre são puramente decorativas. Como tal, elas nada têm a ver com a arquitetura séria.

O segundo elemento é a cortina de vidro. Eis sua história: em 1910, Walter Gropius construiu uma fábrica, em 1914, um escritório e, em 1926, a Bauhaus, todos esses edifícios com fachadas inteiramente envidraçadas. Viraram moda. Mais do que qualquer outro, Le Corbusier também começou a fazer edifícios com fachadas de vidro, mas sua obra e as elegantes criações de Mies van der Rohe evidenciaram que a solução era inadequada sem o emprego do ar condicionado e de serviços de manutenção cuidadosos.

Então, para proteger as superfícies envidraçadas quando a insolação e a claridade excessivas se tornaram insuportáveis, Le Corbusier inventou um terceiro elemento, o *brise-soleil*. Hoje, ele é aceito como um complemento indispensável para a mania das cortinas de vidro. Não se cogita mais atender às condições variadas, procurando novas soluções. Aqui mesmo em São Paulo, há exemplos do emprego de *brise-soleils* nas quatro fachadas de um edifício.

O quarto elemento desta assim denominada arquitetura moderna é o piloti. Nos últimos anos, ele variou um pouco, conforme a "última moda parisiense", ditada pelo escritório de Le Corbusier.

Antes de visitar o Brasil eu pensava, como muitos arquitetos da vanguarda européia, que a solução de Le Corbusier de levantar os edifícios sobre pilares, eliminando os pátios internos, fosse a solução ideal para as cidades do futuro. Um exemplo que sempre foi considerado bem-sucedido seria o famoso Ministério da Educação e Saúde no Rio de Janeiro, no qual Le Corbusier colaborou como arquiteto consultor, e cuja concepção é típica das idéias por ele preconizadas. Mas mesmo antes de vir ao Brasil, tinha algumas dúvidas persistentes sobre esses princípios de planejamento urbano que eu mesmo propagara com entusiasmo. Notei que os pátios internos, que essa concepção de Le Corbusier eliminava, desempenhavam algumas funções, como a de tranquilidade, as quais se perderiam na mudança. Há que ponderar, de um lado, a questão de concentrar a circulação dos pedestres e, de outro, a quietude dos antigos pátios internos.

Além disso, foram gerados graves problemas de ventilação e climatização, além dos de iluminação e proteção contra o sol. Estudei este problema, que pode não ser muito importante em países europeus como Suíça, Alemanha e Suécia, mas que se torna crucial na Itália, Espanha ou no sul da França, onde constatei que o pátio interno desempenha um papel que não pode ser cumprido por outra solução alternativa.

Devemos, portanto, procurar formas novas, adequadas às condições sob as quais vivemos, tirando partido das virtudes dos pátios enquanto nos livramos de seus defeitos. Seria um recurso mais adequado que substituí-los por edifícios em forma de "caixas sobre pilares". Esta observação implica uma crítica incidental ao famoso Ministério da Educação, no Rio de Janeiro, edifício que não se pode considerar como concebido de acordo com as condições do país. Isso não significa falta de respeito pelos arquitetos responsáveis, mas me sinto compelido a manifestar meu ponto de vista de que eles incorreram no erro de aplicar uma doutrina inadequada ao seu país, sem as correções necessárias. Não estou dizendo que sei a resposta adequada, mas é parte da tarefa de um arquiteto tentar buscar as soluções mais adequadas para seus próprios países. Na ausência disso, só se pode falar de uma perigosa tendência acadêmica.

Inicialmente os pilotis eram retos, mas agora assumem formas muito barrocas. Num primeiro momento, podem chamar a atenção, parecer bastante engenhosos, mas são meramente decorativos. Eis um exemplo.[1] Visitei, aqui em São Paulo, um edifício em construção cujo emprego dos pilotis foi levado a extremos que se suporiam impossíveis. Nele, vi coisas chocantes, a arquitetura moderna decaindo às profundezas, turbulento desperdício anti-social, sem respeito tanto com o comerciante quanto com o público. Tendo visitado somente os dois primeiros andares, não sei se as cortinas de vidro e os *brise-soleils* serão empregados no restante do edifício. De qualquer modo, isso ilustra para mim o uso mais abusivo possível da liberdade formal e o mais fantasioso emprego dos pilotis. Estamos diante do supra-sumo da anarquia na construção, da floresta virgem no pior sentido.

Escolhi deliberadamente o exemplo de um edifício em construção porque ele parece feito sob medida para os sofisticados examinarem-no e todos vocês poderem visitá-lo. Não é um caso hipotético, mas concreto, real. Sua lição é que, caso não reflitam cuidadosamente sobre as responsabilidades do arquiteto para com o homem e a sociedade, vocês podem incorrer em erros semelhantes, pois, de fato, à primeira vista, tal arquitetura pode parecer revolucionária e ser festejada como uma obra de arte.

Logo na entrada do prédio nos deparamos com uma espantosa miscelânea de sistemas construtivos. Pilotis grossos, pilotis finos, pilotis de formas estapafúrdias, desprovidos de qualquer ritmo ou razão estrutural, dispostos por todo lado. Também paredes executadas inteiramente de concreto armado, entrecortando-se com as colunas e roubando-lhe toda forma e sentido. Trata-se da maior desordem que já presenciei.

Fica-se estupefato de ver uma barbárie como essa irromper num país onde há um grupo do CIAM, num país em que acontecem congressos internacionais de arquitetura moderna, onde uma revista como a *Habitat* é publicada e onde se realiza uma bienal de arquitetura. Pois tais obras nasceram de um espírito desprovido de qualquer decência e de qualquer responsabilidade para com as necessidades humanas. É o espírito decorativo, algo diametralmente oposto ao espírito que anima a arquitetura, que é a arte da construção, arte social por excelência.

Estremeço ao imaginar que até entre vocês possa haver alguém atraído por esse espírito. E como meu objetivo é protegê-los de tais erros, vou explicar em poucas palavras no que consiste o papel do arquiteto. Se apenas um ou dois de vocês compreender o que vou falar, ficarei feliz, sabendo que esses um ou dois se engajarão na luta por uma arquitetura verdadeiramente moderna, íntegra e útil para a sociedade.

O papel do arquiteto na sociedade de hoje é tornar os ambientes habitáveis e harmoniosos. E é o arquiteto quem coordena as múltiplas necessidades e atividades do homem. É ele quem unifica a forma de funções amplamente diversas, como abrigo, trabalho, recreação. Se é nosso desejo que a sociedade viva de modo diverso das formigas, cujo formigueiro tenha sido destruído, cabe a nós, arquitetos, dar novas respostas às suas necessidades.

Mas qual a nova forma estruturadora que estamos procurando? Seria aquela caracterizada pela forma livre, pilotis, *brise-soleils* e cortinas de vidro? Tem que ser tão fotogênica e espetacular assim? Não creio. A arquitetura não é algo para durar poucos anos; ela deve sobreviver às gerações. Vocês podem lembrar dos excessos arquitetônicos do passado e rir quando olhar prédios como, por exemplo, a Prefeitura de São Paulo.[2] Mas qual a razão de edifícios como esse nos parecerem engraçados, se não reagimos da mesma forma quando nos deparamos com um edifício singelo como os que os pioneiros do seu país costumavam construir? Precisamente porque, no primeiro caso, o arquiteto e seu cliente não resistiram à tentação de fazer um edifício espetacular, enquanto o pioneiro fez o edifício que melhor atendia às suas necessidades.

Vocês podem considerar meu ponto de vista muito limitado, e que aquela arquitetura que alcança o mais alto grau de funcionalidade pode ser extremamente árida. Vocês poderão argumentar, talvez, que a arquitetura é também arte, uma arte movida pelo desejo de se auto-expressar e de impregnar os edifícios com valores artísticos.

Mas não é essa a função social do arquiteto. O arquiteto que assim agir cairá no ridículo. Este ponto de vista resulta de um erro: o de considerar a arte de construir como algo diferente da arte de desempenhar um determinado papel útil na sociedade. Também do erro de supor que uma arte, e particularmente as artes plásticas, deve consistir no que é graciosamente designado pelo termo "expressão individual".

Isto não é nem arte nem arquitetura. A arte consiste em tornar uma idéia tão clara e objetiva quanto possível, através dos meios mais adequados. Uma obra de arte deve traduzir essa perfeição, deve expressar tal harmonia, de modo a impossibilitar seu autor de alterar-lhe ou acrescentar-lhe qualquer detalhe.

Quanto à arquitetura, o resultado deve, além disso, ser tão funcional quanto possível. A beleza da arquitetura alcança a perfeição quando todas as suas funções, sua construção, seus materiais e seu projeto estão em perfeita harmonia. A boa arquitetura é aquela onde cada elemento desempenha sua função específica e nenhum deles é supérfluo. Para tanto, o arquiteto deve ser um excelente artista. Um artista que não precise chamar a atenção apelando para extravagâncias; alguém que, acima de tudo, esteja ciente da responsabilidade com relação ao presente e ao futuro.

Tal arquiteto, quando realizar qualquer obra, elaborar uma planta, escolher um detalhe ou decidir sobre o mais trivial pormenor relativo a seu edifício, sempre se perguntará: "será que, ao vê-lo de novo daqui vinte anos, ficarei incomodado com o que fiz?". Continuamente, visualizará como os homens agirão e se comportarão em seu edifício. E sempre será severo consigo mesmo. Não estará preocupado em impressionar seus colegas ou o público, tampouco com a beleza da publicação de seu projeto. Não: seu guia será, com toda modéstia, o serviço que estará prestando à sociedade.

Por fim, sinto que há no Brasil suficiente potencialidade criativa para livrar a arquitetura das amarras dos princípios supérfluos, princípios acadêmicos que não são válidos aqui. Acredito no seu próprio poder de criar uma arquitetura verdadeiramente moderna, adequada às suas esplêndidas condições naturais e às suas potencialidades econômicas.

Minha palavra final é que vocês devem sempre ter em conta os verdadeiros princípios subjacentes à arquitetura moderna: primeiro, um arquiteto deve acima de tudo ser modesto e claro. A arquitetura é uma arte quando todos os seus elementos — função, construção, forma — estão em perfeita harmonia. Segundo, a arquitetura é uma arte social. Como tal, deve estar a serviço do homem.

[Palestra realizada em 9 de junho de 1953 no recinto da FAUUSP.]

1 Refere-se ao edifício Galeria Califórnia, à rua Barão de Itapetininga (SP), projeto de Oscar Niemeyer, identificado por Eduardo Corona no artigo "O testamento tripartido de Max Bill", publicado na revista *AD-Arquitetura e Decoração* n. 4, mar-abr, 1954. [N.O.]

2 Refere-se a edifício eclético projetado por Samuel das Neves, situado no flanco leste do vale do Anhangabaú, local hoje ocupado pela edifício Barão de Vista Alegre. [N.O.]

[4] BRUNO ZEVI

A moda lecorbusiana no Brasil

Alguém já deveria ter dito aos brasileiros, sem papas na língua, sem medo de parecer um estraga-prazeres e de quebrar o encantamento de uma arquitetura "orgiasticamente livre, transbordante de vitalidade, incrivelmente fantástica", tentativa extrema de legitimar uma poética dos arranha-céus de vidro que há tempos perdeu a batalha européia e norte-americana. Há dez anos, apontando o dedo para o famoso Ministério da Educação no Rio de Janeiro, o International Style procura no Brasil a compensação para os próprios fracassos. Cada vez que se constata a crise dos cubos volumétricos, dos pilotis, das fachadas envidraçadas, dos *brise-soleils*, enfim, dos vários clichês lecorbusianos nos Estados Unidos, na Inglaterra, nos países escandinavos, até na França e na Suíça, ouvimos repetirem os racionalistas, e, em nome deles, seu apóstolo Siegfried Giedion: "mas no Brasil..."

Agora falou Max Bill, um dos melhores arquitetos europeus da segunda geração, dirigente do CIAM, isto é, a organização internacional dos arquitetos racionalistas. Tendo sido o organizador de um dos volumes da *Oeuvre complète* de Le Corbusier, está atualizado com o movimento; além disso, escreveu um exaustivo ensaio sobre o célebre engenheiro de pontes Robert Maillart; sendo também suíço, é amigo de Giedion; recentemente, publicou em Basiléia o livro *Form*, balanço das atuais tendências figurativas que emergem em cada aspecto do design, desde seus fundamentos até seus produtos — cadeiras, luminárias e as máquinas Olivetti. Quem melhor que ele poderia conferir à febril atividade construtiva brasileira aquela cidadania internacional da qual a Bienal de São Paulo deveria ser a última confirmação?

Max Bill, ao contrário, foi duríssimo. Dirigindo-se aos jovens arquitetos brasileiros, disse: "Na minha opinião a arquitetura de seu país corre o risco de cair numa posição de academicismo anti-social". A invectiva, dita por um artista que, na Europa, é muitas vezes acusado de formalismo abstrato pelas suas onduladas esculturas e pela obstinada procura de regras matemáticas adequadas à composição arquitetônica (recordam o seu pavilhão na IX Trienal?), pareceu bastante ofensiva. Se não tivessem acorrido Walter Gropius e outros arquitetos europeus para atenuar as afirmações de Bill, os brasileiros teriam ficado muito ressentidos.[1] O fato é que, mesmo exibindo uma despreocupada certeza sobre a validade do que constroem, estes, especialmente os jovens, estão perplexos. Sua arquitetura é a arquitetura da incerteza.

O movimento moderno no Brasil começa em 1936. Le Corbusier é convidado a ir ao Rio como consultor da equipe encarregada de projetar o Ministério da Educação; discute o partido arquitetônico com Oscar Niemeyer, Lucio Costa, Affonso Eduardo Reidy, Carlos Leão, Jorge Moreira, apronta uma série de esboços, define as diretrizes essenciais para enfrentar os problemas da construção civil brasileira. Todo o país o escuta: o governo confia nele, os mais famosos profissionais reconhecem sua maestria, a nova geração fica absolutamente seduzida por ele. Le Corbusier tem um temperamento doutrinador seguro, astuto, penetrante. É natural que tenha marcado com os seus princípios a totalidade da produção arquitetônica da grande república sul-americana.

Passaram-se muitos anos. O Ministério da Educação, apesar da falta de manutenção, permanece uma obra-prima. No entanto, as centenas de arranha-céus que nele se inspiraram, ministérios, edifícios públicos e privados, blocos de apartamentos, não significaram um avanço: em muitos casos, são a expressão de um exasperado maneirismo lecorbusiano. Alguns já tinham se apercebido disso, entre eles Pietro Maria Bardi que, na revista *Habitat*, sistematicamente enfatizou a "singularidade" da arquitetura brasileira. Porém, a acusação de Max Bill foi mais contundente, porquanto particularizada por precisos termos de linguagem.

Le Corbusier, afirma Bill, ensinou o valor das formas livres. Sua arquitetura, baseada em rígidas estereometrias, vale-se destas formas em alguns componentes — uma chaminé, uma marquise, uma mesa, uma parede — para injetar uma graça lírica nos gélidos enquadramentos racionalistas. É o escultor que fala após o engenheiro, e fala como poeta, isto é, com severa moderação. Os brasileiros, no entanto, não sabem se conter: utilizam os baixos-relevos de Hans Arp e os transformam, sem a mínima noção de escala, em volumes arquitetônicos. Vejam a casa que Oscar Niemeyer construiu recentemente para si na Gávea: trata-se de uma lâmina arbitrariamente recortada, sintoma de um gosto extrovertido que mal esconde a veleidade pelo inédito. "Hoje, muitas das aplicações da forma livre são puramente decorativas. Como tal, elas nada têm a ver com a arquitetura séria."

Le Corbusier pregava as fachadas envidraçadas e, de fato, o Ministério da Educação apresenta imensas superfícies transparentes. No entanto, havia o problema do clima, a necessidade de defender-se do calor e dos reflexos da luz; o mestre franco-suíço tinha sugerido os *brise-soleils*. Desde então, estas lâminas contra o sol se repetiram à exaustão, horizontais e verticais, em duas ou quatro fachadas do edifício, diferentes nas suas configurações exteriores, mas substancialmente sempre iguais. À mania das fachadas de vidro, respondeu-se com um antídoto também maníaco, o dos *brise-soleils*.

Enfim, os pilotis. É notório para todos que Le Corbusier ama suspender seus prismas construtivos sobres pilastras que permitem, no térreo, uma livre circulação; no Ministério da Educação os pilotis são colunas de concreto armado espaçadas ritmicamente. Os brasileiros, porém, são exuberantes, apropriaram-se do motivo dos pilotis e neles dissiparam sua fantasia: pilotis grossos e finos, retos e tortos, altos e baixos, circulares, quadrados, freqüentemente de moldes estranhos e fantasiosos, barbaramente desordenados. "Tais obras nasceram de espíritos desprovidos de qualquer decência e de qualquer senso de responsabilidade para com as necessidades humanas": menos diplomático impossível, mas Max Bill não aprecia os acordos frívolos.

Uma análise psicológica não seria difícil: a arquitetura brasileira é a arquitetura da evasão. Em um país imenso, sem valores permanentes ou estabilidade econômica, a arquitetura reflete, na fluidez figurativa e na busca histérica de perfis licenciosamente novos, um estado de incerteza. O continente está em fase de crescimento; por isso os arquitetos tentam, mais que enfrentá-lo, servir-se dele e desafiá-lo, dando impetuosa vazão aos próprios complexos. Porém, no fundo, não estão satisfeitos: a aventura por si mesma começa a enfastiar os jovens mais cultos. Passada a euforia, são estes, hoje na sombra, que prevalecerão, e bastará um indício de crise econômica para recolocar em discussão toda a linguagem arquitetônica oficial do Brasil. A advertência européia não é prematura: por alguns anos ainda poderão se preocupar somente em produzir construções mirabolantes para o Estado e para os milionários; depois, virá o dia em que serão chamados a prestar contas.[1]

1 Revisão da tradução: Eneida de Almeida.

[5] ERNESTO NATHAN ROGERS

Pretextos para uma crítica não formalista

A arquitetura do Brasil tem sido muitas vezes objeto de críticas arbitrárias, antagônicas e quase sempre descabidas, uma vez que até mesmo entre os observadores mais capacitados há quem não soube discernir as emoções que lhe despertava o repentino brotar de tantas construções e uma certa prepotente novidade nas suas aparências.

Siegfried Giedion acreditou poder identificar nisso a manifestação de um novo conteúdo de liberdade, mas não foi suficientemente alertado quando esta degenerava para a licenciosidade e o arbítrio. Tal condescendência no julgar, normalmente tão inspirado do crítico suíço pode-se justificar, neste caso, como reação a uma certa "claustrofobia" que a arquitetura do seu país, enfim, tão contida, pode ter suscitado em seu espírito.

Mas contrariamente — e por uma idêntica contradição dialética —, outro suíço, Max Bill, artista rigorosíssimo e totalmente preocupado em identificar suas criações com os valores objetivos da matemática e da geometria, não captou o significado de uma arte completamente distinta da sua, nem naqueles casos em que esta seja perfeitamente coerente com seus princípios e alcance resultados significativos.

Observar a arquitetura brasileira sob um ângulo particular (por exemplo, suíço) é, de qualquer forma, um erro de abstração que — por ilação — conduz fatalmente às excessivas e condenáveis polaridades da crítica formalista.

T. S. Eliot, em um breve ensaio ("Tradition and the Individual Talent"), convida artistas e críticos a ampliar os termos do sentido histórico, enquanto os alerta quanto às deformações congênitas que alteram a qualidade da opinião: "... Toda nação tem não apenas uma disposição criativa própria como também uma disposição crítica; e é ainda mais desatenta em relação às deficiências e limitações de suas práticas críticas do que daquelas de seu gênio criador".

As exuberantes mulheres brasileiras ostentam pulseiras e brincos em profusão; seriam notadas mesmo que fossem encontradas em Engadina,[1] mas é possível que mesmo lá, contra o fundo das geleiras alpinas, lhes fosse censurada uma certa pompa; se fossem vistas em Copacabana, deveríamos sem dúvida admitir que estão perfeitamente ambientadas: assim como aquelas flores cujo perfume se impregna na garganta quando se aventura pelas curvas sinuosas das montanhas que circundam o Rio de Janeiro, feitas à semelhança daquelas mulheres: sobrecarregadas, multicoloridas, sensualíssimas.

Tal ocorre com a melhor arquitetura de Oscar Niemeyer; não desconheço, por certo, as numerosas e por vezes imperdoáveis deficiências na obra desse artista de talento caprichoso, nem posso consentir com sua tendência, mais propensa a impostações fantasiosamente brilhantes (fruto de um croqui virtuoso) que às soluções tecnicamente aprofundadas dos problemas (inclusive o social, praticamente ausente da sua produção, e não tanto pela excepcionalidade dos temas, quanto pela escassa possibilidade de inseri-los num sistema evolutivo).

Guilherme Tell apostou com o tirano Gessler que poderia atingir com uma flecha a maçã apoiada sobre a cabeça do próprio filho. Pois bem, o Brasil produz abacaxis. Ficaria assim mais fácil a aposta? Não, o jogo é simplesmente diferente. E ninguém colocaria em risco a própria autoridade se alguém tivesse proposto acertar um abacaxi, ou, pelo menos, teria exigido que o alvo fosse afastado. Diferentes são as medidas das coisas; diferentes as suas relações recíprocas e, portanto, a avaliação dos acontecimentos. Exatamente o fato de ter compreendido que o julgamento de um fenômeno é condicionado não só pela definição de cada uma das partes que o determina, mas também e sobretudo pela variável posição de cada parte no conjunto, é uma das mais penosas conquistas do pensamento moderno.

E isto deveria estar sempre presente no exercício da crítica em geral e, de modo especial, da arquitetura, na qual — por assim dizer —, os componentes comparecem com toda a concretude material.

Despojada dos preconceitos e situada em sua geografia e em sua história, a personalidade de Niemeyer aparece mais objetivamente e, mesmo permanecendo seus defeitos, afloram também suas virtudes: o essencial é ter entendido alguns valores típicos de seu país, deduzindo-os, por analogia, da fisionomia das coisas circundantes; o ciclo de causa e efeito se fecha na expressão de um estilo onde o conteúdo particular tende para a sua inequívoca identificação material.

Se a crítica deve ser justamente severa ao tachar de formalismo aquelas obras cuja aparência não seja motivada por razões internas e circunstanciais, da mesma forma deve ser tida como formalista aquela crítica que, influenciada por opiniões apriorísticas, não for capaz de penetrar no significado das obras rompendo a crosta do gosto subjetivo.

Se Niemeyer, pelas obras equivocadas, pode ser acusado, muitas vezes, de formalismo, ou se, pelas deficiências, verificáveis até mesmo nas suas obras mais bem-sucedidas, pode ser acusado de desleixo, é necessário mesmo assim reconhecer a validade da sua poética particular cada vez que, sob a luz de uma inspiração autêntica, aproxima-nos à visão de uma composição unitária.

É um erro crítico que ousaria incluir na categoria do formalismo o fato de comparar com as próprias preferências poéticas o resultado estético que um artista alcança por ser fiel à poética que lhe é inata. Não menos do que outro erro, bastante freqüente, de julgar um artista por seus imitadores. Pois se, de fato, os inúmeros imitadores compatriotas de Niemeyer são muitas vezes um desastre e há tolos que transplantam a semente dele para territórios impróprios, como fazem alguns charlatães, mesmo entre nós, não se pode atribuir culpa maior ao modelo, como se costuma fazer nos textos de história da arte, imputando a responsabilidade a Michelangelo quando ele é maltratado por discípulos de terceira categoria.

A casa que um arquiteto concebe para si mesmo é, em geral, o manifesto das suas aspirações, o testemunho, a confissão das suas fraquezas, quase um documento holográfico, o qual, além da leitura dos textos visíveis, revela grafologicamente os motivos íntimos de sua ação: as raízes secretas onde o autor suga a própria linfa.

Caso típico pareceu-me a casa que Oscar Niemeyer construiu para si mesmo nas encostas de um daqueles morros sinuosos, voltado para os muitos braços de mar que estendem suas vigorosas curvas em torno do Rio de Janeiro. Quando a visitei, estava conosco Lucio Costa, aquele que depois de ter sido reconhecido como o Alá dos arquitetos brasileiros, cumpriu um ato de inusitada e — a meu juízo — excessiva modéstia, até se tornar o Maomé de Oscar: seu afetuoso e generosíssimo profeta.

Não esquecerei facilmente aqueles momentos: o sol prestes a se pôr nos havia deixado imersos em uma atmosfera densa, colorida de laranja e violeta, de verde escuro, de anil misterioso. A casa repetia em torno de nós os motivos daquela paisagem orgiástica (incensos e cigarras) insinuando-se com o jogo do vasto harpejo que, da marquise em balanço, ecoava por todas as paredes, nos nichos dos diafragmas, na piscina onde a água, em vez de ir de encontro às barreiras da construção, se expande liquidamente nas formas da rocha. Todo o corpo principal da casa é extrovertido, e não só porque o espaço da sala estende-se sem separações nem barreiras particulares pelo espaço externo, mas também porque esta tende a uma identificação, a uma romântica confusão com a natureza.

Trata-se do oposto de uma casa de Pompéia ou dos pátios que encadeiam segredos entre as diversas habitações da Casbah, cada uma recolhida em si mesma com o próprio céu confinado. Para mim, é mais fácil adaptar-me às arquiteturas mediterrâneas, e, bem entendido, até mesmo as prefiro; mas tenho por isso o direito de desconhecer e refutar criticamente a expressão de um poeta que, pela formação diversa de seu espírito e pelas distintas evocações de sua terra, pode legitimamente trilhar por outros caminhos mais perigosos? Poderia até apontar as evidentes falhas desta casa: a composição incoerente entre o plano da sala de estar e o semi-enterrado dos dormitórios mal ventilados etc., mas isto, se influencia o julgamento conclusivo, não me parece incidir sobre o modo de formulá-lo.

Alvar Aalto, que visitou a casa naqueles dias, conscientizou-se da procedência dessas críticas: e mesmo ele não cometeria a imprudência de transplantar as flores tropicais de Niemeyer para a Finlândia, nos confins do Círculo Polar. Nem se deve acreditar que a arquitetura brasileira seja monocórdia: longe de querer cristalizar tipos, uma crítica suficientemente aberta pode colher os valores essenciais e característicos de determinado mundo cultural, na sua própria contradição, ou seja, na sua diferenciação individual, no significado mais profundo das personalidades formadas pelos muitos afluentes. É óbvio que o conhecimento dos elementos historiográficos é um necessário complemento para penetrar na verdade das coisas e prever os seus desdobramentos lógicos.

É notável o fato de que Oscar Niemeyer, temperamento sobretudo instintivo, represente a tentativa de inserir a arquitetura moderna — e, em particular, a mensagem de Le Corbusier — na ordem dos fenômenos naturais (geologia e botânica) do seu país e, assim, na ordem da tradição espontânea e irracional, enquanto Lucio Costa, um pouco mais velho, mas reflexivo e estudioso, previu a fusão da arquitetura moderna (assim como Le Corbusier) com a tradição culta, iniciada no Brasil no século XVII, para a adaptação da arquitetura portuguesa às condições autóctones.

Tive a oportunidade de admirar a cidadezinha de Ouro Preto, no Estado de Minas Gerais, que é uma herança unitária do estilo colonial: aqui as fontes diretas de Lucio Costa ficam evidentes, mas não é difícil entrever suas raízes mais longínqüas: a influência árabe, via a cultura ibérica, embora todos os motivos de uma poética introvertida (os pátios internos; as janelas e as sacadas, veladas por "gelosias"; os jardins reservados) tenham se tornado patéticos, pela mais acesa emotividade do espírito local, com a ênfase presente nas cores (o típico azul colonial, o vermelho sanguíneo, o preto e o branco em contraste).

Este é um dos campos fecundos e ainda não inteiramente explorados onde a arquitetura brasileira poderá desenvolver a sua temática original. No entanto, pode-se considerar como indicativo de um amadurecimento o conjunto de construções que estão surgindo em Pedregulho por obra de Affonso Eduardo Reidy. Ele me parece propor uma feliz fusão entre a tradição natural e a tradição culta, de modo que é agora visível como cada uma, justificada em si mesma, seja capaz de contribuir para outras soluções concretas.

[Tomou-se como base a versão resumida da revista *Architectural Review* v. 116, n. 694, pp. 239-240, out. 1954].

1 Engadina: região do Cantão de Grisons, na Suíça. [N.O.]

Arquitetura moderna no Brasil

Para quem sabia que o Brasil é um dos poucos países que possuem uma arquitetura moderna, a exposição realizada na Galeria de Arte Moderna no Valle Giulia, em Roma,[1] não foi uma surpresa: nos Estados Unidos do Brasil a arquitetura moderna praticamente venceu sua batalha e até recebeu o crisma da oficialidade. Se se trata de uma arquitetura original ou, como se diz, de uma escola nacional, é um outro problema que merece ser discutido e não pode ser liquidado afoitamente, considerando-se a produção arquitetônica brasileira como uma florescente colônia da arquitetura européia, com Le Corbusier como vice-rei. Poder-se-ia lembrar que também o barroco brasileiro deriva do barroco espanhol e português, e que basta a profusão do ouro para dar-lhe um acento original. Parece-nos, porém, mais adequado o exemplo da arquitetura romana, que decerto deduz muitas de suas formas da arquitetura grega e todavia distancia-se da sua pura, metafísica proporcionalidade para exprimir ou manifestar, por meio de uma monumentalidade mais grave e maciça, a autoridade e a estabilidade das instituições civis.

Diremos portanto que, se a arquitetura de Le Corbusier se volta para uma *polis* ideal ou uma utópica sociedade do futuro, a arquitetura moderna brasileira surge como expressão positiva e reconfortante de uma sociedade satisfeita com a prosperidade dos seus negócios e consciente da necessidade de adequar o seu próprio modo de vida a uma condição de bem-estar econômico. Quanto à originalidade, realmente não sabemos se os expoentes do movimento artístico brasileiro a propõem como uma condição essencial de valor estético; e tampouco seremos nós a escandalizar-nos com o fato de que o problema da arquitetura seja posto, no Brasil, mais em termos de quantidade que de qualidade. O "fenômeno" da arquitetura moderna tem hoje no Brasil, mais que em qualquer outro país, dimensões imponentes; e este fato, por si só, nos parece deveras importante. A presença de Le Corbusier marcou uma época, assim como, no *Cinquecento*, a chegada de Sebastiano Serlio à França ou, no *Seicento*, o retorno de Inigo Jones à Inglaterra, com os textos de Palladio e Scamozzi; e tenha-se em conta que, também neste caso, formas que haviam nascido de uma genuína busca de estilo deram lugar, talvez mais que em seus países de origem, ao amplo desenvolvimento da arquitetura civil e a uma profunda reforma nos costumes, com resultados sociais positivos.

As formas permaneceram basicamente o que eram, visto que se procurava justamente um cânone; mas sua aplicação se deu mediante adaptações e mudanças de escala que acabaram por produzir profundas mudanças de estilo. Também Le Corbusier foi, para os arquitetos brasileiros, um cânone e nada mais que um cânone (e quem poderia negar que Le Corbusier seja o mais "canônico" dos arquitetos europeus?); mas o fato importante é que os arquitetos brasileiros, após terem escolhido como exemplo aquele que julgavam ser o mais tipicamente "europeu" dentre os expoentes do movimento moderno, o tenham tomado como guia para o desenvolvimento de um amplo e indubitavelmente coerente programa construtivo.

Tal escolha faz sentido. Este país jovem e em pleno desenvolvimento, de recursos naturais quase ilimitados, tendo decidido dar-se uma arquitetura, soube evitar a retórica da natureza, mesmo que vez por outra tenha cedido à ilusão da retórica da civilização. Suponhamos que um certo orgulho de casta, herança dos antigos conquistadores, tenha feito a sua parte: ocorre, contudo, que os arquitetos brasileiros não buscaram inspiração na fascinante natureza de seu país nem nos primitivos costumes indígenas, mas compreenderam que a arquitetura é um fato de cultura e de uma determinada cultura, a cujo nível lhes pareceu essencial elevar-se; e desse modo manifestaram explicitamente o propósito de fazer parte da comunidade cultural européia, antes que da americana.

E sua escolha não recaiu sobre Wright, mas sobre Le Corbusier. Não foi esta, porém, a única razão. O Brasil alcançou uma certa ordem democrática por meio de uma série de revoluções; no plano econômico, a longa luta pela abolição das prerrogativas dos Estados e pela conquista de um federalismo orgânico coincidiu com a evolução da produção agrícola à produção industrial. Nos últimos trinta anos as grandes cidades brasileiras viveram a mesma crise decorrente do crescimento acelerado que ocorreu, na segunda metade do século passado, nas cidades manufatureiras européias; desde 1920 a população do Rio de Janeiro, bem como a de São Paulo, aumentou em mais de um milhão de pessoas. Naturalmente, o desenvolvimento industrial do país não se dá sem contrastes, uma vez que a indústria norte-americana tende, notoriamente, a conservar seus mercados do Sul. À defesa do desenvolvimento industrial estão inevitavelmente associadas instâncias sociais e políticas, provavelmente não ainda de todo definidas, mas tais que exercitam forte influência em sentido progressivo.

Parece-nos certo que o vigoroso movimento brasileiro pela arquitetura moderna e sua orientação específica podem ser enquadrados nesta circunstância histórica, e que representam um aspecto fundamental de um impulso progressista do qual participa o próprio capitalismo — o qual não poderá, mais cedo ou mais tarde, deixar de enfrentar, com o empenho necessário, os problemas sociais que se configuram em termos extremos. Hoje, dizíamos, a arquitetura brasileira apresenta-se com uma produção de caráter predominantemente quantitativo, na busca do máximo de qualidade compatível com a extensão do programa: no plano formal, estas duas instâncias encontram expressão em suas dimensões exacerbadas e em seu alto grau de refinamento técnico.

A dimensionalidade exacerbada não é apenas uma aplicação da fórmula de Le Corbusier: edifícios desenvolvidos em altura em meio a grandes espaços livres. Há nessa arquitetura um desejo secreto de mesclar o funcional e o representativo, a técnica e a exaltação da técnica: mas aquilo que se quer representar não são os ideais de uma sociedade, senão a sua intrínseca "eficiência", sua adesão a toda forma "moderna". A incorporação de acessórios — aparatos para condicionamento de ar ou para a dosagem racional da insolação — à superfície arquitetônica é levada ao extremo: tudo aquilo que serve à mecânica do edifício e de algum modo revela a vida que se desenvolve em seu interior é reportado ao plano, a fim de que a função se qualifique como forma e a forma seja determinada pela evidência da perfeição técnica da função. Há uma tendência a ampliar a superfície em altura e largura; e não raro aquela superfície se apresenta como um grande painel de comando em que os elementos se movem, compondo-se e descompondo-se como lâminas que mudam de cor sob a incidência da luz.[2] Se devêssemos indicar as analogias ou as implicações inconscientes destas formas arquitetônicas, deveríamos referirnos aos arquivos, às máquinas calculadoras, aos quadros de avisos dos grandes escritórios: e concluir que esta arquitetura quer ser antes expressão de uma organização que de uma função.

Ainda que aderente, no que diz respeito à tipologia formal, aos modos da arquitetura européia, a arquitetura brasileira desenvolveu-se em sentido paralelo porém contrário: começou por colocar-se o problema dos grandes centros administrativos e só posteriormente "desceu" às questões da habitação, da edificação popular, do urbanismo. Em sua ordem formal, os conjuntos habitacionais parecem deduzidos da arquitetura dos edifícios administrativos: a casa reflete, num plano mais limitado, a riqueza, a prosperidade, a "modernidade" da sede da "sociedade anônima", e até nas grandes cidades "européias", como Rio ou São Paulo, os conjuntos habitacionais conservam o caráter que é próprio, nas grandes cidades coloniais, dos "bairros residenciais".

Não tenho uma experiência direta das cidades brasileiras, nem sei (mesmo porque neste aspecto a exposição do Valle Giulia não oferece mais que escassas indicações) até que ponto foram levados adiante a melhoria das favelas e o planejamento de grandes bairros populares. Mas um fato me parece incontestável: é a partir da arquitetura dos edifícios administrativos que se chegará, aos poucos, à melhoria das favelas e ao próprio planejamento dos bairros populares, e não inversamente. Mesmo soluções felizes do ponto de vista urbano (como, para ficar apenas num exemplo, o conjunto idealizado por Affonso Eduardo Reidy no subúrbio do Pedregulho, no Rio) refletem este processo imposto *de cima para baixo*, que se propõe a estender em círculos cada vez mais largos a tipologia idealizada por uma *elite*.[3]

Lucio Costa, um dos líderes do movimento moderno no Brasil, assim se exprime a propósito do edifício do Ministério da Educação, construído há cerca de dez anos (arquitetos Costa, Niemeyer, Reidy, Moreira, Leão, Vasconcellos) a partir da interpretação e livre desenvolvimento de um esboço de Le Corbusier:

> O Ministério da Educação, por sua pureza formal e pela idéia que dá do domínio da razão sobre a inércia da matéria, contrasta fortemente com a maior parte dos edifícios circunvizinhos que foram construídos na mesma época, com os mesmos materiais e para o mesmo fim utilitário. Além de belo, o edifício tem valor simbólico porquanto representa a vitória das novas tendências sobre o conformismo e o dogmatismo predominantes.

Seguindo esta indicação, é fácil identificar os termos da batalha na qual combateram vitoriosamente os arquitetos modernos brasileiros: o inimigo não era o tradicionalismo acadêmico, mas a especulação imobiliária. Após ter demonstrado que a arquitetura moderna brasileira ainda é expressão de uma sociedade capitalista, é preciso reconhecer que, no interior daquela sociedade, esta representa as instâncias de progresso contra as instâncias mais mesquinhas de conservadorismo, a cultura contra a mera especulação. Escolheu-se Le Corbusier como guia justamente porque a sua arquitetura, mais que qualquer outra, tende a conciliar uma técnica moderna com os valores de "beleza" ainda enquadráveis naquela cultura humanista que a burguesia, mesmo a mais avançada, reconhece como única cultura possível.

Combateu-se no terreno da "técnica" e no terreno do "belo" formal visto que se compreendeu (assim como na Itália) que a especulação imobiliária conduz necessariamente à degradação dos valores, seja no plano técnico, seja no formal. Demonstrou-se que a arquitetura moderna, enquanto revolta contra o conformismo e o dogmatismo, implica, pelo menos, a qualificação da sociedade em sentido democrático; e conseguiu-se desenvolver todos e tão-somente aqueles aspectos sociais que podem ser incluídos no horizonte de um capitalismo moderadamente progressista. Sequer faltam indícios daquilo que podemos chamar de desfrute do sucesso: construções de escolas e hospitais "modernos", propostas urbanísticas etc. Chegou-se também, e trata-se de um resultado importante, a qualificar a figura profissional do arquiteto e conferir-lhe uma autoridade que ainda lhe é negada em muitos países europeus (não excluído o nosso); no âmbito da sociedade brasileira o arquiteto moderno goza agora de todo o prestígio e autonomia atribuídos a um "técnico".

Mas o problema que mais urgentemente se coloca para o desenvolvimento do movimento moderno brasileiro, para além dos seus limites atuais, é justamente a superação do formalismo técnico. Aludo, como é claro, à necessária transição de uma arquitetura que sem dúvida alcançou um elevado nível de qualidade a um urbanismo do qual não se vêem senão os primeiros indícios, ainda difusamente orientados. É evidente que a posição pela qual a arquitetura moderna brasileira pôde alcançar o atual nível de especialização técnica e estética não é mais adequada para enfrentar, em toda a sua extensão, o problema essencialmente social de um grande programa urbanístico. Provavelmente será necessária uma grande reviravolta, e talvez venha a ser preciso combater também o quanto de "conformista" e de "dogmático" se aninha na própria fórmula moderna que serviu para combater o conformismo e o dogmatismo tradicionalistas. Será preciso, sobretudo, aprofundar a investigação acerca dos movimentos sociais que, na Europa, determinaram a renovação das formas arquitetônicas; ir além daquilo que não é senão uma linguagem formal moderna; ultrapassar os limites da *art de luxe*[4] que ainda fazem da florescente arquitetura brasileira a expressão de uma elite social. O problema urbanístico não consiste simplesmente naquilo que poderíamos chamar de "socialização" da *art de luxe*; nem se resolve nos termos da cidade-jardim e dos conjuntos habitacionais. É claro que a "fórmula" adotada pelos arquitetos modernos brasileiros poderá ser ulteriormente expandida, contudo jamais poderá abarcar todos os aspectos e problemas da sociedade brasileira: permanecerá sempre como expressão de uma única classe, não obstante seus interesses humanitários em relação às classes "inferiores".

Adverte-se para a ausência, na documentação oferecida pela exposição, justamente de uma análise aprofundada da situação social: uma situação da qual o rapidíssimo incremento da população dos grandes centros é indício bastante evidente. A renovação das formas arquitetônicas procede do centro para a periferia ou, se se quer, de cima para baixo; e por isso representa antes a expressão de um urbanismo que de uma urbanística. Pelo que nos foi dado conhecer da condição geral do país, parece-nos que o novo passo dos arquitetos brasileiros deva orientar-se para a conquista de uma consciência urbana mais profunda; para uma relação mais estreita do planejamento urbano com o planejamento econômico; para a dedução dos planos urbanos a partir dos grandes planos regionais; para a inclusão, no programa construtivo, de todos os problemas de uma sociedade complexa e nada "equilibrada" ou "integrada", tal como é, justamente, a sociedade brasileira como um todo.

Por esta via, talvez seja necessário sacrificar algumas das "fórmulas" venturosas que lhe permitiram alcançar o alto grau de qualificação técnica e estilística da qual esta mostra é documento; mas será também por esta via que a nova arquitetura brasileira poderá conseguir, como caracterização histórica concreta e não apenas como inovação formal, uma originalidade profunda e autêntica.

1 A exposição foi inaugurada em 4 de março de 1954. [N.T.]

2 No original: "come le lamelle di una bandiera a lampo di colore". [N.T.]

3 Há que se chamar a atenção para a sutileza da escolha, aqui, de uma palavra francesa: além de remeter a certa herança cultural do Brasil, esta distingue-se, naturalmente, do corpo do texto em sua versão original, uma vez que, por não encontrar equivalente na língua italiana, vem a ser forçosamente mantida na grafia de origem e sempre realçada em tipo itálico. [N.T.]

4 Observar, mais uma vez, o uso de uma expressão em francês, como que acentuando a estreita relação da arquitetura brasileira com a cultura francesa. [N.T.]

VISÃO BRASILEIRA 1 **BRAZIL BUILDS** MÁRIO DE ANDRADE [*Folha da Manhã*, São Paulo, 23 mar. 1944] 2 **OPORTUNIDADE PERDIDA** LUCIO COSTA [*Manchete*, Rio de Janeiro, n. 63, 4 jul. 1953] 3 **O PROBLEMA SOCIAL NA ARQUITETURA** OSCAR NIEMEYER [*AD-Arquitetura e Decoração*, São Paulo, n. 13, set.-out. 1955] 4 **NA AMÉRICA DO SUL: APÓS LE CORBUSIER, O QUE ESTÁ ACONTECENDO?** LINA BO BARDI [*Mirante das Artes*, São Paulo, n. 1, p. 10, jan.-fev. 1967]

[1] MÁRIO DE ANDRADE

Brazil Builds

A arquitetura é uma música... Ou é a música que é uma arquitetura? A arquitetura é uma música.

Já se tem dito muito que a música é uma arquitetura e disso nasceram vários enganos engraçados, não muito prejudiciais. De tal jeito se empregou a comparação, que hoje a palavra "arquitetura" pertence à terminologia corrente da música. Mas quer dizer outra coisa. Ou melhor: quer dizer coisa mais genérica, aspecto geral, forma. O que é uma bem lastimável confusão, porque é tomar o efeito pela causa. A arquitetura não é uma forma, nem mesmo tomada esta palavra no sentido mais restrito e elevado de expressão estética voluntária do homem. Pelo contrário, ela resulta a forma com a mesma... bestialidade, desculpem, inocente com que um morro, uma árvore, um riacho resultaram as formas que ficaram. E não tem dois morros, duas árvores, nem dois riachos iguais.

Do mesmo jeito, não há nem pode haver dois edifícios iguais. Porque se tal ipê do mato é magruço e esgalgo como os mineiros de Saint-Hilaire, e tal ipê do campo é catatau e gordaço feito um cearense, isso resulta de fatalidades, de necessidades expressionais da própria vida útil, uberdade do solo, respiração, ventos, que estas ninguém não dirá bestiais, nem mesmo inconscientes porque são leis da natureza. E, assim também, as formas, na arquitetura, são resultantes de leis da natureza, ou, mais restritamente, leis humanas. E é por isso que muitas e muitas formas arquitetônicas são monstros abusivos. Porque não resultam de leis humanas, mas de veleidades da estupidez, como no caso do templo grego da igreja da Madeleine, em Paris, ou do tumor fascista do edifício Matarazzo aqui em São Paulo.

Bem expressivos também... Mas nunca expressões de arquitetura, e sim de desarranjos sociais. Ninguém ignora que os ítalo-brasileiros miliardários de São Paulo se tomaram de pavor diante dos berros e ameaças do sr. Ex-Mussolini. Até a serem controlados se sujeitaram, dizem. De tudo isso, o edifício Matarazzo há de ficar (ficará?) como denúncia arquitetônica entre nós. Porque ele é berro e *paura*, música-de-pancadaria deslumbrante e deslumbrante subserviência.

Empreguei a palavra "deslumbrante" de propósito. Que o edifício Matarazzo deslumbra, isso deslumbra, sou o primeiro a afirmar. E porque deslumbra, muitos dizem que é belo, não é. Eis outra confusão já muito discreteada pelos estetas. O deslumbramento pode ser numerosas vezes uma das propriedades da beleza, mas é uma propriedade (e conseqüentemente uma sensação nossa) que pertence a muitas outras coisas também. Pertence, por exemplo, a um caso horrível de doença, de crime, de amor, a um caso dificílimo de cirurgia, de futebol, de operação militar. E é justo porque tudo isto nos deslumbra, nos assombra, que confusionistamente falamos num belíssimo caso clínico, numa bela operação, numa bela jogada. O edifício Matarazzo deslumbra, também, pela estupidez *grossolana* da massa e pela maravilhosa beleza da pedra de revestimento. Que pedra sublime, cruz-credo! Dá vontade de comer! Mas nem comidas, nem revestimentos ainda são arquitetura.

E aqui entra um desvio em que estou em desacordo com alguns, não todos, alguns dos arquitetos modernos. Eu sei que o meu ponto de vista é muito perigoso porque abre uma fresta para muitas sujidades de arquitetura, mas, neste caso, embora eu prefira quase sempre ser mais amigo de Platão que da verdade, a constância histórica do meu princípio é tão fixa e firme que eu ficava todo escandalizadíssimo por dentro, se cedesse. Porque se a arquitetura é mandada por leis da natureza e por leis humanas, tanto sociais como individuais do homem, disso resulta uma forma, que a gente decora em seguida. Pouco importa a concomitância e até mesmo o apriorismo de tal elemento decorativo, ele é sempre "em seguida". Ele é sempre um elemento ajuntado *a posteriori*.

Por exemplo: um dos elementos decorativos pode ser a paisagem existente antes do edifício. O arquiteto pode muito bem, ao mesmo tempo que "deduz" um problema de moradia, já se decidir por tal revestimento decorativo, mármore, azulejo ou o que o leitor preferir. Porém, mesmo isso será sempre *a posteriori*. Porque no próprio caso do aproveitamento duma paisagem preliminarmente existente, ninguém nunca não fará um edifício para aproveitar o valor decorativo duma paisagem, mas "sempre" o valor duma qualquer paisagem, seja mesmo, *horresco referens!* A estreitura amaldiçoada da rua Marconi, sempre o valor decorativo duma paisagem será aproveitado pelo arquiteto bom para a funcionalidade humana da moradia. Seja casa de lar, seja edifício público.

"Funcionalidade", sim senhor! Funcionalidade humana não tem querequerê nem pipoca, digo e repito: funcionalidade humana! José Hernandez absolutamente não tem razão. (José Hernandez é um ótimo arquiteto peruano, que eu inventei, nascido em 1898.) Aqui eu insisto na definição modernista da casa ser "uma máquina de morar". Hoje em dia já vão abandonando essa definição, porque distraidamente deram maior valor à palavra "máquina", que está na moda (e que no caso é um meio), e se esqueceram do valor humano de "morar", que é o princípio e a finalidade. Começaram a se assustar com a desumanidade inflexível da máquina e se esquivaram à definição perfeita. Não, senhor José Hernandez, a casa continua e há de ser sempre uma máquina de morar. E se abandonarmos esta definição artesanal, cairemos de novo em teatros municipais.

Mas é que faz parte intrínseca, essencial, irredutível da condição humana, até de um botocudo que more nas árvores, com mil perdões para a respeitável etnografia, é condição humana não morar no Bem e na Verdade somente. As virtudes teologais são três: Bem, Verdade e Beleza. Faz parte essencial da condição humana viver em beleza também. E disso deriva o valor, a necessidade decorativa implícita nos mil e um elementos, não da máquina de fazer tecidos, mas da máquina de morar. Disso deriva o valor decorativo da paisagem. Disso deriva o valor decorativo do mármore travertino no edifício Matarazzo, um revestimento. Até ali, estamos todos de acordo. Mas agora entra a lição histórica de todos os homens, de todas as raças, de todas as ideologias sociais e de todos os tempos, que insiste em me dizer que disso deriva também o capitel (que além de funcionalmente arrebanhador de esforços, é funcionalmente enfeitador também) e os mil e um quilimandjaros que empetelecam as arquiteturas mais sublimes. As quais pra meu gosto e raciocínio são o egípcio, o renascimento florentino e a casa moderna. A casa moderna legítima, entenda-se. O Ministério da Educação e jamais o Ministério da Guerra; o edifício Ester e jamais a Faculdade de Direito; uma morada de Artigas e jamais uma moradia neocolonial.

A primeira manifestação da arquitetura moderna no Brasil, como a das outras artes, também se deu em São Paulo. Foi uma casa do arquiteto Warchavchik, muito comentada pelas nossas revistas de então. Mas o moderno em arquitetura teve que ceder aqui. A primeira escola, o que se pode chamar legitimamente de "escola" de arquitetura moderna no Brasil, foi a do Rio, com Lucio Costa à frente, e ainda inigualado até hoje. Eu digo inigualado porque se outros arquitetos da escola do Rio já tiveram ocasião de obter resultados arquitetônicos mais deslumbrantes que Lucio Costa, este continua uma força de artesanato, uma força de princípio, de razão e principalmente de equilíbrio, de não-experimentalismo esbanjador de tempo e dinheiro, que eu reputo propriedade básica da arquitetura. A essencialidade do Bem e da Verdade em arquitetura é tão econômica, e tão condicionada ao valor dinheiro e tempo, que se eu posso experimentar uma cor, um tom num quadro, e perder cinqüenta mil-réis de tinta e catorze horas; se eu posso experimentar uma forma escultórica errada e perder trinta dias e trinta contos num bloco de mármore que eu não sei quanto custa; eu não posso, em princípio, perder nem um cruzado, nem um maravedi numa experiência arquitetônica. Porque isso gasta tempo e dinheiro. O qual, dinheiro, geralmente nem é meu! O tempo e o dinheirão enormes que se esperdiçaram no Ministério da Educação é um erro de arquitetura. É um defeito arquitetônico que ficará sempre "afeando" o admirável edifício.

Admirável também é a coleção de fotografias *Brazil Builds,* que o Museu de Arte Moderna de Nova York, acaba de publicar com, em geral, excelentes comentários do arquiteto Philip L. Goodwin. Eu creio que este é um dos gestos de humanidade mais fecundos que os Estados Unidos já praticaram em relação a nós, os brasileiros. Porque ele virá, já veio, regenerar a nossa confiança em nós e diminuir o desastroso complexo de inferioridade de mestiços, que nos prejudica tanto. Já escutei muito brasileiro, não apenas assombrado, mas até mesmo estomagado diante desse livro que prova possuirmos uma arquitetura moderna tão boa como os mais avançados países do mundo. Essa consciência de nossa normalidade humana só mesmo os estrangeiros é que podem nos dar. Porque nós, pelo mesmo complexo de inferioridade, ou reagimos caindo num porque-me-ufano idiota, ou num jeca-tatuísmo conformista e apodrecente. Ninguém está esquecido que foi um artigo de Henry Prundières que deu valor a Villa-Lobos e abriu as portas dum dos maiores jornais do país à música moderna. Ninguém está esquecido de que foi um prêmio nos Estados Unidos que deu genialidade a Portinari, apesar dos poucos brasileiros que muito antes disso já afirmavam essa genialidade.

Nós temos que nos conformar com a nossa mestiçagem, tanto de sangue como intelectual. Nós nunca seremos uns arianos, e talvez graças a Deus! *Brazil Builds* é um livro que nos regenera em nosso valor normal. Nós não somos nem melhores nem piores que as outras nações, e estamos vendo que uma China de possíveis decadências é capaz de um alevantamento sublime que nos enaltece a todos. O homem é um só, e se as nações são piores ou melhores, isto é questão das espécies dirigentes, dos governos, que ora são esclarecidos, ora são infamantes. E quando são infamantes, o que nós temos a fazer não é nos infamarmos conformistamente com eles, mas botar pra fora os governos ruins. Neste sentido até os alemães e os japoneses, que são as raças mais conformistas desse mundo, e daí seu poder bélico, até eles são capazes de reagir contra os seus chefes ruins e derrubar todos os governos grudados em ditaduras permanentes. O gesto dos Estados Unidos, descobrindo para nós *Brazil Builds,* deve nos regenerar. A nossa arquitetura moderna é tão boa como a arquitetura moderna dos Estados Unidos ou da França. A nossa pintura, a nossa literatura, a nossa música têm expoentes tão bons como os de qualquer outro país. Agora falta apenas que nos igualemos à Inglaterra, na consciência de reagir, à Rússia, na consciência do que são as classes proletárias, aos Estados Unidos, no exercício da democracia. Não é capacidade racial que nos falta, isso é tolice. O que nos falta então?

[2] LUCIO COSTA

Oportunidade perdida

Quando a arquitetura brasileira contemporânea tornou-se conhecida num mundo ainda ferido e embrutecido pela autoflagelação da guerra, a sua graça desprevenida e pacífica — onde a intenção plástica e o sentido funcional se casam harmoniosamente — pareceu anunciar nova era política na qual a arte retomaria ainda uma vez o comando da técnica.

Com o correr dos anos, porém, a nossa experiência arquitetônica passou a ser encarada nalguns meios filiados ao funcionalismo purista da primeira fase do modernismo com certa reserva, se não mesmo acentuada prevenção.

Reserva e prevenção perfeitamente cabíveis, quando se considera o gosto equívoco de tantas contrafações arquitetônicas atuais de aparência embonecada, mas improcedentes quando se trata da obra dos verdadeiros arquitetos, "velhos" e moços — estes felizmente já agora numerosos —, cujo teor é são, pois, sem embargo de um ou outro devaneio romântico e da liberdade de invenção que lhe é própria, ela se pauta, quase sempre, na escrupulosa observação aos legítimos princípios da melhor técnica funcional.

As reações externadas por Max Bill, ou melhor, os seus preconceitos, pois já os trazia consigo quando embarcou, são típicos desse estado de espírito prevenido.

Deve-se ter presente, porém, que o conhecido artista não é, a rigor, nem arquiteto, nem pintor ou escultor, mas sim fundamentalmente um *delineador de formas* (*designer*) cujo campo de ação não se limita contudo apenas às aplicações de sentido funcional e alcance utilitário, mas se estende igualmente à procura de harmonias formais geometricamente geradas sob o patrocínio pessoal, diga-se assim, da sua inspiração.

Se a ação dele se limitasse a essa valiosa contribuição — da qual já resultaram belíssimos achados —, estaríamos todos de acordo. Sucede porém que, empolgado pelo jogo engenhoso e sedutor do ritmo e da harmonia plástica *in abstracto*, incide, quando pontifica, em grave equívoco, pois o objetivo fundamental da arte não se pode limitar apenas à concretização de harmonias formais aplicadas ou idéias vinculadas ou não ao número, mas deve consistir principalmente na criação de formas significativas em função de uma determinada intenção, interessada ou gratuita, e através das quais a nossa paixão "humana" se manifeste.

Se, por exemplo, na arte de Leonardo aquela procura idealizada de uma serena e envolvente harmonia formal está sempre presente, na arte de Michelangelo ela cede o lugar a formas plásticas ditadas por outra intenção e que, transpostas em termos de confronto, seriam consideradas impuras.

Ora, o que caracteriza a arte contemporânea é precisamente a tendência à superação desse dualismo antagônico a cuja sombra nasceu a Idade Moderna, e isto graças à incorporação de um e outro conceito no mesmo corpo de doutrina.

A pretensa contenção das artes plásticas no mundo atual dentro dos exíguos limites de uma senda balizada *a priori* dá o que pensar. Será que a pintura terá de resignar-se indefinidamente às belas e variadíssimas harmonias de um sábio grafismo colorido? Será que, tal como irreverentemente se perguntou, os polidos berloques da joalharia moderna devidamente ampliados resultarão em esculturas monumentais? E uma e outra estarão mesmo definitivamente condenadas, tal como se pretende, ao ostracismo arquitetônico?

Para nós, as artes plásticas têm no fundo algo em comum e, sem embargo das crescentes complexidades da técnica contemporânea, ainda consideramos a arquitetura uma das belas-artes porque nela, como nas demais, o *sentimento* tem sempre a última palavra na escolha entre duas e mais soluções válidas quanto às várias acepções de funcionalidade em causa, mas de cujo teor plástico difere. Escolha que se repete a cada passo durante a elaboração do projeto e o próprio transcurso da obra e que, assim, define a arquitetura como arte.

O alegado divórcio das artes é tão artificioso quanto a sua fusão. A integração delas tal como se assinalou em Veneza[1] é que talvez corresponda melhor à sua natureza a um tempo diferenciado e afim. A questão é, porém, fundamental e no modo de encará-la está a chave da divergência que nos afasta agora de Max Bill. Aliás, tal como observou um engenheiro arguto, o subconsciente talvez o tenha traído quando, no intuito de definir a natureza da elaboração artística, irmanou a arte ao *hobby*: para nós é precisamente o oposto.

Se é certo que na arquitetura cada pormenor tem a sua razão de ser e comporta explicação, o mesmo se dá com a crítica arquitetônica: não basta dizer "não gosto", há que precisar por quê. Ora, no caso do edifício do Ministério da Educação as razões invocadas são de natureza acintosamente alvar. O edifício público mais acolhedor do país, concebido em função do homem e à sua escala, sem embargo da intenção monumental que se impunha, é tido como falho de sentido e proporção humana e como opressivo ao pedestre, esse mesmo pedestre a quem se restituiu o chão depois de edificado e que dele dispõe a seu bel-prazer.

Tal desafogo, devido ao partido de implantação adotado e aos pilotis, é porém contraditoriamente condenado em favor da área interna. O pátio num edifício térreo ou de sobrado pode ser encantador, mas numa estrutura de quinze pavimentos se transforma num poço inóspito e sombrio: no próprio Castelo há exemplos edificantes — o poeta Manuel Bandeira que o diga.

Acha também inúteis e prejudiciais os azulejos. Ora, o revestimento de azulejos no pavimento térreo e o sentido fluido adotado na composição dos grandes painéis têm a função muito clara de amortecer a densidade das paredes a fim de tirar-lhes qualquer impressão de suporte, pois o bloco superior não se apóia nelas, mas nas colunas. Sendo o azulejo um dos elementos tradicionais da arquitetura portuguesa, que era a nossa, pareceu-nos oportuno renovar-lhe a aplicação.

Quase me envergonho de abordar tais pormenores para rejeitar uma crítica viciosa e carregada de velhos recalques pueris contra os princípios básicos da doutrina de Le Corbusier. O edifício do Ministério, malgrado o desamor com que é tratado pelo crítico e pelos encarregados de sua conservação, há de ser sempre considerado pela opinião profissional isenta de prevenção um dos marcos fundamentais da arquitetura contemporânea.

Num ponto, porém, estamos de inteiro acordo. É quando põe na devida evidência a esplêndida realização do Pedregulho. Mas ainda aqui as segundas intenções do crítico se revelam quando, como contrapartida, desmerece a Pampulha. Ora, sem a Pampulha, a arquitetura brasileira na sua feição atual — o Pedregulho inclusive — não existiria. Foi ali que as suas características diferenciadoras se definiram. Aliás, os argumentos que traz à baila no caso são dignos da Beócia. Trata-se de um conjunto de edificações programadas para a burguesia capitalista — um Cassino, um Iate Clube, uma Casa de Baile. Cada qual foi traduzido arquitetonicamente com o seu caráter próprio inconfundível: no Cassino, a belíssima entrada, a sábia conexão das salas de jogos e do teatro, tudo agenciado com maestria; no Iate, a linha distendida, puríssima; no Baile, o dengue gracioso que lhe convém. Nada disto coube na visão estreita do mestre de Ulm, apenas lamentou o espírito individualista da obra — melhor diria do programa — que não corresponderia ao puro conceito de coletividade, como se tal conceito só se coadunasse com o terra-a-terra. Aliás, referindo-se aos apartamentos do Parque Guinle, lamenta igualmente — e neste particular me solidarizo com ele — não se destinarem à habitação popular.

Quanto à capela, obra-prima onde tudo é engenho e graça — o galbo da nave parabólica, o modo como se ilumina a capela-mor, o entrosamento da sacristia no corpo da igreja, a feliz articulação ascendente do pórtico ao campanário, a propriedade e perfeita integração dos azulejos na abside, da pintura no retábulo e da escultura no batistério —, foi, como era de prever, qualificada de barroca com a habitual intenção pejorativa. Ora graças, pois se trata no caso de um barroquismo de legítima e pura filiação nativa que bem mostra não descendermos de relojoeiros, mas de fabricantes de igrejas barrocas. Aliás, foi precisamente lá, nas Minas Gerais, que elas se fizeram com maior graça e invenção.

No mundo mecanizado de hoje é desejável que tais diferenças venham à tona a fim de neutralizar um pouco a generalizada uniformização.

A arquitetura brasileira, tal como o nosso futebol, anda muito necessitada de ducha fria de quando em quando, mas lamentavelmente, por culpa exclusiva do crítico, a oportunidade se perdeu.

[Resposta às críticas de Max Bill feitas em entrevista à revista *Manchete*, n. 60, 13 jun. 1953. Ver também pp. 158-163 da presente edição.]

1 Intervenção de Lucio Costa no I Congresso Internacional de Artistas, patrocinado pela UNESCO e realizado em setembro de 1952. In Costa, Lucio, *Lucio Costa: Registro de uma vivência*, op. cit., pp. 268-275. [N.O.]

[3] OSCAR NIEMEYER

O problema social na arquitetura

Estranha insatisfação apossou-se ultimamente de alguns de nossos arquitetos, que, embora cientes do inegável prestígio que a moderna arquitetura brasileira desfruta, passaram de um momento para outro a apresentar-lhe sérias reservas. Em dois grupos principais, eles se destacam: o primeiro grupo é constituído por aqueles que, impressionados com as teorias tradicionalistas, almejam uma "arquitetura baseada na tradição e cultura de nosso povo";[1] e o segundo, pelos que se mostram alarmados com o baixo nível de nossas construções modernas e reclamam soluções mais simples e racionais. Ambos respeitamos: ao primeiro, porque é honesto e deseja realmente a solução que lhe parece mais justa; ao segundo, porque oferece razões ponderáveis, apesar de relegar a plano secundário problemas muito mais graves e urgentes da nossa arquitetura.

Deixando aqui este conflito de opiniões, segui para a Europa, onde mantive, durante todo o tempo da minha viagem, a preocupação de tomar contato com colegas estrangeiros para com eles debater os problemas profissionais que nos são comuns. De minha parte, não levava ilusões a respeito das críticas da maioria dos arquitetos que nos têm visitado nos últimos anos — críticas para as quais nem sempre encontramos justificativas, e que um balanço honesto do que já se realizou na Europa e no Brasil no campo da arquitetura moderna não poderia permitir com tanta desenvoltura. Gostaríamos, todavia, de encontrar atenuantes para tudo isso: talvez a falta de conhecimento das nossas efetivas condições de trabalho, tão diversas das que são costumeiras em seus países de origem, onde organizações sociais mais desenvolvidas, com indústrias poderosas, exigem deles soluções mais simples, pelo emprego de materiais pré-fabricados e sistemas de padronização.

Mas, a verdade é que esses argumentos conciliadores esbarrariam na duplicidade da crítica que eles habitualmente exercem, uma vez que não os utilizam da mesma forma — severa e minuciosa — na apreciação dos seus próprios projetos. Não desejando dar ao assunto importância descabida, quero me limitar a aproveitá-lo naquilo que ele apresenta de honesto e positivo, fazendo ao mesmo tempo uma crítica do trabalho aqui realizado nestes últimos vinte anos de arquitetura moderna, para caracterizar suas debilidades e inevitáveis erros.

A nossa arquitetura moderna tem certamente na falta de conteúdo humano a principal razão das suas deficiências, refletindo — como não poderia deixar de fazê-lo — o regime de contradições sociais em que vivemos e no qual ela se desenvolveu. Tivesse surgido em país socialmente organizado e evoluído, onde pudesse atingir seu verdadeiro objetivo — que é servir a coletividade —, e, aí, então, encontraria, na grandeza dos planos coletivos e na indústria poderosa que os apoiasse, o sentido humano e a unidade arquitetônica de que hoje carece. Dirigida a classes dominantes pouco interessadas em problemas de economia arquitetural — pois o que desejam realmente é ostentar riqueza e luxo — ou a iniciativas governamentais que não se baseiam em plano de caráter nacional ou de construções em massa, ela tem encontrado, como base obrigatória de seus temas, a vaidade, a demagogia e o oportunismo.

Dentro desse ambiente restrito, exercemos durante vinte anos a nossa profissão, limitada em geral a casas burguesas, construções para o governo, edifícios de renda e alguns conjuntos residenciais. Obras que — muitas vezes apreciáveis sob o ponto de vista arquitetônico — refletem invariavelmente o desequilíbrio social do país, constituindo, não raro, verdadeiro acinte a esta maioria esmagadora que, privada dos mais elementares recursos, vive ainda nos miseráveis barracos que todos nós conhecemos. Da falta de uma base social efetiva, e de grandes planos coletivos que a complementariam, decorrem, portanto, a versatilidade da nossa arquitetura, a despreocupação de economia e a variedade e riqueza de formas com que se apresenta, e que a ausência de uma indústria poderosa, com sistemas de pré-fabricação, ainda mais vem acentuar. Assim, o que nela para alguns é falso e acessório, para nós é imposição do meio que fielmente exprime.

Por essas razões, recusamo-nos apelar para uma arquitetura mais rígida e fria — de tendência européia — bem como nos recusamos apelar para uma "arquitetura social", dentro do ambiente em que vivemos. Com isso, conseguiríamos apenas empobrecer a nossa arquitetura no que ela tem de novo e criador, ou apresentá-la de forma enganadora, artificial e demagógica. Preferimos manter as características naturais e espontâneas que lhe permitiram especular inteligentemente com os sistemas construtivos em uso, garantindo-lhe aspecto próprio e definido, responsável exclusivo pelo prestígio que desfruta no mundo contemporâneo.

Para isso contribuíram certamente circunstâncias especiais, sendo de salientar, entre elas, a intervenção oportuna e benfazeja de Lucio Costa — a figura do nosso movimento moderno —, que soube conduzi-lo com sensibilidade e discernimento, batendo-se desde o início por uma arquitetura que aliasse às circunstâncias funcionais a procura deliberada e constante da beleza e da forma plástica. Contribuiu também — como vimos — o fato de não termos, ao contrário do que acontece em outros países mais adiantados, grandes planos populares a projetar, dos quais decorrem soluções lógicas de urgência e economia, que disciplinam e simplificam a forma plástica; bem assim a posição que sempre assumimos com relação à tradição — que recusamos copiar —, limitando-nos a manter os mesmos propósitos de honestidade construtiva que sempre caracterizaram a nossa arquitetura colonial.

Posição que, hoje mais do que nunca, nos parece justa, pela impossibilidade — que a tentativa feita em alguns países europeus comprova — de se harmonizar as formas tradicionais com os temas e, principalmente, com as possibilidades ilimitadas da técnica contemporânea, impedindo — o que é mais grave — as soluções novas e criadoras que a técnica e os materiais modernos sugerem. Este, o impasse que até hoje encontram aqueles que acreditam na "síntese da tradição com a arte e a técnica contemporâneas", esquecendo o obstáculo insuperável que o advento do concreto armado estabeleceu, alterando os termos e o significado dos elementos mais característicos da arquitetura, dando às paredes, por exemplo — antes elementos de apoio —, outra finalidade, qual seja a de simples material de vedação e carga morta nas modernas estruturas.

E tudo isso contribuiu para que, em pouco tempo, nos afastássemos das soluções repetidas, frias e geométricas da época, dando à nossa arquitetura um novo sentido plástico — que nos bons exemplos se apresenta lógico e harmonioso —, exprimindo a função e o pleno aproveitamento da técnica atual. É verdade, e isso começa a inquietar, que a grande maioria das nossas construções apresenta um baixo nível arquitetônico, atingindo mesmo aspectos grotescos, e até ridículos, pelo emprego inadequado de certos materiais e pelo abuso de formas muitas vezes extravagantes e impróprias. Este fato, apesar de grave, é fácil de ser explicado; realmente, o sucesso da arquitetura moderna no Brasil foi de tal ordem que logo tornou-se ela a nossa arquitetura corrente e popular. Todos, particulares e governo, desejavam obras modernas, tendo em vista o realce que as mesmas conseguiam, aqui e no estrangeiro.

É natural e compreensível que essa massa enorme de construções, estendendo-se por todo o país, não poderia manter o mesmo nível técnico, principalmente considerando-se o sucesso que as boas obras alcançaram e o seu sentido novo e criador, que todos — pudessem ou não — desejavam acompanhar. Dessa maneira se compreendem a variedade e a repetição de certas formas, que, alteradas em escala e proporção, se desvirtuaram completamente, o mesmo acontecendo com alguns projetos de formas aprimoradas, destinados a locais amplos, e que, transpostos depois para outros lugares — entre prédios e sem os espaços livres necessários —, transformaram-se em construções lamentáveis, pelo desequilíbrio e confusão que trazem ao conjunto urbano.

Tudo isso, porém, é uma espécie de "moléstia de crescimento", que devemos olhar sem surpresa, compreensivelmente, procurando por meio de uma pertinaz campanha didática combater e eliminar.

O mais grave, contudo — porque se apresenta quase sempre sob aspecto irremediável —, é o estado lastimável das nossas cidades, entregues ao descaso dos poderes públicos e à ação nociva do comércio imobiliário, que as esmagam com incríveis muralhas de arranha-céus, escondendo seus morros, ocupando suas praias, tirando-lhes o sol, a brisa, as árvores, elementos essenciais com que a natureza tão generosamente as dotou. Isso se repete com uma freqüência assustadora, apesar das experiências lamentáveis que já possuímos, como, por exemplo, Copacabana, hoje reduzida a um triste e humilhado bairro, sem água e transportes, e entregue ao mais desenfreado surto de exploração imobiliária.

Contra esses desatinos, especialmente, devemos insurgir-nos, apelando para planos diretores responsáveis, lógicos e pertinentes, que tenham como principal característica o aproveitamento das belezas naturais de nossas cidades, exigindo paralelamente medidas realistas que, consultando as condições sociais existentes — em que os interesses individuais são tão fortes —, permitam ao menos reduzir os males incorrigíveis dentro da uma legislação objetiva e eficaz.

Este o ambiente em que se realiza a arquitetura e que pouco difere dos demais países ainda dominados pelo capital, tirando-lhe as características superiores de que se devia revestir para dar-lhe um sentido discriminatório e superficial, em que somente o aspecto plástico subsiste.

Dentro dele, observamos passivamente a destruição progressista das nossas cidades e as tristes desigualdades que nelas a vida apresenta, limitados que estamos a uma arquitetura de classe, onde falta a base social necessária, decorrendo daí todas as suas deficiências principais.

Na arquitetura soviética — que tomamos como exemplo de contraste —, o que justamente interessa e emociona é o seu caráter humano, que, pela primeira vez na história, permitiu ao arquiteto desempenhar o papel que verdadeiramente lhe cabe na sociedade, libertando-o das tarefas individualistas em que até então se mantinha para garantir-lhe a colaboração desejada na solução dos problemas coletivos. Desse modo, enquanto nos demais países ele atende quase que exclusivamente a solicitações de uma minoria das classes dominantes, na União Soviética, ao contrário, seu trabalho se dirige aos grandes planos de urbanismo, que visam à felicidade e ao bem-estar comuns. E, em suas tarefas, não mais encontram os obstáculos que entre nós persistem — obstáculos intimamente ligados aos problemas sociais que nossos colegas teimam em desconhecer e dos quais resulta o fracasso dos nossos projetos urbanísticos, que ficam invariavelmente no papel ou, às vezes, se destinam a congressos de arquitetura mais ou menos acadêmicos e inócuos.

Esse o exemplo humano e inovador que nos cabe seguir, afastando-nos da posição de alheamento aos problemas políticos e populares em que realmente ficamos, colocando-nos enfim, decididamente, ao lado daqueles que pelo menos lutam e sofrem. E se, em cada país, em cada lugar, esta luta apresentar aspectos peculiares, seu denominador comum está no anseio de liberdade que encontramos em todos os povos oprimidos e nos reclamos universais de paz e justiça.

1 Ver pp. 197-201 da presente edição.

[4] LINA BO BARDI

Na América do Sul: após Le Corbusier, o que está acontecendo?

Com a desenvoltura de quem é rico, bonito e bem-educado, o sr. Ray Smith, *associate-editor* da importante revista de arquitetura norte-americana *Progressive Architecture*, apresenta um panorama da arquitetura na América do Sul.[1]

Entrevista alguns arquitetos de renome e outros mais jovens, faz um balanço e, tirando as conclusões depois da descoberta de uma "Nova Onda" — que deveria ser a superação da temática lecorbuseriana —, aconselha paternalisticamente os arquitetos sul-americanos a não copiar a arquitetura "internacional industrializada" dos países desenvolvidos. Sugere, ao contrário, que estes se inspirem nas ocas dos índios, nos "ranchitos" e nas "favelas" dos pobres, como convém a arquitetos subdesenvolvidos que operam num continente também subdesenvolvido.

Superando a "desorganização", a falta de preparo técnico e as veleidades "sociológicas", os jovens arquitetos latino-americanos, colocados firmemente dentro de sua própria geração, poderão tomar consciência do verdadeiro problema da arquitetura atual, isto é, "como prover vastas quantidades de abrigos baratos, em termos de uma forma artística semelhante à joalheria". Essa nova direção levará os dois continentes, as Américas do Norte e do Sul, a um entendimento arquitetônico mais íntimo.

Baseado num equívoco (não queríamos pensar em má-fé), o autor do inquérito, com disfarçado desprezo pelas posições "plástico-formalistas" lecorbuserianas, sumariamente liquidadas, expõe explicitamente a convicção de que a verdadeira arquitetura é a norte-americana, baseada na produção industrial de massa, à qual os jovens arquitetos latino-americanos "ainda" não podem ter acesso, por causa do subdesenvolvimento do país e deles mesmos.

O transplante norte-americano que esvaziou Gropius e Mies van der Rohe, acabou com a inventiva de Grosz e a violência de Kurt Weil — que se tornou compositor de adocicadas melodias de filmes —, deu a Brecht e Adorno a convicção de que os *mass media* são instrumentos formidáveis nas mãos do capitalismo monopolístico. Segundo estes pensadores, para o "mecanismo" ser aproveitado numa sociedade mais justa e humana, é rigorosamente necessário basear-se em valores humanísticos, justamente aqueles de onde nasce a arquitetura "plástica" de Le Corbusier, que não é plástica, mas que hoje é cômodo definir assim, esquecendo-se deliberadamente todos os valores revolucionários político-sociais daquele movimento que foi o racionalismo.

A poética racionalista não está esgotada, seu conteúdo revolucionário e político foi, de propósito, superado por aquilo que será historicamente classificado como retorno às posições que o mesmo racionalismo tinha superado com suas afirmações de honestidade construtiva e de igualdade social.

Deixando de lado o grande Frank Lloyd Wright — que pertence ao movimento anglo-saxão do século XIX —, de Ruskin a Morris, com o impacto ainda politicamente indefinido dos pioneiros cantados por Whitman, e de Antônio Gaudí, tão espanhol, ou melhor, tão catalão, de não poder ter sérios seguidores internacionais, a nova arquitetura "orgânica" da segunda metade do século XX, assim como os "brutalismos", as "ações", os "espontaneísmos" e todos os movimentos denominados como reações às caixas de sapatos da arquitetura racionalista, precisam hoje ser definidos por aquilo que representam: movimentos que, acompanhando o processo de revisão cultural de toda uma parte da cultura ocidental, definem como progresso situações precedentemente superadas e levadas novamente à cena revestidas de novos significados para defender velhas posições.

Às *mass media* aceitas como um acontecimento da natureza, ao invés de serem analisadas nas suas razões histórico-sociais, precisa ser acrescentada a Arquitetura de Massa, expressão da "indústria da construção", que também não pode ser estudada criticamente por meio do historicismo idealístico, ou da crítica formal ou da lingüística, sem que se considere sua verdadeira base determinante: a dimensão histórico-social.

Isto não quer dizer recusar o *computer* e valorizar a era mecânica contra a era eletrônica, mas apenas colocar o *computer* na verdadeira perspectiva histórica, considerando-o apenas como o meio para realizar a nova cultura de massa e, conseqüentemente, a nova arquitetura em vasta escala.

Que Le Corbusier, convidado pela subdesenvolvida América do Sul quando os países desenvolvidos ignoravam ou sorriam dele, tenha aqui exercido uma grande influência, é importante do ponto de vista de uma crítica positiva das possibilidades de visão cultural da América do Sul. O fato de seu ensinamento ter tomado aspectos diferentes liga-se a fatores de formação cultural, e o conseqüente julgamento de valores precisa ser feito em estrita base crítica, que leve em conta tais fatores. Que a posição técnico-folclórica propugnada pelo entrevistador norte-americano seja ligada à visão paternalista da América Latina, é irrefutável. A instabilidade arquitetônica da América do Sul é o reflexo de sua instabilidade econômica, política e social, de suas dúvidas culturais e, sobretudo, de sua falta de liberdade econômica, política e social.

A Nova Onda, *la Nueva Ola*, é a tentativa feita pela jovem geração de se afastar da idealização de uma época que "desmonta e remonta o homem", como Galy Gay, o descarregador da peça *Um homem é um homem*, de Bertolt Brecht. A Nova Onda pode ser considerada não como a superação do lecorbusierismo, mas como a procura de um caminho fora do monopólio industrial desumano. O que o articulista americano não percebeu foi o perigo do "folclore" ínsito nesta tentativa, que não toma na devida conta as heranças de um grande movimento, logo afastado, cujo desenvolvimento, quando tomado na sua verdadeira dimensão, poderia só dar os meios para chegar a uma nova arquitetura. Uma arquitetura que, por meio dos instrumentos racionalistas, registre as experiências do "não perfeccionismo" e da estruturação em "células coligadas".

Uma arquitetura da nova era eletrônica e da verdadeira civilização de massa, na qual o homem, racionalmente responsável pelas grandes conquistas tecnológicas, cujos processos já vemos em ato, seja "dono", e não súcubo de acontecimentos julgados "inelutáveis", fatalisticamente suportados e registrados.

A arquitetura está num impasse. Após Le Corbusier, depois do estilo norte-americano "a bloco", depois das tendências wright-gaudíanas, qual o caminho? Na Europa, no Japão, começa a procura da expressão atômica da arquitetura. Na América do Sul, os problemas sociais condicionam esta procura. Uma grande herança não pode ser esquecida: a herança racionalista.

1 *Progressive Architecture*, s/n., Nova York, set. 1966, pp. 140-155. [N.O.]

RELAÇÕES

ARQUITETURA E SOCIEDADE

[1] VILANOVA ARTIGAS

A arquitetura moderna brasileira

As primeiras tentativas da Arquitetura Moderna no Brasil são uma conseqüência do movimento chamado Semana de Arte Moderna de 1922, importado da Europa daquela época e embalado com cores brasileiras. Aqui também o quadro foi o mesmo! Mal chegado, o movimento tingiu-se de cores fortemente revolucionárias e foi convenientemente combatido pela velha guarda intelectual. O *Estado de S. Paulo* abriu suas páginas de jornal conservador para quem quisesse atacar a arte moderna; hoje, o mesmo jornal é um dos pilares da 1ª Bienal de São Paulo, exposição de artes plásticas do tipo "moderno", inteiramente a serviço do imperialismo ianque.

Os líderes do movimento de 22 foram vaiados, suportaram alguns ovos podres, mas cumpriram o seu desígnio de vanguardeiros da nova fase. As invectivas de Mário de Andrade e outros contra o "burguês mensal", os seus "ódios ao burguês", fizeram proselitismo e arregimentaram; criaram uma auréola "revolucionária" que aumentava ou diminuía conforme convinha à classe dominante. De tal forma que, quando Getúlio montou o Estado Novo, encontrou já preparado um número substancioso de "intelectuais de esquerda", jovens e audaciosos, para guarnecer o seu governo ajudando-o a contornar, com manobras demagógicas, as posições a que ia sendo forçado pelo povo. Nisso não há novidade, pois Getúlio mesmo o disse ainda há pouco no discurso na Universidade do Brasil.

Foi quando a arquitetura moderna brasileira teve o seu maior desenvolvimento, durante o Estado Novo, à sombra dos institutos e a serviço da demagogia desenfreada.

Depois foi a guerra.

Da participação do Brasil na guerra contra o nazismo aproveitou-se o imperialismo americano para aprofundar suas raízes em nossa pátria. Missões culturais de toda a sorte aqui vieram para encobrir as primeiras manobras de rapinagem. Descobriram a arquitetura moderna brasileira, que passou a ser a habilidade que punha culturalmente o Brasil em igualdade de condições, "ombro a ombro", com os mais cultos povos do mundo, os ianques inclusive! Uma igualdade, digamos de passagem, semelhante àquela dada aos negociantes brasileiros que também passaram a poder, se quisessem, fundar companhias de aviação dentro dos Estados Unidos.

Enquanto isso éramos pilhados. Há pouco tivemos uma amostra deste tipo de manobra que ainda hoje é empregada com relativo sucesso. De dentro do Museu de Arte (propriedade do jornalista Chateaubriand), o magnata Nelson Rockefeller deitou entrevista chamando o Brasil de "país dos arquitetos". No dia seguinte, assinava, em nome da IBEC [International Basic Economy Corporation], empresa imperialista que dirige pessoalmente, um contrato com a prefeitura para organizar um plano urbanístico para São Paulo.

Hoje, a arquitetura moderna brasileira progride no sentido de servir de cartaz de propaganda para tudo quanto é malandragem comercialesca do tipo vendas em condomínios e hotéis em praias desertas, ao mesmo tempo que concorre para reforçar a penetração do imperialismo, dando-lhe cobertura para entrar despercebido pelas portas dos movimentos culturais do tipo Bienal de São Paulo ou União Cultural Brasil-Estados Unidos...

O imperialismo é a guerra; prestigiá-lo, ainda que inconscientemente, sempre resulta numa medida prática em favor da guerra. Para dentro de todos os movimentos da burguesia caduca, são freqüentemente atraídas pessoas honestas, legítimos partidários da paz. Estão iludidos! Que não reste dúvida!

Os jovens em geral e os estudantes de arquitetura em particular, sugestionados pela propaganda enorme feita aqui e no estrangeiro, têm a tendência de aceitar sem um juízo crítico as formas da arquitetura moderna tais como se apresentam, e as teses reformistas e demagógicas que trazem em seu bojo. Desorientam-se e deixam-se organizar pela reação numa direção oposta àquela que segue nosso povo — a libertação do imperialismo ianque.

Surge afinal a questão: onde ficamos? ou o que fazer? Esperar por uma nova sociedade e continuar fazendo o que fazemos, ou abandonar os misteres de arquiteto, já que eles se orientam numa direção hostil ao povo, e lançarmonos na luta revolucionária completamente?

Nenhum dos dois, unicamente.

É claro que precisamos lutar pelo futuro de nosso povo, pelo progresso e pela nova sociedade, dando a esta missão o melhor dos esforços, pois à medida que, pela participação na luta ao lado do povo, compreendermos seus anseios, fizermos parte dele, é que iremos criar espírito crítico para afastar o bom do inútil na arquitetura, e que atingiremos a "espontaneidade nova" como interpretação direta dos verdadeiros anseios populares.

Mas é claro, também, que, enquanto a ligação entre os arquitetos e as massas populares não se estabelecer, não se organizar, enquanto a obra dos arquitetos não tiver a suma glória de ser discutida nas fábricas e nas fazendas, não haverá *arquitetura popular*.

Até lá... uma atitude crítica em face da realidade.

[2] MÁRIO BARATA

Arquitetura, tradição e realidade brasileira

O crescente interesse por uma revisão autocrítica da arquitetura moderna brasileira é comprovado pelo próprio temário deste congresso e por depoimentos como o dado por Lucio Costa, à revista *Manchete*,[1] a propósito das desorientadas restrições feitas por Max Bill, no ano passado, a alguns aspectos de nossa arquitetura. Não desejamos entrar no debate sobre os defeitos ou as virtudes da construção contemporânea no país, mas somente apresentar, à consideração dos arquitetos reunidos neste Congresso, uma série de conceitos relativos ao estudo de nossa tradição arquitetônica e dos laços que devem prendê-la, na medida do possível, ao surto atual de edificações denominadas comumente de "modernas".

O alto custo da arquitetura moderna, as freqüentes queixas dos que a utilizam, os defeitos quanto à conservação dos prédios, estão entre as causas da necessidade premente de autocrítica séria e criteriosa. Também os excessos *formalistas* dos que fazem a *forma pela forma* e compõem a obra no escritório — olhando só para concepções estilísticas *a priori* ou publicações estrangeiras, mantendo-se desligados da finalidade do edifício e das possibilidades nacionais — contribuíram para o atual espírito de revisionismo crítico das bases e da forma da arquitetura moderna brasileira.

A autocrítica não deve ser feita em moldes preconcebidos, nem com exageros de "escola". Nessa tarefa é imprescindível a conveniente humildade de quem deseja acertar, em terreno pouco palpável como este. Antes de afirmações peremptórias, deve-se pensar na necessidade de estudos e observações mais sérios e completos sobre a história da arquitetura e da arte em geral no Brasil. Convém estar atento às contradições dos fenômenos humanos e sociais e ao caráter específico da técnica e da arte arquitetônicas.

As restrições surgidas em outros países a fenômenos idênticos devem ser pesadas e avaliadas com o máximo cuidado. Afirmações, por exemplo, como as do arquiteto mexicano Juan O'Gorman, no número 15 da revista *Espacios*, são apaixonadas e sem a necessária análise prévia e profunda da história da arquitetura e do surto atual dessa arte. Mais objetivas são as de Anatole Kopp, no número 42 da revista francesa *Nouvelle critique*, se bem que, no final, simplifique o problema pela separação radical, no tempo, do estudo da forma arquitetônica e da luta pela transformação política, não encarando o primeiro sem a solução do segundo. A organização da sociedade é, evidentemente, a questão vital — como sempre —, mas não prescinde do estudo e da análise dos problemas de pormenor — a não ser nas tristes horas de guerra ou decisão armada imediata.

Uma conquista dos recentes exames críticos do *formalismo* e dos problemas estéticos contemporâneos foi a de considerar ponto pacífico o fato de que a arquitetura e o urbanismo não resolverão nunca o problema social, mas sim, pelo contrário, será a solução das dificuldades sociais que resolverá, em definitivo, os problemas da arquitetura, no seu conjunto. Essa conclusão, porém, não impede a necessidade de melhor se conhecerem e precisarem as dúvidas atuais sobre a forma, o conteúdo e a técnica na arte da arquitetura.

Com a volta recente à preocupação da tradição nacional na arquitetura — já agitada por Gilberto Freyre nas décadas de 1920 e 1930 —, um fator novo foi introduzido nas discussões sobre os elementos, acima referidos, dessa arte. Preocupação que tem tríplice valor:

a) resistência às condições que geram exagerado cosmopolitismo, dissolvendo as raízes da nacionalidade e expandindo um superficialismo gratuito;

b) ligação com o homem real do país e suas condições econômicas e psicológicas;

c) utilização das soluções aprovadas — por longo uso no passado — de adaptação ao meio, quando a atualidade não modificou bastante e suficientemente as condições-ambiente (caso pouco comum).

Esse interesse pela tradição brasileira parece-nos estar encaminhando o atual período de autocrítica para uma revisão da arquitetura moderna e o preparo de sua fase nacional pela forma, técnica e ligação com as reais condições econômicas do país, à espera do momento em que novas condições sociais exijam da arquitetura esforço definitivo. Então, essa arte dará contribuição efetiva à solução do problema brasileiro e meios para o homem local viver com o máximo conforto e o mínimo de sacrifício. O homem comum brasileiro, e não o homem rico e abstrato.

Todavia, o problema não é o de encarar a arquitetura unicamente sob o ângulo da tradição, mas de vê-la também sob o aspecto das exigências concretas da realidade nacional. Nem tudo que é tradicional é admissível. Deve haver o trinômio *arquitetura-tradição-necessidade dos habitantes do país*.

No caso do Brasil e de algumas nações de cultura mediterrânea, a arquitetura moderna — em seu primeiro momento — reagiu contra os defeitos do ecletismo e academismo arquitetônicos da segunda metade do século XIX e início do XX. Com isso pregou a volta à simplicidade e à pureza, que coincidiam com a tradição local, mais que centenária. No exemplo brasileiro, nossa arquitetura dos séculos XVII, XVIII e começo do XIX apresenta coincidências impressionantes com o desenvolvimento do movimento moderno. É verdade que Lucio Costa buscou — várias vezes — intencionalmente essa ligação. A horizontalidade, os vãos enormes, as vidraças e treliças, a sobriedade são aspectos comuns da nossa arquitetura civil colonial. Convém estimular o estudo desses elementos a fim de evitar o perigo da cópia pura e simples e o da desorientação "tradicionalista", que causaram males irreparáveis na época do "colonial" a José Mariano, com "bangalôs" remexidos, tão diferentes da autêntica casa do passado brasileiro. Além disso, como afirma o arquiteto Eduardo Corona,[2] deve haver uma coincidência desse caráter de afirmação nacional, tanto na pesquisa quanto na execução.

Todos esses problemas da arquitetura atual se enquadram no grande movimento de volta ao *realismo*, que está caracterizando a cultura contemporânea — e se tornou a única forma de sair do *impasse* a que se havia chegado.

Tomamos a liberdade de transcrever— de agora em diante — texto do artigo de fins de 1950, preparado a pedido dos arquitetos Noel Marinho, Flávio Marinho Rêgo e Maurício Dias da Silva para número da revista *Ante-Projeto*, do Rio, que não chegou a ser publicado.

Dizíamos então: Terá o *movimento realista* ligações com a arquitetura? Evidente! A cultura constitui uma unidade na qual cada setor pode ter reações específicas, mas é interdependente dos outros. Essa especificidade dá à arquitetura uma posição particular dentro do *realismo*, diferindo da pintura e da escultura. Na história destas últimas, após o Renascimento, há progressivo desligamento das bases utilitárias e do contato com os homens, fato que não ocorreu, ao menos acentuadamente, com a primeira. Enquanto a pintura caminhou, *grosso modo*, para tendências *hedonísticas* artificiais, a arquitetura continuou a ser utilitária no seu conjunto. Ninguém constrói um edifício ou uma ponte somente para que sejam contemplados por algum amador.

A arquitetura moderna deve ser combatida pelo *realismo*? Em princípio, só se deve analisar e decidir casos ou tendências particulares. É cedo para afirmação de conjunto. As bases de seu desenvolvimento foram técnicas e sociais: corresponderam, ao menos em grande parte, à existência de novos materiais e à necessidade de solução de problemas humanos. Enquanto na pintura e na escultura o ilogicismo e o prazer dos sentidos predominavam, na arquitetura moderna — até recentemente — o racionalismo tem grande papel. Suas ligações de forma com o cubismo e seus derivados não impediram a permanência do aspecto utilitário e sua adaptação a problemas vivos. Somente arquitetos que não compreenderam o sentido e as razões de ser da arquitetura moderna é que foram formalistas, partindo da forma *cubo* para o edifício, rigidamente, e não do edifício para a forma geométrica. O desvio atual foi fenômeno de decadência e de deturpação.

Mas não esqueçamos que formalista foi igualmente a arquitetura eclética do século XIX, na qual a importância da forma superou todas as outras exigências de programa e técnicas. Como disse Kay Fisker, nela "o aspecto externo é um ornamento, uma máscara sem ligações com o interior". Certas colunas e frontões, perdidas as causas funcionais de sua existência no tempo dos gregos, passaram a ser meramente formais em edifícios neoclássicos.

Qual, portanto, a posição da arquitetura dentro do movimento realista? Naturalmente que não é a que lhe atribuiu de má-fé, e sarcasticamente, o crítico Romero Brest, quando, em conferência no Rio, afirmou que os realistas desejavam que a arquitetura reproduzisse caras humanas e aspectos da natureza, concluindo que, a ser isso impossível, o realismo nada teria a ver com aquela arte. Isto nem sofisma chega a ser.

Dado o caráter específico da arquitetura, que não representa, mas abriga, o princípio realista dessa arte é a funcionalidade a serviço dos homens. Ela nunca foi arte figurativa. Naturalmente que não se trata aqui de caso particular do estilo funcional ortodoxo, levado algumas vezes a extremos puristas pela Bauhaus de Gropius, mas do fato permanente que se constrói para servir a algum fim prático, mesmo que se construa, como deve ser feito, procurando obter soluções plásticas harmoniosas.

O funcional deve, pois, estar em contato com a vida, suas contradições, exigências, riqueza e variedade. Não é possível uma solução aérea, teórica e perfeita, desligada das condições e pressões do ambiente, nem um funcional deturpado pela especulação imobiliária, pela avidez do lucro ou por caprichos de novo-rico.

Na União das Repúblicas Socialistas Soviéticas, como se sabe, as construções modernas foram deixadas de lado, inicialmente, devido ao gosto e a hábitos dos arquitetos "clássicos", que constituíam a maioria, e pelas dificuldades de obter preço baixo — naquele momento, ao menos para a arquitetura moderna, em contraste com a tradicional. Naturalmente que ali se atacou o *formalismo* dos modernos no sentido de que alguns arquitetos, mais do que com a resolução de problemas de construção, se preocupavam com a forma e o estilo, subordinando todo o resto a suas pequeninas plásticas. Partiam do *formal e belo* e nele permaneciam. Ora, o *formal e belo* é uma das partes do elemento estético da obra de arte, não ele todo.

Contudo, os princípios racionais lógicos do movimento da arquitetura moderna evitaram que os soviéticos a atacassem sistematicamente como ocorreu à literatura, pintura, escultura, música e outras artes consideradas como expressões da situação a que chegou a burguesia e sem possibilidades de aproveitamento na solução dos problemas culturais e sociais do nosso tempo.[3]

Sem analisar aspectos do desenvolvimento da nova arquitetura em outros países, passemos imediatamente ao estudo das características da arquitetura que se liga a uma realidade nacional.

O realismo na arquitetura assenta-se:

1) na correspondência a novas e antigas necessidades existentes no homem e na sociedade;

2) na utilização de novas técnicas e materiais coordenados a novas condições sociais;

3) na unidade com a pintura e a escultura, voltando a arquitetura a ser a *mater* das artes. É sabido que as primeiras não devem ser apostas artificialmente, *a posteriori*, à construção, mas pensadas conjuntamente com os arquitetos, em função dos problemas de expressão e de programa;

4) no exame da realidade econômica, técnica, sociológica e psicológica ao qual o arquiteto não pode fugir quando da concepção formal de sua obra. No estudo, essencialmente, das relações do luxo com as possibilidades financeiras imediatas;

5) na recusa de soluções *aristocráticas* e na luta pela imposição de soluções *coletivistas*, democráticas, nos prédios de apartamentos, edifícios públicos, conjuntos residenciais etc.;

6) na compreensão das facilidades que haverá, para uma boa arquitetura, em regime de organização econômica planificada e coletivista.

Somente a prática mostrará outros pontos *realistas*, condicionando o aproveitamento da arquitetura moderna, no futuro próximo da evolução da humanidade.

Quanto às artes em geral, anotávamos, então — no mesmo artigo —, alguns dos caracteres revelados pela atual tendência realista. Transcrevemo-los, ainda, pela noção que hoje todos temos da unidade do fenômeno estético:

A realidade, inicialmente, para os *realistas*, não é o que aparece, o que se vê à primeira vista. É o que está por trás das máscaras, das convenções ou ilusões. Muita coisa morta e falsa é sustentada, artificialmente, pelos homens que têm interesse na sua permanência, por lhes possibilitar a exploração de outros homens. O realismo é o oposto do falso e do artificial.

Como estes também existem, está provado que realidade, neste sentido, não é tudo que há na natureza ou na sociedade. Copiar o que existe pode ser acadêmico, mas não é ser realista. O realismo, no seu novo conceito, é *revolucionário*, justamente porque visa destruir as convenções, é quebrar ilusões. É um ato construtivo, uma participação no movimento dialético da vida.

Todavia, se *realismo*, em cultura, significasse, a esta altura da história, somente isto, seria coisa por demais simples. A palavra *realismo* subentende muitos outros problemas e situações. Ela corresponde:

1) à necessidade de dar expansão à arte, fazendo-a não para uma falsa elite reduzida, mas levando-a às grandes multidões (isto pelo duplo movimento de educação do povo e transformação do centro de interesse da arte);
2) às necessidades de possibilitar o desenvolvimento da arte pagando aos pintores, escultores, arquitetos etc., possibilitando-lhes trabalho efetivo desde que saiam das escolas, trabalho útil à coletividade;
3) à compreensão das origens funcionais e utilitárias da arte, sem desconhecer sua essência específica e particular;
4) à compreensão da falsidade da tese hedonística de ser a arte unicamente destinada ao prazer. E à aceitação das teses da participação da arte nas atividades humanas, fato provadíssimo pela história da arte;
5) ao conhecimento das conclusões da estética e da ciência da arte (conclusões escondidas ou mascaradas pelos adeptos do irracionalismo e das "cortinas de fumaça") sobre as ligações da arte com a sociedade, a técnica e a economia, ligações que não excluem sua natureza diferente;
6) ao conseqüente conhecimento da posição atual da arte em relação à sociedade em que vivemos e do movimento coordenado de transformação de uma em função da outra. *Se o mundo se transforma, a fim de resolver seus problemas, a arte também se há de modificar.* O *realismo* é a direção de mudança que coincide com as tendências sociais e coletivas do nosso tempo;
7) à luta por uma arte ligada ao público pela *presença* (murais, pintura monumental em edifícios coletivos, exposições em fábricas etc.) e pelo *conteúdo* (assunto e maneira de encará-lo, vivos para as cogitações e os problemas da maioria dos homens);
8) à compreensão dialética dos valores formais e plásticos na obra de arte aliada ao conhecimento das relações forma-conteúdo, obscurecidas pelas tendências "a esconder a realidade" orquestradas, a partir de 1850, por ideólogos e artistas interessados na manutenção do estado de coisas da sociedade, utopia louca como a de querer paralisar a marcha do tempo.

São esses, em nossa opinião, os principais aspectos do realismo em geral e do caso particular das relações entre a arquitetura e a realidade.

[Tese apresentada no IV Congresso Brasileiro de Arquitetos, São Paulo, 1954.]

1 Ver pp. 175-178 da presente edição. [N.O.]

2 Ver pp. 274-276 da presente edição. [N.O.]

3 Posteriormente a este artigo, Anatole Kopp (*Nouvelle critique*, n. 42, p. 114) disse, com bastante clareza: "As formas da arquitetura dita 'funcionalista' nasceram, isto é certo, na época do imperialismo. A estrutura livre do concreto, o vidro de grandes dimensões, da mesma maneira que o elevador elétrico ou a iluminação fluorescente, são o fruto do desenvolvimento das forças produtivas. Sua utilização permitiu, permite e permitirá

criarem-se formas novas, elementos formais novos. Estes elementos formais são produtos da *indústria* de nosso tempo; e enquanto produtos da indústria, enquanto conquista da técnica, não têm — o dizíamos no princípio deste artigo — nenhum caráter de classe *neles mesmos*. É a utilização que se faz destes elementos, são os programas a que se destinam que possuem conteúdo de classe?"

[3] DEMÉTRIO RIBEIRO, NELSON SOUZA E ENILDA RIBEIRO

Situação da arquitetura brasileira

NECESSIDADE DE UMA DISCUSSÃO AUTOCRÍTICA

A moderna arquitetura brasileira é mundialmente conhecida nos círculos especializados. As principais publicações de arquitetura do estrangeiro costumam trazer informações a seu respeito e dedicar-lhe elogios.

Atrás desse cartaz da arquitetura brasileira existem, porém, inúmeras deficiências e dificuldades, que é preciso analisar e debater. É visível a preocupação dos arquitetos brasileiros em face das tendências que se vêm manifestando.

O próprio temário deste congresso é uma demonstração do nosso desejo comum de discutir com a maior franqueza os problemas teóricos da arquitetura. A fama mundial da arquitetura e o prestígio considerável que essa fama lhe dá aos olhos de muitos trazem dificuldades à realização desse debate porque a vaidade pessoal prejudica, às vezes, uma visão autocrítica da arquitetura moderna.

INTERPRETAÇÃO INDIVIDUALISTA DA ARQUITETURA

Uma ampla discussão do assunto encontra também um obstáculo nos conceitos e hábitos individualistas imperantes nos meios de arquitetos e artistas em geral.

Em muitos dentre nós existe o conceito de que a arquitetura é uma questão de talento individual exclusivamente. Persegue-se a originalidade a todo custo, a criação de formas novas passa a ser um objetivo em si. Ser diferente dos demais e, se fosse possível, inventar uma nova arquitetura, esta é a preocupação que guia um grande número de arquitetos e estudantes.

Esse estado de espírito que, voltando as costas a toda história, vê na arquitetura uma arte individual, traduz-se em teorias mais ou menos coerentes, baseadas na noção da arte pela arte. Não faltam os que defendem a tese de que a arquitetura e as outras artes, na sua essência, naquilo que as diferencia das outras atividades, independem dos fatores sociais, históricos e ideológicos.

Essa posição estética conduz na prática muitos artistas, arquitetos inclusive, a desprezarem o estudo da realidade social e cultural do meio.

Tais teorias também resultam na anulação de qualquer crítica e discussão do valor estético das obras.

A ARQUITETURA E A REALIDADE SOCIAL

A fim de não se perder em devaneios, a discussão dos problemas da nossa arquitetura deve ter por base uma visão correta da situação objetiva atual da mesma.

Antes de tudo, deve ser considerada a natureza das relações existentes entre o conjunto das obras de arquitetura e a realidade brasileira.

Os programas propostos atualmente aos arquitetos brasileiros, salvo exceções, correspondem aos interesses de um pequeno setor da população. São programas de necessidades representativos de uma minoria social cujos hábitos e tipo de vida diferem essencialmente dos hábitos e do tipo de vida das mais amplas camadas da população brasileira.

Deve-se, assim, constatar que a arquitetura brasileira contemporânea não é representativa da realidade social brasileira em seu conjunto.

A ARQUITETURA E A ECONOMIA BRASILEIRA

As soluções técnicas e economicamente mais aconselháveis para enfrentar o problema da habitação popular não são postas em prática, não havendo por isso condições objetivas para o desenvolvimento das experiências relativas a essa questão.

A arquitetura brasileira atual sofre as conseqüências diretas do atraso da nossa economia. Os inúmeros recursos construtivos de que pode dispor nos países industriais constituem luxo para nós. A nossa indústria incipiente e sujeita à concorrência estrangeira está longe de produzir a diversidade e a quantidade de materiais compatíveis com as imensas possibilidades naturais do Brasil. Assim sendo, a nossa atual arquitetura não é representativa de uma economia nacional desenvolvida.

ORIENTAÇÃO ESTÉTICA

Ao tratar da estética da arquitetura, costuma-se erradamente limitar a questão a uma luta entre modernos e acadêmicos. Em qualquer caso, entretanto, devido às próprias condições de trabalho do arquiteto no Brasil atual, o grande público, o povo em geral, permanece distante de sua atividade. A orientação estética da arquitetura ainda é, entre nós, uma questão de arbítrio pessoal. Sem pôr em dúvida o papel da individualidade na criação da obra de arte, é necessário compreender o caráter social do processo de elaboração e de fixação das formas capazes de definirem a arquitetura de uma nação e de uma época.

Nas condições em que trabalham atualmente os arquitetos, esse processo social não se realiza porque não existe, entre o grande público e os profissionais, o tipo de relação necessária. Os conceitos estéticos correntes entre arquitetos diferem profundamente das noções estéticas generalizadas entre o grande público.

Não recebendo uma crítica coletiva e tendo que discutir com clientes isolados, mais ou menos imbuídos de preconceitos e de vaidades, o arquiteto é levado a confiar tão-somente em seu próprio julgamento e, na melhor das hipóteses, no de alguns colegas e críticos.

A TRADIÇÃO NA ARQUITETURA

Os elementos tradicionais entram em nossa arquitetura através da interpretação individual do arquiteto, escolhidos por ele segundo o seu gosto pessoal. Assim sendo, a tradição arquitetural do passado não entra nas obras do presente por força de um processo seletivo social, como resultado de exigências estéticas reais do povo.

O desejo de utilizar o nosso patrimônio tradicional toma uma das formas seguintes:

a) dentro de um conceito acadêmico, segundo o qual os elementos de detalhes das obras do passado são reproduzidos em forma de ornatos;

b) como recurso para enriquecer o vocabulário formal do arquiteto, acrescentando às formas novas e combinando com elas determinados elementos tradicionais. Esses elementos são escolhidos pelo arquiteto tendo em vista uma composição moderna, dentro do critério estético moderno. Isso é feito vendo principalmente as características formais mais isoladas, ficando em segundo plano a significação humana da forma arquitetônica como produto de um processo social determinado.

Na verdade, esse caminho em que a relação dos elementos tradicionais obedece a um critério — como se vê — essencialmente formalista conduz ao exotismo e ao pitoresco.

Uma contribuição autêntica da tradição somente se pode verificar na produção artística que se ache diretamente inspirada nas exigências estéticas do povo, principal depositário da tradição e único capaz de interceptar o seu significado para o presente.

A sensibilidade estética do povo distingue em cada fase da história o que vive do que caducou no patrimônio do passado. Nesse processo continuado e coletivo, em que são assimilados e desenvolvidos os elementos vivos da herança cultural, transmitem-se os valores tradicionais da arte.

Nas condições atuais, esse poder criador do povo não pode se manifestar na arquitetura. Assistimos tentativas individuais de transposição de formas ou elementos do passado à arquitetura moderna, ou participamos delas.

No entanto, nenhum talento, nenhuma teoria poderão substituir o processo vivo da cultura nacional. A produção dos arquitetos brasileiros realizada com as limitações já apontadas, isolada do povo, não pode dar nascimento a elementos de uma arquitetura nacional, com características definidas, capaz de adquirir um valor permanente na história da cultura.

A DEMOCRATIZAÇÃO DA ARQUITETURA

A única solução para os problemas da nossa arquitetura estará na sua verdadeira democratização.

A democratização da arquitetura somente se processará na base da satisfação das necessidades de toda a população brasileira. Nas condições atuais do Brasil, o ponto de partida de uma efetiva democratização da arquitetura só poderá ser a construção em grande escala, para atender às necessidades imediatas de milhões de brasileiros que hoje sofrem da falta de habitações condignas, de escolas, hospitais, estádios e locais para a cultura espiritual e física.

Iniciativas dessa envergadura implicam profundas transformações no quadro econômico, social e político brasileiro. Essas transformações, ou seja, a real democratização da vida brasileira em geral, gerarão novas condições de trabalho para os arquitetos.

Tornar-se-ão mais estreitas as relações entre o arquiteto e sua clientela, constituída de todas as camadas da população, inclusive a grande maioria hoje à margem da arquitetura. Disso resultará uma participação efetiva do povo na crítica e, por conseguinte, na evolução da arquitetura brasileira.

A crítica coletiva dará ao arquiteto todos os elementos que hoje lhe faltam para dominar plenamente o alcance social de sua obra. Plenamente senhor de todos os aspectos do problema a resolver, o arquiteto encontrará a verdadeira libertação de suas faculdades criadoras.

CONCLUSÕES

Considerando o alcance que terá no meio brasileiro um pronunciamento público do 4º Congresso sobre as aspirações mais vitais dos arquitetos, propomos para aprovação do plenário as seguintes conclusões:

1) A arquitetura brasileira está ameaçada de degenerescência devido ao seu isolamento do povo.

2) A única possibilidade de desenvolvimento da arquitetura brasileira reside em sua democratização, na base da satisfação das necessidades materiais e espirituais do povo.
3) Os conhecimentos teóricos dos arquitetos sobre os problemas sociais, históricos e estéticos desempenham um papel decisivo na evolução da arquitetura. O debate desses problemas no IAB, nas organizações estudantis e nas escolas é uma necessidade urgente da arquitetura brasileira.

[Tese apresentada no IV Congresso Brasileiro de Arquitetos, São Paulo, 1954.]

[4] ANÍSIO TEIXEIRA

Um presságio de progresso

Em meio aos conflitos e contradições brasileiros, nascidos da oposição permanente de forças residuais às veleidades de crescimento e progresso do país, a nova arquitetura brasileira constitui uma exceção, pela amplitude do apoio que vem recebendo e pelo ímpeto e continuidade de suas realizações.

Talvez seja este movimento, hoje, a expressão mais característica do que deveria ser o Brasil, se os vícios de sua formação social e a maldição histórica de haver nascido velho não nos tivessem chumbado os pés às piores formas de parasitismo e de passividade que jamais marcaram uma nacionalidade.

Com efeito, pela sua nova arquitetura, o Brasil vem participando de um espírito de coragem e de saudável aventura, que não anima nenhum outro setor da vida nacional, embora outro não devesse ser o espírito da civilização que se deveria implantar nas amplitudes vazias e promissoras deste continente. O amor ao adquirido e ao privilégio — hoje conquistado repentinamente —, um exasperante senso de segurança e um trágico horror ao risco, aliados à coragem puramente passiva de tudo suportar, fazem do nosso país, entretanto, a mais palpitante contradição. Ao desafio de todo um mundo a conquistar, respondemos não com a debilidade-força da juventude, mas com a decrepitude medrosa e cambaleante da velhice, a pedir muletas, apoios, assistência e proteção.

Podíamos ser os mesmos em arquitetura. E o somos, em verdade, em grande parte. Ao lado do Ministério da Educação lá está o Ministério da Fazenda a responder ao ato de risco e de beleza que é o Palácio da Educação com a mesquinha segurança — era assim que os romanos construíam — no Tesouro Nacional. Um pequeno grupo, entretanto, de arquitetos e engenheiros salva o espírito brasileiro, com essa arquitetura moderna que é, antes de tudo, um ato de confiança no país, no gênio de seu povo e no progresso do conhecimento humano.

Todos nós, que sonhamos com um estado de entusiasmo para a grande aventura de construir a nacionalidade, temos, nesse movimento da arquitetura brasileira, uma pequena amostra do que poderíamos ser, se um contexto de esclarecimento e de fé se criasse, como se criou entre esses engenheiros, em nossa agricultura, nossa indústria, nosso comércio, nossa educação e nossos serviços públicos e sociais em geral.

Que caracteriza, porém, a arquitetura brasileira para que estejamos a fazer afirmação desse porte? Nada mais, e também nada menos, do que 1) uma singular libertação de velhas formas mentais; 2) uma corajosa adaptação das antigas e novas funções dos prédios aos recursos novos e novas técnicas da construção; e 3) uma confiança lírica na capacidade do homem de resolver os seus problemas. Mas que outros característicos deviam marcar a ação do homem que, nestes meados tormentosos do século XX, se deparasse com um continente a conquistar e todo um país a construir? Não será, assim, essa arquitetura como um presságio das forças latentes do país? Não será ela um sintoma, um sinal antecipado de que vamos despertar e, um dia, o espírito do arquiteto não dominará apenas as construções ocasionais que lhes entrega o acidentalismo de nossa vida pública e privada, mas todo o país e todas as suas atividades, lançadas afinal na grande aventura criadora de um povo entregue à construção voluntária e inteligente do seu destino?

H. G. Wells, em uma de suas profecias a respeito do nosso mundo, imagina-o renascendo de uma fase de destruição total, por intermédio de um pequeno grupo de aviadores, que recolhe a herança da atitude científica e o espírito de confiança na ação humana. Quem sabe se, entre nós, a missão não caberá aos arquitetos? Primeiro, o seu trabalho toca em todos os setores da atividade humana. Nada do que é humano lhes é estranho. Segundo, o hábito de projetar para todos fá-los sensíveis e objetivos, inteligentes e desapaixonados. Em nenhuma outra arte, além desta, o casamento entre a ciência e a beleza é mais íntimo e mais inevitável. Não estarão aí as condições para a formação inesperada dos líderes nacionais?

Com estas palavras é que intentamos fazer a apresentação dos novos prédios escolares que São Paulo edifica, acompanhando esse belo movimento da nova arquitetura à brasileira. A direção técnica do plano de construções foi confiada à figura de arquiteto e de artista que é Helio Duarte, em cujos projetos a fantasia delicada e jovial se mistura com uma real severidade de propósitos e a técnica mais escrupulosa.

Para julgar esses prédios, entretanto, é necessário que se levem em conta os dois aspectos da arquitetura. Se, por um lado, é uma técnica a usar os conhecimentos e recursos do seu tempo a respeito dos materiais e uma arte a praticar a coragem de imaginação das novas formas, por outro obedece ao programa e aos objetivos da consciência de educação a que estiver servindo.

Há, assim, a possibilidade da construção de belos edifícios modernos para uma educação obsoleta, e essa desproporção entre os ideais e as atitudes que informam o estilo do prédio e os que inspiram os seus ocupantes torna a arquitetura moderna, no país, por vezes, como já o insinuamos, um pungente e doloroso espetáculo que, paradoxalmente, tanto aflige aos que não a compreendem, e por isto a odeiam, quanto aos que a sentem e amam. Este é o resultado do desenvolvimento desarmonioso e contraditório do país, a crescer dentro da camisa-de-força das suas, até agora irredutíveis, cristalizações residuais. Somos, de certo modo, um fóssil a lutar por viver e crescer. E por força há de ser grotesco o resultado! Sob este aspecto é que o Palácio da Educação, no Rio, pode deslumbrar o *forasteiro* —como Julian Huxley que, ao saltar em nossa capital, do cais mesmo se dirigiu para o ministério — e, por outro lado, nos cortar o coração aos *nativos*, sentirmos a contradição trágica entre a eloqüência daquelas formas, a singela esbelteza daquela juventude, a eficiência nervosa daquele organismo e a triste alma dos burocratas que o ocupam e dos pedintes que o circundam.

Reconheçamos, entretanto, que nenhum outro elemento é tão fundamental, no complexo da situação educacional, depois do professor, como o prédio e suas instalações. Reconheçamos, também com Pascal, que o homem é feito de tal modo que, embora o sentimento anteceda o gesto, na sua ordem natural, o gesto pode gerar o sentimento. No Brasil, estamos a procurar este efeito. Façamos o gesto da fé para ver se a adquiriremos. A arquitetura moderna é esse gesto. Possam estes prédios escolares, concebidos em juventude, árdegos e elegantes como potros de raça, impacientes de dinamismo e de amor à vida, comunicar a educação e, pela educação, a existência brasileira, as suas finas e altas qualidades de inteligência, coragem e desprendida confiança no futuro. O Brasil precisa, para se realizar, de lirismo — que é a capacidade de se esquecer — e de virtude — que é a capacidade de se superar. A sua arquitetura moderna é uma lição magnífica dessas duas atitudes redentoras.

[Apresentação a projetos de escolas públicas elaborados pela Comissão do Convênio Escolar de São Paulo.]

[5] OSCAR NIEMEYER

A cidade contemporânea

Uma tese sobre a cidade contemporânea tem sempre o perigo de cair nos lugares-comuns, isto é, na repetição de conceitos e opiniões por demais conhecidos e divulgados. Realmente, muito se tem escrito a respeito da cidade moderna, suas conveniências e necessidades, e são inúmeros os livros técnicos e a bibliografia emitidos pelos estudiosos desses problemas.

Não seria, portanto, razoável que justamente um arquiteto brasileiro se permitisse tratar tema tão complexo, discutido e especulado pelas maiores autoridades européias.

Não subestimamos naturalmente a nossa capacidade nem — se nos permitem dizê-lo — a contribuição que vamos dando à arquitetura contemporânea, mas sabemos que o nosso trabalho se caracteriza principalmente pelo entusiasmo e pela força criadora que condições peculiares aos países jovens — sem grandes tradições e preconceitos — permitem aproveitar.

Estamos, assim, conscientes de que o nosso esforço não se baseia em grandes conhecimentos teóricos nem numa velha e sábia experiência. A experiência que temos, devemo-la sem dúvida à cultura européia, que procuramos assimilar e adaptar às condições específicas do nosso país.

Procurarei, por tudo isso, não dar a este pequeno e modesto trabalho um caráter técnico, preferindo que ele se dirija a um problema mais simples de abordar, embora da maior importância e, infelizmente, muitas vezes omitido — que é "o homem na cidade contemporânea".

Vivemos certamente um grande período do urbanismo e da arquitetura, período que, iniciado com a Revolução Industrial, ficará marcado na história como uma etapa extraordinária em que o progresso técnico tudo modifica e revoluciona, sugerindo para os arquitetos um novo mundo de formas imprevisíveis.

Somente o homem permanece o mesmo, sofrendo as mesmas contradições e injustiças de séculos atrás. Enquanto para alguns a arquitetura e o urbanismo constituem elementos de alegria e conforto, para outros — a grande maioria —, se apresentam ainda como qualquer coisa distante, como um bem inatingível para o qual entretanto contribuem, duramente, com o melhor de seu esforço.

A arquitetura e o urbanismo, porém, têm antes de tudo uma finalidade a cumprir, e essa finalidade se dirige, precisa e indistintamente, ao homem. Mas de tal forma é a criatura humana — mesmo as mais bem formadas — que, ao apreciarmos as grandes realizações arquitetônicas de todas as épocas, sempre esquecemos esse objetivo básico que as devia caracterizar para nos limitarmos à apreciação de suas qualidades plásticas de grandiosidade ou beleza. Isso sentimos diante das obras gregas, egípcias e dos castelos da Idade Média, sem que na nossa emoção interfira o conhecimento de que a maioria dessas construções foi erguida sobre o sofrimento e a opressão, sem nenhum objetivo realmente digno de respeito. É verdade que todas elas representam determinadas épocas da história — épocas que, sabemos, teriam forçosa e honestamente de exprimir — e que, por sua vez, representam etapas necessárias à evolução social dos povos. Mas, mesmo assim, é estranho o poder da beleza que nos faz esquecer tanta injustiça.

Hoje, contudo, vivemos uma nova fase na vida dos homens. Fase em que a luta cotidiana os aproxima fraternalmente, conscientes que estão da fragilidade das coisas e de que juntos lutarão melhor. Em vão o egoísmo e a incompreensão procuram separá-los, dividindo-os como velhos e irreconciliáveis inimigos. O tempo se incumbiu — com o sacrifício de muitos, é certo — de tudo nivelar e esclarecer, abrindo à humanidade o caminho justo, mais belo e menos áspero.

Esta imposição dos tempos modernos é, a meu ver, a base indispensável da cidade contemporânea, onde as antigas discriminações não poderão subsistir. Para tal objetivo, porém, não basta a atuação do arquiteto. Não basta que os planos urbanísticos exprimam esse sentimento de solidariedade para o qual apelamos e que deve caracterizar o espírito de nossa época. É preciso, também, que esses planos se destinem a uma sociedade organizada em bases idênticas e que, com eles se harmonizando, possa torná-los uma realidade. De outra forma, seu conteúdo será desvirtuado e o que generosamente se destinava a todos passará a privilégio de pequena minoria. O problema — se desejamos realmente organizar a vida em termos humanos — é estabelecer, em primeiro lugar, uma base social justa que garanta a efetivação do planejamento, não permitindo que ele se apresente como uma fantasia enganadora ou uma atitude puramente intelectual que a nada poderá conduzir.

Somente assim o planejamento impedirá soluções discriminatórias e a predominância de interesses individualistas. Somente assim a comunidade — no seu sentido impessoal e superior — será soberana, dando a todos as mesmas possibilidades e os mesmos direitos.

Dentro desse critério, as cidades serão realmente modernas porque não se limitarão apenas a uma grandiosa demonstração de técnica e bom gosto, embora destinadas a permanecer no tempo como alto exemplo de beleza e sensibilidade, mas, sim, porque serão cidades de homens livres e felizes, que não se olharão com superioridade ou inveja, mas como irmãos e companheiros desta dura e curta jornada que a vida lhes oferece.

Esta é, a meu ver, a base indispensável aos debates sobre a cidade moderna que a Conferência Internacional de Estudantes de Arquitetura de Leningrado vai instituir neste período privilegiado da história da humanidade, quando a ciência assume a liderança de todas as atividades, revelando-nos os mistérios mais extraordinários do universo, fazendo-nos, finalmente, humildes e modestos, diante da grandeza do mundo que nos cerca.

[Tese apresentada na Conferência Internacional de Estudantes de Arquitetura de Leningrado, atual São Petersburgo, em 1958.]

[6] AFFONSO EDUARDO REIDY

Inquérito nacional de arquitetura

A par de sua expressão formal, teve a arquitetura contemporânea brasileira um desenvolvimento equivalente nas investigações dos demais componentes arquitetônicos — soluções funcionais, estruturais e construtivas?

Não se pode negar que a arquitetura contemporânea brasileira apresenta características que a distinguem, que conferem, mesmo às suas mais diferentes realizações, um certo ar de família. Esse denominador comum resulta da presença de um conjunto de fatores, entre os quais podemos mencionar os seguintes: uma particular sensibilidade dos arquitetos às condições regionais, tendo constante preocupação de obter soluções adequadas ao clima, desenvolvendo os mais variados sistemas de proteção contra o calor, os quais, muitas vezes, constituem elementos de grande riqueza plástica; integração da estrutura como elemento marcante da composição, oferecendo, freqüentemente, motivação ao seu aspecto formal; quase sempre o encontro de soluções claras e simples, mesmo para os problemas mais complicados, que são solucionados com generosidade e largueza. A riqueza da flora, a dramaticidade da paisagem e a força do sol talvez sejam responsáveis pela tendência, bastante freqüente, para uma certa exuberância formal. Isto tudo, porém, não anula as grandes e, muitas vezes, profundas diferenciações que se encontram nas realizações de alguns dos seus mais representativos arquitetos. Diferenciações de ordem conceitual e de sensibilidade pessoal.

Qual o papel do arquiteto brasileiro no momento socioeconômico do país?

O arquiteto brasileiro tem um importantíssimo papel a desempenhar. A ele caberá intervir no planejamento, influindo decisivamente na solução dos problemas ligados ao bem-estar social. O elemento humano deverá ser o centro de todas as suas preocupações e o módulo a que deverão referir-se todas as medidas. Compete ao arquiteto criar ambientes físicos que facilitem o pleno desenvolvimento das atividades relacionadas com a vida da comunidade, proporcionando condições adequadas para morar, trabalhar, cultivar o espírito e o corpo, e transportar-se.

Ao projetar, deve o arquiteto partir de uma forma intuitiva ou do equacionamento de elementos técnicos e dados objetivos?

A idéia básica de um projeto tem muito de intuitiva, mas, diríamos, de uma intuição dirigida. O mecanismo da intuição seria estimulado e orientado pelo estudo dos dados objetivos, quais sejam o programa das necessidades a serem atendidas, o ambiente físico natural, os meios técnicos e financeiros disponíveis etc.

Que pensa das correntes organicista e racionalista como tendências da arquitetura contemporânea? Quais suas relações com a realidade brasileira?

Duas correntes doutrinárias disputam presentemente a liderança da arquitetura contemporânea, procurando influir nos seus destinos. Le Corbusier e F. L. Wright são apontados como os expoentes máximos, respectivamente, das correntes ditas funcionalista e orgânica. Ambas se baseiam no tema do plano livre, isto é, aquele onde as paredes, libertadas da sua antiga função estrutural de apoio, transformaram-se em simples elementos de vedação, livremente dispostos. Placas, geralmente de pouca espessura, planas, curvas ou onduladas, de materiais da mais variada natureza, definem o espaço interior, dando-lhe um sentido dinâmico de continuidade, em lugar de confiná-lo dentro dos limites de compartimentos estanques. O emprego de grandes superfícies envidraçadas confunde interior e exterior, e a natureza se integra ao espaço interior.

Na chamada arquitetura funcional, o plano desenvolve-se livremente, mas dentro de uma estrutura modulada ou ritmicamente ordenada. O espaço é contido num volume arquitetônico disciplinador, que não será, todavia, necessariamente, uma forma geométrica elementar. Já para os adeptos do movimento orgânico, o espaço interior transcende o volume arquitetônico. Partindo de um núcleo central, projeta-se em todas as direções, sem qualquer contenção, num ostensivo gesto de libertação do que eles chamam "rigor disciplinador do racionalismo". O movimento orgânico não estabeleceu raízes entre nós, não obstante o entusiasmo de alguns jovens arquitetos, provocado pela recente visita do brilhante crítico italiano Bruno Zevi, principal arauto do movimento que vem sendo difundido, nesses últimos dez anos, na Europa, e que tem, talvez, o seu maior número de adeptos na Itália. A maior parte das realizações dos arquitetos brasileiros, diríamos melhor, a sua quase totalidade tem muito mais pontos de contato com a corrente dita funcional.

Esta designação, entretanto, para referir-se à arquitetura contemporânea que não participa do movimento orgânico, é, a nosso ver, imprópria e está superada. Teve a sua razão de ser no período heróico, quando foi necessário opor ao academismo então reinante uma doutrina que correspondesse a imediatas exigências surgidas após a Revolução Industrial. Para derrubar os dogmas da academia e romper a estagnação que ela mantinha, foi preciso apelar para o racionalismo, tendo sido o vocábulo funcional usado como palavra de combate no decorrer da campanha. Dessa época é a célebre definição de Le Corbusier, "*la maison est une machine à habiter*". É certo que o simples fato de uma construção atender a finalidades puramente funcionais não é condição suficiente para que mereça a designação de obra de arquitetura. Entretanto, não se pode dissociar da arquitetura o seu aspecto utilitário, aquele que lhe deu, inclusive, motivação. A arquitetura não pode ser considerada, apenas, como uma grande escultura vazada. O seu ajustamento ao fim a que se destina não lhe tira, de forma alguma, a sua condição de ser essencial e fundamentalmente obra de arte. Mas o que realmente melhor a define e a caracteriza é a sua concepção espacial.

Deve haver uma censura estética oficial, como no caso de Brasília?

A censura é uma faca de dois gumes. Seu objetivo é evitar a proliferação de monstrengos que possam quebrar a harmonia que deve existir num conjunto urbano, ofendendo o bom gosto dos cidadãos. Por outro lado, poderá transformar-se, e é quase certo que isso aconteça, num instrumento de sujeição da liberdade criadora do arquiteto. Se a censura estética oficial for exercida por uma só pessoa, é natural e lógico que esta pessoa oriente sua ação de acordo com o seu gosto e as suas preferências estéticas. Se for exercida por uma comissão, sua orientação será resultante da média das opiniões dos seus diferentes membros, e o resultado será inevitavelmente a consagração da mediocridade.

Ambas as soluções conduzem à limitação da atividade criadora, afugentando o impulso de renovação, que deverá estar sempre presente. Todas as cidades devem ter o seu Plano Diretor. Esse plano regulará o uso da terra, estabelecerá condições de higiene, de conforto e segurança para as construções. Estabelecerá medidas relativas à preservação das suas belezas naturais e do seu patrimônio artístico. Fixará normas disciplinadoras dos volumes construídos e dos espaços urbanos. Mas que seja assegurado aos arquitetos influírem livremente nos rumos de nossa arquitetura, sem o dirigismo já tentado em outros tempos, em outros países e com tão melancólicos resultados. Creio serem menos prejudiciais os males decorrentes da ausência da censura estética do que os provenientes da imposição de uma estética oficial, seja ela qual for.

Qual seria o caminho para a solução do problema da habitação no Brasil (favela, casa popular, habitação coletiva, individual etc.)?

O Brasil é um dos países que mais tem descurado o problema da habitação. Tem, pode-se mesmo dizer, ignorado a sua existência. Pouquíssimas têm sido as realizações nesse setor, ao passo que o déficit habitacional aumenta assustadoramente e, como conseqüência, as favelas crescem como cogumelos. Até hoje não houve, entre nós, uma tentativa séria para encaminhar o problema, enfrentando-o com a decisão necessária, em escala compatível com a sua magnitude. Refiro-me, é claro, à habitação para as classes menos favorecidas, onde mais se sente a falta da ação do poder público. O grande problema da habitação popular está na desproporção existente entre o custo de uma habitação modesta, mas decente, e o salário do trabalhador. Essa situação, aliás, não ocorre apenas entre nós, mas em quase todos os países. Por mais que se procure reduzir o custo de uma habitação, o seu valor será sempre muito superior às possibilidades aquisitivas da maior parte dos trabalhadores.

A habitação mínima, isto é, aquela que corresponde a um padrão mínimo de conforto, condizente com a condição humana, não está ao alcance do poder aquisitivo do trabalhador de salário mínimo. Assim, antes de chegar a ser um problema de técnica, de arquitetura e de urbanismo, a habitação popular é um problema financeiro. Como enfrentá-lo? Como obter os recursos necessários?

A habitação popular, não sendo um empreendimento lucrativo, não pode interessar, como investimento de capital, à iniciativa privada. Assim, terá que caber, forçosamente, ao poder público, o ônus de sua solução. Terá que ser considerada um serviço público como o são o abastecimento de água, o serviço de esgotos, os transportes coletivos etc. A intervenção do poder público poderá processar-se diretamente, constituído através dos seus órgãos executivos, ou indiretamente, em formas de subsídio.

Sendo a habitação um problema fundamental do urbanismo, o plano diretor da cidade é que deverá indicar os locais onde, preferencialmente, deverão ser construídos os grupos residenciais, tendo em vista sua situação geográfica, suas condições econômicas, suas possibilidades em relação aos serviços públicos.. Não basta, porém, construir casas, individuais ou coletivas, para solucionar o problema ou mesmo encaminhar a sua solução. É preciso que essas casas, sejam individuais ou coletivas, tenham nas suas imediações, ao seu alcance fácil, todos aqueles serviços e instalações necessários à vida de todos os dias: a escola, para as diferentes idades escolares, acessível às crianças mediante percurso a pé, em segurança, livres do perigo de serem atropeladas; o posto de saúde, para prestação de assistência médica e dentária; o pequeno mercado local, para o abastecimento de gêneros alimentícios; o *playground*, os campos de jogos, o ginásio coberto e, eventualmente, a piscina, para a prática do esporte e da recreação; o clube social, onde os membros da pequena coletividade poderão reunir-se, dispor de uma biblioteca, de uma sala de projeções etc. Nesse grupo de instalações que constituirá um prolongamento da habitação realizar-se-ão as atividades cotidianas de fora-de-casa. Esse conjunto, compreendendo as habitações e os seus prolongamentos, é a unidade básica de planejamento dentro da cidade.

O problema da habitação está estreitamente ligado ao do transporte. Numa cidade como a nossa, que se desenvolveu em extensas faixas, os deslocamentos das massas populacionais são particularmente difíceis. Essa circunstância, aliada a um deficiente sistema de transportes coletivos, faz com que o tempo gasto nos percursos diários de ida e volta da casa ao trabalho absorva totalmente as horas que deveriam ser empregadas nos lazeres indispensáveis a uma vida sadia. O ideal seria morar perto dos locais de trabalho, de modo a evitar perda de tempo e despesa com o transporte. Casa individual ou habitação coletiva são soluções igualmente válidas, dependendo das condições específicas apresentadas por cada caso em particular. A casa popular individual só é realizável em locais onde os terrenos são de baixo custo, isto é, nos mais afastados bairros. Isso porque a casa individual requer uma baixa densidade demográfica, o que significa uma elevada cota de terreno *per capita*. Nos bairros mais centrais e valorizados, onde também é necessária a construção de habitações populares, não se pode pensar em solução que não seja a da habitação coletiva, que permite uma maior densidade habitacional, em boas condições de higiene e conforto, ficando a cota de terreno diluída e, portanto, mais acessível economicamente.

Acredita na síntese das artes na arquitetura? Como se realizaria?

A síntese das artes na arquitetura é um ideal raramente alcançado. Muitas tentativas vêm sendo feitas nesse sentido, mas o que se tem conseguido, na maior parte das vezes, é apenas uma boa vizinhança entre a pintura, a escultura e a arquitetura, sem todavia realizar a sua perfeita integração. Essa síntese foi realizada no passado por Michelangelo e no nosso tempo por Le Corbusier, para citar dois exemplos.

No momento histórico da industrialização do país, como deve atuar o arquiteto para que se verifique uma elevação do padrão no produto industrial e uma racional produção de elementos pré-fabricados para montagem de unidades arquitetônicas?

Em nosso país, somente agora pode-se começar a pensar na produção industrial, em grande escala, de elementos pré-fabricados para montagem de unidades arquitetônicas. Até então têm sido feitos alguns ensaios, não muito bem-sucedidos sob o ponto de vista econômico, devido ao fato de não poderem competir em preços com os sistemas tradicionais de construção. É provável, entretanto, que, com o desenvolvimento que vem tendo a indústria entre nós, nesses últimos anos, possa ela interessar-se pela produção em massa de elementos pré-fabricados. Será um novo campo de ação aberto aos arquitetos, que desenharão esses elementos e demonstrarão como poderão eles ser reunidos artisticamente, formando belos edifícios. A ação dos arquitetos, porém, deverá ir além, deverá abranger todo o domínio do equipamento material da vida moderna, incluindo desde o utensílio doméstico ao urbanismo.

[Entrevista a Alfredo Britto e Ferreira Gullar.]

Depoimento

Depois de cinqüenta anos de prancheta, como o senhor compreende o papel do arquiteto na sociedade atual? Concorda com a afirmação de Umberto Eco de que este seria a única e última figura de humanista na sociedade contemporânea?

Devemos, em primeiro lugar, analisar a dimensão exata do trabalho do arquiteto. A contribuição dos arquitetos no total das obras construídas no país é muito pequena. Por outro lado, quase ninguém observa o significado cultural e artístico que a construção tem para a sociedade. O construtor, sob o ponto de vista do processo produtivo, fica apenas na concreção do processo e não assume — como lembra Eco — a responsabilidade humanística em relação à obra. Os arquitetos, por outro lado, querem que a obra seja a expressão da época em que eles viveram. Transportam-se para a cidade e passam a ter responsabilidade sobre as formas que ela vai assumir, bem como com o papel que cada edificação representará no ambiente urbano.

Como esse encontro com a cidade marcou seu trabalho?

Na década de 50, achei que era necessário mudar a tipologia da casa paulistana. Tratava-se de modificar a divisão interna espacial da casa da classe média paulistana, que necessitava se atualizar em relação às modificações sociais que se processavam em nosso país. Ela já não podia continuar imitando a casa tradicional, influenciada pela vida no campo. Nessa época, por exemplo, era comum as casas manterem a entrada de carro como uma reminiscência da antiga cocheira, com os quartos de criados e o tanque de lavar nos fundos da casa. Para mim, elas deveriam ser pensadas enquanto um objeto com quatro fachadas, mais ou menos iguais, ajustando-se à paisagem, como uma unidade. Assim, tanto a garagem quanto o quarto de empregados e a lavanderia estavam incluídos na unidade. E cada uma dessas casas, com suas características próprias, formaria um conjunto de unidades, resultando um bairro ou cidade mais equilibrada, onde cada um dos elementos falaria sua própria linguagem.

É o início da urbanização de São Paulo se refletindo em seu trabalho?

O início do processo de urbanização paulistana se dava, paralelamente, ao trabalho de alguns artistas, meus colegas de juventude. Rebolo, Volpi, Zanine começaram pintando os arredores da cidade de São Paulo, como quem tem uma nostalgia da vida do campo. O que refletia uma visão romântica "da casa com coqueiro ao lado", em torno da qual se dava uma série de definições de valores. Mas as mudanças na sociedade começavam a exigir uma nova postura dos arquitetos e artistas. O caminho do Volpi, por exemplo, foi se encontrar com os concretistas. Mais tarde, eu também me encontrei com eles, não só nas minhas composições arquitetônicas como no plano do ensino.

Quais são exatamente os reflexos disso no plano do ensino?

Na década de 60, fazíamos então a formulação do ensino de arquitetura em São Paulo. Era necessário ser objetivo quanto ao que ensinar para não propor um ensino como este que existe hoje na universidade, onde não há uma coordenação entre as disciplinas, nem objetividade quanto aos seus programas.

E suas propostas para o ensino da arquitetura seguiam um caminho inverso?

De acordo com a minha visão de mundo, a escola deveria abrir espaço para a pesquisa entre professores e alunos em torno da qual se daria o planejamento geral do meio ambiente. Isto não significava única e exclusivamente fazer casas e colocá-las na paisagem, mas abrangia o desenho industrial e a comunicação visual. Pensava-se no arquiteto como um humanista, capaz de projetar o produto e a embalagem e, desta forma, acompanhar o desenvolvimento da indústria paulista, intervindo no espaço urbano de forma racional e proporcionando um conjunto harmonioso.

Como essas formulações se expressam em seus projetos?

Veja, o arquiteto, ao empilhar quatro tijolos, exprime todo o planejamento da sociedade. Foi isso que caracterizou meu trabalho. Uma obra relativamente pequena, mas tinha um norte e um sul bem definidos, dirigidos, sem ilusões... O próprio curso de Desenho Industrial e Comunicação Visual, que eu pensei para os estudantes da Faculdade de Arquitetura e Urbanismo da USP (FAUUSP), formaria o conjunto humanístico que, creio, deveria caracterizar a cabeça do arquiteto e o planejamento geral do meio ambiente. Com estes elementos, os profissionais poderiam enxergar com maior tranqüilidade o significado da poluição ou da favela, pois tudo faria parte de um conjunto. Essa visão integrada pode ser percebida nas casas que eu fiz ainda nas décadas de 50 e 60.

Aí está esboçado um perfil do arquiteto, de sua função social?

Se aceitarmos a afirmação inicial de Umberto Eco, a definição da função social do arquiteto aqui em nosso país está por ser feita. Quando ficamos perplexos diante das condições de decadência do Brasil, decorrência desses últimos vinte anos, percebe-se que quem levanta a bandeira da esperança é a direita! Nossas perspectivas — as minhas principalmente — ficam totalmente fechadas, não sabemos como vai ser o amanhã.

Sempre tive certeza de que haveria uma revolução proletária e que o desenvolvimento resultaria na criação de uma indústria nacional capaz de servir ao nosso povo e de propiciar o surgimento de uma classe operária, tal qual a pensada por Marx, que acumulando um conhecimento geral e mais a modificação da estrutura decorrente, abria-se o caminho para o socialismo, enfim, para uma sociedade mais elevada. O que se deu foi o contrário. As lideranças operárias formadas nos últimos anos não são exatamente iguais às que eu havia imaginado.

Vamos retomar, então, a década de 50...

Vínhamos de 1945, da vitória sobre o nazismo, da perspectiva de um novo mundo, da democratização que nosso país vivia particularmente naquele momento. Do lado cultural, busquei traduzir todas estas mudanças nas casas que projetei e, ao observar como o povo constrói suas casas, escolhi, como arquiteto, aspectos peculiares da nossa gente. Não queria copiar Le Corbusier.

Ao longo de sua formação, o senhor admite que foi permeável a influências, inclusive do próprio Corbusier?

Certamente, há uma influência, mas não só dele. Inicialmente, busquei respostas em Frank Lloyd Wright. Fiz o curso de arquitetura na Politécnica, isso era normal, apesar de, no Rio, o curso estar vinculado à Escola Nacional de Belas-Artes. A classe dominante paulista nunca se deu ao luxo de ensinar artes plásticas, que, antes de 1920, era considerada "coisa de mulher". Esse é um estudo de sociologia que está por ser feito, mas encontramos nos romances de Machado de Assis uma amostra das relações sociais daquela época. O machão daquela época era deputado, advogado etc., e toda essa estrutura do século XIX ainda não foi bem avaliada, inclusive para que conheçamos o tipo de formação que estava na estrutura da industrialização. Eu tenho estas origens. Então, a minha saída foi mais machona, pelo lado da engenharia. Encontrei em Frank Lloyd Wright uma formulação que não encontrava no curso da Poli. Por exemplo, eles ensinavam a fazer o telhado, mas dependíamos do telhadeiro que, em geral, era um operário europeu imigrante.

Quais são os reflexos dessas lições em seus primeiros projetos?

Nos anos 40, fizemos uma revolução. Nos primeiros projetos wrightianos, decidi que eu mesmo calcularia os telhados para ver a forma que resultaria. Assim, essas casas me impuseram a disciplina de fazer meu projeto completo. Usei o mesmo método quando fiz os primeiros projetos de arquitetura, precisamente na década de 50. Sim, porque antes não existia projeto, mas fotografias daquilo que Le Corbusier e outros arquitetos europeus ou norte-americanos haviam feito. Então, era preciso transformar aquilo em projeto. Tivemos que rever todos os detalhes, pois até aquela época tudo se fazia na base da imitação.

A etapa seguinte foi fazer da estrutura da casa um elemento capaz de caracterizá-la: as colunas de baixo assumiram, então, a forma que elas têm e a ossatura começou a fazer parte da expressão formal do projeto. O edifício Louveira, por exemplo, coisa tão simples e elogiada. Tratava-se de um terreno de esquina com uma praça nas proximidades. Na ocasião, precisamente em 1950, projetei os edifícios em dois blocos que se interligavam de certa maneira, assimilando a pracinha para o interior dos prédios. E acabou sendo a solução adotada em todos os edifícios de apartamentos dessa época em diante, a lâmina apoiada sobre colunas, uma coluna posta atrás da outra, de acordo com cada projeto.

Não estou falando de mim, mas da figura do arquiteto nos termos definidos por Umberto Eco. Essa figura de homem que contribui, de certa forma, para que outros se apropriem desse processo. E a estrutura geral da cidade, a convivência e a repartição do espaço passam a ser a manifestação de um determinado momento histórico ou de uma maneira dos homens viverem a sua dignidade, transportada para cada prédio.

Mas, veja, a maldade incrível da história para com certos fatos. Quando Engels denunciou a situação da habitação operária na Inglaterra, a classe dominante percebeu que, afinal de contas, construir casas decentes para a classe operária e cobrar deles um aluguel, dava 10% além do capital empregado. Não foi mais necessário que os operários dormissem ao relento porque a própria casa operária passou a ser uma mercadoria, perdendo seu valor de uso e adquirindo o valor de troca.

O senhor mantém a mesma compreensão marxista da história, o mesmo idealismo?

Se me chamam de idealista, concordo inteiramente. Mas não saberia dizer como deve ser um materialista competente nesta época que aí está. Sei que fiz uma poesia deste processo todo, fiz uma imensa poética. Que eu fiz, fiz, dos primeiros aos últimos versos. Sou um arquiteto humilde ainda hoje por causa das minhas relações políticas, os sindicatos são meus principais clientes. Não tenho uma casa suficientemente grande para receber alguns burgueses e conchavar com eles os prédios de apartamentos que vão fazer.

Não estou me dando como falido Apenas segui o caminho que escolhi. Ainda estou do lado da classe operária e é nesse Brasil, ainda muito humilde, que a gente deve colocar as esperanças. Alguma coisa terá que ser modificada. O Florestan Fernandes é quem tem razão quando diz:

> haverá um momento na história desse país subdesenvolvido em que toda esta reserva de miseráveis que se contempla hoje em dia — apesar de toda a anarquia que eles possam vir a impor à sociedade — destacará seus líderes legítimos e encontrará uma linguagem nova e um novo caminho.

Em seu discurso aos formandos da FAU, enviado do exílio no Uruguai, em 1964, o senhor alertava os futuros profissionais, dizendo: "O arquiteto não é um profissional da indústria da construção, um apêndice de uma máquina constrangedora e terrível. Ao contrário, cabe-nos ajudar a dominar, a submeter a estrutura impositiva que transforma o homem em coisa, em vítima de sua própria criatura". O senhor acha que os arquitetos conseguiram manter essa consciência humanística, crítica?

Creio que as coisas se passaram mais ou menos dessa maneira. Minha culpa foi ter criado uma ética, como professor, que está de pé ainda hoje. Meus colegas trabalham hoje em cidades da Grande São Paulo, e quais as possibilidades que eles têm de elevar o planejamento urbano a um nível humano mínimo? Os nossos administradores, por maior valor que tenham, não conseguem superar o nível de problemas de uma metrópole como São Paulo. É toda uma conjuntura social que nos leva a pensar que, para pôr em ordem novamente o espaço urbano, precisaríamos de uma revolução geral. Se duplicarmos a população nos próximos cinco anos, precisaremos mexer em toda a infra-estrutura, além de dobrar o número de empregos, e por aí vai... A Emplasa sabe que 48% da população de São Paulo é de favelados e mesmo a prefeita da cidade universitária, Maria Adélia, confessa que a maioria dos funcionários da Universidade de São Paulo mora na favela de São Remo. Como solução, aparece a arquitetura de terra — como se bastasse catar a terra no chão — propondo a execução de casas para favelados, mas esquecendo de obras de infra-estrutura urbana, sem as quais a construção de terra seria o mesmo que cavar um buraco no solo e enterrar as pessoas dentro.

E a arquitetura no Terceiro Mundo não passa pelas tecnologias alternativas?

Há arquitetos em Osasco tentando, com recursos mínimos, dar alguma forma urbana àquelas favelas... Estes são os verdadeiros heróis, e os respeito profundamente. Mas, como já disse, não abro mão das minhas utopias. É com os dentes cerrados que fico aqui aceitando as tarefas que me aparecem, enquanto admiro colegas e ex-alunos que se atiram, com heroísmo, a essa coisa brutal que hoje é a cidade de São Paulo. Sou um cidadão igual a todos, não tenho a chave para resolver nada e a única coisa que posso declarar é que assinei um manifesto de apoio a Tancredo Neves.

Por quê?

A gente pode até dizer que faz parte do caminho. Nossas esquerdas não têm unidade suficiente para agüentar uma bandeira como a das "Diretas Já". E essa esquerda é a expressão de nossa classe operária. Temos de nos unir de alguma forma, Tancredo é um ponto de união que precisamos para realizar alguma coisa. Se soubermos caminhar juntos e ganharmos uma espécie de tempo histórico na anarquia em que vivemos, então poderemos vislumbrar um caminho a seguir.

A busca de um caminho próprio sempre marcou seu trabalho profissional, como o projeto da FAU, a luta pelas reformas didáticas formuladas em 1962 e a reforma universitária de 1970...

O prédio da FAU foi idealizado em 1962, com todos aqueles ideais de 1945, e o curso não tinha mais que trinta alunos por ano. Hoje, a escola recebe, anualmente, mais de cento e cinqüenta, e todos aqueles ideais foram praticamente esquecidos, não porque a escola tivesse degenerado, mas porque a universidade mudou. E está mais voltada para a classe média com o intuito de manter a estrutura que o governo necessita, sobretudo nas eleições.

Com a reforma universitária, a ênfase recaiu sobre o professor e suas carreiras. As unidades são montadas para pesquisa, e não se faz pesquisa alguma. A produção intelectual não passa de um amontoado de papéis escritos que possibilitam apenas que as pessoas comecem como mestre e acabem assumindo o poder. É aquilo que a Eunice Durham chamou de tecnoburocracia, que divide cargos e recursos e comanda toda a estrutura universitária. Os alunos dançam de um lado para o outro, sem que ninguém lhes diga o que se quer deles ou o destino que se pretende para estes jovens. Tenho um afeto enorme por esses moços, não fui formado por essa estrutura que está montada. Esta é a escola que os americanos nos impuseram dentro de nosso subdesenvolvimento, mas não é uma cópia da Harvard...

Essa interferência também passaria pela arquitetura? Em que nível?

Temos uma das arquiteturas mais famosas do mundo. E o que ocorre? A vanguarda está lá nos Estados Unidos, ditando normas e formas arquitetônicas. Eles pegam os "Le Corbusier" e os colocam para fazer protótipos financiados por grandes conglomerados internacionais, exportam os modelos de edifícios que a nossa classe dominante reproduz na avenida Paulista de uma maneira deliberadamente sacrílega. Desprezam o nosso passado cultural, com toda sua dignidade, e reproduzem aquilo que aprendem com os americanos de Dallas. Essas coisas são de uma realidade desesperada.

Veja, o sofrimento desse povo, nestes vinte anos, é incrível. Vi rapazes em 1968 tentarem seguir a luta armada. E eu os impedi, apesar de na época "ter transformado alguns deles em meus inimigos". Mas tenho a impressão de que, com isso, salvei uma centena de jovens que, hoje, estariam nas listas dos desaparecidos do período da repressão. Isso está no meu coração como a melhor contribuição política que dei à juventude de minha pátria. Digo isso com uma profunda emoção. Do sofrimento do nosso povo, posso dizer que participei profundamente. Alguém terá olhos para um dia ler, nas formas que projetei, todo esse sofrimento. Ver-se-á uma poética traduzida. Enfim, os arquitetos não dormiram, eles velaram.

Quando se deu o seu afastamento da FAU?

Em 1968, não fiquei um mês na FAU. O AI-5 me mandou embora, mas não fui só. O Paulo Mendes da Rocha e o Jon Maitrejean eram homens dignos. Ao ser cassado com eles, não puderam me cobrar posições políticas radicais, mesmo porque nunca as tive. Cassaram-me com pessoas dignas.

E depois do AI-5?

Fiquei sem salário. Dei continuidade ao meu trabalho, neste escritório humilde. Inegavelmente, aproveitei-me um pouco do milagre econômico e durante esse período fiz algumas escolas e escrevi alguns artigos.

Os projetos dessa época retratam o sofrimento da década de 1970?

Seria muito pretensioso... Para falar a verdade, eu sobrevivi. E depois de cassado, vivi a década de 1970 cercado pelo medo. Desse período só me lembro do medo. Terror que fez meus colegas calarem a boca na universidade, e não os chamo de covardes por não terem protestado contra minha ausência. Para dizer a verdade, somente agora começo a tomar conhecimento dessas coisas, do terror da época. Tive que reengolir esses terrores, inclusive para me submeter a este concurso,[1] pois revi um monte de besteiras, sem qualquer conteúdo histórico ou político, para fazer um discurso bonito. Fatos como esses ilustram como viveram os intelectuais nos últimos vinte anos.

Depois desse afastamento da FAU, o senhor retornou em 1979, logo após a anistia. No entanto, somente depois de quatro anos foi aberto o concurso que lhe devolveria a cátedra...

De fato, eu poderia ter feito o concurso em 1980, mas o meu nome poderia ser incluído numa lista sêxtupla e ser indicado para dirigir a escola. Como faço 70 anos no próximo ano e tenho apenas seis meses na FAU, o concurso foi então aberto para mim. Vocês estão fazendo a história de uma pessoa já liquidada para esta estrutura que está aí. É trágico dizer isso, mas é a pura verdade. Eu fiz o concurso porque já não represento perigo nenhum. É como se já pudesse entrar para qualquer museu da História. Não digo isso com mágoa. Tenho um orgulho tão grande de meu passado, das minhas ilusões, de realizar essa pequena obra, que me sinto muito bem. Duro seria se não tivesse nada para dizer e chegasse nesta hora ainda esperando uma última oportunidade... É um papel cumprido integralmente.

O senhor se refere à sua obra como uma pequena contribuição à arquitetura paulista. Entretanto, estudiosos o apontam como o pioneiro dessa arquitetura, com influências nas gerações posteriores. E sua obra não está restrita a São Paulo, o senhor tem obras em outros Estados, e participou do concurso de Brasília...

É, tinha todas aquelas ilusões de construir uma cidade democrática, mas era um projeto meio bobo. Achávamos que a terra urbana deveria continuar como propriedade do Estado, mas não gosto de falar nele. Nunca mais toquei nesse projeto...

Nesse projeto ou mesmo em outros, como o Conjunto Zezinho Magalhães Prado, o senhor utilizou o conceito de freguesia...

Isto vem como produto das minhas posições nacionalistas assumidas em artigos escritos, que reivindicam para o arquiteto o direito de usar a palavra desenho em oposição a *design*. Senti-me um valentão por causa disso e fico contente quando vejo jornalistas usarem hoje a palavra tal qual eu sugeri. Fui buscar em Heidegger a origem da palavra construir e concluí que ela está ligada ao verbo ser, e não ao verbo ter. Fiquei indignado com a tradução da palavra alemã *Nachbar* (que quer dizer a construção ao lado, o ser que habita perto) por bairro, que arranjei freguesia para substituí-la. Veja até onde chegou meu radicalismo de amor à pátria.

E quanto aos projetos?

Estou preso a algumas residências como a de Olga Baeta, dou muito valor à FAU e às escolas industriais. Tenho um carinho especial pelas escolas que projetei para trabalhadores. Há ainda algumas residências onde fiz experiências de vanguarda, como a casa de Elza Berquó, em 1967, com influências *pop*. Isso reflete a minha preocupação em colocar nas casas que projetei o pensamento artístico da época.

Como foi o projeto de reurbanização do Vale do Anhangabaú?

Foi um grande laboratório. Mas quando o arquiteto não gosta do trabalho que fez, nem quer ouvir falar nele.

No texto de apresentação do projeto, feito em 1975, o senhor dizia: "A felicidade de um povo se mede pela beleza da sua cidade". E apresentava uma concepção de urbanismo, ou melhor, uma intervenção na cidade que vinha da Marginal Pinheiros, passando pelo Vale do Anhangabaú, Avenida 9 de Julho, indo até a Marginal Tietê, sem a megalomania das obras faraônicas, disseminadas na época do "milagre brasileiro"...

Pois é, mas não queria ter construído isso. Acho que cometi um erro de avaliação e o projetei com a idéia de que era desnecessário. Sim, porque eu iria lutar para que a construção do metrô resultasse em passarelas subterrâneas. Exatamente para não modificar um viaduto que possui um valor histórico imenso, como acabou ocorrendo, e o Vale ficou conspurcado. São fatos como esses que nos levam a constatar que a cidade também se transformou em mercadoria, mais um espaço onde a classe dominante faz seus lucros.

O senhor disse que "o arquiteto é antes de tudo um artista"...

Pude dizê-lo e me sinto hoje muito mais honrado pela minha sensibilidade do que pelo meu saber. Enfim, a arquitetura é uma arte, isso repito. Daí se retiram as conclusões humanísticas, sejam baseadas em Umberto Eco ou não. No fundo, é o direito humano à beleza, coisa que a burguesia não concebe, mas que é tão simples de oferecer. Sim, é o valor da cultura, mas a burguesia também não sabe o seu significado e faz dela mais uma mercadoria, com a sua visão reaganiana do consumo.

[Entrevista a Lívia Pedreira.]

1 Ver Artigas, Vilanova, *A função social do arquiteto.* São Paulo, Nobel/FVA, 1989, pp. 13-23. [N.O.]

ARQUITETURA E FORMA

[1] LUÍS SAIA

A fase heróica da arquitetura contemporânea brasileira

A fase heróica da arquitetura contemporânea brasileira já foi esgotada há alguns anos. Ainda existem alguns remanescentes e saudosistas do "luisquinsado", do neoclássico e do colonial, mas isso é uma fatalidade humana que não tem conserto. Não se pode querer que um arquiteto já viciado pela prática dos "estilos" seja capaz de mudar bruscamente de atitude profissional e mental. Quando o pretende fazer, cai na prática do "modernismo".

A fase heróica foi mais um problema de estética e de tabu do que propriamente uma questão de atividade profissional. Tanto foi assim, que vários intelectuais, inteiramente alheios ao exercício da profissão, tomaram partido na luta, tanto de um lado quanto de outro.

Tratava-se de romper um academismo solidamente instalado; incumbia mostrar que era possível aceitar formas diferentes daquelas endossadas e propagadas pelos currículos arcaicos das escolas de belas-artes e pelos apêndices arquitetônicos das escolas de engenharia; impunha-se obrigar às classes dominantes, e mesmo ao governo, a aceitação de uma revolução plástica formal. Os autores dessa façanha ainda estão vivos e alguns são apenas madurões, sem serem propriamente velhos: Flávio de Carvalho, Warchavchik, Lucio Costa, Oscar Niemeyer, Corbusier etc.

Nas escolas, a insólita atitude dos alunos, que protestavam ininterruptamente contra a discriminação estilística, através de greves, protestos e desacatos, foi de grande valia. A guerra e o súbito prestígio internacional do trabalho dos arquitetos brasileiros acabaram de liquidar as últimas resistências.

Esse assunto da existência ou não de uma arquitetura contemporânea brasileira, do ponto de vista formal, não é mais passível de discussões. Existe, e está acabado. As classes dominantes já aceitaram a possibilidade estética além do neoclássico e do colonial. O governo já reconheceu a necessidade de instalar escolas especializadas de arquitetura. Em poucos anos foram criadas mais de seis.

Agora é que começa a parte mais séria do problema; a fase mais madura, mais responsável e, portanto, a que carece de mais juízo. Derrubar um tabu é, de fato, um ato de heroísmo. Mas colocar outro no lugar do antigo, convenhamos, é infantil; o academismo modernista, fênix rejuvenescida saída das próprias cinzas, impera, levado pela onda da moda. E não só os jovens inexperientes, mas também muito arquiteto já maduro e experimentado pratica impunemente o mais desbragado academismo modernista. E há sérias resistências no sentido de impedir que entremos, em cheio, no problema atual, que é prático, técnico, profissional, social e filosófico.

Nem é outro o sentido do fracasso do recente Congresso de Arquitetos.[1] A suficiência fagueira com que se encantou em reuniões sociais e mundanas só tem paralelo na suficiência igualmente doentia que demonstrou no trato de algumas questões profissionais, o que fez com uma leviandade de espantar até os estudantes. Perdeu-se na discussão bizantina de pormenores formais; manipulou fatos de alcance muito sério sem a indispensável profundidade; excursionou como turista aprendiz num campo profissional de atividade totalmente imaturo, propondo soluções que, além de infantis, invertem a ordem da competência profissional; e revelou-se totalmente incapaz para proceder a uma análise retrospectiva e crítica da arquitetura nacional, tema principalíssimo do seu programa e festivamente alardeado em sucessivos comunicados à imprensa.

Na verdade, a exegese da arquitetura brasileira levaria, como é natural, à proposição sincera e honesta dos seus problemas atuais, cujo trato polêmico forçaria uma revisão incômoda das "verdades" que atualmente se impingem aos incautos, mas que não resistem à menor crítica, e que já provocaram, da parte de especialistas estrangeiros, sérias restrições, as quais, embora visivelmente "interessadas" e carregadas de segundas intenções, não deixam de ter procedência quando encaradas de um ponto de vista criterioso.

Com efeito, as cartas do atual "baralhão" são poucas e fáceis, eficientes e rendosas: meia dúzia de soluções formais e algumas palavras de poder mágico: "*brise-soleil*", "colunas em V", "pilotis", "amebas", "panos contínuos de vidro", "moderno", "funcional" etc. O prestígio dessas formas e dessas palavras e o seu abuso sonegam a consideração justa dos problemas que realmente são propostos pelo trato mais consentâneo da nossa arquitetura. Mesmo no estudo de um projeto particular, habitação, edifício público, fábrica ou o que quer que seja a eficiência profissional fica muitas vezes prejudicada pela intenção modernista e acadêmica, em detrimento da excelência do trabalho.

A palavra "funcional" perde seu verdadeiro sentido pela desconsideração dos fatos que os arquitetos ainda não se habituaram a estimar devidamente. É fácil demonstrar como um edifício individualmente funcional — com uma perfeita organização interna dos espaços, esquema construtivo adequado e lógico, e aspecto plástico aceitável — pode, entretanto, apresentar gritante aberração do ponto de vista do seu uso, pela inoportunidade e inadequação de local.

Nas aglomerações urbanas densas, como São Paulo, por exemplo, vemos a todo momento surgirem novos edifícios, muito carregados de intenções modernistas. Sua aprovação administrativa, porém, se faz com base em gabaritos obsoletos e ultrapassados, resultando que, afinal, não consultam de maneira alguma os fatores contemporâneos nascidos com o automóvel, a concentração urbana exacerbada, a ferrovia etc. O verdadeiro sentido da palavra "funcional" fica, nesse caso, inteiramente falseado.

Quanto à preferência cada vez mais acentuada pelo uso indiscriminado de grandes panos de vidro, ela representa outro campo em que a arquitetura contemporânea brasileira vem demonstrando subestimar fenômenos de insolação e de higiene, fenômenos esses, entretanto, que são de consideração elementar.

É muito conhecido o caso do célebre projeto do hospital de Tony Garnier. A instituição funcionava num pardieiro em pedaços, no meio de um parque arborizado. O conhecido arquiteto estudou um projeto "funcional". Feita a mudança, verificou-se assustador acréscimo da mortalidade infantil. Analisadas as causas, observou-se a responsabilidade do excesso de irradiação solar. A ausência de árvores e os grandes panos de vidro impunham às crianças condições intoleráveis de vida. É claro que o projeto de Tony Garnier era mais organizado do que o pardieiro precedente. Mas sua inadequação criou-lhe condições antifuncionais.

A todo instante, em São Paulo, encontramos casos semelhantes, que evidenciam o desacerto de certas obras aparentemente funcionais e que, na verdade, pela desconsideração de fatores elementares de agenciamento, resultam em soluções perigosamente inadequadas na sua funcionalidade.

É o caso, por exemplo, de um parque ou recanto infantil projetado para a praça da Concórdia, segundo notícia recentemente publicada. Inúmeros motivos justificam a preferência da administração em atender à população infantil daquele bairro. Mas, para que a escolha do local recaísse sobre uma praça tangenciada intensamente pelo tráfego urbano, seria preciso desconhecer ou desprezar a contra-indicação técnica. É elementar que um parque ou recanto deva estar afastado das vias de tráfego preferenciais. A simples consideração do fato de que um motor a explosão injeta no ambiente cerca de quarenta litros de gás carbônico por minuto é argumento suficiente. O refúgio infantil em questão, pois, pela inadequação do local escolhido, pode tornar-se inteiramente antifuncional.

Aparentemente, esses casos são de mera eficiência profissional; dada, porém, a circunstância de estarmos ainda, salvo honrosas exceções, aprisionados no rabo do foguete estético, mesmo esse déficit está bastante generalizado e constitui um grave fator negativo da nossa arquitetura contemporânea. Não é, entretanto, o setor de debilidade mais evidente. Este se revela no problema da organização dos grandes espaços, cidades e regiões. É, contudo, o setor mais característico da arquitetura de hoje, especialmente no Brasil, onde só muito recentemente se dão os primeiros passos. Apesar do mau exemplo da capital paulista, que até agora não tem um Plano Diretor que discipline e organize o seu desenvolvimento, algumas cidades do interior têm providenciado esse elemento básico para a organização urbana. Nisso se adiantam não só à capital do Estado, mas também ao próprio governo estadual, que, até o momento, não planificou sua atividade.

Só no Estado de São Paulo temos quatrocentas cidades; e, dos duzentos arquitetos paulistas, poucos são os que se interessam seriamente por esse problema. Meia dúzia, se tanto. E o atraso da nossa "modernidade" profissional fica ainda mais impressionante quando se considera que a atividade profissional voltada para os grandes espaços exige longos anos de estudos extracurriculares, de história, de sociologia, de estatística, de geologia etc., e uma universidade de formação mental e sensibilidade ainda não garantidas pelo nível do nosso ensino secundário e superior.

1 IV Congresso Brasileiro de Arquitetos, São Paulo, jan. 1954. [N.O.]

[2] EDUARDO MENDES GUIMARÃES

Forma e racionalismo na arquitetura contemporânea brasileira

Na história da arquitetura, com raras exceções, não há vez para uma classificação absoluta do elemento humano no terreno das escolas formais. O intercâmbio de experiências, as emoções sentidas diante do trabalho alheio, a influência assimilada por simples osmose intelectual e a própria personalidade de cada elemento são causas que impossibilitam a distribuição em áreas facilmente identificáveis.

Na evolução normal da forma, dentro do movimento racionalista contemporâneo, a marcha de desenvolvimento foi singular. Partindo do purismo francês apregoado por Le Corbusier (na realidade, jamais integralmente realizado em sua obra arquitetônica), encontrou-se com o romantismo neoplástico de Mies van der Rohe e resultou na moderna escola de Marcel Breuer, de Gregori Ain, de Philip C. Johnson, Charles Eames, Paul Rudolph, Eero e Eliel Saarinen e na de Richard Joseph Neutra, os primeiros mais próximos do neoplasticismo e o último, herdeiro inconteste de Adolf Loos, com sua arquitetura sóbria, esquematizada em grandes planos se opondo ou sendo rasgados por enormes vãos. Porém, o seu evolver em outros países não correspondeu a esse processo.

No Brasil, o puro racionalismo europeu apenas se manifestou claramente com a produção de Gregori Warchavchik, entre 1927 e 1937, e com algumas produções isoladas da mesma época de Rino Levi e Henrique Mindlin. Essas obras, evidentemente puristas e de origem estritamente baseada no cubismo — e são de especial menção as de Warchavchik, cuja coerência formal é bem mais evidente que nos outros dois nomes indicados —, caracterizavam-se por uma volumetria realmente expressiva baseada nos moldes estritos do vocabulário de Loos, Behrens e, sobretudo, conforme a dialética formal de Walter Gropius nas habitações para professores da Bauhaus.

A estereometria é simplista e os meios expressivos parecem, mesmo, ainda mais reduzidos e mais pobres do que no racionalismo europeu que os havia gerado; o uso da cor ou do material de contraste é inteiramente ignorado e o vocabulário se resume, enfim, no jogo volumétrico cuidadoso e na relação de cheios e vazios. O equilíbrio plástico é fachadista, revelando nesse particular a decidida influência que o mestre racionalista europeu exerceu sobre Gregori Warchavchik. O surto purista por ele iniciado, todavia, feneceu rapidamente.

Desviando-se para uma simplificação que não decorria de razões estéticas e nem possuía base cultural suficiente, resultou numa farta produção de cubos empilhados, justapostos, secantes, arrumados ou desarrumados entre si, totalmente de uma cor neutra — cinza, pois o revestimento obrigatório era o "pó-de-pedra" —, produtos de uma acentuada e generalizada ignorância arquitetural.

Não se deu, entretanto, um rompimento efetivo da evolução. Embora a infiltração e a disseminação da nova dialética se tenham paralisado ou desviado para um modo interpretativo falso, há uma linha tênue, mas ininterrupta, desde a "casa modernista" da Vila Mariana até o Ministério da Educação, traçado esse que, seguindo paralelamente ao racionalismo de Warchavchik, contém, entretanto, o germe de uma independência formal que, após o ano de 1937, se revelará com clareza. A gênese do inconformismo com a elementaridade, atitude evidentemente mais de acordo com a riqueza imaginativa do brasileiro, é encontrada na realização de Affonso Eduardo Reidy, o Albergue da Boa Vontade, no ano de 1931, arquiteto cuja coerência formal e cujas qualidades evolutivas não têm similar em todo o desenrolar da moderna história arquitetônica do Brasil.

Entretanto, sob o aspecto da análise plástica, é apenas após o bafejo oficial que, na realidade, a arquitetura contemporânea adquire expressividade autêntica e particular. Estranhamente — apenas em função de uma figura isolada, culta e, de certo modo, alheia à aura totalitária do governo de que fazia parte, o ministro Gustavo Capanema — e ao contrário do acontecido em toda a Europa, uma ditadura favoreceu o surgimento efetivo e a rápida divulgação do novo pensamento arquitetônico. Na verdade, não se pode concordar, conscienciosamente, com Mário Pedrosa quando afirma um compromisso efetivo entre a primeira idade de nossa arquitetura moderna e a ditadura dominante, ou que a Pampulha tenha resultado da megalomania, do "programa de capricho e luxo do pequeno ditador local".[1]

O "comércio entre a arquitetura e o governo totalitário" na realidade não existiu; apenas, a presença de um ou dois indivíduos artisticamente esclarecidos, de bom gosto e que dispunham dos meios para realizar uma obra correspondente a essas qualidades, favoreceu o destaque de um grupo de arquitetos honestos, lutadores e capazes que, na verdade, apenas por eles mesmos e por suas obras, foram os únicos agentes da disseminação generalizada dos novos conceitos.

O Ministério da Educação, de Lucio Costa, Affonso Eduardo Reidy, Oscar Niemeyer e outros, a Obra do Berço, o edifício Esther, de Álvaro Vital Brazil, em São Paulo, o Pavilhão da Feira Internacional de Nova York, de 1939, a Estação de Barcas e a de Hidroaviões, de Attílio Corrêa Lima, perfazem um conjunto de obras que caracteriza com exatidão a primeira fase de realização integral da arquitetura brasileira.

A conceituação formal desse período de juventude seguiu, invariavelmente, o profeta do purismo — Le Corbusier — sobre cujo esboço, aliás, foi desenvolvido o projeto do Ministério da Educação que, por fim, iria constituir a primeira realização de vulto do funcionalismo ou racionalismo internacional em todo o mundo.

Ali, as premissas do funcionalismo apareciam bastante marcadas e acrescidas da influência puramente pessoal do arquiteto suíço. O arcabouço estrutural se revela à primeira vista; todas as lajes e colunas são dispostas e tratadas, propositadamente, de modo a serem distinguidas como elemento principal da composição, e as linhas puras, marcadas com um rigor excepcional no conjunto, não chegam a ser perturbadas pelo conjunto de *brise-soleil* ou pela massa compacta do auditório, transversalmente disposto em relação ao bloco dominante. O terreno sob a edificação é, em grande parte, reconquistado; a cobertura transforma-se em um jardim suspenso e a planta e a fachada são essencialmente livres, desimpedidas; os vãos contínuos, estendendo-se em toda a largura do prédio e ocupando a maior área possível, abrem-se generosamente para o mar e para a brisa marinha. Os volumes são definidos com clareza, apenas relacionados uns com os outros, num jogo correto "de luz e sombra". Os princípios básicos do funcionalismo são aplicados pela primeira vez numa obra de tal envergadura; porém, apesar destas características — que poderiam ser ditas "experimentais" por sofrerem da ausência total de aprovação ou de critica resultante de uma obra concretizada —, os resultados obtidos são excepcionalmente satisfatórios.

No edifício Esther, em São Paulo, as características são menos marcadamente funcionais sob o ponto de vista europeu; entretanto, no terreno da consideração plástica, há um misto de reminiscência de Gropius e de Mies van der Rohe. A estrutura é livre, mas não se mostra tão claramente; a interpretação e a continuidade espacial tão evidentes no Ministério da Educação, aqui, se tornam discretas. Em compensação, os planos componentes do volume são ricamente delineados por um colorido contrastado. Estas características são reencontradas no edifício da Associação Brasileira de Imprensa, dos [irmãos] Marcelo e Milton Roberto, e em toda a sua obra posterior, com ligeira variação.

Entretanto, a escola diretamente gerada pelo Ministério da Educação, pela Obra do Berço, pelo conjunto da Pampulha, de Niemeyer, e pelas Estações de Barcas e de Hidroaviões, de Attílio Corrêa Lima, se desviaria para outra direção. Dois fatores essenciais induziam a deflexão; todo o grupo que projetara o Ministério da Educação — inclusive Lucio Costa e Oscar Niemeyer — e que, posteriormente, se tornaria o guia da geração mais jovem de arquitetos, encontrava-se profundamente ligado, por razões de ordem burocrática, à arquitetura colonial do Brasil. O próprio Lucio Costa que, em data anterior, com José Mariano Filho, batalharia pela causa de uma "arquitetura tradicionalista", integrado no novo movimento e na direção da Escola Nacional de Belas-Artes, em muito concorreu para que a arquitetura contemporânea brasileira fugisse dos cânones europeus e adquirisse uma expressividade particular.

Sem dar-se uma negação categórica ou velada dos princípios corbusierianos — antes, mesmo numa reafirmação teórica constante —, um acentuado "maneirismo" nacionalista e, sobretudo, formalista foi se criando e firmando. A atuação crescente em volume e o progressivo desdobramento da personalidade individualíssima de Oscar Niemeyer acarretaram a elevação de sua obra à categoria de modelo absoluto, paradigma de todas as virtudes arquiteturais e consubstanciação de toda a moderna arquitetura nacional. Por outro lado, essa atitude era favorecida pela deficiência do regime didático e do lastro cultural da nova geração de arquitetos, que, faltando-lhe o discernimento crítico que nasce da riqueza teórica, se inclinava a aceitar dogmaticamente a obra do genial arquiteto.

Todavia, é justamente nessa genialidade criativa que se encontram o pecado e a virtude maiores de Oscar Niemeyer. Dotado de uma inventiva plástica que apenas pode ser comparada à de Frank Lloyd Wright, a sua fecundidade plástica cedo levou-o a inconformar-se com a expressividade demasiado austera do funcionalismo e, progressivamente, se foi deixando conduzir pela imaginação fertilíssima. As formas puras do Ministério da Educação e da Obra do Berço, ou mesmo da residência do próprio arquiteto na lagoa Rodrigo de

Freitas, pouco a pouco se substituíram por uma dialética formal e caprichosa.

Remotas reminiscências do trato com a arquitetura tradicional da terra — cujo barroco, de resto, na média geral era escassamente churrigueresco — levaram-no a abandonar a pureza das formas estereométricas simples por outras mais livres e mais complexas. A transição é evidente na produção de Oscar Niemeyer. Das já mencionadas — a Obra do Berço, a sua primeira residência e o Ministério da Educação (que, não se deve esquecer, baseara-se num "risco original de Le Corbusier" e havia sido trabalho de equipe) —, passa para o conjunto da Pampulha. Neste, os prédios do Cassino e do Iate Clube ainda se conservam absolutamente dentro da pragmática funcionalista; os volumes resumem-se em paralelepípedos ou cilindros, rasgados por amplas aberturas que se enriquecem com dispositivos para a graduação de luminosidade; os prédios colocam-se no meio paisagístico, sem nele diluirem-se, somente harmonizando e concordando. Entretanto, nesse mesmo conjunto, já a Casa do Baile começa a revelar a sedução formalística. Embora o partido formal básico seja o de um cilindro, a caprichosa cobertura que se alonga sinuosamente acompanhando um pedaço de terra (que, aliás, não constitui o terreno natural) já indica o caminho que Niemeyer seguiria.

Posteriormente e, por certo, ajudado pela poética de Joaquim Cardozo, essa preocupação formal se identifica com o uso exaustivo do concreto armado, cuja moldabilidade, manejada simultaneamente pela imaginação plástica de Niemeyer e pela capacidade técnica de Cardozo, prestava-se, com exatidão, a propósitos puramente formais. A clara evidência dessa preocupação está em obra mais recente — a nova residência do próprio arquiteto — onde, além de uma forma caprichosamente traçada, inclusive com prejuízo do arranjo funcional interior, há o claro desígnio de diluir a obra arquitetônica no meio natural circundante. Ali, a tentativa de aproveitamento de um maciço de pedra como elemento integrante e soluto no próprio edifício implica uma negação do princípio funcionalista segundo o qual o produto arquitetônico deverá ser como "um objeto colocado na paisagem", harmonizando-se com ela, porém, necessariamente distinto e destacado da ambiência.

Essa liberdade expressiva e inconvencional de Oscar Niemeyer tem, a um só tempo, uma virtude e um defeito. Negando submeter-se à rigidez do vocabulário funcionalista europeu e criando — única e exclusivamente em função de seu gênio — obras de valor inegável a despeito da intenção plástica que as orientou, desvendava para a arquitetura o caminho de recuperação expressiva perdido pela frialdade maquinista. Inversamente, porém, a sua atuação em um campo arquitetonicamente inculto, originado e formado em ambientes sem preparação adequada para receber choque tão violento como a presença de um artista verdadeiramente genial, deveria criar — como efetivamente criou — uma onda de mimetismo formal ou, o que é muito grave, um impulso generalizado de exotismo, de busca desesperada da expressividade esquisita, da dialética inusitada.

Os exageros formalistas e a preocupação de emular o gênio em um terreno que não cabia emulação têm sido contraproducentes. Se a Niemeyer a sua qualidade de desbravador fabuloso de novos rumos dava a permissão e, mesmo, exigia que não fossem opostas barreiras à prodigalidade criadora, tal direito não poderia se generalizar. A pesquisa sem a perda do contato humano é um direito e um dever de todo arquiteto; porém, quando ela se desvia para um sentido puramente formalista, exige qualidades excepcionais para não incorrer na desumanidade, no desvario exótico e na absoluta ausência de dignidade arquitetural. A má interpretação generalizada da atitude criadora de Oscar Niemeyer deu ao conjunto da produção arquitetônica brasileira tal aspecto. Os arquitetos mais moços, deslumbrados pelas criações de um indivíduo excepcional e normalmente requisitado por uma clientela rica, imitaram-no cegamente, esquecendo-se de seguir o seu próprio caminho, no qual, aproveitadas as lições niemeyerianas que fossem desfrutáveis, a arquitetura se dirigisse ao homem comum, à coletividade, ao povo. As formas rebuscadas, o formalismo construtivo que se originou da modalidade do concreto armado e, sobretudo, a ausência de um sentido humano (para o que, então, provavelmente muito contribuiu um largo período de clima político totalitário) fixaram para a arquitetura brasileira um conceito de "forma pela forma", embora teoristas e arquitetos permanecessem jurando fidelidade absoluta ao funcionalismo de Le Corbusier. Tal conceituação começa a ser substituída por uma nova teorética, em conformidade com a qual a arquitetura se humaniza plástica e funcionalmente.

1. Ver pp. 98-105 da presente edição. [N.O.]

[3] SYLVIO DE VASCONCELLOS

Inquérito nacional de arquitetura

A par de sua expressão formal, teve a arquitetura contemporânea brasileira um desenvolvimento equivalente nas investigações arquitetônicas: soluções funcionais, estruturais e construtivas?

Inicialmente, convirá observar que, na realidade, a expressão formal da arquitetura contemporânea brasileira não alcançou de fato a importância exagerada que freqüentemente lhe é conferida. Isso porque essa expressão geralmente se limita a pormenores de acabamento ou de estrutura ou a "máscaras" exteriores sem integrar-se na obra propriamente dita. Vestíbulos de edifícios, estabelecimentos comerciais, decoração, revestimentos, apoios, enfaticamente valorizados singularizando a construção, mas que, na verdade, não encontram correspondência de apuro com os demais elementos, com o conjunto ou as condições da obra.

A expressão formal de nossa arquitetura permanece também muito apegada à originalidade, para não dizer mesmo ao *épater*, e não à verdade arquitetônica indispensável mesmo nas inovações. Por outro lado, comporta-se muitas vezes, essa expressão, como um deslumbramento ante a técnica, desejo quase infantil de abusar dela, buscando-lhe as últimas conseqüências, como se o possível devesse prevalecer sobre o conveniente. Inúmeros são os exemplos de prédios, externamente modulados, com apoios simetricamente distribuídos, mas cuja estrutura nada tem a ver com a aparente lógica construtiva. Inúmeros são os exemplos de suportes que não suportam nada e de ousadias cujo interesse se restringe exclusivamente à mesma ousadia. Convirá apenas esclarecer que por arquitetura contemporânea brasileira se entende a generalidade, e não os exemplares excepcionais que, por sua própria excepcionalidade, não podem ser invocados como representativos da construção nacional.

Conclui-se então que, apesar de tudo, não se pode partir da preliminar de que a expressão formal de nossa arquitetura tenha atingido um desenvolvimento considerável, fazendo supor que as demais condições arquitetônicas não a tenham acompanhado *pari passu*. Naturalmente, rompeu-se com o formalismo acadêmico e com as tentativas pseudo-estilísticas. Formas adequadas ao nosso tempo estão sendo testadas e provadas como válidas. Entretanto, o desenvolvimento equivalente dos demais componentes arquitetônicos vem se apresentando no Brasil, se não de forma mais acentuada, pelo menos mais importante do que a expressão formal.

As alterações dos partidos em planta, sejam das residências ou dos locais de trabalho, criando a comunidade doméstica, impossível no formalismo acadêmico — as salas de estar, a eliminação das peças vedadas ao uso familiar, a higienização dos cômodos pela sua melhor ventilação, iluminação e aeração, as cozinhas tecnicamente planejadas, os pátios internos, os móveis, os espaços flexíveis etc. —, constituem, por certo, inovações do desenvolvimento arquitetônico tão valiosas, ou mais, do que as conquistas formais. Mesmo porque servem diretamente às necessidades vitais do homem, e não apenas ao seu contemplativo, embora seja este também de importância.

De outro lado, o aparecimento da arquitetura social, incorporando às suas preocupações problemas cruciantes da população, e as tentativas experimentais de aperfeiçoamento da técnica para maior durabilidade e economia das construções apresentam-se também como fatores positivos dignos de nota da arquitetura contemporânea brasileira. E especialmente dela, porque, na maioria dos países civilizados do mundo, de há muito, este desenvolvimento vinha se processando, só surgindo no Brasil trazido pelos ventos da nova arquitetura.

No momento histórico da industrialização do país, como deve atuar o arquiteto para que se verifique uma elevação do padrão no produto industrial e uma racional produção de elementos pré-fabricados para montagem de unidades arquitetônicas?

A atuação do arquiteto na industrialização do país é aquela mesma decorrente de sua responsabilidade em seu contexto social e econômico. É necessário e urgente que o arquiteto abandone sua posição de artista escultórico para confundir-se com o povo em sua luta pelo progresso. Confundir-se no sentido de contribuir com toda sua capacidade para que as coisas sejam bem planejadas, bem concebidas e bem executadas. Não só o edifício monumental ou a casa do rico, mas todas as coisas que possam servir ao homem. Confundir-se com o povo no sentido de sentir e atender às suas necessidades mais prementes, e não apenas aquelas da contemplação e da poesia. Confundir-se no sentido de tornar-se útil, e não supletivo apenas.

Ao projetar deve o arquiteto partir de uma forma intuitiva ou do equacionamento de elementos técnicos e dados objetivos?

O projeto é sempre uma síntese. Por conseguinte, tanto a intuição como o equacionamento dos dados objetivos devem ocorrer concomitantemente. Nesta duplicidade de coordenadas (engenho e arte) é que reside precisamente a dificuldade da arquitetura. Tanto mais capaz será o arquiteto quanto conseguir atender adequadamente a ambas coordenadas. Acontece apenas que, mesmo para o equacionamento dos dados objetivos, a intuição sempre deve estar presente como força criadora, necessária ao encontro das soluções. Não se pode considerar só a intuição em desapreço das condições arquitetônicas. Isso seria transformar a arquitetura em arte gratuita e alienada da realidade.

Não se pode também considerar só os dados objetivos para mecanicamente resolvê-los. Isso seria reduzir a arquitetura a um processo mecânico de juntar elementos desinformados de conteúdo. O verdadeiro processo arquitetônico é aquele que coordena *intuitivamente os dados objetivos*. Arquitetura é uma soma, e não uma divisão; síntese, e não análise. Só que por intuição não se pode aceitar apenas o estalo ou o sopro divino que acontece. Intuição, no caso, é a capacidade, a experiência acumulada, os conhecimentos, a imaginação cultivada, que transferem para o subconsciente os processos mentais que racionalmente se realizam no consciente.

[Perguntas selecionadas de entrevista a Alfredo Britto e Ferreira Gullar.]

Depoimento

As obras de Brasília marcam, juntamente com o projeto para o Museu de Caracas, uma nova etapa no meu trabalho profissional. Etapa que se caracteriza por uma procura constante de concisão e pureza, e de maior atenção para com os problemas fundamentais da arquitetura.

Essa etapa, que representa uma mudança no meu modo de projetar e, principalmente, de desenvolver os projetos, não surgiu sem meditação. Não surgiu como fórmula diferente, solicitada por novos problemas. Decorreu de um processo honesto e frio de revisão do meu trabalho de arquiteto.

Realmente, depois que voltei da Europa, após haver — atento aos assuntos do ofício — viajado de Lisboa a Moscou, muito mudou a minha atitude profissional.

Até aquela época, costumava considerar a arquitetura brasileira — apesar de suas qualidades inegáveis — com certas reservas. Acreditava, como ainda acredito, que sem uma justa distribuição da riqueza — capaz de atingir a todos os setores da população — o objetivo básico da arquitetura, ou seja, o seu lastro social, estaria sacrificado, e a nossa atuação de arquitetos relegada apenas a atender aos caprichos das classes abastadas.

Sentia com isso um vago desânimo, desânimo que me levava a considerar ingênuos os que se entregavam à arquitetura de corpo e alma, como se construíssem obras capazes de perdurar. Embora nunca me tivesse desinteressado da profissão, encarava a arquitetura como complemento de coisas mais importantes e mais diretamente ligadas à vida e à felicidade dos homens. Ou, ainda, como costumava dizer, como um exercício que se deve praticar com espírito esportivo — e nada mais. E isso permitia certa negligência — facilitada pelo meu feitio displicente e boêmio — e fazia com que aceitasse trabalhos em demasia, executando-os às pressas, confiante na habilidade e na capacidade de improvisação de que me julgava possuidor.

Essa atitude de descrença, que as contradições sociais ensejam com relação aos objetivos da profissão, levou-me por vezes a descuidar de certos problemas e a adotar uma tendência excessiva para a originalidade, no que era incentivado pelos próprios interessados, desejosos de dar a seus prédios maior repercussão e realce. Isso prejudicou, em alguns casos, a simplicidade das construções e o sentido de lógica e economia que muitos reclamavam.

É verdade que considero minhas tão-somente aquelas obras a que me pude dedicar regularmente, e como tais apresento em publicações e revistas técnicas. Mas, mesmo entre essas obras, encontro algumas que talvez tivesse sido melhor não haver projetado, pelas modificações inevitáveis que teriam de sofrer durante a execução, destinadas que eram à pura especulação imobiliária.

Não pretendo, naturalmente, com estes comentários, iniciar um processo de autodestruição, nem atribuir aos meus trabalhos feição depreciativa. Vejo-os, pelo contrário, como fatores positivos dentro do movimento arquitetural brasileiro, ao qual deram, na ocasião oportuna, por seu *élan* e sentido criador, uma contribuição efetiva que até hoje caracteriza esse movimento. E se refiro esta autocrítica, iniciada há dois anos, quando elaborava o projeto do Museu de Caracas, é por considerá-la processo normal e construtivo capaz de nos conduzir à correção de erros e a melhores resultados, com a adoção de uma série de providências e medidas disciplinadoras. Estas, no meu caso, se assinalam, primeiro, pela redução de trabalhos no escritório e pela recusa sistemática daqueles que visem apenas a interesses comerciais, a fim de melhor me dedicar aos restantes, dando-lhes assistência contínua e adequada; depois, estabelecendo para os novos projetos uma série de normas que buscam a simplificação da forma plástica e o seu equilíbrio com os problemas funcionais e construtivos.

Neste sentido, passaram a me interessar as soluções compactas, simples e geométricas; os problemas de hierarquia e de caráter arquitetônico; as conveniências de unidade e harmonia entre os edifícios e, ainda, que estes não mais se exprimam por seus elementos secundários, mas pela própria estrutura, devidamente integrada na concepção plástica original.

Dentro do mesmo objetivo, passei a evitar as soluções recortadas ou compostas de muitos elementos, difíceis de se conterem numa forma pura e definida; os paramentos inclinados e as formas livres que, desfigurados pela incompreensão e inépcia de alguns, se transformam, muitas vezes, em exibição ridícula de sistemas e tipos diferentes.

E tudo isso procurando não cair num falso purismo, num formulário monótono de tendência industrial, consciente das imensas possibilidades do concreto armado e atento a que essa nova posição não se transforme em barreira intransponível, mas, pelo contrário, enseje livremente idéias e inovações. Obediente a estes princípios, venho trabalhando desde aquela época. Iniciei a fase — como disse — com o Museu de Caracas, concepção de pureza e concisão irrecusáveis. E agora, prossigo nos prédios de Brasília, aos quais dedico toda atenção, não só por se tratar de obra de grande importância como, também, pelas ocorrências anteriores ao seu desenvolvimento, quando me recusei a aceitar a elaboração do Plano Piloto, pois, juntamente com o Instituto de Arquitetos do Brasil, trabalhava no sentido da organização do concurso público, reservando-me apenas a tarefa de projetar os edifícios governamentais. Incumbência que nada mais era senão a continuação natural dos trabalhos que, desde 1940, vinha realizando, ininterruptamente, para o prefeito, o governador e, finalmente, o presidente Juscelino Kubitschek. [...]

Estas são, hoje, as minhas diretrizes de arquiteto. E se, agora, elas se orientam num sentido de maior pureza e simplicidade, fundam-se todavia no mesmo conceito de criação — o único capaz de conduzir a uma verdadeira obra de arte.

Estas as diretrizes das obras que projetei para Brasília, obras que acompanho com o maior desvelo, convicto de sua importância e desejoso de que se transformem em qualquer coisa de útil e permanente, e capaz de transmitir um pouco de beleza e emoção.

[5] VILANOVA ARTIGAS

Revisão crítica de Niemeyer

A revisão autocrítica da sua obra, que o arquiteto Oscar Niemeyer acaba de fazer, teve grande repercussão nos meios artísticos paulistas, em particular entre os arquitetos progressistas.

Trata-se de documento rico de sugestões para a análise da atual etapa do desenvolvimento da arquitetura brasileira. Niemeyer nos comunica confiança no destino da nossa arquitetura e da cultura nacional. Numa demonstração de grande sensibilidade, define com segurança o significado de certos aspectos decorativos que imaginamos que, de certa forma, envolviam nossas expressões arquitetônicas, traçando o rumo certo para evitá-los.

O depoimento de Niemeyer é uma síntese feliz do que se continha no espírito de todos os arquitetos sérios do Brasil e marca também o ponto de partida para uma nova fase do desenvolvimento da arquitetura nacional que, dessa forma, mostra o seu rico conteúdo, capaz de novas e mais elevadas manifestações formais.

A arquitetura brasileira abandona os aspectos de submissão ao imobiliário, que vinha exibindo, para se projetar com pureza no plano da manifestação cultural, única forma de ser compreendida.

Isto, entretanto, não acontece por um golpe de mágica. Por isso lutam todos os arquitetos brasileiros, ainda mantidos num plano de opressão causado pelas restrições impostas pelos meios econômicos, ainda ignorantes do papel que os profissionais devem desempenhar. Não é por outra razão que os arquitetos brasileiros lutam pela sua independência como profissionais: lutam para livrar-se da limitação histórica a que se vêem coagidos, a de serem considerados como uma especialização da engenharia.

Niemeyer, com a sua manifestação autocrítica, funde num mesmo bloco todas as reivindicações culturais, artísticas e profissionais dos arquitetos, enquanto mostra à sociedade o que de grandioso e expressivo o espírito nacional ainda poderá criar de dentro do rico conteúdo da arquitetura brasileira.

O depoimento de Oscar Niemeyer

Nenhum documento no mundo cultural brasileiro de nossos dias é mais cheio de significação e mesmo mais patético do que o "Depoimento", de Oscar Niemeyer, publicado no número circulante de *Módulo* (e também pelo *Jornal do Brasil*).[1]

Trata-se de uma espécie de autocrítica. Difere, porém, do trivial de tais documentos pelo fato de não se encontrar ali um bater de peitos de humildade, mas um claro e corajoso reconhecimento de erros e deficiências conjugado ao reconhecimento do próprio valor. A primeira coisa que nos surpreende é a iniciativa mesma de um tal depoimento, num arquiteto mundialmente consagrado como Oscar Niemeyer. Eis que, de repente, o Oscar, esse verdadeiro *playboy* da arquitetura moderna ocidental, pára, em meio aos triunfos, e olha para dentro de si e para a sua obra passada. E o lado até então na penumbra de sua natureza surge, ao calor de uma consciência de artista, despertado. O Niemeyer displicente e boêmio, jovial, não se sabe se diletante porque cético, ou cético por ser diletante, se revela grave, capaz de entusiasmo e devoção ao trabalho profissional.

Já ele, contudo, havia dado prova de entusiasmo quando, na ingenuidade dos cristãos-novos da política, abraçou, após as esperanças messiânicas despertadas pelos resultados da Segunda Guerra Mundial, a causa comunista e andou de lanterna na mão, em grupos de camaradas, pela noite adentro, a pichar paredes e a pregar cartazes de um partido idealizado (como se o comunismo de Stálin fosse o comunismo de Lênin e Trotski).

A experiência serviu para fazer desabrochar nele a consciência social, imprescindível a qualquer intelectual e artista de nossa época, mormente arquiteto. Mas, por outro lado, essa consciência lhe encheu de reservas quanto à arquitetura brasileira, por faltar a esta o lastro social, o que, a seu ver, reduzia a situação do arquiteto "apenas a atender aos caprichos das classes abastadas". E Oscar sentiu, então, vago desânimo, e, segundo confessa no "Depoimento", chegou mesmo a considerar "ingênuos os que se entregavam à arquitetura de corpo e alma, como se construíssem obras capazes de perdurar". À sua natureza generosa repugnava ver a arte, a profissão, que abraçou por insopitável vocação, rebaixada a servir apenas "como complemento de coisas mais importantes e mais diretamente ligadas à vida e à felicidade dos homens".

Aqui, Niemeyer cometeu o mesmo engano de perspectiva que todos nós cometemos: pensou haver prioridade absoluta para todos os homens e todas as vocações quanto a certas atividades, em detrimento de outras e da sua em particular. "Há coisas mais importantes e mais diretamente ligadas à felicidade dos homens" do que outras; do que, no seu caso, a arquitetura. E, então, como todos nós, engajou-se numa máquina política acreditando ter-se engajado numa radiosa utopia. Conseqüentemente, a atividade de arquiteto passou a ser para ele apenas "um exercício que se deve praticar com espírito esportivo e nada mais". Ora, tal estado de espírito não pode ser propício a nenhum trabalho aplicado e fecundo em qualquer ramo a que um espírito dotado se dedique ou abrace, o resultado só podia ser o de um diletante. E o grande arquiteto com lucidez e coragem íntima admiráveis reconhece, a seguir:

> E isso permitia certa negligência — facilitada pelo meu feitio displicente e boêmio — e fazia com que aceitasse trabalhos em demasia, executando-os às pressas, confiante na habilidade e na capacidade de improvisação de que me julgava possuidor.

Eis, em letras claras, um julgamento sobre a própria obra, mais severo do que qualquer outra crítica que adversários seus, nem sempre justos e isentos, já lhe tenham feito à obra.

A nobreza dessa atitude impõe respeito a gregos e troianos. Renasceu-lhe a fé na arquitetura, e, sobretudo, mais mesmo do que nos valores éticos de sua arte.

• • •

Como vimos, ontem,[2] o despertar da consciência social estremeceu no arquiteto Niemeyer os fundamentos do orgulho profissional, tão necessário e legítimo. Mas, depois, em contrachoque, o arquiteto recobra ânimo, quando a experiência do social é reabsorvida. O homem generoso reagiu, primeiro, dentro de Niemeyer, àquela consciência, e a arquitetura sofre; depois, no entanto, a consciência profissional reage, e impõe ao homem os direitos imprescritíveis do trabalho criador. O equilíbrio entre o social e o profissional se restabelece quando, enfim, uma formidável e nobre missão se oferece ao arquiteto — a construção da utópica Brasília, a Cidade Nova, síntese do político e do social com o estético-profissional.

Se ontem mostramos a *autocrítica* dirigida sobretudo ao comportamento do homem, agora destaquemos no "Depoimento" a parte em que a crítica se concentra sobre o comportamento do arquiteto. Oscar fala: "Essa atitude de descrença, que as contradições sociais ensejam com relação aos objetivos da profissão, levou-me por vezes a descuidar de certos problemas e a adotar uma tendência excessiva para a originalidade, no que era incentivado pelos próprios interessados, desejosos de dar a seus prédios maior repercussão e realce". E prosseguindo, sem complacência, reconhece: "Isso prejudicou, em alguns casos, a simplicidade das construções e o sentido de lógica e economia que muitos reclamavam".

Oscar toca aqui no que o grande historiador e esteta que foi Burckhardt chamou de "a peste de nossa época" — a originalidade pela originalidade, e que, ainda há pouco, outro crítico eminente, Camon Aznar, da Espanha, batendo na mesma tecla, acoimou de "originalidade estigma", causa da pobreza espiritual de grande parte da arte de nossos dias.

Assim, iria caber a Niemeyer, o mais fecundo inventor de formas de nossa arquitetura, o inesgotável improvisador de soluções, o *playboy* endiabrado, reagir, primeiro que todos, contra o demônio da originalidade e a faceirice da improvisação.

Ora, a "peste da originalidade" e a presunçosa confiança do seu poder de improvisação foram, na verdade, os corolários, no plano do trabalho profissional, daquele decair de estima pela dignidade da própria função do arquiteto. Agora, porém, fazendo a revisão da obra passada, Oscar Niemeyer afirma, pesando as palavras, só considerar suas "aquelas obras a que me pude dedicar regularmente, e como tais apresento em publicações e revistas técnicas". Há algo de uma nota comovente de arrependimento quando, nesse verdadeiro desabafo, escreve: "talvez tivesse sido melhor não haver projetado [...] trabalhos destinados à pura especulação imobiliária".

A revisão de sua obra começou, nos informa ele, há dois anos, quando concebeu o projeto do Museu de Caracas. Reapontou-lhe o entusiasmo arquitetônico. E, desde então, ele se impõe duas severas medidas disciplinadoras: primeiro, redução dos trabalhos no escritório, recusa sistemática daqueles que visem apenas a interesses comerciais, a fim de melhor se dedicar aos restantes, dando-lhes assistência constante; segundo, estabelecer para os novos projetos uma série de normas "que buscam a simplificação da forma plástica e o seu equilíbrio com os problemas funcionais e construtivos". E, a partir daí, passavam a interessar-lhe apenas

> as soluções compactas, simples e geométricas; os problemas de hierarquia e de caráter arquitetônico; as conveniências de unidade e harmonia entre os edifícios e, ainda, que estes não mais se exprimam por seus elementos, mas pela própria estrutura, devidamente integrada na concepção plástica original.

Aqui, tocamos o cerne da pungente revolução interior por que passa o arquiteto. Encontrando o ponto de convergência do ético e do estético, que é o traço mais profundo e distintivo dos artistas verdadeiramente grandes, Niemeyer já não quer distinguir entre concepção plástica e estrutura (uma sendo dada pela outra, necessariamente), para alcançar uma alta simbiose que dispensa o acessório, o secundário, o mero adorno. O elemento "artístico" não será mais produto de uma escolha arbitrária ou feliz do arquiteto entre duas ou mais pequenas soluções secundárias. O que é artístico é a própria unidade global concebida. Fora daí, realmente, o que é arte provém ainda de uma concepção estética rococó.

1 Ver pp. 232-234 da presente edição. [N.O.]

2 O texto foi publicado no jornal em duas partes, em dois dias consecutivos. [N.O.]

[7] OSCAR NIEMEYER

Pampulha: arquitetura

Foi nossa intenção, ao projetarmos as obras da Pampulha, que elas ficassem, tanto quanto possível, como uma expressão da arte e da técnica contemporâneas.

Estilos mortos e velhos preconceitos, que os saudosistas insistem em ressurgir, não nos preocuparam. Temos, com a maleabilidade enorme dos novos materiais, um grande campo de experiências plásticas que não pode ser limitado por compromissos passadistas. Uma obra de arquitetura deve antes de tudo traduzir o espírito da sua época, e, se examinarmos os períodos passados que se classificaram definitivamente como padrões de boa arquitetura, verificaremos que esses são justamente os que melhor exprimiram as épocas que representam.

Da mesma forma, hoje procuramos fazer arquitetura resolvendo os problemas que se nos apresentam, de acordo com os meios técnicos e materiais de que dispomos.

Respeitamos a lição do passado. Mas, somente isso. As velhas formas arquitetônicas perdem o sentido diante das novas possibilidades técnicas. Não acreditamos tampouco em estilos forjados sobre desenhos ou elementos arquiteturais mais ou menos remotos. As construções marajoaras e neocoloniais são, entre nós, lamentáveis iniciativas nesse sentido. Acreditamos somente na arquitetura feita sem compromissos, baseada nos novos processos construtivos e nos novos materiais aproveitados em todas as suas possibilidades.

Por tudo isso, ficamos numa situação privilegiada diante do problema arquitetural, situação que admite todas as tentativas, para as quais não nos falta certamente essa imprudência, às vezes tão necessária, que caracteriza os povos cuja formação cultural ainda começa a se processar.

Sabemos que a arquitetura tende a se universalizar. Para isso, concorre a maior facilidade de intercâmbio cultural e material, que permite o uso dos mesmos processos construtivos e dos mesmos materiais em todo o mundo.

É verdade que nos países mais conservadores ainda se insiste em aproveitar a tradição, mas isso somente o conseguem quanto à casa isolada, tipo de construção que não passa de um acidente na nova arquitetura. Realmente, a casa burguesa não será um elemento característico da época atual por mais requintada que se apresente. O que representará a arquitetura contemporânea serão as grandes obras de interesse coletivo: escolas, hospitais, teatros, estádios, clubes, grandes blocos de habitações coletivas etc. E, diante desse problema, todas as soluções se encaminham naturalmente num mesmo sentido, e as adaptações apresentam-se impossíveis ou ridículas. É essa universalização da arquitetura que nos autoriza concluir que um grande período se encontra em formação. Período que se representará por um alto nível de técnica construtiva, marcando o início de uma era de maior compreensão e solidariedade.

A história da arquitetura mostra-nos que a evolução arquitetônica se faz em função das novas conquistas técnicas e sociais, e que cada avanço nesses setores solicita e determina uma nova concepção plástica. Isso se verifica mesmo dentro de uma época na qual a arquitetura varia de acordo com os meios por que é executada. Assim, na arquitetura moderna, por exemplo, temos as construções em estrutura metálica, que é bem semelhante ao sistema de pau-a-pique, usado no período colonial. Ambos são sistemas que obrigam a um tipo de construção mais ou menos simples, rígido e frio.

A construção moderna, entretanto, feita em concreto armado, nos dá todas as possibilidades, sugerindo logicamente uma concepção plástica diferente, mais livre em forma e movimento. Realmente, não será com a adoção de um estilo fácil, convencional, que demonstraremos as enormes possibilidades desse processo construtivo.

Além do mais, somos, em arte, por uma liberdade total. Só acreditamos na arte espontânea, destituída de preconceitos e tabus.

Nesse sentido, procuramos orientar nosso trabalho, colocando-nos diante de cada problema, naturalmente, sem grandes pretensões, mas também determinados a fazer, sem compromissos de qualquer gênero, o que mais nos agradar.

[8] OSCAR NIEMEYER

Contradição na arquitetura

Quando, em 1959, terminávamos as obras de Brasília, escrevi um artigo — "Forma e Função"[1] — no qual, defendendo aqueles trabalhos, esclareci meus pontos de vista sobre o assunto. Lembro-me dos comentários que o mesmo provocou e de como a muitos surpreendeu vir eu a público declarar que o funcionalismo e o falso purismo conduzem à repetição e à mediocridade; e ainda que aceitava todos os compromissos, todas as fantasias que pudessem levar à beleza plástica. Revidando às críticas que "os puristas da arquitetura" fazem às soluções mais livres e criadoras que preferimos, demonstrei como essa corrente é formalística, pois, além dos compromissos plásticos que assume para manter a simplicidade e rigidez que tanto a limitam, cria o formalismo mais grave, absoluto, que é o desvirtuamento dos próprios programas construtivos — base de toda a arquitetura —, programas que muitas vezes sugerem partidos diferentes, enquadrando-os, indistintamente, nas formas regulares e geométricas dos seus conhecidos prismas de vidro.

Viajando para o Líbano, procurei sentir como, na Europa atual, são situados esses problemas e, também, como o foram no passado, pois não se trata de questão específica da nossa época, uma vez que a arquitetura se baseia em razões permanentes, em leis eternas de equilíbrio, proporção e harmonia, que lhe permitem, quando conduzida com talento e espírito criador, constituir-se em obra de arte. Constantes que encontrei invariavelmente nas grandes obras do passado, manifestadas na preocupação sistemática da criação artística, no apuro e inovação de suas formas, no jogo magistral de cheios e vazios, de superfícies planas, lisas ou transparentes, de linhas retas e curvas, dos complementos escultóricos que tanto a enriquecem, da pintura e do baixo-relevo.

Constantes que se verificam tanto nos elementos construtivos propriamente ditos quanto nos detalhes menores e ornamentos, representados nas portadas ricamente trabalhadas; nas esquadrias que, simetricamente dispostas nas fachadas, evidenciam a intenção plástica inicial, à qual se subordinam, posteriormente, as conveniências internas; nas platibandas que tanto combatíamos no período de luta pela adoção da nova arquitetura e que, agora, voltamos a considerar, às vezes sóbrias e ordenadas, dando maior nobreza aos edifícios e outras, rendadas, com os vértices voltados para o céu como as da Catedral de Veneza. Nesse mesmo espírito se apresentam os elementos construtivos daquela época, como o senti diante do Palácio dos Doges — obra-prima da arquitetura de todos os tempos — com suas esplêndidas arcadas cheias de arabescos, destinadas a criar um contraste violento com as paredes plenas e pesadas dos andares superiores. E ocorreu-me, então, como seria curiosa uma conversa do autor dessa maravilha com os arquitetos puristas de hoje, e como ele se surpreenderia vendo a arquitetura fria e limitada que realizam, sem um toque de imaginação, num período em que a técnica, muito mais adiantada, lhes permite todos os devaneios.

Esta a contradição básica entre a arquitetura contemporânea e a bela e romântica arquitetura do passado, contradição que o advento do concreto armado estabeleceu e que até hoje não foi superada, contradição que não se resume a características plásticas diferentes, o que a técnica e os novos programas obrigam e justificam, mas que está presente no próprio ato criador, na atitude que o arquiteto assume diante da obra a projetar, antes cheia de lirismo e fantasia, e hoje tímida e vacilante, contida pelas teorias que a crítica especializada — muitas vezes inepta — procura manter e que ele, por insensibilidade ou falta de convicção, ainda respeita.

É claro que essa contradição tem justificativas. Com o advento do concreto armado, os arquitetos viram-se empenhados em uma luta difícil contra os que não compreendiam a nova ordem arquitetônica e as modificações que o concreto armado impunha, levando-os a adotar critério radical e intransigente, recusando tudo que se relacionasse com o passado, tudo que não se adaptasse ao "espírito funcionalista" que a nova arquitetura representava. Foi a época da *máquina de habitar* de Le Corbusier — o artista genial da arquitetura contemporânea —, a quem coube depois a tarefa de disciplíná-la, dando-lhe os princípios básicos que durante muito tempo constituíram sua palavra de ordem. É o tempo dos *pilotis*, da estrutura independente, da fachada livre, dos painéis de vidro, do terraço-jardim etc., princípios que adotávamos religiosamente, como se constituíssem constantes irremovíveis do movimento iniciado. Fachadas trabalhadas com pinturas ou baixos-relevos, pequenas aberturas, telhados em quatro águas, platibandas, arcadas etc., todas essas reminiscências do passado, algumas ainda válidas, que voltamos a utilizar, foram então banidas do vocabulário plástico.

Pouco a pouco, porém, com a nova arquitetura já fixada, essa unidade inicialmente indispensável foi-se desagregando, e um anseio incontido de novas formas e novas soluções se apossou dos mais dotados, anseio que agora mais se acentua diante desse mundo de sonhos e conquistas em que vivemos, mundo que uma arquitetura reformista e funcional não poderá exprimir, despida que é de arrojo e fantasia, que dele são as características dominantes. Isso explica a recuperação de Gaudí, com sua delirante arquitetura, recuperação tão sintomática na época atual; isso explica o movimento renovador que senti na Europa, o interesse pela forma diferente, bela e criadora. E explica, também, porque certos arquitetos vão evoluindo, como que guiados pela intuição, dimensionando suas estruturas — pilares, vigas etc. — de acordo com suas fantasias, dando-lhes uma leveza ou uma robustez que contrariam deliberadamente, para mais ou para menos, as solicitações estritas do concreto armado, embora — e isso custa a compreender — procurando não raro justificá-las dentro do velho critério funcionalista, explicação para mim ociosa, pois as aceito e, por vezes, também as faço, com a mesma gratuidade, desinteressado dos comentários que na crítica especializada possam provocar.

Tudo isso que comprovei nas obras mais significativas do movimento contemporâneo se fixou ainda mais no meu espírito numa noite em que jantando com Le Corbusier, em Paris, conversamos sobre esses assuntos. Le Corbusier comentou com desprezo os que hoje o acusam de aderir ao barroco, dizendo que um artista de imaginação e talento nunca poderia adaptar-se a escolas e teorias limitadas e pré-acadêmicas: "Nosso trabalho é como um rio.

Tem um objetivo certo, mas varia e dá voltas durante todo o curso". Com essas palavras, ele queria justificar as mudanças de orientação e os devaneios que um verdadeiro artista não pode reprimir.

Não sei por quê, lembrei-me de outro encontro que tivemos, em 1947 — quinze anos antes —, em Nova York, quando Le Corbusier, examinando fotografias de meus trabalhos, comentou: "Você faz o barroco com o concreto armado", acrescentando indulgente: "Mas o faz muito bem".

Estas as primeiras lembranças da Europa e do Oriente Próximo que a insistência de meus amigos da *Módulo* obriga-me a escrever, vendo o navio deixar para trás, pouco a pouco, seus belos palácios, igrejas e mesquitas, suas torres e cúpulas erguidas para o céu. Esse céu que começamos a conhecer nos seus mistérios e grandezas.

1 *Módulo*. Rio de Janeiro, n. 21, dez. 1960, pp. 3-7. [N.O.]

[9] VILANOVA ARTIGAS

Uma falsa crise

Com a realização de Ronchamps, Le Corbusier concorreu para o desencadeamento de uma polêmica que, aliás, estava contida dentro do movimento moderno de arquitetura desde os seus primórdios. O genial arquiteto, para a crítica especializada, abandonava os princípios do racionalismo; refugiava-se nos termos estritos de sua definição de arquitetura e orientava os arquitetos do mundo inteiro, conhecido o seu prestígio, na direção de um tratamento exclusivamente plástico das formas. "*L'architecture est le jeu, savant, correct et magnifique des volumes assemblés sous la lumière.*"

Oscar Niemeyer, num documento de 1958, que tive a oportunidade de saudar,[1] principalmente pelo seu conteúdo antidogmático, levantou o tema nos meios profissionais brasileiros. A famosa "autocrítica" de Oscar Niemeyer segue a linha de Ronchamps sem imitá-la simplesmente; ao contrário, enrijecendo-a com a contribuição de uma experiência pessoal diferente. Também não se escondem, no documento, aspectos tipicamente brasileiros de participação no movimento moderno. Relembremos o essencial em suas palavras:

> encarava a arquitetura como um complemento de coisas mais importantes e mais diretamente ligadas à vida e à felicidade dos homens. [...] Essa atitude de descrença, que as contradições sociais ensejavam com relação aos objetivos da profissão, levou-me por vezes a descuidar de certos problemas e a adotar uma tendência excessiva para a originalidade.

Sem repudiar a sua obra no passado que considera, como aliás universalmente ela é considerada, dotada de "fatores positivos dentro do movimento arquitetural brasileiro, ao qual deram, na ocasião oportuna, por seu *élan* e sentido criador, uma contribuição efetiva que até hoje caracteriza esse movimento", passaram a interessá-lo

> as soluções compactas, simples e geométricas; os problemas de hierarquia e de caráter arquitetônico; as conveniências de unidade e de harmonia entre os edifícios e, ainda, que estes não mais se exprimam por seus elementos secundários, mas pela própria estrutura, devidamente integrada na concepção plástica original. [...] E tudo isso procurando não cair num falso purismo, num formulário monótono de tendência industrial.

Outra vez, em 1960,[2] reafirmando os termos do primeiro documento, dizia:

> procuro orientar os meus projetos caracterizando-os, sempre que possível, pela própria estrutura. Nunca baseado nas imposições radicais do funcionalismo, mas sim na procura de soluções novas e variadas, se possível lógicas, dentro do sistema estático. E isso sem temer as contradições da forma com a técnica e a função, certo de que permanecem, unicamente, as soluções belas, inesperadas e harmoniosas. Com esse objetivo, aceito todos os artifícios, todos os compromissos, convicto de que a arquitetura não constitui uma simples questão de engenharia, mas uma manifestação do espírito, da imaginação e da poesia. [...] agrada-me sentir que estas formas [as dos palácios de Brasília] têm uma ligação com a velha arquitetura do Brasil colonial [...] não com a utilização simplista de elementos daquela época, mas exprimindo a mesma intenção plástica, o mesmo amor pela curva e pelas formas ricas e apuradas que tão bem a caracterizam.

Falia todo o movimento funcionalista? Para alguns interpretadores, sim. A arquitetura moderna teria conseguido criar, em cinqüenta anos de atividade, magníficos exemplos isolados de edifícios, espalhados num vastíssimo território. Teria sugerido o desenho de alguns produtos industriais e quase nada conseguira para a humanização das cidades, que permaneciam dominadas pelo caos cada vez mais assombroso. Teria falido precisamente no que se constituíra o seu propósito inicial: "conciliar de novo" (referência à época anterior à revolução industrial) "a arte com a técnica e dar à generalidade dos homens a vida sã, confortável e bela que, em princípio, a idade da máquina tecnicamente faculta" (na definição de Lucio Costa).

Teria falido porque os propósitos do funcionalismo não se limitavam a uma correção estilística de formas arquitetônicas. Ao tentar a convivência com a máquina, invertendo a tática de Morris e Ruskin, sem contudo abandonar as suas posições críticas, o fez para submetê-lo ao controle do espírito criador do artista. A linguagem de Gropius, quando a Bauhaus começou a ensinar, não exibia um otimismo igual ao de Le Corbusier, cuja pátria (adotiva) saía vencedora na Primeira Guerra Mundial, mas, no fundo, as advertências eram as mesmas. A Bauhaus tinha "o objetivo específico de realizar uma arte arquitetônica moderna, que, tal como a natureza humana, pudesse envolver tudo em sua finalidade". Ela devia concentrar-se

> em primeiro lugar no que veio a transformar-se num trabalho de imperativa urgência — impedir a escravização da humanidade pela máquina, salvando a produção em massa, e a casa, da anarquia mecânica [...] o que significa criar produtos e edifícios especificamente desenhados para a produção industrial.

Num passo curto, a esta altura, enfrentaram também a reorganização do espaço urbano, sem poupar argumentos no esforço de convencer autoridades e praticantes sobre a necessidade urgente de controlar e orientar o crescimento das cidades. Até prevenção contra bombardeios aéreos serviu de justificativa para a defesa de soluções formais decorrentes do "plano livre", da construção em altura e da conseqüente ocupação mais rala do território urbano, ainda que nisso revelassem talvez, antes de tudo, o terror pelo novo produto da técnica que vinham de experimentar: a guerra "moderna". *Des canons, des munitions? Non de logis* é um dos títulos de Le Corbusier.

A medida dos resultados da fase funcionalista não se limita à constatação (falsa) de uma crise na qual, considerada a falência do funcionalismo, volta-se a arquitetura a uma posição de arte pela arte. Nem houve falência do funcionalismo, nem a arquitetura fechou-se em si mesma. Houve, sim, a superação de uma fase. O contrário seria desconhecer a experiência adquirida durante a fase funcionalista sem concomitantemente compreender a natureza do salto qualitativo dado na compreensão da arquitetura como arte em decorrência da assimilação crítica dos resultados dessa experiência.

O funcionamento tinha um programa, um "projeto", para colocar a arquitetura a serviço de sua própria "desalienação", como também a serviço do esforço geral da cultura, na transformação do mundo em proveito do homem. Não pôde e não poderia cumpri-lo até o fim mas, ao levá-lo à prática, concorreu para o melhor conhecimento, por parte dos arquitetos, da natureza dos obstáculos a vencer. Os arquitetos livraram-se das tradições aristocráticas de que eram herdeiros, na medida em que a arquitetura, assim como a arte em geral, perdeu a "aura" que eles ostentavam antes da revolução industrial. Segundo Benjamin, citado por Ferreira Gullar,[3] o caráter cultural da arte, com a experiência destes anos, tende a ser substituído pelo caráter político, o que por certo acrescenta-lhe como forma de crítica da realidade em todos os seus aspectos.

Tendo tomado para si o encargo de modificar o espaço interno das casas para poder construí-las econômicas e em série, como queriam, os arquitetos do construtivismo entraram em contato com o trabalho servil nas famílias, com a escravização da mulher ao ambiente doméstico, a racionalização das cozinhas "em nome da democracia", segundo Giedion, a importância do desenvolvimento da indústria de alimentação para estes mesmos fins etc. O urbanismo de Camilo Sitte e Haussmann evoluiu até a criação de uma nova disciplina de planejamento urbano que, forçado a se beneficiar do avanço das ciências econômicas e sociais, contribuiu para livrar o arquiteto e a arquitetura do isolamento em que ainda se encontra a pintura, por exemplo.

É fácil compreender porque o Brasil, assim como os outros países "em vias de desenvolvimento", segundo a definição da União Internacional dos Arquitetos, pode se apresentar no mundo da cultura com uma arte arquitetônica nova e criadora. As teses do funcionalismo, ainda que entre nós aplicadas a princípio em termos de modernização da cultura, foram, aos poucos, se encontrando e confundindo com a temática do desenvolvimento em geral, da descolonização. Mesmo considerando o atraso no desenvolvimento industrial de países como o nosso, a arquitetura, como a arte, partia, em termos de funcionalismo, da possibilidade de desenvolver formas modernas a partir de qualquer nível de técnica construtiva.

É preciso não confundir, em qualquer análise do movimento, a técnica da construção, cujo domínio pela arquitetura é potencialmente possível, com a técnica em geral, cuja necessidade de comando na linguagem dos pioneiros não nos comovia com os mesmos *overtones*. Até um tanto ao contrário. Nas circunstâncias históricas em que vivemos, os países subdesenvolvidos desejam a industrialização, quaisquer que sejam as suas decorrências, pois que, partindo das teses funcionalistas, seria possível o seu controle, já agora para transformar o nosso mundo no qual o atraso do desenvolvimento capitalista, ou a sua convivência com o feudalismo, provocam espetáculos de miséria social muito piores.

Na superação da fase funcionalista, como processo, a arquitetura vem podendo limpar o seu ideário de um certo número de falsos conceitos, de uma certa ganga utópica que a prática denunciou. A *técnica* não se deixou dominar totalmente para cumprir o "projeto" construtivo em regime capitalista. Nem poderia fazê-lo sem mudar o seu próprio conteúdo, o seu próprio sentido de forma de dominação da natureza, que realmente é, porém a serviço de uma superestrutura social definida. Para a humanidade poder dominar a natureza e a técnica ao mesmo tempo, terá necessariamente que mudar a superestrutura. Assim, a anarquia da produção industrial, a sua capacidade de corromper a paisagem urbana desumanizando-a, a falta de controle sobre as formas, o aproveitamento e a disposição dos edifícios entre si, a pobreza formal dos produtos industriais do cotidiano etc., não estavam e não estão sob o controle dos artistas a não ser numa escala reduzida que corresponde à perda que as verdadeiras causas da anarquia vêm sofrendo dentro do processo histórico que vimos vivendo.

O funcionalismo, por outro lado, não fugiu à tendência do mecanicismo que trazia em seu bojo, e que infelizmente ainda prevalece, de reduzir a atividade global da consciência humana ao pensamento científico, racional, em prejuízo da forma sensível de conhecimento, peculiar à arte. À mingua de obras de arquitetura para provar as teses construtivas, foi nas construções dos engenheiros e construtores, nas pontes principalmente, que os pioneiros foram buscar provas para as formas arquitetônicas do "racionalismo". Aliás, este "racionalismo" é suspeito, enquanto oposição a empirismo, em arquitetura, pela razão exposta acima. A suposta contradição ou oposição entre duas tendências, uma racionalista e outra empirista, agora se esclarece a ponto de perder o sentido que tinha, se considerarmos as suas subteses em face da atividade global da consciência humana.

A arquitetura reivindica para si uma liberdade sem limites no que tange ao uso formal, ou melhor, uma liberdade que só respeite a sua lógica interna enquanto arte.

Como arma de transformação do mundo, a arquitetura tem os seus métodos próprios, que não se confundem com os da ciência ou os da própria tecnologia. Restaurá-los é a proposta contida nas atitudes de Le Corbusier e Niemeyer.

Numa interpretação do filósofo austríaco Ernst Fisher, diz o senhor Leandro Konder em livro recentemente publicado: "desde a sua origem [...] como ajuda mágica ao homem no seu esforço para dominar o mundo, a arte vem tendo multiplicadas e diversificadas as suas funções, tornando-se, ao mesmo tempo, meio de conhecimento, veículo de recreação, fator de equilíbrio para a vida, modo pelo qual o indivíduo se enriquece incorporando experiências de outros homens (que potencialmente seriam suas), ligação viva com o passado etc., e isso sem perder de todo a sua serventia mágica original, como arma para transformação do mundo. Com o desdobramento de suas funções e o aprofundamento da sua influência, a arte não tende a se deixar absorver pela vida ou a 'perder a sua essência em proveito da técnica': tende a assegurar cada vez mais a sua sobrevivência".[4]

Cada vez mais a visão do mundo peculiar aos arquitetos se amplia. Não com a mesma velocidade em que flui a vida. Mas se amplia na medida em que o pensamento idealista vai perdendo as suas bases dentro da sociedade.

Os jovens arquitetos brasileiros exibem hoje uma atividade artística que está cada vez mais longe de condená-los à vida isolada do velho conceito de artista.

Ao contrário, avançam, com as características de uma formação universitária que é de novo tipo, para a interpretação da história e seu aproveitamento em termos novos, para o conhecimento científico das ciências econômicas e das ciências sociais, que poderão transferir para a formação de sua consciência de artistas. Mas como artistas, também, e muito especialmente, invadem todos os setores das artes visuais, enriquecendo-se com uma experiência plástica que um futuro próximo mostrará a importância. É inevitável que alguns se desencaminhem para posições aristocráticas e antiquadas, mas serão estes sempre uma minoria. A grande maioria, os melhores expoentes, constitui hoje uma corrente cujo caminho nos permitimos prever.

Caminharão passo a passo no trabalho cotidiano. Como queria Paul Langevin: "O pensamento nasce da ação e, num espírito sadio, volta para a ação".

1. Ver pp. 232-234 da presente edição. [N.O.]
2. "Forma e função na arquitetura". Módulo, Rio de Janeiro, n. 21, 1959, pp. 3-7. [N.O.]
3. Ferreira Gullar, *Cultura posta em questão*. Rio de Janeiro, Civilização Brasileira, 1965. [N.O.]
4. Leandro Konder, *Marxismo e alienação*. Rio de Janeiro, Civilização Brasileira, 1965. [N.O.]

ARQUITETURA E TÉCNICA

1 **UMA DIRETORIA DE ARQUITETURA** LUIZ NUNES [*Revista da Diretoria de Engenharia da* PDF, Rio de Janeiro, n. 3, pp. 55-60, mar. 1936] 2 **AOS JOVENS ARQUITETOS** VILANOVA ARTIGAS [*AD-Arquitetura e Decoração*, São Paulo, n. 17, mai.-jun. 1956] 3 **CRIATIVIDADE ARQUITETÔNICA E SUBDESENVOLVIMENTO** DEMÉTRIO RIBEIRO [CJ *Arquitetura*, São Paulo, n. 9, p. 10-14, 1975] 4 **ARQUITETURA E TECNOLOGIA** LINA BO BARDI [*Arquitetura e desenvolvimento nacional.* São Paulo, IAB-SP/Pini, 1979, pp. 21-22]

[1] LUIZ NUNES

Uma diretoria de arquitetura

Com o decreto n. 4, de 29 de agosto de 1935, o governador do Estado de Pernambuco, dividindo a Secretaria de Obras Públicas em diretorias técnicas especializadas, criou, entre outras, a Diretoria de Arquitetura e Construções (DAC), que foi a primeira organização oficial neste gênero levada a efeito no país.

Naturalmente, a criação dessa diretoria correspondeu à organização, em moldes definitivos, de medidas anteriormente postas em prática, com êxito, visando uma orientação oficial, rígida, livre de qualquer influência individualista, absolutamente técnica, para os serviços de arquitetura que o Estado está sempre realizando, dentro de suas possibilidades.

Ainda em fins de 1934, tudo o que se referia à arquitetura, tanto em obras estaduais quanto municipais, era feito à revelia. Apenas a prefeitura de Recife procurava melhorar o tipo de construções na capital, mantendo para isto uma "censura de fachadas" ou, mais prosaicamente, uma "censura estética".

É inútil dizer que censura de fachadas é, e será sempre, em qualquer lugar, absurda e prejudicial. É impossível querer regular questões de bom gosto ou bom senso quando questões puramente técnicas escapam aos mais rígidos regulamentos. Mesmo que isto fosse possível, seria desastroso — como aliás tem sido sempre — subordinar todas as construções de uma cidade ao sabor de um profissional, por mais competente que seja. De mais a mais, já não há quem ignore que arquitetura não é uma questão de fachada...

Assim, existe somente uma solução. Em vez de estar o governo censurando os particulares, numa atitude hostil e inútil, e se permitindo os mesmos erros e absurdos, deveria antes cuidar dos seus edifícios, fazendo com que obedeçam a projetos elaborados dentro de um critério único e que sejam construídos em moldes mais avançados e adequados. Poderia, deste modo, o governo fazer compreender melhor o sentido da arquitetura, estimulando e orientando objetivamente os particulares e conseguindo nos seus próprios edifícios vantagens imediatas sob todos os pontos de vista.

O *standard* de construção no norte do país é baixo, não só por falta de recursos como também pelo desinteresse e inépcia dos que professam nestas atividades; portanto, uma repartição organizada, nos moldes previstos, poderia perfeitamente dar ao Estado bons edifícios, influindo diretamente em toda a região para uma revisão completa de velhos processos construtivos, deficientes, ainda empregados, e melhor orientação nas inovações ainda mal assimiladas e compreendidas. Para tanto, nunca faltariam ao Estado meios e recursos. A possibilidade de contratar profissionais experimentados garantiria o êxito sob o ponto de vista técnico. A facilidade de importação com isenção de impostos permitiria (e já estava permitindo) o uso dos mais importantes materiais por preços reduzidos de 50 a 60%.

Ainda o aproveitamento racional das oficinas do Estado, das escolas técnico-profissionais e da Casa de Detenção, já bem instaladas, trabalhando com materiais de custo assim favorável, acrescidos de mão-de-obra também favorável, poderia fornecer tudo de que se precisasse, fazendo render aquelas oficinas até então onerosas e criando, simultaneamente, nestes lugares de trabalho e ensinamento, campo vasto para uma industrialização organizada, que cooperaria diretamente na elevação do salário operário, e melhor preparação dos que freqüentam escolas-oficinas, onde toda atividade, atualmente, se resume em obras pessoais destituídas de senso e significação, cuja aprendizagem, por mais esforçada que seja, os colocará sempre à margem da realidade.

Centralizados todos os serviços de arquitetura e construções numa única repartição devidamente aparelhada, evitaria o governo o péssimo processo de concorrência para as suas edificações. Nas concorrências sempre tem havido maus resultados. Talvez haja raríssimas exceções; provam-no as obras existentes, feitas por esta modalidade. Além disso, obrigam o governo a manter um corpo considerável de fiscais, impossibilitam a pesquisa tirando-lhe a mais importante finalidade que é a introdução de novos processos, impedem a sistematização do trabalho e a uniformização de elementos que tanto beneficiam as obras, dificultam a vantagem obtida com a isenção de impostos em material importado, tornam praticamente irrealizável o espírito de unidade tão necessário em obras públicas e destroem por completo a utilização dessa atividade para fins educativos e experimentais.

Num meio pobre, esta possibilidade de o governo construir bem e por preço baixo, melhorando as condições locais, educando, aperfeiçoando, selecionando, pesquisando e uniformizando, seria uma conquista de ordem técnica e social tão expressiva que justificaria todos os sacrifícios, embora contrariando as paixões mesquinhas, as competições vaidosas e os interesses inconfessáveis, que tudo neutralizam e dissolvem.

Foi bem compreendendo todas estas razões que o interventor daquele Estado baixou o decreto n. 352, de 3 novembro de 1934, criando a Seção Técnica de Engenharia e Arquitetura, que alguns meses mais tarde desapareceria, absorvida pela Diretoria de Arquitetura e Construções.

Criada a DAC, procurou esta, para atingir as suas finalidades, organizar-se, com os reduzidos recursos disponíveis, tanto de material quanto principalmente de pessoal, de modo a poder, com um quadro mínimo de funcionários efetivos e com um quadro variável de contratados, ampliar-se ou reduzir-se conforme as necessidades do serviço, sem prejuízo da sua organização estrutural e de soluções de continuidade. Assim, o quadro mínimo, fixo, manteria a organização desejada atendendo aos serviços imprescindíveis de conservação e levantamento do patrimônio [...].

Conforme o quadro, eram as seguintes as principais atribuições da DAC:

a) estudar, projetar, detalhar, especificar e orçar todos os edifícios estaduais;
b) construir, reformar, adaptar e conservar todos os prédios estaduais;
c) projetar e construir edifícios municipais quando solicitados pelo Departamento das Municipalidades;
d) os edifícios particulares, mas de interesse público, que gozassem favores ou subvenções do Estado ou dos municípios, poderiam ser projetados e construídos pela DAC;
e) aprovar todos os projetos a serem construídos com verba estadual.

Estudados os primeiros projetos dentro do critério já exposto, e iniciados os serviços de construção, todas as seções, devidamente articuladas e mais ou menos orientadas para os fins desejados, passaram a colaborar com relativa eficiência, mostrando logo de início graves e pequenos erros, que geralmente passam despercebidos, e muitas vezes reincidem, com prejuízo do custo e acabamento das obras. [...]

Iniciativas de caráter técnico e econômico foram também realizadas, como uniformização dos tipos de esquadrias, com adoção de caixilhos de ferro para os vãos externos, dos tipos de pavimentações, adoção de estruturas e principalmente de coberturas em concreto armado. Na construção do Hospital da Brigada Militar, com exceção dos capatazes, todo corpo operário é constituído por soldados, com redução de custo e formação de operários-soldados devidamente especializados. O mesmo se fazendo na construção do Reformatório de Menores com a mão-de-obra dos abrigados maiores de 18 anos.

Outra iniciativa de grande significação social, que a DAC estava prestes a realizar, era a alimentação de seus operários. Estudos de particulares e observações de empresas industriais dão como causa quase absoluta da pouca produtividade do trabalhador nortista a falta de nutrição suficiente e adequada. Assim, qualquer solução dada para melhoria dessa miséria seria bastante proveitosa e significativa. Seria a assistência mais elementar que o Estado daria aos seus trabalhadores.

Agora, a notícia trazida pelos jornais de Recife da extinção da DAC, levada a efeito pelo próprio governo que a criou, naturalmente iludido em sua boa-fé pelos que insinuam questões de ordem técnica com o fim único de acobertar interesses pessoais e subalternos prejudicados, toma um aspecto bastante triste e desolador, confrontado com outra notícia que traz o *Boletim de obras públicas* n. 17, de 1935, da República Argentina, relatando a iniciativa do governo da república vizinha criando a Diretoria Nacional de Arquitetos, entregue à direção do arquiteto José A. Hortal. [...]

A seção de orçamento e controle, mais ou menos aparelhada com fichários, mapas e boletins de serviço, ia, pouco a pouco, acusando as vantagens e desvantagens provenientes do projeto, de seus detalhes, dos processos construtivos, da organização do trabalho, das dificuldades do pessoal, indicando com dados precisos e numéricos a verdadeira orientação a ser seguida.

Os orçamentos, que deveriam ser o mais detalhados possível, mostrariam o custo de cada um dos serviços por partes: material e mão-de-obra. Esta disposição, muito trabalhosa a princípio, facilitaria um justo pedido de material e perfeito controle durante a execução das obras.

Todos os elementos necessários ao controle eram fornecidos pelas obras em boletins diários em que constavam os materiais empregados com as respectivas quantidades e medições, e pessoal com respectivos salários e designação do tempo gasto em cada um dos serviços. Ainda os talões de recebimento de material completavam os elementos que serviriam de base para o controle e a organização de orçamento retrospectivo, que manteria sempre ajustadas as tabelas de preços.

Todos os materiais existentes nas obras também eram controlados de modo idêntico, competindo assim ao escritório a providência em tempo do material necessário. Estes serviços, embora ainda numa fase inicial, já correspondiam à expectativa.

Contando com uma existência muito curta e tempo de atividade normal menor ainda, a DAC pôde, contudo, apresentar, um ano após o primeiro decreto que dispôs sobre o assunto, uma produção promissora que, comparada ao que existia, muito significa, porém quase nada em face do que devia ainda produzir e realizar no âmbito formidável das suas finalidades e atribuições. [...]

É lamentável, portanto, que tal conquista desapareça. É necessário que todos que administram compreendam bem que a arquitetura não pode deixar de ser uma preocupação administrativa porque é uma demonstração de cultura.

Uma repartição nos moldes da DAC, além de todas as vantagens, já vistas, de ordem material, técnica, econômica e social, marcaria através do tempo uma época.

Os prédios escolares do Rio de Janeiro recém-construídos, apesar das críticas de que são passíveis, serão por muito tempo marcos eloqüentes de uma atividade. Em Recife mesmo, até hoje, as obras realizadas por Nassau, dentro desse mesmo espírito, atestam ainda o que foi aquele início de colonização.

[2] VILANOVA ARTIGAS

Aos jovens arquitetos

Não posso negar que recebi com a mais profunda emoção a minha escolha para paraninfo desta brilhante turma de jovens profissionais da arquitetura. Sei que, ao me convidarem para essa honrosa tarefa, fostes movidos por aqueles sentimentos de amizade e simpatia que entre nós se desenvolveram através dos anos em que convivemos dentro da escola, nas assembléias e reuniões profissionais e no trabalho diário diante das pranchetas. Foram anos de longos, profícuos e ardorosos debates em que todos nós, professores e alunos, procuramos conhecer tudo o que nos parecia eivado de rotina e atraso. Buscávamos novos rumos na arquitetura e tentávamos, ao mesmo tempo, novos caminhos para o nosso trabalho profissional.

Esta procura constante, este debate franco e leal foram os elementos que forjaram a nossa amizade e que hoje, na hora em que recebeis o vosso diploma, permitem que eu retome os palpitantes temas de nossas discussões e continue a vos falar com a simplicidade de velho amigo e colega. Lembrar a nossa convivência tão amável e proveitosa significa para mim, neste momento, reacender, ainda que por breves instantes, a chama de nossos calorosos e fraternais debates.

Um jovem arquiteto brasileiro ao abandonar hoje os bancos universitários, para enfrentar os problemas tão variados da vida profissional, já encontra uma soma abundante de trabalhos realizados pelos seus colegas mais antigos. Já encontra um grande e rico acervo de experiências a ser preservado e desenvolvido.

Embora não estejamos em condições de realizar um balanço da arquitetura no Brasil, na etapa atual, por se tratar de um processo ainda em pleno desenvolvimento, tornam-se possíveis, contudo, algumas constatações fundamentais que podem nos aproximar do conhecimento de algumas de suas principais características e podem facilitar a nossa apreciação crítica.

É inegável que a nossa arquitetura tem granjeado sucesso mundial justamente por apresentar alguns aspectos originais, tipicamente brasileiros. Nossa arquitetura confirma, na prática, que o processo de universalização da arte é alcançado na medida em que ela reflete o espírito nacional, as expressões mais características de seu próprio povo.

A semente colhida na experiência européia caiu, no Brasil, em terreno fértil e pôde frutificar graças ao talento e esforço de um grupo de artistas e profissionais que procuravam ansiosamente novas formas de expressão, capazes de atender às exigências de uma técnica que buscava atingir o desenvolvimento material do mundo contemporâneo. Esse talentoso grupo de arquitetos soube, até certo ponto, adaptar as expressões estrangeiras às condições de nosso meio físico e ao espírito de nossa gente.

Acreditamos, mesmo, que não é preciso um conhecimento aprofundado dos problemas da expressão arquitetônica de outros países para reconhecermos, na elegância do Ministério da Educação, na graça brasileira do conjunto da Pampulha ou na sobriedade da sede da Associação Brasileira de Imprensa, uma nota nova, uma elaboração inédita e uma busca constante do espírito nacional. Nossa arquitetura, ao mesmo tempo que dá resposta aos requisitos de uma técnica que se moderniza, procura se distinguir dos padrões estrangeiros. Vemos, por outro lado, que as expressões novas da arquitetura no Brasil vêm sendo aceitas pelo povo, mesmo quando esta se apresenta em suas formas mais audaciosas. Podemos mesmo dizer que o povo brasileiro abre um crédito de confiança aos seus arquitetos. É nesse clima de simpatia e apoio popular que temos encontrado o maior incentivo ao nosso trabalho de criação. Contrariando o pensamento e as tendências de um pequeno grupo que ainda se apega ao ecletismo arquitetônico, a grande maioria de nossa intelectualidade logo compreendeu que os projetos dos arquitetos brasileiros revelam sempre o desejo ardente de encontrar uma solução técnica e artística adequada aos problemas da construção no Brasil.

Na própria vulgarização de certas conquistas da arquitetura brasileira devemos ver o reflexo da simpatia geral pelo esforço renovador e pelas soluções que ela propõe. Há os que encaram a rápida aceitação e a reprodução de certas formas construtivas, sem suficiente assimilação crítica ou elaboração criadora, como um sintoma de decadência. Julgamos que esse é mais um reflexo do apoio popular às nossas soluções. A democratização das conquistas da arquitetura deve ser encarada como o desejo ardente, por parte do povo, da aquisição de uma linguagem nova no campo da arquitetura.

Que isto não desespere os jovens no seu purismo às vezes exagerado. Estamos diante de um fenômeno de crescimento, de maturação, de transformação de uma quantidade nem sempre boa numa qualidade que há de ser forçosamente melhor.

Mas a arquitetura brasileira apresenta ainda outra característica de indiscutível importância. É o seu caráter inovador no terreno da técnica, o constante aproveitamento em seu bojo de todas as conquistas da engenharia brasileira. O caráter inovador de nossa arquitetura não pode ser apreciado, isoladamente, nos limites do fato arquitetônico. É o resultado de todos os esforços feitos no sentido do avanço no domínio da técnica e da ciência.

Seria impossível compreender o caráter inovador da arquitetura brasileira sem nos determos na contribuição extraordinária dada pela moderna técnica do concreto armado, que tem sido capaz de responder às mais audaciosas propostas dos construtores. Não é possível separar o sucesso artístico de nossos arquitetos da capacidade dos engenheiros brasileiros, os quais vêm demonstrando, através dos anos, a mesma intenção renovadora. Não é por acaso que temos hoje à nossa disposição uma experiência técnica no uso do concreto armado comparável à dos países mais adiantados do mundo. Apesar dos magníficos sucessos já alcançados, a arquitetura brasileira tem, entretanto, um número gigantesco de problemas a enfrentar. E a solução desses problemas abre uma árdua mas brilhante perspectiva de trabalho aos nossos jovens arquitetos.

É preciso dizer que ainda não afloramos os grandes problemas de construção que o nosso povo deseja ver solucionados. As cidades ainda nascem e crescem, em todo o território nacional, de maneira caótica e desordenada, à mercê da ganância imobiliária e dos grandes proprietários.

Verificamos ainda que a população brasileira, mergulhada no analfabetismo e sem assistência médica e hospitalar, está a exigir um grande número de edifícios destinados às escolas, hospitais e sanatórios. E é só à proporção que os arquitetos derem conta desses grandes problemas construtivos que a nossa arquitetura conseguirá comprovar definitivamente a sua eficiência e a possibilidade de desenvolver quantitativa e qualitativamente suas conquistas técnicas e artísticas em grau ainda impossível de ser previsto.

Os jovens arquitetos brasileiros têm, pois, pela frente um vasto campo de ação, cada vez maior à medida que o nosso povo for avançando no caminho do progresso e se libertando do atraso em que vive.

Todas estas constatações, portadoras de otimismo e confiança no futuro de nossa profissão, não nos devem levar ao comodismo, mas a estimular cada vez mais a nossa atividade. O progresso de um país não é fruto do acaso, mas o resultado de esforços tenazes e constantes do conjunto de seus filhos. Seguindo as tradições da intelectualidade brasileira, os arquitetos não podem de maneira alguma ter o seu horizonte restrito aos limites da prancheta.

A realidade é que a exuberância formal e a audácia técnica de nossa arquitetura esforçam-se para superar uma realidade social caracterizada pelo atraso de sua infra-estrutura. No quadro da arquitetura, como no de todas as outras atividades artísticas e profissionais, a intelectualidade brasileira defronta-se sempre com esta contradição básica da nossa realidade social: somos um país rico, de imensas possibilidades, cujo povo ainda vive em condições reveladoras de grande atraso.

Ao lado da moderna casa brasileira, confortável e tecnicamente ajustada a todas as condições de nosso meio físico, pululam as favelas e os cortiços. Mesmo na capital da República, que se orgulha de possuir os mais belos exemplos de nossa arquitetura, um quarto da população ainda habita os morros e os mangues. Metade da população de São Paulo vive inteiramente desligada da organização urbana, como que num acampamento, pois não dispõe nem ao menos dos serviços públicos — água, luz, esgoto, calçamento ou transporte — que lhe permitam sentir que habita uma cidade.

Já é grande o número de profissionais, e entre eles muitos arquitetos, que unidos estão se batendo contra este estado de coisas. Oscar Niemeyer, em recente conferência pronunciada na Faculdade Nacional de Arquitetura, em face dessa dolorosa contradição, assim se referiu às suas próprias criações:

> Obras que — muitas vezes apreciáveis sob o ponto de vista arquitetônico — refletem invariavelmente o desequilíbrio social de nosso país, constituindo não raro verdadeiro acinte a esta maioria esmagadora que, privada dos mais elementares recursos, vive ainda nos casebres que conhecemos.

As forças produtivas, como as forças sociais, estão igualmente atrasadas. A indústria nacional não se desenvolve no ritmo necessário a fim de transformar-se no instrumento que precisamos para abandonar definitivamente os restos coloniais que emperram o nosso desenvolvimento técnico. Dispomos de cientistas de valor e de técnicos capazes, que, como nós, estão limitados pelos estreitos contornos em que vivemos.

Os interesses profissionais dos arquitetos brasileiros estão, pois, estreitamente vinculados aos interesses e às aspirações da grande maioria do nosso povo e subordinados à superação desta contradição básica que apontamos. Contradição que será superada na medida em que a intelectualidade participar da luta geral que já se trava pela emancipação econômica do Brasil.

No futuro, que precisamos tornar próximo, as cidades devem ter planos diretores que norteiem o seu crescimento e satisfaçam as necessidades de sua população. E o problema da casa popular, que ainda não foi além dos nossos esboços, apesar dos meros institutos que dela se têm encarregado, deve ser resolvido em pedra e cal, em cimento e ferro. Milhões de brasileiros das cidades e dos campos estão à espera de moradias saudáveis e higiênicas. A nós caberá atendê-los.

Trata-se, portanto, meus caros colegas, de encontrar o caminho que nos afaste das posições teimosamente acadêmicas que temos assumido. Não podemos permitir que nos transformem em meros experimentadores dos laboratórios de arquitetura a serviço de uma minoria opulenta, desligada dos interesses populares.

A plena consciência da realidade brasileira nos indica a necessidade de transformações profundas na estrutura econômica e social de nosso país. Não devemos nos esquecer de que dominamos uma arte e uma técnica que, para o seu pleno desenvolvimento e aplicação, exigem condições sociais e econômicas favoráveis, a existência de uma nação plenamente desenvolvida e de um povo próspero e feliz.

Meus jovens colegas, seja-nos permitido dizer, nesta hora de alegria e de festa para todos nós, que os arquitetos brasileiros, os jovens e os velhos arquitetos, sentem-se igualmente orgulhosos dos sucessos obtidos pela nossa arquitetura. Esses sucessos refletem não só o talento dos nossos profissionais, sempre em busca de novas formas e soluções técnicas, mas todos os ideais de progresso e de perfeição que constituem a principal característica da cultura nacional e a mais cara tradição da intelectualidade brasileira.

Vós sois os dignos herdeiros dessas valiosas qualidades e honrosas tradições. Está agora em vossas mãos preservá-las e desenvolvê-las através de um trabalho honesto, da infatigável procura da verdade, da subordinação constante dos interesses individuais aos interesses mais gerais da sociedade em que vivemos.

Jovens arquitetos, ao sairdes da nossa querida faculdade para enfrentar a vida profissional, tão cheia de lutas, mas ao mesmo tempo tão fértil em alegrias e estímulos do trabalho criador, abrem-se diante de vós as avenidas de um futuro radioso e feliz. Tende a certeza de que o vosso futuro se confunde com o do nosso povo e da nossa pátria — futuro de progresso e de felicidade.

[3] DEMÉTRIO RIBEIRO

Criatividade arquitetônica e subdesenvolvimento

O papel da ideação e da tecnologia na criação arquitetônica constitui o tema do XII Congresso da União Internacional dos Arquitetos (UIA). Nenhuma das questões implícitas no tema pode ser colocada corretamente sem uma compreensão do contexto histórico do exercício da arquitetura, pois a produção da arquitetura é um processo essencialmente social. Não existem concepções arquitetônicas isoladas dos fatores culturais da sociedade, isoladas da realidade política, jurídica, artística e outras, que condicionam o pensamento coletivo. Seria, por outra parte, impossível estudar a ação da tecnologia no processo da criação arquitetônica abstraindo-a do contexto econômico, social e institucional em que se desenvolve, se transmite e se usa o conhecimento tecnológico.

O alcance cultural deste Congresso dependerá, precisamente, de um enfoque amplo dos problemas que pretende estudar, pois uma análise restrita dos aspectos subjetivos da criação arquitetônica seria insuficiente para esclarecer o que há de fundamental na questão.

Do ponto de vista dos arquitetos das nações em desenvolvimento, integrantes de povos que enfrentam grandes desafios históricos, o tema do XII Congresso é importante na medida em que enseja a discussão de problemas concretos ligados ao seu papel no progresso nacional.

Cabe, antes de tudo, fixar uma definição adequada da palavra "ideação", adotando a acepção ampla de formação coletiva de idéias, de capacidade inventiva do povo, e não apenas de talento individual. A ideação arquitetônica, além disso, há de ser entendida obviamente como incluindo o conceito de imaginação criadora, traço específico da arquitetura.

O termo "tecnologia" há de ser, por sua vez, conceituado como instrumento inseparável de toda criação humana. A tecnologia moderna resulta inelutavelmente do progresso das forças produtivas, assim como a ampliação de seu acesso ao povo; isto pode resultar no progresso econômico de cada país. A própria tecnologia resulta da inventiva humana. Os conflitos surgidos entre ela e suas próprias aplicações na arquitetura são manifestações de um fenômeno mais amplo da realidade histórica contemporânea, existente em todos os campos de aplicação da técnica moderna.

Em virtude de condições socioeconômicas que limitam e distorcem o uso das técnicas, e que subordinam esse uso, de uma forma ou de outra, à finalidade meramente comercial, existe, necessariamente, um distanciamento profundo entre o processo técnico e as aspirações humanas. A técnica que o homem cria aparece-lhe como objeto estranho à humanidade. Essa alienação da tecnologia moderna há de ser, pois, encarada de frente no debate do problema, pois que condiciona toda a realidade concreta das experiências no campo em estudo.

A alienação tecnológica assume caráter especial em países em vias de desenvolvimento como o nosso, em decorrência dos estreitos vínculos existentes entre importação de tecnologia e dependência econômica.

No quadro do subdesenvolvimento, o progresso técnico, além de estar restrito às camadas dotadas da necessária capacidade aquisitiva, funciona também como veículo auxiliar do colonialismo cultural, fator poderoso de retardamento da percepção coletiva dos verdadeiros interesses nacionais. A introdução da tecnologia oriunda dos países industrializados, em obediência à finalidade de penetração e de exploração econômica, atingindo um mercado restrito, sem elevar o baixo nível técnico de vida de outras extensas camadas da população, constitui um aspecto típico do subdesenvolvimento.

O processo de importação das técnicas deve ainda ser examinado à luz da constatação histórica de que o desenvolvimento periférico tende a engendrar o mimetismo cultural.

É traço característico dos países em vias de desenvolvimento a coexistência de áreas atrasadas por um lado e de grandes cidades modernas, por outro lado. Essa realidade alimenta a superestimação da tecnologia que atualmente impera entre nós, especialmente nos meios situados em posições decisórias. Essa ideologia pressupõe que o único caminho do progresso é o que foi percorrido pelos países hoje industrializados, que nos servem de exemplo. A degradação da vida urbana seria então resultado inevitável do crescimento econômico e da superação do atraso.

Quanto à imaginação, seu papel na criação arquitetônica tem sido questionado em conseqüência do desenvolvimento dos recursos técnicos e sobretudo da difusão de conceitos tecnicistas e mesmo tecnocráticos.

Não se pode, porém, deixar em segundo plano o papel da imagem, nascida da observação e do convívio direto com a realidade, no processo transformador que é a arquitetura. Essa subestimação levaria a perder de vista a especificidade histórica da arquitetura como área determinada dentro do conjunto maior do conhecimento e da ação humana.

Uma clara noção do vínculo específico que a imaginação estabelece entre a criação arquitetônica e a realidade concreta circundante é essencial para se perceber, em toda a sua profundidade, as raízes culturais locais da verdadeira arquitetura. Essa noção é básica para se enfrentar corretamente a ideologia tecnicista em voga.

Para arquitetos de países em vias de desenvolvimento é indispensável estimar, em seu verdadeiro sentido, as pressões em favor da superioridade das soluções importadas.

Considerada em sua verdadeira significação, a organização do espaço habitado, em países como o nosso, situa-se no próprio centro das grandes opções históricas. Organizar o espaço em conformidade com as reais necessidades materiais e espirituais dos nossos povos, e não segundo diretrizes externas, e opor-se à dependência. As tarefas do arquiteto, neste caso, se inserem no esforço comum de afirmar uma cultura que existe e se constitui apesar da dependência.

Tal é o sentido que pretendemos dar à nossa tarefa profissional, e a confiança com que a encaramos resulta da confiança que temos nos destinos da nossa cultura e no futuro de todos os povos subdesenvolvidos.

A história da arquitetura brasileira é uma história da transformação de modelos cosmopolitas em afirmações originais de uma cultura genuína. Tal aconteceu com o barroco na fase colonial, com o neoclássico na época imperial e, neste século, com a inspiração do racionalismo arquitetônico europeu.

Nosso passado encerra muito ensinamento sobre a questão das relações da tecnologia com a criatividade. Na fase colonial, inúmeros são os exemplos de espaços arquitetônicos, inclusive urbanos, em que a imaginação do povo e de seus artistas superou a indigência de recursos materiais. Dessa pobreza resultou uma arquitetura essencialmente feita de valores construtivos, ou seja, baseada muito mais nas técnicas de trabalho do que na decoração. Essas características asseguraram uma certa afinidade entre nossa tradição arquitetônica e a arquitetura moderna. Podemos encontrar, nessa herança do passado, um exemplo de integração da técnica na criação arquitetônica.

O movimento da arquitetura moderna brasileira, desde suas primeiras manifestações na década de 20, foi uma expressão das aspirações de modernização da sociedade brasileira, e, entre os aspectos dessa desejada modernização, figurava com destaque a exigência de técnicas novas. Em nome da criatividade, do bem-estar e da dignidade do homem, do direito à alegria e à beleza, os pioneiros da arquitetura moderna brasileira foram arautos de um progresso técnico posto a serviço do homem.

Hoje, mais de três décadas após o surgimento da arquitetura moderna no Brasil, muito avançou a tecnologia nacional e muito cresceu a nossa indústria, e a arquitetura brasileira adquiriu fama mundial.

Entretanto, um balanço realista da nossa situação presente evidencia que, longe de estar sendo ameaçada por qualquer excessivo desenvolvimento das técnicas, a capacidade criadora do nosso povo, em termos de organização coletiva do meio habitado, sofre principalmente do atraso econômico e da estreiteza da faixa de acesso popular aos benefícios da técnica moderna. Segundo dados recentes, pode-se estimar que menos da metade dos domicílios urbanos ocupados possuía água corrente e menos de uma quarta parte deles possuía esgotos.

A técnica da indústria da construção de edifícios e a da produção de seus equipamentos progridem, no Brasil, no quadro global do crescimento desigual já mencionado aqui. A desigualdade manifesta-se basicamente em termos de poder aquisitivo e, conseqüentemente, de uso da arquitetura pelos diferentes *status* sociais de renda.

O progresso das técnicas mais avançadas de construção civil é entravado por dois fatores: em primeiro lugar, o baixo custo do tempo de trabalho não qualificado e, em segundo lugar, a dificuldade, e mesmo a impossibilidade, de se constituírem operações industriais na escala conveniente com o mercado disperso, tanto no âmbito dos consumidores quanto no de parcelamento do solo urbano.

As iniciativas governamentais no campo da habitação, se bem que orientadas no sentido de racionalizar a escala dos empreendimentos habitacionais, incluem forçosamente entre os seus objetivos a manutenção de um mercado de trabalho para a mão-de-obra não qualificada, tornando-se assim inviável a promoção de técnicas mais avançadas.

Produz-se a cada dia maior diversidade de equipamentos residenciais para um mercado restrito, sem que se verifique uma contribuição proporcional da nossa capacidade criadora nessa produção. Os nossos arquitetos e artistas não têm encontrado ainda nesse processo o lugar que lhes corresponderia. Um extenso campo permanece à espera das pesquisas necessárias para definir soluções técnicas novas que correspondam às necessidades específicas do nosso progresso. Em tais circunstâncias, o interesse pela pesquisa técnica deve ser prioritário para os arquitetos.

O Brasil atravessa, atualmente, uma fase de urbanização de intensidade excepcional. O país está passando, com rapidez extrema, da condição de país rural para a condição de país urbano. As grandes cidades crescem num ritmo sem precedentes, e nelas se abriga uma parcela, cada vez mais importante, da população total do país.

Acrescentamos que, nesse quadro, as aplicações da tecnologia refletem, com extrema agudeza, as contradições da alienação tecnológica já mencionada, e que o predomínio dos preconceitos tecnicistas, como expressão da estratificação social, traduz-se nos mais diversos aspectos da vida urbana. Com efeito, a cidade define-se mais pelas necessidades da circulação do automóvel do que pelas do homem, na condição de ser pensante e sensível.

Como conseqüência do aumento ininterrupto da taxa de motorização e dos problemas decorrentes da ausência de medidas prévias adequadas de planejamento urbano, tem-se desenvolvido um setor relativamente novo no progresso técnico urbano. Obras como viadutos, vias elevadas, túneis, passarelas etc. têm sido construídas nas grandes cidades com o fim de compensar saturações nas vias de circulação. Tais obras têm adquirido, perante a opinião pública, culturalmente despreparada, o caráter de símbolo do progresso moderno — o que tem feito desse tipo de empreendimento um significativo fator de promoção política. A questão merece a atenção e a crítica da população e dos arquitetos, pois os preconceitos tecnicistas têm conduzido à adoção de soluções inadequadas e onerosas, e inoperantes até mesmo para a circulação urbana como um todo.

Esse quadro não deve ocultar o fato de que os maiores entraves à criatividade dos arquitetos no campo do urbanismo residem ainda no atraso econômico e institucional. Com efeito, a extensão dos serviços urbanos, elemento essencial do espaço urbano, reflete os desníveis de renda. Por outro lado, a especulação imobiliária e o parcelamento da terra urbana reduzem a quase nada as possibilidades de uma criação urbanística original. Não se pode esquecer sobretudo que o progresso dos grandes centros coexiste com a miséria dos subúrbios.

Quanto à rede de equipamentos urbanos comunitários, a primeira constatação que se impõe é a da sua generalizada insuficiência e a exigüidade relativa dos investimentos nesse setor, circunstância que se deve, pelo menos em parte, à origem dos investimentos urbanos. A natureza dos empréstimos destinados aos investimentos públicos, freqüentemente de origem externa, é tal que as condições impostas incluem praticamente os gastos que não trazem resultados verificáveis.

O acelerado processo de urbanização do país e o seu desenvolvimento industrial tornam cada dia mais agudo o problema de proteção dos valores naturais. O controle de grandes setores da nossa indústria por empresas multinacionais ou simplesmente estrangeiras, isentas de vínculos com o interesse geral da população local, encerra perigos evidentes e já reconhecidos para a salvaguarda do patrimônio natural, uma vez que agem em conformidade com seus interesses imediatos, que consistem em transferir para os países menos desenvolvidos os níveis de poluição não mais tolerados nos seus países de origem. As decisões empresariais externas tendem, pelo seu dinamismo espontâneo, a transformar países como o nosso em verdadeiras cloacas da indústria multinacional. Os prejuízos irreparáveis decorrentes de tal política são falsamente apresentados como conseqüências fatais do progresso, como sendo o preço do desenvolvimento.

As condições em que os arquitetos exercem sua atividade criadora vêm experimentando mudanças sensíveis nos últimos anos. Os planos governamentais no setor de habitação deram origem, nas últimas décadas, à adoção de técnicas de planejamento mais requintadas, com base na pesquisa multidisciplinar. Esse processo, que está, aliás, longe de corresponder à prática real, coincidiu com o desenvolvimento no país das atividades de planejamento econômico, principalmente a partir de exigências dos investimentos oriundos do exterior. Desse concurso de circunstâncias decorreu rápida generalização de metodologias relativamente sofisticadas, principalmente na pesquisa.

Também resultou dessa circunstância a atuação de grandes empresas técnicas no campo do urbanismo. A nova situação coloca diversos problemas perante os arquitetos brasileiros. Além dos aspectos puramente profissionais, aliás importantíssimos, que apresenta, a atuação de grandes firmas representa por si só um risco de subordinação dos valores técnicos e, sobretudo, criativos aos critérios promocionais e mesmo comerciais. Os processos de trabalho no seio de tais organizações tendem, inevitavelmente, a valorizar a pesquisa e a elaboração setorial em detrimento da criação global.

O problema adquire importância especial quando se trata de firmas vinculadas a interesses de investidores externos potenciais. Nesse caso, configura-se uma total inversão de valores, de vez que a capacidade criadora nacional vê-se alheada em benefício de interesses econômicos alheios, sob o falso pretexto de uma suposta superioridade de *know-how* estrangeiro. Esse resultado de pressões externas aos resíduos do colonialismo cultural existente entre nós é objeto de uma severa e constante crítica por parte da seção brasileira da União Internacional dos Arquitetos. Trata-se de uma problemática complexa, pois a passagem da condição de arquiteto liberal à condição de arquiteto integrante de equipe é um processo inerente ao progresso histórico. A meta dos arquitetos será evitar que tal processo limite suas possibilidades de criação.

Consideradas em si mesmas, as técnicas mais requintadas de avaliação e de análise, baseadas, em muitos casos, na computação eletrônica, deveriam, teoricamente, liberar as energias criadoras dos arquitetos; na prática, porém, seu uso exige cuidado e senso crítico. A aplicação de tais técnicas nem sempre corresponde a uma real necessidade do processo de planejamento, e nem sempre se apóia em dados suficientemente completos e seguros. Existe, por vezes, incontestavelmente, um alarde publicitário do uso de técnicas avançadas e também a utilização de meios herméticos pretensamente infalíveis, para subtrair as opções do planejador do julgamento da opinião pública. Nenhuma dessas constatações justifica, porém, uma recusa do uso de técnicas mais avançadas na elaboração do projeto. São recursos que abrem largos horizontes ao poder criador do homem, desde que usados efetivamente para este fim.

As observações que antecedem uma situação específica, que não é exclusiva do nosso país, podem ser resumidas nos seguintes pontos:

a) A existência de metrópoles onde se concentram os recursos econômicos e técnicos não pode esconder a constatação fundamental de que nos países subdesenvolvidos o maior entrave à criatividade, como processo coletivo de organização de espaço, reside na insuficiência de recursos econômicos.

b) As condições específicas do crescimento econômico no quadro do subdesenvolvimento fazem do próprio progresso técnico um instrumento da dependência e da alienação.

c) As deformações da tecnologia moderna pelos processos do consumo forçado não servem de fundamento válido para a subestimação do papel das técnicas do progresso humano e, muito menos, para a falsa oposição entre "criação" e "técnica".

d) Os aspectos contraditórios de que se reveste a criação arquitetônica num país em vias de desenvolvimento exigem do arquiteto mais do que a simples execução dos estudos e projetos que lhe são solicitados. O arquiteto defronta-se com grandes responsabilidades culturais; a ele cabe participar da avaliação crítica coletiva das proposições tecnológicas e das concepções arquitetônicas. Deve integrar a crítica intelectual de uma realidade que expresse todas as alienações do desenvolvimento periférico.

Importa reconhecer que os processos fundamentais de superação das contradições existentes situam-se fora do campo profissional do arquiteto. Devem ser claramente assinaladas as limitações à participação dos arquitetos nas decisões fundamentais. No plano da definição dos objetivos, essa participação é praticamente nula entre nós. No entanto, tendo em conta o alcance de muitas decisões econômicas e políticas para o futuro do espaço habitado, seria conveniente que os arquitetos fossem ouvidos, em todas as questões que envolvem forma de ocupação do solo. De toda maneira, é fundamental o papel que podem e devem desempenhar os arquitetos na educação da opinião pública. Trata-se do papel social do arquiteto em sua condição de intelectual.

A atuação mais importante dos arquitetos em termos de educação da opinião pública reside na ação de organização de classe, especificamente dedicada a fins culturais, no nosso caso o Instituto dos Arquitetos do Brasil, seção brasileira da União Internacional dos Arquitetos.

A esse órgão caberá não somente expressar as aspirações de classe junto ao poder, como promover a permanente atualização teórica de seus associados e sua conseqüente habilitação para desempenhar o papel social que lhes cabe. Todas essas atividades deverão ter por meta uma participação direta dos arquitetos no progresso técnico. Nunca se poderá admitir que a atualização do arquiteto possa reduzir-se a assimilar a propaganda comercial da tecnologia existente no mercado. Na avaliação crítica da tecnologia nova ofertada, cabe um papel importante aos arquitetos, situados, por força de suas atividades, entre as técnicas e o povo que a deve consumir. A crítica aos arquitetos como aos demais profissionais deverá atuar como contrapeso, ainda que parcial, da enorme carga de propaganda destinada a levar a população a aceitar discriminadamente tudo aquilo que se vende com o rótulo da tecnologia avançada. Na pesquisa técnica específica da construção civil, assim como na sistematização das experiências e avaliações, o arquiteto também tem um lugar assegurado e grandes responsabilidades a assumir.

Para estar à altura de suas responsabilidades, não podemos evitar um exame autocrítico de nossa atuação. Devemos verificar o grau de clareza das nossas idéias e o nível da nossa capacidade de aplicá-las. Devemos, sobretudo, ter a coragem de examinar em que grau estamos atrelados à alienação tecnológica e até que ponto temos servido à sua propagação e à sua consolidação.

Deve-se destacar, finalmente, a importância considerável da formação dos futuros arquitetos, ou seja, dos problemas do ensino da arquitetura, do ponto de vista do binômio concepção-tecnologia. Parte do problema já está sendo colocada na maioria das nossas escolas, sendo uma das críticas mais constantes observadas nelas, relativa à insuficiente integração do aprendizado tecnológico na formação prática do arquiteto. À luz do que foi dito, é evidente que também na universidade, além da assimilação da experiência existente, é um imperativo para o futuro arquiteto assumir posição de proposta e de crítica através de pesquisas originais específicas.

Para concluir, deve-se lembrar que a experiência que motivou essas considerações reflete uma problemática comum, em diferentes graus, a grande número de países. Acreditamos que, em todos os países subdesenvolvidos, a integração da tecnologia na criatividade é inseparável da transferência de tecnologia e da criação de uma tecnologia própria. Com todas as suas implicações políticas, são essas questões especificamente nacionais. Cada país as resolverá em conformidade com seus rumos históricos.

Quanto a nós, cremos que a solução dependerá da capacidade que tivermos de planejar o nosso progresso e de planejá-lo em termos globais, e não exclusivamente quantitativos.

As especificações das situações não impedem que, no plano das idéias, a participação dos arquitetos de todos os países do mundo seja indispensável para a solução deste importante problema da arquitetura contemporânea.

[Tese da delegação brasileira apresentada no XII Congresso Mundial da UIA, Madri, 1975.]

[4] LINA BO BARDI

Arquitetura e tecnologia

O Artigas e o Kneese de Mello nos deram uma injeção de otimismo quando falavam dos tempos heróicos, quando as idéias eram claras e os fins também claros. Hoje, estamos numa situação um pouquinho diferente. O que é que vocês vão fazer? Lutar contra os engenheiros? Lutar contra os pedreiros, contra os escritórios técnicos? Claro, é uma luta de classes, mas o problema é outro, o problema é o que vocês vão fazer não como base profissional, mas como fins. A arquitetura já chegou a uma nova utopia. A obsolescência da arquitetura hoje é clara, a perda de sentido das grandes esperanças da arquitetura moderna, claríssima.

A arquitetura moderna tinha um fim: a salvação do homem através da arquitetura. A Bauhaus foi a maior experiência nesse sentido. Muitos, entre vocês, talvez irão escolher o *industrial design*. Mas o que é hoje o *industrial design*? É a denúncia mais clara da perversidade de todo um sistema, que é o sistema ocidental. A obsolescência da arquitetura, que hoje é clara, está marchando para a perda de metáforas. Vocês têm que fazer um esforço, como fizeram o Artigas, o Kneese de Mello e eu também. As dúvidas eram outras; como disse o Kneese, de trabalhar para a academia ou trabalhar para a arquitetura moderna. Mas hoje, arquitetura moderna não quer dizer mais salvação do homem.

Se você pega a *Falling Water*, de Wright, você tem que fazer um esforço para reconstituir aquilo que representa verdadeiramente na história da arquitetura moderna a *Falling Water*, ou o pavilhão de Barcelona, de Mies van der

Rohe. Você tem um exemplo disso naquilo que é toda a arquitetura ocidental. É claro que existem algumas exceções, há pesquisas, esforços, mas é um esforço sobre-humano. A posição do arquiteto é solta, ele não tem mais um fim dentro da arquitetura. O entusiasmo pela tecnologia, isto é, pela prática científica que informou toda a arquitetura contemporânea transformou-se em tecnocracia, em teoria dos modelos. E isso é importantíssimo. Pode-se verificar isso no Brasil.

A grande esperança da arquitetura contemporânea moderna foi o planejamento, a planificação urbanística, o plano nacional, regional, urbano. A teoria dos modelos, que é ligada ao sistema econômico, a tecnocracia à la McNamara, transformou também a arquitetura e o planejamento numa ação tecnocrática, utópica, de mesa, desligada dos verdadeiros problemas. Transformou-os num pseudoproblema de papel. O que está acontecendo agora, e temos um exemplo claríssimo na cidade de São Paulo, é o desligamento total do arquiteto dos verdadeiros problemas reais. O que está acontecendo é uma espécie de volta ao idealismo acadêmico — idealismo no sentido filosófico, não no sentido doméstico — baseado numa falsa tecnologia, a tecnocracia.

O Ocidente todo está tomando consciência disso. A grande tomada de consciência está na ação, mas existem problemas. Não existe uma solução imediata, porque esta é uma solução que depende de outro tipo de estrutura (não a da arquitetura), mas da necessidade de mudar, digamos, a paisagem. Dentro desta mudança de paisagem, o arquiteto tem que se virar. O idealismo de que estava falando é o idealismo tecnocrático. "Idealismo" porque é uma filosofia nova, perigosíssima, que permite ao arquiteto ficar feliz dentro de certos limites, desligando-se completamente da semiótica da realidade. A recuperação do sentido verdadeiro, não da projetação, mas do planejamento ligado às condições socioeconômicas, é uma *política*.

A recuperação do sentido de responsabilidade social é o primeiro passo para se chegar a uma visão clara que permita conservar os princípios da arquitetura moderna, que hoje estão ameaçados de afundar. A esperança do planejamento verdadeiro é a consciência em face da realidade da prática científica ligada à projetação. Sou contra ver a arquitetura somente como um projeto de *status*. Estou em desacordo com o meu querido amigo Kneese de Mello quando diz que os pedreiros não devem fazer arquitetura. Acho que o povo deve fazer arquitetura. É importante que o arquiteto comece projetando pela base, e não pela cúpula. Claro que o arquiteto tem que atuar, mas a partir da base, não da cúpula.

O perigo gravíssimo é o da volta ao artesanato que está se operando nos Estados Unidos e na Europa. Ninguém pode voltar a Ruskin e Morris. A volta ao artesanato ou ao folclore é uma coisa impossível, ainda mais no Brasil, onde o artesanato não existe. O que existe é um pré-artesanato popular, e não a verdadeira estrutura social artesanal como nos países mediterrâneos.

O problema do desligamento do arquiteto da realidade do próprio país depende, primeiro, da formação do arquiteto, isto é, da organização das escolas de arquitetura, não só no Brasil, mas em todo o mundo ocidental. É da estruturação porque o arquiteto perdeu a sua figura de arquiteto individual para se transformar num empreendedor. Pode-se trabalhar muito bem montando um pequeno escritório ou escritórios nas diferentes obras, trabalhando coletivamente. A figura do arquiteto trabalhando em cooperativa é perfeita.

Esses são problemas importantíssimos, especialmente no Brasil, onde há possibilidade de serem realizadas coisas fantásticas, maravilhosas. O que precisa ser feito é um plano de organização nacional no sentido de mudar o ensino da arquitetura no Brasil. Acredito que num país de grandes forças populares, como é o Brasil, vocês vão encontrar um grande apoio para isso. Vocês poderão construir uma linha de atuação, de base, como eu disse, se desligando de certos problemas, inclusive uma certa rejeição que hoje existe pela responsabilidade técnica da estrutura de uma obra de arquitetura. A estrutura de uma obra de arquitetura tem que ser *projetada* por um arquiteto, mesmo se calculada por outros, mas os problemas, que eu chamei de prática científica, devem ser conhecidos, e nisso o ensino é terrivelmente falho.

Paralelamente à arquitetura, os problemas do *industrial design* se apresentam com violência ainda maior. Tudo aquilo que está se produzindo no que se chama de *industrial design* é uma produção praticamente inútil. Na base de uma nova realidade, o estudo da verdadeira realidade, está a solução para esses entraves. Os problemas de classe são muito importantes, mas vocês não têm mais ninguém na frente, a não ser uma estrutura que não é somente da arquitetura, e que vocês não vão poder superar somente com os meios da arquitetura e do desenho industrial que "salvavam os homens".

[Depoimento prestado no ciclo de debates realizados pelo IAB-SP, em maio de 1979. Da primeira sessão, participaram os arquitetos Vilanova Artigas, Eduardo Kneese de Mello, Oswaldo Bratke e Lina Bo Bardi.]

ARQUITETURA E NACIONALIDADE 1 **A SEMANA DE 22 E A ARQUITETURA** VILANOVA ARTIGAS [*Módulo*, Rio de Janeiro, n. 45, pp. 21-22, mar./abr. 1977] 2 **A SUPERAÇÃO DA DEPENDÊNCIA CULTURAL** EDGAR GRAEFF [*Arquitetura brasileira após Brasília.* Rio de Janeiro, IAB-RJ, 1978, pp. 115-121] 3 **DA NECESSIDADE DE UMA CONSCIÊNCIA NACIONALISTA** EDUARDO CORONA [*Anais do IV Congresso Brasileiro de Arquitetos.* São Paulo, pp. 231-232, 1954]

[1] VILANOVA ARTIGAS

A Semana de 22 e a arquitetura

São os que gritam quando tudo cala. [Jorge de Lima]

A arquitetura moderna no Brasil tem suas origens nos movimentos modernizadores surgidos no primeiro pós-guerra. Período caracterizado por insurreições militares, lutas por reformas políticas, definiu-se no âmbito da literatura e das artes com a hoje afamada Semana de Arte Moderna de 1922.

Não se pode dizer que no bojo do movimento de 22 houvesse uma proposta que incluísse reformas necessárias na arquitetura brasileira. Mas é bem verdade que o movimento era suficientemente aberto a todas as artes para poder assimilar no seu desenrolar as inquietudes que foram se acumulando no meio dos intelectuais, artistas, arquitetos e construtores capazes de traduzir os acontecimentos europeus diretamente ligados à arquitetura, fortemente influenciados pela problemática socialista. Conta-se que Sérgio Buarque de Holanda trazia debaixo do braço livros de Le Corbusier para a conveniente agitação dos círculos de intelectuais e artistas de vanguarda. E Brecheret morava numa casa em São Paulo que me disse ter sido "desenhada" por Mallet-Stevens.

Politicamente, o país desembocou na Revolução de 30. Esta, no seu desenrolar, criou as condições para o encontro com o que havia em termos "revolucionários" entre arquitetos e artistas para a gestação dos planos para o Ministério da Educação.

A contribuição de Le Corbusier para o projeto do edifício do Ministério é inegável. Tem sido afirmada e reafirmada tantas vezes que não vale a pena pormenorizá-la. Cabe-nos, entretanto, constatar que o terreno cultural se achava como que preparado, dominado por figuras que puderam valorizar e assimilar com lucidez a experiência artística do mestre francês, conformando-a aos ideais nacionalistas e reformadores da Revolução de 30. E de tal forma que, na ausência de Le Corbusier, mudadas certas premissas que conduziram os primeiros estudos, o edifício foi sendo construído com a apropriação formal em termos de proporções, colorido, decoração e paisagismo, que fez dele o ponto de partida para uma aproximação cada vez maior de facetas características da memória artística brasileira. Foi muito do gosto de Malraux e de seu embaixador no Brasil salientarem a originalidade das formas arquitetônicas brasileiras porque independentes da influência francesa...

O edifício do Ministério mostrou que a tecnologia moderna de construções, a tecnologia do concreto armado, não estabelecia necessariamente um conflito com o repertório formal que mais tipicamente nos representava arquitetonicamente.

Esta descoberta acalmou uma polêmica "estilística" que durou algum tempo. As construções modernas no período que foi mais de perto ligado aos acontecimentos da Semana de 22 foram tidas como escandalosas, mecanicamente construtivas e *bolcheviques* para o ataque ideológico.

Não se pode negar que os participantes da Semana escandalizaram mais de uma vez.

A arquitetura brasileira, a partir do Ministério, roubou do saudosismo cultural o monopólio da defesa de nosso patrimônio histórico-artístico. Ao mesmo tempo, absorveu para si o programa de progresso tecnológico caro às correntes modernistas desejosas de começar tudo de novo, ainda que guardando a história numa redoma de vidro; importar colonizadamente tudo para uma nova cultura com menos amores à descoberta das "raízes brasileiras do universo" — como disse certa vez o poeta Moacyr Félix. Raízes brasileiras que, certamente, não se limitam às formas arquitetônicas de nossa memória, tão proibida pelas forças colonizadoras, mas todo um saber acumulado a serviço de um projeto maior de progresso social.

Com as obras da Pampulha, Oscar Niemeyer organiza a síntese necessária ao encaminhamento da arquitetura brasileira na direção segura que a caracteriza. Lucio Costa já chamou sua presença de milagre. A força de seu gênio, a partir das obras da Pampulha, conduziu a arquitetura brasileira para caminhos amplos e fecundos que fazem da possibilidade de pesquisa formal pelos mais jovens um vasto campo cultural.

A técnica de cálculo e construção em concreto armado se enriqueceu com os desafios que as novas formas de colunas e lajes, generosos vãos, foram sendo sugeridos pelos novos planos e projetos — disse-o Milton Vargas em recente reunião de engenheiros e construtores. As estruturas se multiplicaram e se diferenciaram. Possibilitaram novos volumes, roubaram a expressividade das velhas formas. Elas é que definem o edifício. Elas que possibilitam a descoberta de novos símbolos, como, por exemplo, a coluna do Palácio da Alvorada, que Malraux chamou de *cariátide*.

Nas estruturas se sintetizam, hoje, os achados na memória formal brasileira com os ardentes desejos de independência cultural, de procura de harmonia e de beleza tão caros ao nosso povo.

[2] EDGAR GRAEFF

A superação da dependência cultural

Fazendo um pequeno retrospecto histórico no movimento de renovação da arquitetura brasileira, destaco três momentos bem marcados quanto à produção.

Mil novecentos e trinta: data que marca o início do movimento de renovação. Foi quando Lucio Costa escreveu "Razões da nova arquitetura". Penso que, neste momento, ele iniciou o movimento de renovação.

O segundo momento foi o da grande afirmação da arquitetura nova no Brasil: a construção do Ministério da Educação e do Pavilhão do Brasil na Feira de Nova York. Isto foi em torno de 1940.

Creio que o Ministério da Educação e o Pavilhão não foram obras isoladas, não foram obras de exceção: havia autêntico movimento de renovação, com um grupo importante de arquitetos nele integrados e atuantes.

Os dois edifícios, que aponto como "índice", representam frutos de trabalho realizado por uma equipe, a equipe que costumamos chamar, desde o tempo de estudantes, de "equipe pioneira da arquitetura moderna do Brasil", um grupo formado por Lucio Costa, que desenvolveu de maneira brilhante o seu trabalho entre 1930 e 1940.

Nesse período, graças ao trabalho desses arquitetos, ao alto nível da sua produção, se iniciou, no meu entender, o processo de superação da nossa dependência cultural no que concerne à arquitetura.

Os estudantes da minha geração, na década de 40, já podiam optar entre uma tendência "neoclássica" mais ou menos eclética (conservadora e "oficial" nas escolas) e uma tendência moderna em afirmação. Mas o importante é que esta última não se apresentava apenas como uma manifestação periférica dependente dos movimentos europeu e norte-americano. A arquitetura moderna, inspirada nas idéias e na obra de Le Corbusier, apresentava-se aqui em nível de excelência e com nítidos traços diferenciados, o que permitiu falar-se de arquitetura moderna brasileira. Isto num momento em que a arquitetura moderna tinha feição internacional, sem nítidas marcas das culturas nacionais ou locais.

Nesses anos, entre 1940 e 1950, além dessa afirmação da nova arquitetura brasileira, que considero definitiva, ela assume ainda melhor esse caráter definitivo pelo fato de invadir as universidades. Os estudantes de gerações posteriores não podem imaginar a dificuldade que se encontrava nas escolas de arquitetura para estudar a arquitetura moderna, para estudar Le Corbusier, Frank Lloyd Wright. Via de regra, os professores, até 1945, aqui no Rio como em São Paulo, recusavam taxativamente qualquer tendência dos alunos para o que chamavam de modernismo. Em muitos casos, acusavam esta arquitetura de "arquitetura bolchevista". O próprio prédio do Ministério da Educação foi chamado de "arquitetura bolchevista". Havia uma resistência acadêmica muito forte, muito rigorosa.

A invasão das escolas de arquitetura pela arquitetura moderna se deu através do movimento estudantil, já que os arquitetos pioneiros não eram aceitos nas escolas. Esta aceitação demorou a ocorrer. Creio que só no fim dos anos 40 arquitetos modernos começaram a lecionar tranqüilamente nas nossas escolas.

Entendo que se o início da superação da dependência cultural, na arquitetura, ocorre nos anos 40, a superação efetiva é de 1960, quer dizer, se dá com Brasília. A construção de Brasília colocou, de uma vez por todas, a arquitetura moderna brasileira em posição autônoma como expressão cultural.

Se vocês me permitem, minha idéia de superação da dependência cultural, que é inspirada em tese de Antonio Candido, é a seguinte: no momento em que comparecemos ao cenário da arquitetura mundial, no comércio de idéias e de influências, em nível de igualdade com os centros mais desenvolvidos, nos colocamos no primeiro plano da produção arquitetônica do mundo e participamos do primeiro escalão dos produtores de arquitetura.

Não se trata, naturalmente, de riqueza material ou avanço técnico-construtivo, mas de manifestação de cultura.

Superação da dependência cultural não significa isolamento, perda de relacionamento ou supressão do comércio de influências e idéias com o resto do mundo. Significa já não simplesmente receber, recolher influências, recolher idéias e operar estas idéias em termos nacionais: significa também fornecer idéias, influir em outros países, inclusive nas "matrizes" dos movimentos culturais.

Tenho a impressão de que, em 1960, qualquer dúvida a esse respeito tenha cessado. Em torno de 1960, com Brasília, com a explosão, com esse fato excepcional — realmente excepcional — que foi e tem sido a construção de Brasília, apesar de todos os pesares.

Penso que, no âmbito da produção de edifícios, o movimento, que foi extremamente rico, criador, prosseguiu se desenvolvendo após a construção de Brasília. Não houve paralisação considerável. Brasília não marcou uma culminância, um ápice, após o qual se verificasse queda da qualidade da produção dos arquitetos brasileiros. Creio que a explicação deste fato está justamente naquilo que falamos: o Ministério da Educação e o Pavilhão não foram obras excepcionais, obras eventuais, quer dizer, frutos de uns poucos arquitetos de talento singular.

Mesmo Brasília representou um fruto, uma obra-mestra dentro daquele movimento, de uma multiplicação de talentos, e já não só no Rio, em São Paulo e em umas poucas cidades grandes, mas se espalhando pelo país inteiro. Isto continua a ocorrer no que diz respeito à produção de edifícios.

É claro que os jovens, principalmente, reclamam que a arquitetura brasileira tem feito pouco no plano dos programas sociais. Mas este é um problema social, não é um problema dos arquitetos. Quero dizer: não são os arquitetos que não podem, não têm capacidade ou não querem fazer. Esta é uma circunstância política, social e econômica que tem impedido as manifestações de uma potencialidade extraordinária da arquitetura para a produção de edifícios, de habitações, de casas de interesse social.

Eu penso que realmente a nossa arquitetura, como todas as arquiteturas de sociedades divididas em classes, tem um caráter elitista. Ela é feita para uma parcela da população, para o Estado e, eventualmente, para atender a necessidades de caráter social, mas social no sentido de hospitais, escolas, teatros, estádios etc.

Creio que uma linguagem nova, uma linguagem arquitetônica popular só poderá surgir de uma prática de arquitetura popular. Quer dizer, no momento em que os arquitetos brasileiros tiverem oportunidade de exercer as suas potencialidades técnicas e artísticas, as suas aspirações como arquitetos, em obras voltadas fundamentalmente para as classes deserdadas, mais desprovidas, vale dizer, para a maior parte da população, creio que esta linguagem nascerá dessa própria prática, desde que a população participe ativamente da formulação dos seus programas de necessidades.

Os arquitetos brasileiros, no meu entender, confirmam uma afirmação audaciosa que Lucio Costa fez de que nossa arquitetura é um produto típico do "talento da raça". É claro que ele não estava falando em raça no sentido biológico. Falava do talento do povo brasileiro, da gente brasileira, deste país, desta luz, deste clima, destes recursos, desta tradição.

A habilidade, o talento com que os arquitetos brasileiros captaram os melhores ensinamentos da arquitetura mundial, criando aqui uma versão rigorosamente nacional e do mais alto nível, nos permite esperar que, no momento em que forem chamados a fazer obra social, eles, em pouco tempo, criarão e dominarão a linguagem correspondente a esta nova realidade. Porque hoje só seria possível imaginar uma linguagem popular: não temos condição de criá-la na prática.

Gostaria de insistir num ponto. Quando afirmo e enalteço a produção dos arquitetos ao nível do edifício é porque a considero uma obra coletiva, um fruto de cultura nacional.

Penso que tinha razão mestre Lucio quando falava em "talento da raça", porque você anda pelo Brasil hoje, quarenta e tantos anos depois do início deste movimento, anda de norte a sul, mesmo em cidades do interior, e vê a mudança radical da paisagem arquitetônica, em termos de edifícios produzidos por levas e levas de arquitetos mais antigos e mais jovens. Há uma renovação quase que constante de talentos neste campo da produção de edifícios.

[Trecho de palestra proferida em 1977 no ciclo "A arquitetura brasileira após Brasília", organizado pelo IAB-RJ.]

[3] EDUARDO CORONA

Da necessidade de uma consciência nacionalista

De todas as tendências possivelmente existentes na arquitetura brasileira, uma só terá características verdadeiramente nacionais, com base na tradição.

Os elementos da tradição que possuíam a força e a expressão de sua época, isto é, que foram criados obedecendo a razões técnicas e sociais necessárias e conseqüentes num determinado período do desenvolvimento de nossa sociedade, continuam a ser adotados na arquitetura atual, de forma correta ou deturpada. Para isso, as mesmas forças sociais que deram origem a esses elementos deveriam, hoje, com as mesmas características tornar a exigi-los.

A adoção, portanto, de elementos tradicionais em nossa arquitetura atual, como detalhes de cobertura, beirais, treliças, saguões, varandas, elementos vazados ou o próprio colorido, não pode ser levada a efeito simplesmente porque se deva copiar o que foi bom no passado. Os detalhes sutis e bem proporcionados que muitas vezes encontramos no colonial brasileiro, que constituem, isoladamente, concepção de grande beleza, podem causar a perda total da realização de hoje.

Não é a existência, numa concepção arquitetônica qualquer, de janelas rasgadas com grades e treliças ou as sacadas corridas e o azulejo que vai determinar as características brasileiras do conjunto. Mesmo que essa realização fosse obra de um grande arquiteto, dotada de valores estéticos verdadeiros, continuaria afastada da realidade e longe de constituir um exemplo de arquitetura nacional.

A arquitetura de uma época não pode ser localizada e estudada por condições isoladas de exemplos esparsos. É preciso que ela seja enquadrada no conjunto da expressão cultural de um povo, de uma coletividade.

Conhecidas, então, as forças relativas e interdependentes da cultura nacional, é que poderemos divisar em que ponto se acha a arquitetura brasileira e, assim, nos batermos para que uma verdadeira consciência (ampla e objetiva) de características estritamente nacionalistas possa consolidar a unidade de expressão plástica que necessita, de fato, a nossa arquitetura.

O chamado formalismo na arquitetura, que está causando mal a muita gente, o racionalismo, o organicismo e o tão falado abstracionismo, não são mais do que desvios no conjunto da criação artística, causados pelas contradições contidas e originadas pela própria sociedade burguesa, que nada mais aspira, em sua função, a não ser presenciar sua própria decomposição.

Por isso, a criação de uma consciência nacionalista, em nosso meio, se faz necessária. E as condições sociais que devem presidir o desenvolvimento desse espírito próprio têm de ser provocadas por nós; devemos tornar o Brasil um país independente econômica e culturalmente para se alcançar condições favoráveis a toda a nossa cultura.

Uma arquitetura nacional terá, assim, vasto campo para o seu desenvolvimento, retornando-se, novamente, a essa unidade de expressão plástica que deve caracterizar a arte de um povo de acordo com sua vida, com seu meio.

E teremos, a partir de Lucio Costa — o mestre que desassombradamente levantou o problema das características essenciais da verdadeira arquitetura nacional —, as condições favoráveis para lutarmos por essa consciência nacionalista, construtiva, para engrandecer nossa arquitetura e impor nossa cultura. O essencial é não fazermos dela uma expressão de arte internacional ou cosmopolita e nem um "pastiche" de nossa riqueza cultural, que não precisa ter idade para ser tradição.

A tradição de um povo brota de sua própria vida, a cada passo, em cada instante em que ele possa se expressar livremente.

A arquitetura brasileira contemporânea tem tido poucos exemplos de aplicação da tradição. Resta-nos cumprir com a missão de salvaguardar as condições favoráveis à nossa cultura e à nossa consciência nacionalistas para consolidarmos definitivamente uma verdadeira *arquitetura nacional.*

AO IV CONGRESSO BRASILEIRO DE ARQUITETOS:

Considerando que a arquitetura nacional tem sido realizada através de exemplos cujas bases sociais, econômicas etc. continuam afastadas da realidade;

Considerando que os arquitetos brasileiros não têm se interessado no debate amplo e democrático desses problemas;

Propomos que este Congresso proclame a necessidade real de uma consciência nacionalista, para ser alcançada uma expressão arquitetônica nossa, brasileira, em todo o seu conjunto; que promova amplo debate, objetivo e democrático, entre todos os arquitetos brasileiros, sem distinção de tendências, escolas ou mestres, para ser consolidada a verdadeira arquitetura nacional; que o IV Congresso Brasileiro de Arquitetos, defendendo os verdadeiros princípios da arquitetura nacional, acredita estar defendendo toda a cultura nacional; que proclame que a arquitetura brasileira precisa para o seu desenvolvimento de um Brasil forte, independente, pacífico e irmão de todas as nações do mundo.

[Tese apresentada no IV Congresso Brasileiro de Arquitetos, São Paulo, 1954.]

ARQUITETURA E CRÍTICA 1 **DA NECESSIDADE DE CRÍTICA SOBRE ARQUITETURA** EDUARDO CORONA *Habitat*, São Paulo, n. 5, p. 46, 1951] 2 **CRÍTICA DE ARTE E ARQUITETURA** SYLVIO DE VASCONCELLOS [*O Estado de S. Paulo*, São Paulo, 29 jun. 1957] 3 **A CRÍTICA DE ARTE NA ARQUITETURA** MÁRIO PEDROSA [*Jornal do Brasil*. Rio de Janeiro, 3 ago. 1957]

[1] EDUARDO CORONA

Da necessidade de crítica sobre arquitetura

A crítica de arte tem por função explicar ao homem que a arte é uma expressão dele mesmo e da sociedade. Uma expressão objetiva e ideológica ao mesmo tempo.

A crítica tem sido exercida no Brasil em todos os setores da atividade artística. Na literatura, na pintura, na poesia e na música, está o público, bem ou mal, armado de argumentação suficiente, pois grande é o número de jornais, periódicos e revistas onde comparecem com regular freqüência os críticos do romance, da novela, da exposição da pintura, do concerto e, mais recentemente, do cinema.

A isto, o público, representado pelo homem comum, tem reagido com sinceridade. Cada uma das artes referidas conta com o seu grupo de interessados, de estudiosos e de principiantes. Considere-se a crítica de arte que aí está, eficiente ou inexpressiva; sempre, porém, ela cumprirá sua finalidade: alertar, levantar opiniões.

Não é pela crítica que se pode avaliar o desenvolvimento artístico de um povo, nem mesmo pela obra de arte em si. Se esta é a imagem do homem refletida no plano artístico, aquela é a imagem da sociedade espelhada na própria arte.

O conjunto dessas forças sociais nos dará o conteúdo de uma atitude humana e o vigor de uma ideologia. Quando isto é explicado ao povo em termos de compreensão imediata, esse povo não dispensará a manifestação artística e a colocará no campo de suas preocupações comuns.

Esta função social da crítica de arte contribui de maneira decisiva para o desenvolvimento da cultura e para a divulgação das leis que regem a sociedade, a vida do homem e sua natureza, e a correspondente manifestação de arte.

A arquitetura, essa arte antiga, para a qual reclamamos maior consideração, tem sido atualmente, por diferentes motivos, objeto do mais completo descaso da crítica de arte. O homem comum, a que nos referimos há pouco, tem oportunidade de tomar contato com as artes na medida de suas necessidades ou de suas preferências. E, bem ou mal, pode se considerar um amador e dirigir sua sensibilidade para o belo. Quanto à arquitetura, porém, não existe a preocupação de seu conhecimento como criação artística.

O homem, tendo necessidade da moradia, sabe que sua felicidade em parte depende disso, mas afasta completamente de sua cogitação o conceito, o equilíbrio, o colorido da forma plástica em arquitetura. Não falamos somente do homem comum, do trabalhador, do semi-analfabeto, mas também do homem educado, que constitui a classe dominante. Este despreza a "arte" da arquitetura para servir-se apenas de um utilitarismo primário que concorre para a deturpação da arte em geral e de sua conceituação. Se a arquitetura tem lugar ao lado de suas irmãs nos salões oficiais de Belas-Artes, ela não é apreciada com os mesmos olhos pelo público. O que é mais acessível à compreensão geral num simples quadro, não o é da mesma forma numa fachada de uma obra de arquitetura, ainda que colorida. Disso, naturalmente, não tem culpa total o indivíduo interessado na obra de arte, mas a crítica, essa sim, tem o que ver com esse problema.

A essa crítica de arte caberia despertar no público a compreensão da arquitetura. É sabido que a crítica profissional tem desenvolvimento precário em nosso meio, por circunstâncias alheias à sua vontade, e que tem competido aos próprios artistas um importante papel na explicação das obras de arte e de sua razão de ser. Portanto, aos arquitetos também podem ser apontadas a deficiência de conhecimento e a divulgação do edifício como obra de arte.

Épocas houve, na história da arte, em que se pôde constatar o interesse marcante pela obra arquitetônica como coisa plástica e de preocupação artística. Por uma minoria privilegiada e quase proprietária da arte, é verdade. Porém, se hoje as condições da vida foram bastante alteradas pela ocorrência de duas guerras brutais, pelo fato de o mundo se considerar dividido em duas forças antagônicas — uma nascente, criadora; outra em agonia decadente —, assim mesmo ainda compete à crítica de arte orientar e esclarecer ao homem que ele habita, trabalha, circula, que inventou a cidade para o seu próprio bem e que tudo isso constitui uma importante arte: a arquitetura.

Adotando qualquer das tendências artísticas de hoje, usando o "ismo" que achar conveniente, em qualquer dos casos, a crítica de arte deve se fazer sentir na arquitetura, para que a apreciação de um edifício, de uma residência, de uma escola seja coisa real e o debate sobre o assunto faça parte da letra de forma, para que o público se acostume a ver, sentir e julgar o quadro, o romance ou o poema, o concerto ou a cena de palco ao lado da obra arquitetônica.

E pela voz do crítico ou do arquiteto continua de pé a necessidade de manifestação tal qual reclamava o 1º Congresso Internacional de Arquitetura Moderna, realizado em La Sarraz em 28 de junho de 1928:

> É indispensável que o arquiteto exerça uma influência sobre a opinião pública e a faça constatar os meios e os recursos da nova arquitetura. A opinião está mal-informada e os que dela fazem uso, em geral, não sabem mais do que formular muito mal seus desejos em matéria de arquitetura.

O século XIX, veículo histórico do chamado mau gosto na decadência da arte, condicionou toda uma gama de predileções que, trazidas para o Brasil, alastraram-se em todos os centros de população e dinheiro para contaminar a arquitetura. Daí ao ecletismo, ao sensabor e, finalmente, à indiferença artística foi questão de permanência no tempo e no espaço. Hoje, quando a arquitetura brasileira renasce, usando dos grandes princípios da nova arquitetura ditados pelos Congressos Internacionais de Arquitetura Moderna (CIAMs) e toma, para surpresa geral, caráter e vigor insuperáveis, é a crítica de arte que pode divulgar e caracterizar a função social dessa arquitetura que, para Le Corbusier, é "o jogo sábio, magnífico e correto das formas sob a luz".

Em nossa terra, afora a iniciativa oficial, responsável por grande número de obras importantes, o próprio particular já se tem deixado levar pela evidência dos fatos, mantendo-se, no entanto, em atitude de desconfiança, não muito certo da coisa, contemplativo, às vezes, seguindo a moda porque é bonito. Deve-se o desassombro da divulgação dessa arquitetura ao grupo já extenso de arquitetos brasileiros que, chefiados pelos criadores Lucio Costa e Oscar Niemeyer, tem levado para todos os lados o ar, a luz, o verde, partícipes sempre do âmago da habitação.

O caráter plástico e o valor artístico nunca deixaram de comparecer ao lado daqueles objetivos. Falta, assim, o concurso necessário, como ficou provado, da crítica de arte para que a arquitetura não fique isolada no movimento artístico brasileiro.

Decorridos mais de vinte anos de desenvolvimento, a nova arquitetura brasileira, por sua força objetiva e sua racionalidade marcante, é admirada pelo mundo inteiro como obra de arte conseqüente e digna de consideração.

Portanto, à crítica, exercida com honestidade, dentro de nossas fronteiras, tem que caber a divulgação de seus princípios, a grandeza do seu presente e o alcance do seu futuro, na luta pela paz e pelo bem-estar do homem brasileiro.

[2] SYLVIO DE VASCONCELLOS

Crítica de arte e arquitetura

Edgar Graeff, Mário Pedrosa e outros militantes da crítica nacional têm ventilado, ultimamente, a necessidade de serem versados os problemas da arquitetura em conjunto com a escultura, a pintura, o desenho, a música etc. De fato, a arquitetura nacional tem sido bastante divulgada, comentada e descrita, mas lhe tem faltado, incontestavelmente, apreciação crítica que a encarasse com os mesmos métodos aplicados às demais artes. O fenômeno pode ser atribuído a vários fatores, entre os quais alguns permitem focalização imediata.

A existência, no Brasil, de uma crítica de arte não especializada, em grande parte baseada no esforço de autodidatas, em sua maioria com grande vocação e sensibilidade para o mister, mas, honestamente, temerosos de abordarem temas que envolvem conhecimentos, inclusive técnicos, mais amplos do que aqueles com os quais estão familiarizados, é um deles. Outro, a natural prudência ante a eclosão súbita da arquitetura contemporânea, nascida de um rompimento brusco com o passado imediatamente anterior, sem um período de adaptação ou evolução mais comedido, que possibilitasse o entendimento paulatino.

Por sua vez, a introdução dessa arquitetura não se fez facilmente, provocando, ao contrário, prolongadas discussões e intensas campanhas que, para tornarem-se vitoriosas, teriam de empenhar-se com muito maior afinco em favor da legitimidade da tentativa, sua procedência, sua necessidade mesmo, antes de examinar os resultados positivos da nova orientação. Cabia, realmente, à crítica — e esse foi seu grande papel — criar, primeiro, condições para a existência das novas correntes artísticas, educar o povo para recebê-las, convencer, antes de dedicar-se à análise intrínseca de suas manifestações concretas. Daí furtar-se à crítica, à análise profunda dos projetos, porque essa análise podia conduzir à aceitação de algumas deficiências que levariam à falsa impressão de restrições ao movimento, óbice que importava evitar para seu normal desenvolvimento.

Passados, porém, 35 anos da Semana de Arte Moderna de 22, já perfeitamente consolidada, se não o prestígio, pelo menos o direito de existência da arte moderna, cabe, sem dúvida, à crítica recolocar o problema para examinar-lhe as origens, as características, a significação, as conquistas, os defeitos e as tendências. Principalmente no que diz respeito à arquitetura e, já agora, sem os percalços da etapa inovadora. Contudo, o que parece estar a entravar o pleno exercício dessa crítica é ainda o apego à posição que esposou no período revolucionário, isto é, a aceitação da indissolubilidade do particular com o geral, da obra em si, individuada, com a arte no conjunto.

A intransigência anterior, necessária na imposição das novas concepções, ainda hoje é invocada em defesa de cada uma de suas manifestações. Impôs-se o dilema: tudo aceitar ou tudo negar; ser amigo ou inimigo. A análise isenta, desapaixonada, a pesquisa, as tentativas de anotar resultados brilhantes ou menos favoráveis, enfim a crítica em sua real acepção, tornou-se uma temeridade, uma ofensa, uma posição contra, um desserviço à arte, uma prova de incapacidade mental ou emocional e uma provocação. A obra, em sendo moderna, é bela, se autojustifica. Como tal, só pode ser contemplada e louvada. Qualquer restrição implica tachar-se de reacionário e, o que é pior, em inimizar-se irremediavelmente com seu autor. Como, pois, despertar a crítica para o assunto se ele é intocável?

Outros pontos do problema estão também a reclamar atenção. Por exemplo, o esclarecimento da síntese: a arquitetura-técnica e a arte. Diz Lucio Costa que a "arquitetura é construção concebida com uma intenção plástica determinada", mas acrescenta: "em função de uma determinada época, de um determinado meio, de uma determinada técnica e de um determinado programa". Todavia, a tendência da crítica atual é limitar-se apenas ao aspecto plástico da arquitetura. Talvez porque esta crítica seja somente de arte, composta de críticos de arte. Será possível, porém, examinar-se uma arte qualquer apenas pelo seu conteúdo ou apenas pelos seus efeitos? Examinar, foi dito, não apreciar. Será possível, por exemplo, proceder à análise crítica da música ou do teatro sem qualquer atenção aos seus fundamentos, à sua composição ou ao exame de seus vários elementos componentes, a linguagem, a harmonia, a técnica dos executantes, a direção do maestro, a representação individual dos atores, o jogo de luz, enfim, ao conjunto dos elementos dos quais resulta a composição? É claro que o mais importante aspecto da obra considerada deve ser o efeito estético, mas daí a concluir-se que seja esse o único aspecto a considerar há evidente exagero. Principalmente, no caso da arquitetura.

No entanto, a fase de implantação das novas tendências arquitetônicas no Brasil, correspondendo a uma intensa renovação artística geral, marcou-se por uma acentuada predominância do aspecto plástico sobre os demais. Predominância ou mesmo exclusivismo. A divulgação, a exemplificação, a argumentação, a defesa dos novos princípios apoiaram-se inteiramente no fator plástico, a ponto de um de nossos mais lúcidos críticos aceitar que "as idéias objetivas, práticas, técnicas, sociais, científicas" sobre as quais se assentaram as primeiras manifestações da arquitetura moderna são apenas um recurso, uma "couraça de idéias sérias e burguesas [...], facilmente digeríveis pelos clientes ricos ou governos discricionários". Uma desculpa para possibilitar a obra de arte. E termina assim seu comentário: "Já é tempo de passarmos a olhar uma obra arquitetônica com os mesmos olhos com que olhamos para a pintura ou uma escultura".[1] Ora, assim nós a vimos olhando enquanto que talvez conviesse ampliar o olhar.

Parece que a real intenção do crítico citado seria a incorporação da arquitetura ao conjunto das artes plásticas, a integração das artes, o que, aliás, acentua. Mas, de fato, se "as qualidades que nela (a arquitetura) devem dominar, as qualidades que nela serão específicas, hão de ser fatalmente plásticas", inclusive por mais duradouras e por persistirem no tempo, mesmo depois que a construção deixa de servir a determinado fim, como lembra ainda Lucio Costa, não quer isso dizer que só lhe importe sua solução plástica.

Nem nunca isso se entendeu na história. Pode ser que um dia a beleza das catedrais góticas deixe de relacionar-se com a fé religiosa que as criou; nunca, porém, se poderia analisá-las sem referência à técnica estrutural de que se valeram e aos impulsos que as motivaram. Sua plástica será sempre o modo pelo qual essa técnica e esses impulsos se concretizaram. Por isso, não se pode aceitar que indicações de ordem técnica, funcional, sua justificação no mundo moderno e no estilo de vida contemporâneo tenham sido invocadas apenas como veículo, como desculpa, para a introdução de uma exclusiva e verdadeira finalidade: novas formas plásticas. O que, realmente, se verificou é que, de uma extrema preocupação decorativista primária e vazia, acompanhada de um desmedido respeito por soluções convencionais falsas, se passou, repentinamente, ao oposto, isto é, a uma supremacia implacável da técnica, só se aceitando a plástica como decorrência espontânea, e não intencional da funcionalidade.

Este equívoco da máquina de morar teria de ser desfeito como o foi, mas sua revisão não deve levar novamente ao exclusivismo da forma pela forma. Importa antes conjugar não só as artes entre si como, na arquitetura, estas com a técnica e sua finalidade ou fundamento. Importa ainda considerar também o interior, e não apenas o exterior das construções. Não como cenário, mas como vivência. Procurar a correspondência ideal entre a organização do espaço e estilo de vida a que ele vai servir. Inclusive para que essa organização não só atenda às tendências da vida moderna, mas para que influa sobre o *status* familiar, célula do *status* social. A arquitetura estará assim ocupando o seu verdadeiro lugar na civilização contemporânea, participando ativa e eficientemente dela, e não apenas ornamentando-a com monumentos isolados, ainda que de incontestável beleza. A arquitetura deixará, então, de ser um deleite para incorporar-se à vida, abranger o conjunto de seus fundamentos e finalidades, ampliar-se em obra de planejamento, em soluções mais vigorosas e maiores, adequadas ao bem-estar material e espiritual (técnica e arte) do povo.

1 Mário Pedrosa, *Jornal do Brasil*, 23 fev. 1957. [N.O.]

[3] MÁRIO PEDROSA

A crítica de arte na arquitetura

Outro dia me chegou às mãos um artigo de Sylvio de Vasconcellos, sob o título "Crítica de arte e arquitetura",[1] como sempre bem-lançado e bem escrito. O ilustre arquiteto de Belo Horizonte comentou nesse artigo algumas considerações feitas por mim, em crônica de igual título, sobre o problema da crítica "de arte" na arquitetura.

O pensamento que expunha no artigo citado por Sylvio de Vasconcellos, e que já vinha mais explicitamente expresso num do dia anterior, sob o mesmo título, era de que, por motivos históricos inelutáveis, houve [escrevia eu] nos primórdios do movimento arquitetônico moderno, por uma questão de disciplina e despojamento, numa reação absolutamente indispensável à estética predominante dos estilos e ornamentos elevados a categorias autônomas [...] como ainda se faz na Rússia, onde se chegou ao cúmulo de fabricar em série capitéis, colunas, volutas, frontões etc., [...] necessidade absoluta de se ater ao estritamente funcional, com o abandono radical de toda preocupação estética ou plástica.

Le Corbusier passou anos sem "ousar" sair fora das cogitações técnicas funcionais, com medo de discrepar, com medo de permitir que se recaísse no subjetivismo e nas eternas divagações estéticas, estilísticas e ornamentais de passado ainda recente. E saudou como um dia de libertação quando, vitoriosos cânones e idéias da arquitetura moderna pelo mundo, pôde, confessa ele, lidar diretamente com problemas de pura estética da arquitetura-arte, entregando-se, "afinal", à emoção artística. Pode-se dizer que esta fase é recente e sucedeu à fase já historicamente superada em que era de absoluta necessidade insistir sobre os problemas dos novos materiais, do concreto ao vidro, que se tornaram, então, "o principal protagonista do drama de edificação contemporânea".

Hoje, chegamos à fase da arquitetura em si mesma, arquitetura-obra de arte, cujo estudo põe em relevo, como pretendia o próprio Ruskin, para quem entretanto era ele a própria "corporificação da política, da vida, da história e da fé religiosa das nações", características eminentemente plásticas de *massa*, de *espaço*, de *linha* e de *cor*. Só agora foi possível ao pensamento crítico contemporâneo abordar, sem remorso ou complexos, o fenômeno arquitetura (moderna, pois é a única que existe) como se aborda a pintura, a escultura ou a música, ou, na fórmula de Geoffrey Scott, "a arquitetura, simples e imediatamente percebida."

Tal método crítico não quer dizer, como poderia parecer a Sylvio de Vasconcellos, que "só importe a solução plástica" ou que se desdenhem a "técnica estrutural" e "os impulsos que as motivaram". De modo algum: como pode haver arquitetura, como pode haver edificação sem obediência estrita, severa, às "técnicas estruturais"? O próprio Scott, a que nos referíamos nos artigos ora comentados, citava sir Henry Wotton, em seus *Elements of Architecture*, quando este apontava três condições prévias indispensáveis à boa edificação: acomodação *(commodity)*, solidez *(firmness)* e deleite *(delight)*. Pelo primeiro conceito, atendia-se a uma necessidade externa, expressão da vida humana, atendia-se ao programa; pelo segundo, a normas científicas, expressão de leis mecânicas; pelo terceiro, "plenamente assegurados os objetivos práticos e as soluções mecânicas", Scott o traduzia como a aspiração desinteressada à beleza.

Para Scott, no início do século, como atualmente para Bruno Zevi, para David Winfield e outros, é preciso que a crítica de arte da arquitetura saiba distinguir, separar os vários elementos e problemas que a compõem. Importa antes de tudo evitar a mistura de considerações de ordens diferentes, moral, técnica, social, estética. E, por isso mesmo, escrevíamos no artigo anterior, mencionado por Sylvio de Vasconcellos:

> O que é necessário é isolar, para a análise, na apreciação da arquitetura, as suas três condições precípuas. A crítica para ser precisa e eficiente deve considerar um edifício sob uma, apenas, daquelas proposições: quer quanto à sua acomodação aos fins, quer nos seus méritos estruturais, quer como obra de arte.

O problema é, assim, só de método: um mesmo crítico pode tratá-lo sob os três aspectos, mas que o faça separadamente. Seja como for, para abordá-la, esteticamente, como obra de arte, o preceito de Scott é primordial: "Arquitetura, simples e imediatamente percebida". E assim com a pintura, com a escultura. E nem por isso se fica nas fachadas: ao contrário.

1 Ver pp. 281-283 da presente edição. [N.O.]

ARQUITETURA E AMBIENTE 1 **O HOMEM E A PAISAGEM** JOSÉ LINS DO REGO [*L'Architecture d'aujourd'hui*, Boulogne (Seine), n. 42-43, pp. 8-14, ago. 1952 (Trad. de Ana Teresa Jardim Reynaud)] 2 **DEPOIMENTO** ROBERTO BURLE MARX [Bayón, Damián, *Panorámica de la arquitectura latino-americana*. Barcelona, Editorial Blume, pp. 40-63, 1977 (Trad. de José Tabacow)] 3 **VENTILAÇÃO NO TRÓPICO** MIRAN DE BARROS LATIF [*Arquitetura*, Rio de Janeiro, n. 51, pp. 17-19, set. 1966]

[1] JOSÉ LINS DO REGO

O homem e a paisagem

No início, a casa foi feita para proteger o homem da mata, e funcionava mais como um refúgio do que como uma morada. E é por isso que tudo parece ter sido criado pelo medo. Era preciso fugir das árvores e dos animais, aplainar a floresta ao redor, evitar os rios; o homem se opunha à natureza com os pilotis das primeiras choças, depois com a pedra e a cal, nas construções mais duráveis. A árvore era o inimigo mais próximo. Era dela que podia surgir a morte. Escondido em seus galhos, um índio tapuia podia espreitar o branco desavisado e lhe lançar a flecha mortífera. Das casas de marimbondo incrustadas no topo vinham atacar enxames de insetos e, das ramagens, as aves de rapina se alçavam, no encalço dos animais domésticos.

E as águas dos rios transbordariam, causando enchentes devastadoras. Era preciso, portanto, evitar a ameaça das enchentes tanto quanto os tapuias traiçoeiros. Num belo dia, o homem acordaria e veria sua casa afundada nas águas lamacentas das cheias, que desciam em avalanches. E como não se podia deter o rio como antes se destruíra a floresta, o jeito era fugir para o alto. Construíam-se casas no cume das montanhas ou nas lombadas dos morros. Os construtores buscavam os lugares elevados numa tentativa de dominar seus inimigos. Quando não era o índio que irrompia da floresta, eram os navios corsários que atacavam com suas bocas de fogo destruidoras. Por tudo isso, a casa precisava descortinar uma vista abrangente, da qual se pudesse vislumbrar nitidamente o horizonte, num livre acesso ao mar. Atrás, uma clareira limpa, sem árvores para atrapalhar a visão.

A "casa branca da serra" deveria ser uma fortaleza de paredes espessas, de vigias atentas às menores surpresas que pudessem oferecer o homem e a terra. Era preciso, portanto, viver em permanente luta com a paisagem, que nos enchia de terror. A casa brasileira, no princípio, não foi uma morada, mas uma espécie de trincheira. Os jesuítas construíam suas missões em blocos quadrados, militarmente alinhados. Nossas primeiras aldeias se assemelhavam às moradas de castores, de tal forma suas casas se colavam umas às outras, em meias-paredes, num planejamento voltado para a hora do perigo. Os portugueses, que vinham das quintas patriarcais da "boa terrinha", nas quais floresciam as amendoeiras e a sombra das árvores era doce, se transformariam, nos trópicos, em demolidores impenitentes, de machado em punho, tochas na mão, prontos para promover as queimadas das matas.

Tratariam a natureza a ferro e fogo para plantar os pés na terra nova. Só lhes serviam as árvores que eles próprios plantassem, que lhes dessem frutos, que lhes fossem de serventia imediata. Árvores domésticas, como bichos domésticos, árvores calmas para nelas quarar roupas, usar como galinheiro, cercas humildes que um braço podia alcançar. Quando os homens precisavam de madeira de lei, sabiam embrenhar-se e arrancar das florestas virgens as pranchas, as vigas para cobrir suas casas, revestir suas salas, construir seus barcos. Nada de carinho para com a terra. Nada de amolecer o coração com o selvagem que irrompia da floresta para os aniquilar.

E, depois de destruída a floresta, o que permaneceu nos homens que a conquistaram foi um sentimento de hostilidade atávica. Os ancestrais dormiam com o pavor das incursões tapuias, das onças e dos ruídos das terras tropicais. E quando esse homem, mestre e senhor, pôde finalmente viver como gente, depois de tantos séculos de lutas incruentas, a casa que escolheu para sua morada não seria íntima com a paisagem. Ainda pairavam no ar vestígios de temor; as casas-grandes dos engenhos e das fazendas, os sobradões das cidades, não procuraram jamais uma intimidade fraterna com a natureza.

Os construtores, os urbanistas, os arquitetos que vieram depois da conquista fizeram um esforço para vencer as deficiências herdadas. Abrandaram seus corações, foram mais líricos do que funcionais. Tendo, porém, se revelado técnicos tão eficientes na construção de casas feitas para defender o homem da agressividade do meio, não souberam chegar às fontes poéticas da terra virgem. Alguns se lançaram às grandezas delirantes das igrejas barrocas, aos conventos tão grandes como os da metrópole. E conseguiram se aliar um pouco à paisagem.

Nos claustros franciscanos, os pássaros podiam fazer seus ninhos nas ramagens que, também, produziam sombra. Os pequenos irmãos de São Francisco de Assis haviam trazido de sua Toscana um pouco mais de doçura nas relações do homem com a natureza, com as árvores e os animais. O barroco, sob os trópicos, arrancou dos corações dos padres franciscanos, que não eram de pedra, mais ternura. Os arquitetos franciscanos não construíam os conventos para isolar o homem da paisagem. As fontes, os pomares, os claustros, as imagens da terra transmitidas às pedras e aos portais nos revelam esforços no sentido de tornar mais humanos os contatos entre o homem e a natureza.

Mas as lições dos franciscanos não se propagaram como deveriam entre nossos mestres-de-obras coloniais. O horror à paisagem continua a prevalecer em suas casas, em seus sobrados, nas suas igrejas. E quando dom João VI inaugurou o primeiro Jardim Botânico, no Rio de Janeiro, trouxe das Antilhas uma espécie vegetal que seria a marca de fábrica de uma nova época. Sua palmeira imperial, solene e altiva, se propagaria pelos quatro cantos do país. Era essa a paisagem que o homem impunha, à sua maneira. Nada de árvores como os paus-d'arco, as aroeiras, os jacarandás. Os mestres paisagistas trazidos para o Brasil pela corte de Lisboa plantavam nas praças, nas entradas das fazendas, nos arredores dos edifícios públicos as aléias de palmeiras, numa tentativa de dominar, através de uma disciplina rigorosa, a exuberância de nossa vegetação tropical.

Mas já era uma concessão à natureza. Os pássaros já podiam cantar nos bosques plantados em meio aos centros urbanos. E as mansões brasileiras dos engenhos e das fazendas eram cercadas de árvores exóticas, importadas. Tinham-se plantas vindas da África, da Austrália, das Antilhas: parecia que nossas variedades botânicas nada valiam.

Ou permanecia ainda o medo da floresta original? O nosso Segundo Reinado chegou ao auge do refinamento em matéria de jardins, mas excluía, quase sempre, o que havia de verdadeiramente original em nossa paisagem. Depois de haver vencido a floresta, o homem procura impor outra, a sua, com a mesma atitude com a qual escolhia escravos para seu serviço e prazer. Procurava-se uma solução de cima para baixo quando a solução deveria provir da terra, das raízes profundas. É aí que surge a nova escola de arquitetura do Rio de Janeiro. Le Corbusier havia feito discípulos no país do sol. O sentido de renovação de sua arte provinha de um movimento de libertação do homem. O mestre francês via o homem dentro da casa, e queria ligar essa casa ao universo. A casa, para ele, não era um isolamento do mundo, um lazareto, um refúgio contra a natureza. Busca uma solução mais ecológica para a arquitetura e, por conseqüência, mais humana, mais poética, mais profunda.

Le Corbusier foi, portanto, o ponto de partida para que a nova escola de arquitetura brasileira pudesse se exprimir com uma grande espontaneidade e chegar a soluções originais. Como a música de Villa-Lobos, a força expressiva de um Lucio Costa e um Niemeyer foi uma criação intrinsecamente nossa, algo que brotou de nossa própria vida. O retorno à natureza e o valor que vai ser dado à paisagem como elemento substancial salvaram nossos arquitetos do que se poderia considerar formal em Le Corbusier.

Esse grande mestre, depois de haver avançado amplamente no sentido da libertação de seus procedimentos técnicos, se deixa seduzir pelo que é exterior à sua obra, como um poeta de força extraordinária que se encantasse com o que há de estéril na métrica. No Brasil, o instinto poético conduziria nossos artistas a uma intimidade mais lírica com a natureza. Os novos arquitetos foram buscar o que havia de vivo nas casas antigas, o que havia de funcional em algumas das soluções dos mestres portugueses, e conseguiram corrigir desvios monstruosos para integrar a pedra, a cal, o cimento, o ferro, a madeira, todos os materiais de construção, na intimidade da paisagem.

Ocorre então uma coisa extraordinária: a caatinga sertaneja, a floresta amazônica, as montanhas de Minas Gerais, os pampas gaúchos penetram no coração da cidade, sobem até os arranha-céus e vão ajudar o homem moderno a ser mais humano, a pertencer mais à sua terra, a ser algo mais que uma simples máquina de viver. As casas, os palácios, as igrejas tornam-se uma extensa aléia da floresta, fruto das raízes que brotam do solo. E, ao invés de agredirem a natureza ao seu redor, compõem com ela uma sinfonia. Homem e casa, homem e floresta, homem e bicho não se enfrentam como inimigos a se defenderem uns dos outros. As praias e os coqueiros, as montanhas de ipês e quaresmas, as margens dos rios, os morros, todas essas paisagens fornecem aos arquitetos elementos que lhes permitem servir ao homem com mais beleza, mais eficácia e até mesmo com mais humanidade.

Um brasileiro pode, hoje, dormir no décimo andar de um arranha-céu de portas abertas, o quarto cercado de plantas do sertão. O perfume do campo invade a casa, e ele se sente profundamente ligado ao mundo, mais criatura da terra, mesmo àquela altura. A casa se transforma num poderoso elemento vital. Ela não é mais uma fortaleza contra o meio, mas uma redução poética da natureza. A casa abre as janelas, protege-se da luz, serve-se dos rios, sobe e desce montanhas. E é a casa brasileira que vai buscar na paisagem todos os elementos essenciais para ser original, agradável e bela.

Os europeus, que têm medo da selva, imaginam que nela tudo é perigoso. O brasileiro, que a venceu, ainda guarda em relação a ela vestígios de rancor. Mas esse terrível ressentimento está em vias de desaparecer. Uma retomada de contato possibilitou fazer as pazes. O homem e a paisagem não são mais inimigos. Os pintores não têm mais vergonha de nossas cores, nem de nossa luminosidade. Um Cícero Dias, mesmo longe de seu país, coloca na tela o verde do mar de Boa Viagem, os azuis, os amarelos, os vermelhos das flores de Pernambuco. Conserva-se, a milhares de quilômetros, um homem que traz no sangue a autenticidade de seu pedaço de terra natal.

Quando o homem se põe a fazer música, versos, uma pintura, um traçado, não deve, se quiser permanecer autêntico, se escravizar às forças telúricas, mas saber extrair das coisas uma espécie de eternidade. Roberto Burle Marx embrenhou-se no coração da mata e a resgatou em seus jardins, onde reencontra-se a vegetação da caatinga, dos planaltos, das serras e das praias. Dizia-se antigamente, quando a cidade do Rio de Janeiro começava a adotar costumes europeus: "O Rio civiliza-se". Mas o que se fazia contra a paisagem, que constituía toda a nossa originalidade, não era civilizado. Não era uma atitude civilizada atulhar baías, cobrir os morros, cortar as árvores. A civilização que era nossa força encontrava-se exatamente naquilo que desprezávamos.

Os verdadeiros artistas brasileiros querem salvar nossa paisagem. O homem, para viver bem, não pode voltar-se contra ela. Não deve ser nunca um assassino da paisagem. Para ser mais humano, o que tem a fazer é confundir-se com ela, amá-la como um amante e fecundá-la com seu gênio criador.

[2] ROBERTO BURLE MARX

Depoimento

Queria perguntar ao senhor qual o papel que desempenhou o paisagismo ao longo de nossa história colonial e nos 150 anos de vida independente com que já contam nossos países?

Falando exclusivamente dos jardins, acho que eles não tiveram influência maior na cultura geral do continente latino-americano. No Brasil, o jardim só começa a ter certo significado a partir do século XIX. No Rio de Janeiro, tivemos um artista, Mestre Valentim, que fez o Passeio Público, no século XVIII. Mas aquele jardim, de forma bastante geométrica, foi mudado um século depois por Glaziou, um engenheiro hidráulico francês. Ele demonstrava muito interesse por plantas, que colecionou em larga escala. Naquela época, foram construídos também muitos outros jardins ao gosto vitoriano. Se analisarmos bem, tiveram muita importância em minha carreira. Glaziou empregou muitas plantas brasileiras, possivelmente pela primeira vez. Mas também importou plantas exóticas que, pelo menos, tinham o mérito de ir bem com a paisagem.

Lembro-me, no interior do Brasil, há jardins e parques notáveis. Não sobraram alguns vestígios de jardins em Petrópolis, por exemplo?

Muito pouca coisa. Como jardins históricos, apenas se conservam alguns claustros na Bahia e em Recife. Em geral, o Brasil não preservou este tipo de obra.

Havia, na tradição portuguesa, jardins ou hortos de conventos com ervas úteis para alimentação, remédios, perfumaria?

É possível que tenham existido. Mas, como disse, não restam vestígios, como em outros países. A verdade é que a conservação de jardins no Brasil foi sempre difícil, por não se poder contar com bons jardineiros. Voltando a Glaziou, é necessário esclarecer que ele fez jardins à inglesa, e não à francesa. O conceito desses jardins consistia, basicamente, em grandes gramados com grupos de árvores, água e também grutas artificiais. Esses jardins ainda se conservam, embora tenham mudado um pouco com o passar do tempo. Isso porque no Brasil não há uma orientação, uma tradição de jardins como há na França, Alemanha ou Inglaterra.

O senhor vai estabelecer essa tradição, já o está fazendo...
Não sei se o que faço nesse momento se tornará, posteriormente, uma tradição. Começa-se a trabalhar e, depois, pode aparecer um sentido no trabalho. Fui para a Alemanha em 1928, onde vivi um ano e meio em Berlim. Essa viagem me influenciou muito. No Jardim Botânico de Dahlem, que era um jardim extraordinário, vi, pela primeira vez, usada com objetivos paisagísticos, uma grande quantidade de plantas brasileiras. Nós, brasileiros, não as utilizávamos por considerá-las vulgares. Compreendi então que, em meu país, a inspiração deveria se basear, sobretudo, nas espécies autóctones.

Como o senhor vê o problema dos jardins nas cidades novas, como Brasília?
É importante falar sobre Brasília, onde colaborei muito com Lucio Costa e Oscar Niemeyer. Se compararmos Brasília com as outras cidades brasileiras, os jardins constituem a grande diferença. Em Brasília, as construções de todo tipo — residencial, administrativo — possuem áreas verdes, nas quais as pessoas estão intimamente em contato com a vegetação. Creio que esse fator é muito importante em nossos dias. Isso se vê claramente se tomarmos outro exemplo, o de São Paulo, que, para mim, é uma cidade monstruosa, crescendo desastradamente e na qual as áreas verdes são cada vez mais escassas. Pois bem, Brasília, desde o começo, foi concebida como um conjunto em que as construções de todos os tipos tinham que estar em contato com a natureza. Para o Jardim Botânico, por exemplo, sugeri a Lucio Costa, o urbanista de Brasília, que pensássemos em um jardim zoobotânico, em que as pedras, as plantas e os animais se relacionassem entre si, como na natureza. Da mesma forma como existem museus de história natural com animais mortos, embalsamados, a idéia era a de conseguir "quadros ecológicos", mesmo reconhecendo ser muito difícil de se ter isso.

Como conseqüência das mudanças políticas, em nossos países não há continuidade. Esse é um dos males sul-americanos: hoje alguém tem uma idéia, mas os que vierem amanhã pensarão de forma diferente. Quando o governador de Brasília viu esse projeto de jardim zoobotânico, começou a rir, dizendo: "Isso é demasiado avançado para nossa época". É evidente que, nesses casos, só se pode chegar a um bom resultado por meio de um trabalho de equipe, pois trata-se de um trabalho complexo. É preciso contar com botânicos, zoólogos, agrônomos, jardineiros e, claro, o próprio paisagista. Se há a intenção de reunir animais e plantas, há que respeitar o processo ecológico, para mim muito importante. Eu creio que, para se fazer um jardim, é preciso conhecer não só a planta, mas também seu hábitat para poder usá-la de maneira consciente. Vejo, muitas vezes, juntas, plantas de regiões desérticas e de lugares muito úmidos, o que constitui, a meu ver, um grave erro. Não é que não possam conviver, fisicamente. Mas o fato de misturá-las constitui uma incoerência fundamental.

Fale-me um pouco de suas origens. Desde o princípio, estudou botânica?

Meu caso é especial. Quando comecei, não havia arquitetos paisagistas no Brasil. Por isso, formei-me sozinho. Foi uma questão de destino. Quando jovem, vivia na mesma rua que Lucio Costa. Ele me conheceu quando eu tinha 14 ou 15 anos e esse fato contribuiu muito para minha carreira. Ele viu o jardim que eu realizava em minha própria casa e, como naquele tempo construía a residência da família Schwartz, convidou-me para fazer o jardim desta casa. Fiquei inseguro, pois me parecia muito difícil. De sua parte, Lucio não queria chamar-me de jardineiro, mas estava empenhado em que eu fizesse o jardim. Ele compreendeu que eu tinha essa vocação e me ajudou de todas as formas. Fiz uns desenhos muito ruins — uma espécie de projeto — e ele começou a dizer que eram formidáveis etc. Ele teve essa qualidade do bom professor, que sabe apontar os erros mas também incentivar. Meu professor de pintura, Leo Putz, que era da escola expressionista alemã, tinha, da mesma forma que Lucio Costa, a virtude de saber estimular o aluno, analisando imparcialmente o trabalho que este apresentava, mas tratando de não chocá-lo nem de desanimá-lo.

Agora, outra coisa: sendo o senhor um arquiteto e um artista, como enfoca o problema do jardim quando lhe encomendam um projeto? Se o senhor fizer uma auto-análise, o que predomina, o artista plástico, o construtor, o botânico ou o ecologista?

Creio que me movo em um espaço onde todos esses elementos estão misturados. Não quero fazer um jardim que seja somente pintura. Mas também não posso deixar de reconhecer que a pintura influiu muito em minhas concepções de paisagismo. Trata-se de certos princípios, princípios gerais de arte, que estão indissoluvelmente ligados entre si. Essa é a coisa mais importante. Saber como estabelecer um contraste, como utilizar uma vertical, a analogia de formas, de volumes, a seqüência de certos valores. São princípios que se podem aplicar à música, à poesia. Sem esses princípios, creio que, simplesmente, não se pode praticar qualquer forma de arte.

O senhor encontra sempre, no Brasil, mão-de-obra — quero dizer jardineiros, no caso — preparada, que conhece bem seu ofício?

É sempre difícil porque não temos uma escola de jardinagem. Tenho que me arranjar com aqueles que têm uma espécie de intuição. A esses, vou mostrando como e por que se fazem certas coisas. Muitas vezes, no princípio, não entendem bem por que quero aplicar certos princípios estéticos. Pouco a pouco, começam a compreender, por exemplo, por que não se deve agrupar as plantas de maneira monótona etc. Em uma palavra, começam a interessar-se pelo que fazem. Encontrar jardineiros como os que existem na Alemanha ou na Inglaterra é muito difícil. É um problema geral da América Latina.

Eu pensei ingenuamente que, com a quantidade de japoneses que há no Brasil, poderia haver um começo de tradição nesse sentido.

Sim, mas eu creio que, até agora, eles parecem estar muito mais interessados na fruticultura ou floricultura do que especificamente em problemas de jardinagem. Além disso, há um certo perigo em relação às tradições de origem. Um paisagista japonês realizou o jardim do Palácio da Alvorada, a residência presidencial em Brasília. Pois bem, posso dizer que ele não compreendeu a paisagem brasileira, querendo transformá-la em um local com caráter paisagístico japonês. Isso é um erro. Ao projetar um jardim ou uma área verde, temos que compreender o que existe, o que não foi elaborado pelo homem e criar algo que a isso se relacione.

A mesma coisa ocorre com a arquitetura: não se pode fazer uma arquitetura que seja boa para a Noruega e, ao mesmo tempo, para o Brasil. Há que levar em conta os elementos climáticos, ecológicos, sob pena de nunca se chegar a resultados positivos. Esse é o belíssimo triunfo de Le Corbusier em Chandigarh, onde ele compreendeu muito bem o ambiente, alcançando uma qualidade extraordinária, pelo simples uso do concreto armado e pela composição por meio das manchas de claro e escuro em todos os edifícios.

Então, o senhor considera que o jardim deve estar "caracterizado", isto é, um espectador vendo um jardim seu, ainda que em fotografia, poderá saber em que país ou em que região do mundo esse jardim se encontra?

Bem, creio que essa pergunta é muito importante. Lembro-me de um jardim que fiz em Viena, no ano de 1962. As pessoas ficaram desiludidas porque pensaram que eu ia fazer — no centro da Europa — um jardim tropical. Que eu iria pôr orquídeas nos álamos, trepadeiras da selva subindo pelos pinheiros. É claro que não fiz nada disso, porque estou convencido de que cada clima tem a sua flora, cuja utilização tem que estar de acordo com o meio físico. Eu não quero ver bananeiras ou palmeiras em Paris, quero ver uma vegetação que me indique que estou no norte da França.

Em Buenos Aires há algumas praças e parques em que se combinam palmeiras com pinheiros, figueiras etc.

É preciso perceber que o clima de Buenos Aires oferece essa possibilidade. É necessário levar em conta também que se trata de uma questão de moda. Houve uma época em que se gostava de palmeiras, depois essa época passou e a moda foi substituída por outra. Há algumas árvores que são de uma beleza muito grande, na Argentina. No estudo que fiz para o conjunto esportivo da chácara Saavedra, em Buenos Aires, quis utilizar, dentro das possibilidades, árvores que crescem naturalmente na paisagem argentina.

Existem velhas quintas, na Argentina, que tinham enormes figueiras e magnólias.

A *Magnólia Grandiflora* é uma árvore da América do Norte. Pode-se usá-la na Argentina porque existem algumas plantas que vão bem com o clima e que dão a impressão que sempre existiram na paisagem. Há outras, ao contrário, que mudam de tal forma a paisagem que, creio, não são aconselháveis. Sobretudo no Brasil, onde temos mais de cinco mil espécies de árvores. O fato de plantar eucaliptos, por exemplo, transforma o caráter da paisagem. Resulta mais uma paisagem australiana que brasileira. Eu lutei muitíssimo para que chegássemos a usar uma flora, dentro do possível, autóctone.

O senhor não trabalha apenas para o governo, pois também recebe encomendas particulares. O senhor busca ou evita este tipo de encomenda?

Aceito trabalhos particulares que possam ter algum interesse. Mas, se o senhor me perguntar o que me dá mais prazer, direi sempre que é o jardim público, que tem um sentido mais amplo. Prefiro que meu trabalho alegre e satisfaça o maior número de pessoas possível.

Algumas autoridades públicas podem pensar que o jardim é um luxo. O senhor o considera assim?

Bem, eu creio que, muitas vezes, é tanto luxo quanto ter um quadro. Parece-me que o jardim tem uma função muito importante, porque ajuda a viver ao ar livre. O jardim público é fundamental nas grandes cidades modernas, que tendem a ser monstruosos labirintos de casas e ruas.

Um jardim implica sempre grandes gastos de manutenção?

Sim, claro. Devemos criar jardins cuja manutenção não seja demasiado cara. Mas, para dizer a verdade, a manutenção me parece uma condição *sine qua non*.

Vi jardins seus que parecem com as montanhas que os rodeiam. Pode-se dizer que o senhor se inspira na paisagem para criar suas obras?

Eu creio que, para fazermos um jardim, temos que começar por entender o ambiente, o meio ambiente. Se eu faço um jardim para o Amazonas, esse mesmo jardim não pode servir para o Rio de Janeiro ou São Paulo. Temos que compreender que devemos utilizar plantas da natureza e, com elas, construir jardins feitos pelo e para o homem.

Existe, no Brasil, uma carreira de arquiteto paisagista ou de botânico que desenhe jardins?
Até agora, não. Mas existe a intenção de criar esse tipo de curso.

Suponha que o senhor fosse encarregado de estabelecer um plano de estudos para essa carreira. O senhor considera que os interessados teriam que estudar tanto botânica quanto arquitetura e desenho, em geral?
Claro. Creio que essa carreira seria muito importante, sobretudo no Brasil, onde temos à nossa disposição mais de cinqüenta mil espécies. É evidente que não se pode empregar todas em um só jardim. Mas é importante saber que existem, saber como crescem, como se desenvolvem. Principalmente quando se leva em conta as enormes diferenças climáticas em nosso país. Falando da região do Rio de Janeiro, temos plantas que crescem na orla do mar e também as de água salobra — os mangues — até chegar à vegetação do cume das montanhas. Isso, sem falar no resto do país, com sua enorme extensão e variedade. Para fazer jardins, há que trabalhar com microclimas. Por exemplo, na região do Rio de Janeiro, posso trabalhar com plantas saxícolas (que vivem entre pedras) para acentuar um determinado caráter da paisagem carioca.

E, por exemplo, em Brasília, onde o clima é de planalto?
Bem, lá se cometeram muitos erros. Muitas vezes, não se compreendeu a beleza da flora local existente. Prevalece sempre a idéia de fazer um "Bois de Boulogne", um "Hyde Park" do trópico, sem compreender suficientemente as plantas que existem na realidade do local. Recordo-me de um fato, quando eu trabalhava no Parque del Este, na Venezuela. Havia gente que se aproximava para olhar e cujo único comentário era: "Isso é puro mato!". Essas pessoas querem sempre o que não vêem na paisagem. Por isso, muitas vezes o jardim tem um caráter internacional que não é, em si, interessante. Daí podemos entender por que as plantas se repetem como essas raças de frango de corte que se criam hoje. É muito mais fácil obtê-los em série que manter vivo um pássaro selvagem.

O senhor viu experiências interessantes no curso de suas viagens? Onde?
A verdade é que existe, agora, muito mais consciência desses problemas do que antes. Eu me bati sempre por eles, a partir do momento em que, na juventude, e através do Jardim Botânico de Berlim, tomei consciência da beleza de nossa própria flora. Não sou chauvinista, mas, no Brasil, cada vez que é possível utilizar o autóctone, eu o faço. Pertenço, agora, ao Conselho Federal de Cultura e, ali, sigo lutando pela conservação das florestas e da flora brasi-

leira, em geral. Porque, com o desenvolvimento, com o chamado "progresso", infelizmente se destruiu muito. Sobretudo com os meios de destruição de que dispomos, hoje: o *bulldozer* pode destruir, em uma hora, o trabalho que a natureza levou milhões de anos para concluir.

Quais são os elementos que entram em jogo quando o senhor está compondo mentalmente um jardim? A forma das árvores, a cor das flores?

Tudo: cor, ritmo, forma, analogia de contrastes, textura. Além disso, acho que devo acrescentar à lista a relação com a arquitetura e com a paisagem. Tudo está intimamente ligado e o conjunto representa a necessidade completa do jardim. Não é apenas um problema de estética, pois há uma série de outras funções que são importantíssimas. No Parque do Flamengo, no Rio de Janeiro, por exemplo, existem áreas dedicadas a esportes, a piqueniques, outras aos restaurantes populares, outras ainda em que se faz uma verdadeira exposição da flora brasileira, quase desconhecida para o grande público. Ali se criou, também, um aquário. Para mim, o jardim deve possuir qualidades didáticas. A partir do jardim, pode-se distribuir muitos ensinamentos, estimulando o povo a viver melhor.

Esses jardins, naturalmente, vão "vivendo" no decorrer do ano. O senhor os pensa para que evoluam e sejam sempre diferentes?

Se alguém pensar em um jardim estático, comete um erro grosseiro. O projetista deve saber se uma palmeira chega até trinta metros ou a época de floração de uma planta. Tudo isso é uma necessidade, como o cálculo do concreto em uma construção. Tratam-se de elementos absolutamente básicos. Um jardim deve ser "construído", não deve obedecer apenas aos impulsos. Em realidade, poderíamos definir o ato de conceber o jardim como um impulso controlado.

Como o senhor vê o reconhecimento da importância do jardim no momento atual?

Considero que existe, hoje, uma boa tendência: a noção da função fundamental do jardim público em lugar do particular. Pelo violento crescimento demográfico a que assistimos, as pessoas têm necessidades urgentes de grandes áreas verdes. Se não forem atendidas, a vida ficará cada vez mais difícil nas grandes cidades. Por exemplo, como não temos muita atividade agrícola na Guanabara, os investimentos se voltam para a especulação dos terrenos. A grande indústria consiste na edificação de arranha-céus. Além disso, existem os grandes conjuntos de habitação popular que, em geral, são horrorosos. Toda essa gente, empregados, habitantes, precisam de grandes áreas verdes, que devem ser previstas em todos os projetos de urbanismo para que as populações possam viver um pouco melhor.

Em outras palavras, o senhor acha que uma parte dos financiamentos a esses projetos deveria ser atribuída a áreas verdes, sem considerá-las como um luxo desproporcionado.
Claro. Deve haver um pouco mais de respeito pelo homem.

Na França, existe o famoso "um por cento para obras de arte", que aparece automaticamente em todos os orçamentos de arquitetura. Ou seja, em todo projeto de urbanização ou de construção, um por cento será sempre destinado a obras de arte, incluindo as áreas verdes.
Sim, deve-se prever grandes áreas onde as pessoas possam viver em contato com a natureza. Em geral, nos modernos edifícios de apartamentos, ninguém dispõe desse recurso. Por essa razão, afirmo que os parques comunitários vão adquirindo cada vez mais importância.

Quando o senhor viaja pelo mundo, como faz freqüentemente, onde encontra bons exemplos de jardins públicos? No Japão, na Escandinávia?
No Japão, os jardins antigos são maravilhosos, resultam perfeitos. Mas eu diria que alguns dos melhores exemplos continuo encontrando na Inglaterra, onde quase todos os grandes parques do século XVIII ainda se mantêm. Lá, o povo chegou a uma compreensão extraordinária do que seja o amor pela natureza. É muito difícil fazer um jardim para um inglês ou uma inglesa porque são grandes conhecedores de plantas e tão conscientes do que querem que o paisagista não pode, simplesmente, impor sua vontade. Esperemos que, algum dia, isso também ocorra na América Latina.

[3] MIRAN DE BARROS LATIF

Ventilação no trópico

A história de nossa arquitetura — como de toda a civilização no trópico — passa por um ponto de inflexão, quando, depois de tantas tentativas de melhor adaptação ao meio, tivemos a veleidade de também tentar modelá-lo. Se há muito que nos climas temperados e ainda há pouco no grande frio vem-se conformando, drasticamente, o meio, foi preciso, para o trópico, o auxílio da ciência e da técnica em pleno surto no século XX.

O homem, em suas tentativas de supremacia sobre o meio na faixa equinocial da terra, quase só tem que enfrentar o clima quente e úmido. E deveríamos ter no subconsciente, ao projetar a casa ou mesmo a cidade toda, a luta não apenas contra as inclemências do sol, mas contra o ar quente e úmido, principalmente quando parado. Só pela aeração consegue-se o conforto de um homem que reage contra a canícula pela evaporação refrescante do suor.

Assim como nos climas frios não se projeta uma habitação sem pensar no seu conveniente aquecimento no inverno, para uma boa habitabilidade no trópico não basta que se suprima a calefação de outras terras e torna-se primordial ter, como a primeira das preocupações, uma boa aeração nos meses de canícula, tanto da casa quanto até da cidade toda.

Depois que a casa na grande cidade tentou conformar o meio, ao invés de só adaptar-se a ele, temos sido beneficiados com ambientes refrigerados artificialmente. Sem as grandes salas refrigeradas nunca haveria entre nós boa difusão de cultura. Georges Claude, o homem que estabeleceu o ciclo do frio artificial, ao desembarcar no Rio em pleno verão, declarou que só naquele momento se dava conta que trabalhara realmente pela redenção tropical. Trabalhara pela conservação dos alimentos, muito mais perecíveis no trópico; trabalhara principalmente para aglomerações culturais até há pouco quase impraticáveis entre nós e só realizáveis hoje com a nota congregadora de ambiente condicionado mecanicamente.

Mas no escritório ou na casa de moradia só uma pequeníssima parte da população pode aproveitar realmente do ambiente condicionado, e a casa ainda terá por muito tempo que se adaptar ao meio para uma racional habitabilidade em nossas latitudes. Mesmo encarando o condicionamento artificial, uma boa disposição da casa ou da sala de espetáculo diminuirá o capital da instalação mecânica e seu custeio. E é lastimável que não tenhamos aprimorado nossas soluções para uma boa aeração natural.

O português ao chegar ao Brasil vinha da amenidade do mediterrâneo. Tinha apenas a experiência do clima quente e seco do norte-americano, em que os receios do simun, que sopra do Saara e curte a pele, levam o homem a envolver até o rosto no bornuz e leva a casa a virar-se para dentro dela mesma em torno de um pátio interno, onde canta um repuxo que diminui a secura do ar.

Mas o índio aqui reage contra o sol cobrindo sua maloca de espessa camada transbordante de folhas palmadas de pindoba e, à guisa de alpendre externo, adoça-lhe o copiar e, por sobre ele, pelo oitão bem vazado, deixa que escoe o ar viciado mais quente e úmido. É no interior desta casa que, de um esteio ao outro, estica-se a rede que move a gente no ar quando este não se move o bastante para refrescar. O negro, por sua vez, trouxe o uso do barro de sopapo para a casa cabocla e do adobe ou da taipa de pilão para construções maiores. Foi a uma destas casas baratas de caboclo — expressão da nossa realidade — que Gilberto Freyre teve a coragem de, em primeiro, propor que se juntasse aparelhagem higiênica para adotá-la como habitação popular, sem tecnicismos pouco racionais ou muito dispendiosos.

A solução cabocla, entretanto, ainda era simplista demais e o português, inspirando-se na varanda externa do trópico úmido hindu, viraria às avessas, em nossa intenção, a casa do norte-africano. Escancarou-se à devassa da aragem que livra do bolor, do pigarro e de muitos outros males ou inconvenientes devidos ao excesso de umidade no ar. Depois as soluções se aprimoraram na luta contra a inclemência do sol e o abafamento. O telhado e o largo beiral faziam-se com grossas telhas do mediterrâneo — por nós chamadas de "colonial" —, umas recobrindo as outras e muito pesando sobre os madeiramentos exatamente para que o calor não pesasse demais sobre os habitantes da casa. Era o tipo de telha canal que, desde o império romano até hoje, domina a amenidade subtemperada do mediterrâneo. Mas acabamos por substituí-la pela telha mecânica, dita "francesa", mais leve e econômica e que, na Europa mais do Norte, substitui os telhados de ardósia, inclinados e lisos para o escorregar da neve. Foi o nosso primeiro retrocesso em matéria de adaptação ao meio.

Já houve época em que os mestres-de-obras ventilavam com desníveis, tendo em vista efeito de chaminé, no forro como no interior do aposento. Para isso, vazavam tanto as sancas do tabuado do teto quanto a cumeeira do telhado, o que a telha canal permitia. O grande pé-direito com bandeira até o alto e o teto em masseira com tesoura à portuguesa também pretendiam melhor aeração. No chalé havia suspiros no alto da empena. Para os sobrados da cidade, espremidos uns contra os outros — ainda a temerem intimidades com as insídias do meio tropical e procurando com sofreguidão o consolo do vaivém da rua —, abriam-se poços de aeração nos "halls" de escadas, que vazavam o telhado e iam terminar numa clarabóia disposta em lanternim ou numa verdadeira chaminé coroada por uma coifa redonda de vidro. Nestas casas, um comprido corredor — como perfeita travessa da rua — recolhia o ar viciado dos quartos pelas bandeiras das portas, que se rasgavam de alto a baixo dos generosos pés-direitos. Dessas chaminés, que deram caráter especial à nossa concepção construtiva, ficou-nos apenas, como vaga lembrança, o poço vertical ao longo da coluna dos banheiros nos arranha-céus.

Com a descoberta do concreto armado, o arquiteto e o engenheiro — em substituição ao velho mestre-de-obras — têm vivido empolgados com o que se faz lá fora em matéria de plástica estrutural e vêm confundindo o engenhoso da construção em concreto com o funcional da casa. Ainda agora andam às voltas com vãos descomunais — trazendo considerações quanto a pontes e viadutos da cadeira de grandes estruturas das escolas de engenharia para a intimidade da habitação — sem saber ou pensar sequer na boa aeração de uma modesta casa. Todas as nossas construções populares (ou semi) do interior mostram-se perturbadas pelos devaneios estruturais dos arquitetos dos grandes centros, cujo renome está sempre a chegar-lhes, dados os atuais prodigiosos meios de difusão. Temos regredido quanto à aeração da casa, principalmente da modesta casa popular.

Quanto às inclemências do sol na cidade, com a superposição de apartamentos, vimos relegando boa parte do problema para o andar de cobertura. Os largos beirais — depois de andarem num ostracismo total — voltaram a funcionar, ao menos para as casas isoladas. Mas, para o arranha-céu? Com o concreto armado, os beirais podiam superpor-se como "persianas" em balanço ao longo das muitas prateleiras dos andares ou se tornaram as placas horizontais ou verticais dos ditos *brise-soleil*, que enfrentam o sol da tarde no quadrante NW mais castigado, e tiveram até sua orientação estabelecida conforme a latitude para todas as grandes cidades do Brasil. Mas a ganância incorporadora vem desprezando todas estas proteções. Com o concreto também surgiram as lajes de cobertura com isolamento térmico de vegetação, o que pode levar a recuperarmos a área verde perdida com a construção, como disse Le Corbusier.

Hoje, vimos enveredando pelas compridas placas de cimento-amianto de secção sinusoidal, ou longas telhas de secção semicircular e trapezoidal de uso mais interessante, não fosse o menosprezo à ventilação que se tem ao aplicá-las, sem o ponto necessário. Se uma pequeníssima inclinação básica é suficiente para que sobre estas placas ou telhas corra a água das chuvas, a inclinação terá que ser muito maior para que por baixo delas, identicamente, escoe o ar quente. Não basta que a chuva em cima do telhado não empoce, é preciso que, embaixo dele, o ar viciado também não "empoce", para o maior dos nossos desconfortos. Depois que, já vão anos, um engenheiro do frio, o russo Grishmaliof, mostrou que a circulação natural do ar aquecido regia-se pelas mesmas leis que a hidráulica (apenas com o escoamento se dando por baixo de canais e vertedores invertidos), nenhum engenheiro projetou mais um forno industrial às apalpadelas e nenhum arquiteto, com esta consideração já bem no subconsciente, deveria deixar de resolver a contento o problema da aeração natural da casa, em terras do calor e da umidade onde o ar nos interiores abafados chega a um grau higrométrico de saturação, é bom relembrar, capaz de depositar placas de mofo, o que nos leva a expor regularmente roupas, trastes e mesmo móveis ao ar livre.

Não há hoje mistérios para a remoção por tiragem natural do ar viciado que, paradoxalmente, quanto mais úmido torna-se mais leve e melhora a tiragem, compensando de sobra um desprezível acréscimo do pesado CO^2. Só mesmo a preocupação de arear o interior da habitação fará com que nunca esteja menos confortável termicamente que o exterior, coisa que rarissimamente se dá entre nós. E se Le Corbusier tivesse vivido no trópico, não se teria mostrado tão infenso à inclinação dos telhados e dos tetos, dada a premência entre nós do que podemos chamar de efeito interno de chaminé, único capaz de aeração natural quando o ar lá fora está parado.

Há duas ou três dezenas de anos começou a se generalizar popularmente entre nós, fora da tradição dos riscos de antigamente, os telhados com uma só aba ou abas desencontradas na cumeeira, um tanto à moda dos telhados em dente das fábricas. A inovação era interessante principalmente pelas possibilidades de melhor ventilar tanto o interior do aposento quanto do desvão entre o telhado e o forro, sendo que este mesmo com fraco colchão de ar, desde que circulando, pode isolar do sol a contento. Mas para que o desnível atue como chaminé, é evidentemente necessário que tenhamos o alto do aposento vazado, bem como vazado o desvão tanto sob o beiral quanto no desencontro das abas do telhado. Mas corre-se o Brasil e quase que só se observa casas hermeticamente vedadas no desencontro das águas.

Outra generalização popular, que se encontra no interior de mais a mais, é o telhado em duas águas vertendo para o interior da casa, onde uma só calha interna recolhe a água da chuva, solução esta defensável para áreas áridas de sertão ou de restinga, onde se necessita de cisterna. Neste tipo de casa, generalizado um tanto às tontas, o alto do frontão ou da platibanda também precisaria ser vazado tanto para beneficiar o desvão do telhado quanto diretamente o interior dos cômodos, o que rarissimamente se dá. [...]

Nestes dois novos tipos de casa popular faz-se, numa, o desencontro das águas no alto, apenas para pousar a cumeeira sobre a parede e, na outra, quase não se aproveita do encontro das águas no interior da casa nem para melhor arejar nem para alimentar uma cisterna. As duas inovações populares, por conseguinte, elegeram certas formas sem atinarem com a função que as gerara. Perderam, assim, esta autenticidade que vem do condizente da função íntima com o aspecto formal externo. E só podemos culpar disto o arquiteto diplomado da cidade que, numa erudição promocional, quase que só de estruturas espetaculares (e sem maiores precauções quanto ao funcional), vem perturbando o bom senso popular que ainda há pouco prevalecia nas áreas rurais. [...]

Ainda quanto à aeração natural, podemos dizer que, mesmo num arranha-céu, deve-se e pode-se cuidar dela, tentando:

1) ventilação transversal, como preconizada por Le Corbusier para Copacabana, com uma enorme lâmina serpenteando na aba do morro (num programa talvez coletivista em excesso) e proposto, bem entendido, antes do nosso ganancioso tecnicismo incorporador ter desrespeitado, com seus enormes pára-ventos abafantes, os preceitos do ponderado Agache, que iniciou ali recuos na orla do mar e pretendia, para as faixas de prédios no interior, alturas gradativas;

2) grandes vãos de janela como coroamento da luta dos antigos pelo vazamento das paredes (com arcos em cantaria de mais em mais justapostos no andar térreo, bem como portas-janelas também justapostas ao longo de estreitos balcões corridos que serviam apenas para que se rasgassem maiores aberturas nos sobrados) e tendo como verga uma viga invertida, como felizmente já praticamos, e que permite vazar a abertura até junto ao teto, exatamente como nas altas e tradicionais "bandeiras";

3) paredes divisórias que, por nada suportarem, podem dispor-se à vontade e não precisam vedar até o teto como nas nossas casas rurais de "telha-vã" —

frescas e ótimas não fosse a bicharia que nelas penetra — ou como nas divisões por tabique que servem tanto a um cortiço quanto ao Palácio da Cultura, por exemplo, numa solução arejada muito do Japão que, dado o surto espetacular da simbiose Oriente-Ocidente, muito tem influenciado a arquitetura moderna; 4) efeito interno de chaminé reformulando o apartamento tipo "duplex", tendo em vista aproveitar maiores desníveis dos tetos sem nenhuma viga servindo de barragem e obstruindo a circulação do ar viciado de uma janela à outra (dada a fraca densidade do ar, qualquer viga com efeito de vertedor represa enormemente, e seria até aconselhável tetos com forros ligeiramente em declive e bem lisos para diminuir o atrito).

Este tipo de apartamento já foi tentado em certa ocasião quase que simultaneamente pelos irmãos Roberto, Reidy, Oscar Niemeyer e Hélio Uchoa Cavalcanti, que se saiba. A sua vantagem não era apenas saudosista, com escada interna lembrando o individualismo da casa isolada. Mas foi de sucesso passageiro. Neles, a meu ver, o problema da aeração não foi precipuamente encarado. Os "duplex" encaixados, inspiradores de Le Corbusier, também não tinham sido planejados, como era natural para a Europa, com a preocupação de boa aeração. Mas é só reformular o "duplex" — ou melhor o "semiduplex" interessante de Niemeyer-Uchoa, por exemplo, ou ensaiar até com o mesmo espírito um "semitriplex" com maiores desníveis internos — para que possamos generalizar, mesmo na cidade de moradias empilhadas, o lema: sombra e ar para nossas melhores condições de conforto.

É preciso também mencionar, na luta pela aeração, os tijolos caprichosamente vazados, ditos "claustra" — romanos como a telha canal —, que Lucio Costa lançou no Parque Guinle em substituição à rusticidade do "tijolo sim, tijolo não" de antigamente ou do muxarabiê norte-africano, que deixa passar a aragem conservando o recato e permitindo dispor os cômodos da habitação de modo mais flexível, com dependências de serviço ou "toilete" até na fachada dos altos edifícios.

O sucesso entre nós de Le Corbusier — com arquitetos a substituírem sofregamente o seu arcaico Vignola de bolso por um outro vade-mécum, também de bolso — vem principalmente dos "pilotis" inspirados nas palafitas pré-históricas dos lagos suíços, onde o mestre nasceu. Era uma solução técnica e plástica que surgia ao encontro de um velho anseio nosso. É de confluências como esta que se generalizam as formas. Colocávamos tudo sobre jirau, não tanto para isolar do ataque dos grandes animais, como nos lagos de lá, mas para melhor ventilação e isolar da minúscula bicharia a pulular na "vivência" pastosa do trópico. E o mérito de Le Corbusier não foi tanto nos ensinar os "pilotis" quanto lembrar-nos de prosseguir naquela procura do "jirau para tudo", numa arquitetura popular certamente mais apreciável em sua autenticidade que a erudita.

Protegíamos, sobre jirau, arreios, mantimentos; mosqueávamos e cozinhávamos, caçávamos na espera sobre jirau e, até mesmo, cultivávamos sobre ele pequenas hortas com condimentos para a cozinha e, num dado momento, o próprio homem de "pé no chão" sobre a "terra batida" no interior da casa de sopapo sentia-se com coragem para ele mesmo também se refugiar no jirau da casa de pau-a-pique, com porão ventilado que isola do chão. Aliás, mesmo na "pedra e cal" urbana sempre tivemos porões ventilados, nunca subsolos à européia, e varandas sobre esguias colunas de ferro fundido para ficarem apenas no sobrado da casa. Tudo prenúncios dos "pilotis". E estes se hoje fazem furor entre nós não é, como houve quem dissesse, por serem mais baratos (o que não é verdade nem por concentrarem as fundações, o que ajudaria apenas na encosta íngreme etc., mas exclusivamente por serem o "jirau máximo" do nosso velho anseio. Não adotamos, por conseguinte, às cegas a solução atualizada na Europa, de um fóssil dos lagos da Suíça, mas nos aproveitamos dela para reanimar uma necessidade, um anseio bem vivo, como, por exemplo, entre ribeirinhos na Amazônia. A nova fórmula técnica amparava nosso primitivismo e pobreza na luta por um ar mais livre com a altura, e contra um chão pouco ou não inteiramente firme, deslizando na encosta da favela e atolando na baixada do mocambo.

A revolução de Le Corbusier só poderia ter seguidores ortodoxos na faixa temperada da terra e já vem sendo, aliás, reformulada tanto para o grande frio quanto para o nosso trópico. Compreende-se que a casa e a cidade não possam ser identicamente concebidas para as três faixas da Terra — a boreal, a temperada e a tropical — de meio tão diverso e habitadas por homens de temperamento também diverso. Se o grande reformador da arquitetura e do urbanismo modernos, em suas famosas "boutades", sempre pôs em primeiro plano o sol e a luz, nós aqui temos que considerar a sombra e o ar. Não que desprezemos o sol, mas é que — tendo-o em demasia — devemos dosá-lo e, com ele, a luz que ilumina o que se vê, para logo, em excesso, corroer, esfuminhar contornos e até ofuscar quem tenta ver. E o nosso primeiro material, tanto para a boa casa quanto para a boa cidade, deve ser o ar mais ainda que a sombra. Num trópico como o nosso, a casa de máxima habitabilidade resumir-se-ia, então, numa boa cobertura bem ventilada por baixo. É exatamente neste sentido que sempre se esforçaram as gerações mais antigas — com deficiências técnicas e contra preconceitos sociais — e devemos ter a hombridade de aceitar as suas soluções quando boas sem romper, por romper, com o evocativo da paisagem humana que criaram.

A verdadeira arquitetura só evolui realmente na medida em que as soluções técnicas e suas consequências plásticas vêm ao encontro de anseios, até inconscientes, da vida diária. Estes alteram-se, sem dúvida, psicologicamente com o evoluir social, mas quase não variam, basicamente, quanto ao fisiológico, sujeito ao invariável meio físico. Daí, na arquitetura, haver dois tipos de autenticidade, uma ligando o artista ao aspecto de sua obra — com arquitetos que são mais propriamente escultores — e outra, a principal, ligando este mesmo aspecto formal, externo da obra, à sua função interna, íntima, ontológica mesmo, que é a rotina do uso caseiro. E o nosso encontro com Le Corbusier — que muitos consideram milagre pelos descortinamentos que nos proporcionou — tem como o maior dos méritos nos haver possibilitado um reencontro com nós mesmos.

ARQUITETURA E ARTES PLÁSTICAS 1 **A ARQUITETURA É ARTE E CIÊNCIA** RINO LEVI [*Óculum*, Campinas, n. 3, pp. 39-42, mar. 1993] 2 **A ARQUITETURA COMO PLÁSTICA E A IMPORTÂNCIA ATUAL DA SÍNTESE DAS ARTES** MÁRIO BARATA [*Brasil, Arquitetura Contemporânea*, Rio de Janeiro, n. 7, pp. 11-12, 1956] 3 **AS ARTES PLÁSTICAS NA ARQUITETURA MODERNA BRASILEIRA** QUIRINO CAMPOFIORITO [*Módulo*, Rio de Janeiro, n. 44, pp. 55-60, dez. 1976-jan. 1977]

[1] RINO LEVI

A arquitetura é arte e ciência

Se com tal expressão se quer significar que a arquitetura, como fenômeno artístico, está sujeita a uma classificação à parte, comete-se grave erro.

A arte é uma só. Ela se manifesta de várias maneiras, quer pela pintura, pela escultura, pela música ou pela literatura, como também pela arquitetura. Tais manifestações constituem fenômenos afins, sem diferenças substanciais na parte que realmente caracteriza a arte como manifestação do espírito.

Também é absurdo classificar-se a arquitetura como arte secundária ou como "mãe das artes", de acordo com conhecida expressão. O valor da arte mede-se pelas emoções que ela desperta em nós e pela permanência, através dos anos e das gerações, dessas emoções e sentimentos.

Do mesmo modo, em relação às outras manifestações artísticas, errado não será considerá-la diferente no sentido de dispor de meios de expressão, mais ou menos extensos e profundos; seria como colocar a obra de um Giotto, de um Donatello, de um Mozart ou de um Shakespeare acima ou abaixo da obra de um Bramante. Todos esses gênios alcançaram tal nível de expressão que qualquer confronto entre eles seria impossível.

No que diz respeito aos meios de expressão, estamos sempre verificando o aparecimento de novas manifestações de arte. É o caso do cinema, que nos apresenta imagens em movimento sincronizadas com palavras e sons. Trata-se de um acontecimento inédito, e o que parece mais extraordinário nele é o desenho animado, pela sua relação, sob certos aspectos, com a pintura, uma pintura em movimento próprio e, além do mais, acompanhada de palavra e de música.

É o caso dos famosos móbiles, de Alexander Calder. Estes constituem o resultado das mais avançadas pesquisas no campo da escultura. Uma escultura toda dinâmica, não de pedra e bronze ou terracota, como estamos habituados a ver, mas expressa com materiais jamais usados nessa arte. O mais extraordinário é a multiplicidade de formas que adquire, quando acionada pelo vento ou artificialmente. O seu movimento, combinado com a luz, produz sombras e efeitos fantásticos. Além da lata, do arame e cacos de vidro, entram em jogo o ar e a eletricidade.

As raízes do cinema e dos móbiles de Calder devem estar em qualquer parte que nos toca muito de perto. Essas são bem expressões típicas da nossa era, procurando exprimir anseios e ideais por caminhos jamais trilhados antes.

DEFINIÇÕES DA ARTE

Existem muitas definições de arte, mas nenhuma, para mim, é completa, e nem pode ser, pois ela é um fenômeno que na sua constante evolução se traduz por um desenvolvimento contínuo de expressão e formas.

Nós percebemos tal evolução. Cessado o impulso renovador, por esgotamento da capacidade criadora, fatalmente advém a decadência. O poder de renovação do artista depende de sua capacidade em manter sempre viva a sua personalidade, bem como da ampliação constante da sua cultura. Por seu lado, esta é ligada a contingências do meio e a influências estranhas.

O verdadeiro artista tem a intuição do valor dessas circunstâncias. Ele se sente impelido por uma força estranha e mergulha em conjecturas e dúvidas que fazem dele, permanentemente, um espírito irrequieto e insatisfeito.

Por sua vez, a apreciação crítica e o julgamento da obra de arte obedecem a regras imutáveis, fugindo a qualquer explicação objetiva. Esse fenômeno depende de circunstâncias fortuitas, quais sejam a moda e o ângulo de visão do momento, e ocorre em virtude das modificações que se verificam na mentalidade e na sensibilidade do indivíduo, com o passar dos anos e da coletividade, através de gerações.

O que parece certo é que a arte só se manifesta com pujança verdadeira num clima de liberdade absoluta. Quaisquer injunções da sociedade ou de indivíduos no sentido de dirigi-la para objetivos predeterminados é fatal.

Assim, também, o trabalho artístico, realizado de acordo com fórmulas preestabelecidas, fugindo da criação extenuante, seja por comodismo ou por incapacidade, resulta apenas em obra reflexa que só encontra eco na massa inculta.

De todas as manifestações humanas, a arte é a que mais e melhor exprime a personalidade. Nela o artista retrata a si próprio, embora inconscientemente. Há nesse fenômeno certa analogia com a inconsciência da criança e a do psicopata.

O grande público é incapaz de se adaptar ao espírito inovador, peculiar à arte, pelo qual sente viva repulsa. Aceita passivamente a rotina, sem admitir qualquer possibilidade de contestação, pois ela representa, para ele, um refúgio cômodo e seguro. Dessa incapacidade resultam preconceitos de toda ordem, condenando e ridicularizando todo artista que se entrega ao trabalho de investigação.

O arquiteto, cuja atividade depende de terceiro, mais do que qualquer outro artista, é a vítima dessa situação, com a qual está perfeitamente habituado. Não é raro que, antes mesmo de receber as informações básicas sobre o tema, lhe sejam feitas exigências de ordem plástica. Resulta daí uma situação ambígua da qual só poderá sair dignamente desde que saiba vencer tais imposições.

O QUE É A ARQUITETURA

O certo é que se classifique a arquitetura como arte plástica, de caráter essencialmente abstrato. A função do arquiteto é o estudo da forma, em ligação com o ambiente e o clima, dentro de condições funcionais e técnicas, visando a criação harmoniosa de ritmos, ordenando volumes, cheios e vazios, jogando com a cor e a luz.

A arquitetura abrange, como se disse, todos os campos da forma, desde o objeto mais comum até a organização, nas coletividades humanas, da habitação, do trabalho, do recreio e do transporte.

Contrariamente à pintura e à escultura, a arquitetura é vista por fora e por dentro. O exterior e o interior estão intimamente ligados numa continuidade de concepção.

De todas as artes, a arquitetura é talvez a que necessite hoje de conhecimentos científicos mais extensos e variados, e só nesse ponto se justifica a expressão "arquitetura é arte e ciência". Digo hoje, porque a construção antigamente obedecia a um número relativamente reduzido de regras mais ou menos empíricas, transmitidas de geração a geração e que se conservaram quase imutáveis durante séculos. Com o progresso das ciências e com o advento dos laboratórios de pesquisas, bem como da produção em série, realizaram-se, nesse particular, modificações que alteraram consideravelmente a vida do homem civilizado. Em virtude dessas novas condições, a arquitetura tornou-se de tal forma complexa que necessita freqüentemente uma colaboração íntima com determinados especialistas. Estes compreendem duas categorias, os que colaboram na parte funcional e os que intervêm na técnica construtiva. [...]

Um projeto de arquitetura adquire sua fisionomia definitiva aos poucos, num trabalho lento que, às vezes, se prolonga por meses. No seu início, existem apenas alguns dados mais ou menos vagos sobre o tema. Este desenvolve-se, paulatinamente, com os primeiros esboços, com estudos preliminares e com o anteprojeto.

Até então o arquiteto trabalha sozinho, valendo-se das suas noções sobre as especificidades envolvidas pelo assunto. Em seguida, como vimos, organiza-se o trabalho em equipe a fim de discutir e solucionar os problemas relacionados aos vários casos, visando o melhor rendimento, conforto e técnica.

Uma vez reunidos e assimilados todos os dados, o arquiteto, valendo-se da sua capacidade criadora, empresta ao conjunto a sua fisionomia definitiva, entrosando todos os elementos num organismo funcional, técnico e plástico. Essa fase de definição da obra é única. Nela, o arquiteto se sente completamente dentro do assunto e senhor absoluto do problema, com visão integral de todos os seus detalhes. Esse momento não mais lhe aparece, nem mesmo após executada a construção, que o deixa frio, como se fosse coisa estranha à sua pessoa.

Por que essa diferença em relação à própria obra? Porque, como se verifica em todas as manifestações de arte, a necessidade de evolução do artista faz com que o seu espírito, eternamente insatisfeito, o leve então a novas cogitações. Os conhecimentos científicos contribuem vivamente para a concepção plástica do arquiteto. No entanto, é indispensável que sejam assimilados de modo a não constituir entrave e limitação à concepção artística. Eles agem no subconsciente como uma segunda natureza, integrada à personalidade. Assim, a criação se processa livre de quaisquer injunções técnicas, apesar de existentes.

Se desdobrei o trabalho de concepção da obra em ciência e arte, fi-lo apenas para maior clareza da exposição. Na verdade, verifica-se o entrosamento de uma a outra, sem ordem cronológica e método.

O arquiteto, como todo artista, utilizando-se de uma intuição aguda e fantasia inquieta, inspirado pela visão plástica, antecipa-se freqüentemente ao especialista, com soluções mais originais e ousadas. Às vezes, ao contrário, as indicações fornecidas pelo especialista assumem um papel de relevo no trabalho de criação.

A primeira elaboração mental do arquiteto se manifesta numa seqüência de visões plásticas, seguindo-se ao trabalho longo e paciente do desenvolvimento do tema.

SÍNTESE DAS ARTES

Não é descabido frisar um ponto de máxima importância: o fato lamentável, hoje, da pouca possibilidade para o arquiteto realizar nas suas obras trabalhos em colaboração com pintores e escultores. No passado, essa colaboração era íntima e normal. Os exemplos que nos restam constituem testemunho insofismável disso, com resultados notáveis, principalmente quanto ao modo de compreender a interpenetração existente entre as três artes plásticas. Essa compreensão parece desaparecida há séculos.

Nesse sentido, existe hoje inexplicável preconceito contra o afresco, um mosaico ou um motivo esculpido. À primeira vista, esse preconceito poderá parecer medida de economia; no entanto, encontramos freqüentemente obras construídas com materiais até excessivamente suntuosos em relação ao objetivo plástico. Por outro lado, pintores e escultores vivendo afastados da construção e considerando-a com certo desprezo, perderam a verdadeira compreensão do assunto, no sentido do trabalho em comum, não querendo subordinar-se ao desenho arquitetônico. Resulta daí nítida separação entre as três artes.

ARQUITETURA, ARTE SOCIAL

A arquitetura é freqüentemente classificada como arte social pelo fato de envolver problemas de interesse imediato para a coletividade. Com efeito, do desenho do móvel ao da cidade, ela abrange todos os problemas essenciais da vida do homem, individual e socialmente.

Nisso reside todo o aspecto científico-social da questão, entrando no terreno da engenharia e da sociologia. Mas esse aspecto foge da essência própria da arquitetura naquilo que é verdadeiramente característico nela, como fenômeno específico de criação.

Em conclusão, verifica-se, logo, que definição da arquitetura como arte social não subsiste, pois, se assim fosse, seria deslocar o assunto para um plano de arte dirigida com objetivos preestabelecidos, alheios à sua essência. O resultado de tal dirigismo só pode levar a uma arte sem vibração.

Com efeito, a arte está em conflito permanente com a sociedade, encontrando estímulo na necessidade vital de se libertar da rotina e passividade servil do espírito. Não há dúvida, pois, que a arte só poderá ser sentida por uma minoria com mentalidade integralmente livre.

[Palestra realizada em 1948 no MASP, a convite da Associação Paulista de Medicina.]

|2| MARIO BARATA

A arquitetura como plástica e a importância atual da síntese das artes

A estrutura é eminentemente plástica, mesmo quando pura resultante das necessidades do programa e dos materiais e técnica empregados. Através dela e dos panos de vedação, a arquitetura é arte porque é forma. Não importa pois que existam certas tendências errôneas visando assimilar a arquitetura a uma simples engenharia, em que não intervenha o lado estético, ao menos conscientemente.

Esse desvio, imanente em algumas faculdades brasileiras, tem os seus perigos — no campo educacional —, mas não consegue tapar o sol com a peneira. Esperemos que, pouco a pouco, alunos desprevenidos e alguns professores "técnicos" se compenetrem da urgência de valorizar os aspectos artísticos da arquitetura, sob pena de prejudicar o seu futuro desenvolvimento.

Hoje, sabe-se que a separação tão radical que se efetuou entre o ensino da arquitetura e o das outras artes plásticas — anteriormente lecionados lado a lado na Escola Nacional de Belas-Artes — foi um erro, sobretudo em país como o nosso, sem museus e desprovido de atmosfera de arte à altura de fornecer espontaneamente, aos jovens, um *background* estético imprescindível à sua formação arquitetural.

Este problema, vivido pelas novas gerações do Rio e de São Paulo, não ocorre só entre nós. Para citar outro exemplo latino-americano, relembremos que o arquiteto Enrique Guerrero saudava, em 1952, a Exposição de Arquitetura Mexicana Contemporânea — "primeira vez em que se exibiam os resultados de um esforço no terreno da expressão artística e da utilidade social, sob nova doutrina arquitetural e novos impulsos históricos de transformação social" — pelo fato "de ser o Instituto Nacional de Belas-Artes o primeiro interessado em possuir uma idéia das proporções do dito movimento arquitetônico e dele organizar uma exposição", o que "dava conceito de arte à complexa disciplina que é a arquitetura e finalizava uma discussão de muitos anos" em que se tentou "dar à arquitetura, em seu ensino, o nível de técnica, negando sua condição essencial de arte".[1]

A arquitetura é, portanto, arte — e arte eminentemente social, em cuja história e evolver não pesam os pequenos *divertissements* ou *folies* de luxo para um ou outro representante de classes privilegiadas. Arquitetos brasileiros como Oscar Niemeyer, Demétrio Ribeiro e Edgar A. Graeff começaram, neste 1956, a debater, em seus artigos, aspectos da arquitetura como fenômeno social e de sua necessária e viva participação no solver dos problemas da coletividade. Bastaria, aliás, estudar o presente número de *Brasil, Arquitetura Contemporânea* para verificar como a programação de conjuntos residenciais fertiliza e enriquece a construção — no conteúdo e na forma — abrindo-lhe mais largas perspectivas

— mesmo em ambiente estatal e econômico hostil às profundas e amplas soluções dos problemas arquitetônicos e humanos que são inerentes ou correlatos a esse tipo de habitação.

Com o acentuado formalismo estético dos fins do século passado e da primeira metade do século XX, compreenderam-se facilmente os recursos plásticos e as possibilidades de expressão artística das simples proporções e harmonias formais da estrutura e outros elementos de base da construção arquitetônica. Neste terreno, o caráter não representativo da mesma, possibilitava rápido domínio da arte arquitetural no plano puramente plástico. Escreve Lucio Costa:

> O reconhecimento e a conceituação dessa qualidade plástica como elemento fundamental da obra arquitetônica — embora sempre sujeita às limitações decorrentes da própria natureza eminentemente utilitária da arte de construir — é, sem dúvida, neste momento, a tarefa urgente que se impõe aos arquitetos e ao ensino profissional, a fim de esclarecer definitivamente os mal-entendidos responsáveis pela sobrevivência, em tantos setores, daquela prevenida incompreensão.
>
> Com efeito, restabelecida sobre bases funcionais legítimas, graças à ação decisiva dos CIAM, a arquitetura moderna, salvo poucas exceções, mormente a da consciência plástica inerente a toda a obra de Le Corbusier, cujo apelo insistente e lúcido, desde a primeira hora, visando situar a arquitetura além do utilitário, não fora, ao que parece, compreendido — já é tempo de se reconhecer, de modo inequívoco, a legitimidade da intenção plástica, consciente ou não, que toda obra de arquitetura, digna desse nome — seja ela erudita ou popular —, necessariamente pressupõe.[2]

Para impulsionar essa orientação que levava a uma arte expressa unicamente por relações de formas, agiram fortemente a saturação e o horror ao mau gosto *bric-à-brac* e ao abuso do estuque em imitações estilísticas do passado, que reinaram no academismo decadente da segunda metade da última centúria. "*Le décor cache généralement une faute de perfection*", dizia Auguste Perret. Em 1925, Le Corbusier escrevia:[3]

> constroem-se agora, um pouco em todos os lugares, na América, na Rússia, na Tchecoslováquia, na Holanda, na França, casas em que se debate o *décor*, o problema da proposição e da estrutura. O "decorativo" morreu e o espírito da arquitetura se afirma.

Antes dele, Loos escrevera o artigo "Ornamento e crime", cerca de 1912, de grande repercussão. A máquina fornecia, então, o melhor exemplo da beleza obtida pelas formas funcionais em sua expressão irredutível. A luta contra o enfeite chegava ao apogeu. Passam-se trinta ou quarenta anos. E é o próprio Le Corbusier quem propõe no Congresso Internacional de Artistas em Veneza, em 1952, a criação de um *chantier* para a síntese das artes, em que arquitetos, escultores e pintores trabalhariam em conjunto.

Alguma coisa mudou! Foi ultrapassado o purismo arquitetônico. As novas condições do gosto e da criação artística não exigem a luta inclemente em defesa do isolamento arquitetural, se bem que se conservem nítidas as suas lições e os valores estético-estruturais — elementos básicos da concepção da forma e da construção arquitetônica. A atuação brasileira das equipes de Niemeyer, de Reidy e de outros profissionais se situa nessa transformação de posições estéticas, relativas ao princípio da comunhão das artes. Todos reconhecem, internacionalmente, que chegou a seu fim o período das paredes brancas e dos espaços vazios, que eliminam a pintura e a escultura da arquitetura. Além disso, há uma noção de grande importância que passa despercebida à consciência do nosso tempo, mas age nas decisões e na realização objetiva de arquitetos e outros artistas A idéia profunda da *arquitetura como arte total*, isto é, não como *construção*, mas no papel de geradora e incorporadora de várias artes, que lhe ficam subsidiárias. É o problema da integração das artes na arte "maior", que é a de Ictinus — ou o da integração recíproca das mesmas. Como afirmou Dilthey:

> Desta cooperação da vontade na captação estética procedem muitas relações de estados interiores com processos externos, sobretudo a impressão do sublime. Assim produzem-se de novo diversos esquemas de captação estética.
>
> Constitui-se, desse modo, o tronco de uma linguagem de formas, de cada uma das artes. Neste ponto são importantes as profundas relações das artes plásticas, da ornamentação e da arquitetura, entre a linguagem de formas da música e da poesia. Porque nestas relações repousa a possibilidade da obra de arte arquitetônica e poético-musical de caráter "*total*".[4]

Nessa arquitetura *total*, a pintura, a escultura ou a ornamentação não escondem defeitos de construção. E nem sempre são utilizadas para determinados efeitos ou intenções plásticas, que muitas vezes podem ser obtidas, em nossos dias, com os próprios recursos técnicos do concreto armado e do ferro, que tendem a moldar a construção como se fosse uma matéria argilosa, conduzido-a, perigosamente, ao terreno da escultura.

As diversas artes integram-se, reciprocamente, em função das necessidades materiais, espirituais e emotivas do homem. A pintura, a escultura e a ornamentação (aplicações de ferro, painéis abstratos de mosaicos etc.) sobrevivem — por menos que isso seja claro aos contemporâneos — em correspondência a imperativos de ordem cultural e estética, que impedem o desaparecimento das artes e o empobrecimento que disso resultaria para a espécie, tanto no plano intelectual-emotivo quanto no da sensibilidade humana.

Recebemos solicitação da Unesco para que respondêssemos a inquérito, que essa instituição está promovendo, sobre a síntese da arquitetura com as outras artes plásticas, tema da maior atualidade e importância, internacionalmente. Os arquitetos não podem desligar-se dos pintores e escultores e vice-versa. A comunhão das artes deve ser mantida à custa de um esclarecimento permanente e inteligente das novas gerações.

Resta passar ao aspecto prático da questão no atual momento brasileiro, em que muitos estudantes e professores de escolas de arquitetura não compreendem o valor da comunhão das artes e nem — fato incrível — as qualidades plásticas e estéticas da construção. Lucio Costa tocou no problema, no Congresso de Veneza de 1952.[5] E, recentemente, ressoou bem, em todos os meios cultos do país, o apelo que Lucio Costa dirigiu aos estudantes da Faculdade Nacional de Arquitetura sobre movimento precipitado do antigo diretório acadêmico dessa escola superior, que revelou hostilidade contra os seus colegas pintores e escultores. Reproduzimos a seguir, na íntegra, esse documento, pela importância que o mesmo possui:

> Faço um apelo aos alunos da Faculdade Nacional de Arquitetura no sentido de reconsiderarem a recente deliberação de impedir acesso à faculdade aos pintores que hajam concluído os respectivos cursos nas Escolas de Belas-Artes do país e se disponham a prestar o exame vestibular.
>
> E se o faço é por estar em jogo no caso uma questão de princípio, que, como tal, não comporta transigência, pois interfere com o ideal da comunhão das artes, ideal válido apesar da complexidade imposta pela técnica moderna à arquitetura.
>
> Deliberação tanto mais infeliz porquanto se alega, para justificá-la, a defesa do nível da formação profissional, quando, na verdade, ocorrerá precisamente o contrário, caso prevaleça tão insólito critério: a faculdade é que se rebaixará aos olhos da opinião do país.
>
> Não se diga que a concessão pretendida implicaria facilitar de um modo geral o acesso à faculdade, pois nenhum candidato — senão alguns de acentuado pendor para as artes plásticas — iria normalmente preferir o caminho mais longo. Aliás, sejam quais forem as facilidades porventura encontradas na admissão, terão depois de enfrentar as numerosas cadeiras do currículo que exigem preparação científica adequada.
>
> Estou persuadido de que a atitude, assumida com a melhor das intenções pelo diretório, resultou de um equívoco devido ao generalizado desconhecimento, entre os alunos, do que seja afinal, na sua essência, a natureza da bela profissão que abraçaram. E, para honra dos futuros arquitetos, também presumo que, individualmente, a grande maioria reconheça, no íntimo, a impropriedade da atitude tomada, embora como corpo coletivo endossasse opinião contrária.
>
> Nos linchamentos sucede algo parecido: individualmente ninguém ousaria matar. Mas ainda está em tempo. Recebam os colegas pintores e escultores (sejam

quais forem as deficiências da sua formação artística — que estas são mais graves) de braços abertos, restabelecendo assim, de algum modo, conquanto em escala mínima — quase diria, simbólica —, o antigo elo que há dez anos se rompeu.

Não sabemos se houve resposta do Diretório Acadêmico da Faculdade Nacional de Arquitetura [FNA] ao eminente mestre, que tão sincera e dignamente dirigiu-lhe a palavra amiga e experiente. O fato é que o pensamento de Lucio encontra também apoio nas mais bem fundadas técnicas educacionais de países adiantados e na realidade estética do nosso tempo.

Mesmo nos meios pedagógicos do Brasil, orientados por figuras como Anísio Teixeira, considera-se hoje vício burocrático e formalista brasileiro o excesso de rigidez e pedantismo na seriação e organização do nosso ensino. Mais grave ainda torna-se essa rigidez quando atinge diplomados por escolas superiores. Em países adiantados isso não existe, e entre nós, ao que consta, o vestibular das faculdades de filosofia é-lhes facultado.

No caso das artes plásticas — pintura, escultura, arquitetura —, essa rigidez é nociva por quebrar a sua unidade. Além do mais, se o portador do certificado do ensino clássico (predominância do latim e da literatura) pode ingressar na FNA, por que o diplomado de cinco anos por escola superior de Belas-Artes não pode candidatar-se ao vestibular para mostrar os seus conhecimentos e obter a classificação que merece?

1 José Villagran Garcia. *Panorama de 50 anos de Arquitetura Mexicana Contemporânea.* México, INBA, 1952, p. 4.

2 Lucio Costa. "O Arquiteto e a Sociedade Contemporânea". Informe ao 1º Congresso Internacional de Artistas, Veneza, 1952.

3 Le Corbusier. *L'Art décoratif d'aujourd'hui.* Paris, Cres., 1925, p. 138.

4 Wilhelm Dilthey. *Teoria de la concepción del mundo.* México, edição do FCE, 1944, p. 339.

5 Intervenção de Lucio Costa no I Congresso Internacional de Artistas, patrocinado pela UNESCO e realizado em Veneza em setembro de 1952. Lucio Costa, *Registro de uma vivência*, pp. 268-275. [N.O.]

[3] QUIRINO CAMPOFIORITO

As artes plásticas na arquitetura moderna brasileira

A Semana de Arte Moderna, em 1922, terá servido para interromper a sonolência em que ia a cultura no Brasil e abrir para um mundo de idéias e liberdades de que ainda não participávamos. Terá a literatura, desde então, melhor se aproveitado do alerta, enquanto nos demais terrenos da criatividade artística tudo permaneceu numa afogante limitação. A contar pelos dedos, raros se destacam, sem que, contudo, se configure um verdadeiro movimento. O panorama não muda — o andamento preguiçoso e reacionário prossegue. Na década de 1930, quando a pintura brasileira passa a contar com Candido Portinari, definitivamente atuante no Rio de Janeiro, irrompe uma nova área de influência que supera qualquer simples presença individual. Sua personalidade singular se impõe no meio artístico e lhe imprime um ritmo que desde então se generaliza e quebra o predomínio dos velhos padrões acadêmicos.

O edifício do Ministério da Educação e Saúde é o marco dessa mesma quebra na arquitetura. Uma equipe de jovens arquitetos se compromete na readaptação do risco original de Le Corbusier, abrindo uma nova rota para nossa arquitetura. O Conjunto da Pampulha (em Belo Horizonte), o edifício da Associação Brasileira de Imprensa (Rio de Janeiro) e exemplos que surgem no Recife e em São Paulo afirmam definitivamente o compromisso de uma atuação inventiva e criadora por parte de nossos arquitetos. Mas estaríamos, assim, recaindo numa história da arquitetura, quando nosso objetivo deverá ater-se a uma relação com as artes plásticas. E será justamente no edifício do MEC (hoje Palácio da Cultura) que vamos encontrar o primeiro e já extraordinário registro. A pintura por seus recursos murais e a escultura com essencialidade espacial se ligam à jovem construção. Imensos painéis de Candido Portinari desenvolvem temática de rigorosa expressividade brasileira, focalizando o homem em suas várias tarefas no campo e na indústria. A pintura enfrenta suas maiores dimensões técnicas e expressivas. São os murais do salão de audiências, executados a têmpera direta sobre o reboco seco. No salão de espera, outro enorme painel a têmpera sobre tela — *Jogos infantis* —, já num critério de mais intensa movimentação compositiva e todo envolvido em tonalidades claras. No auditório, duas composições na mesma técnica, pintadas diretamente sobre a madeira, representam o canto e a literatura.

Externamente, Portinari desincumbiu-se também dos mosaicos sobre uma larga superfície, dentro de uma escala de azuis e formas livres circundando zonas com elementos figurativos (peixes e conchas). Esse importante conjunto, que traduz uma feliz evolução de nosso grande pintor e muralista, marca o início de uma presença de Portinari que se alonga junto à nossa arquitetura moderna. Nesse mesmo tempo, realiza ele as três monumentais composições a têmpera para o Pavilhão Brasileiro, de Lucio Costa e Oscar Niemeyer, para a Feira Internacional de Nova York (1939). Os escultores Jacques Lipchitz, Bruno Giorgi e Celso Antonio são três outros artistas que contribuem definitivamente para o novo Ministério. Bruno Giorgi com o monumental grupo *Juventude*, no jardim externo, e o nu feminino à entrada destinada ao ministro.

Ambos os trabalhos talhados em pedra. De Celso Antonio são duas figuras femininas, severamente delineadas no mármore, uma para o jardim do segundo piso e a outra para o centro da sala de exposições. Esta foi recentemente retirada desse local e encontra-se nos jardins da praia de Botafogo. *Pigmaleão*, tema algumas vezes retomado por Jacques Lipchitz, é a bela peça em bronze que se engasta na superfície convexa externa da parede de fundo do auditório do Ministério. Composição assaz significativa do internacionalmente famoso escultor, na linha de sua última fase, quando retorna à figura e lhe empresta uma exacerbada expressão de força e movimento.

O conjunto arquitetônico do lago da Pampulha (Belo Horizonte) oferece nova oportunidade, e igualmente importante, senão mais decisiva, para as artes plásticas no convívio com a arquitetura brasileira. E, sem receio, pode-se julgar seja o Conjunto da Pampulha a afirmação de quanto, a partir de então, deve ser creditado à extraordinária invencibilidade que alcança a arquitetura moderna brasileira, numa contribuição surpreendente ao movimento modernista mundial. Na Pampulha e em Brasília, vamos ter a confirmação de que ao arquiteto Oscar Niemeyer cabe a primazia de haver proporcionado excepcionais oportunidades às artes plásticas, que não encontram, facilmente, rivais em outras realizações internacionalmente reconhecidas. A pintura, como a escultura e outras categorias da criatividade plástica contemporânea, guardadas as devidas proporções que as acentuam, ganham um desembaraço que irá, cada vez mais, marcando um novo entrosamento artístico — arquitetura/artes plásticas — em nosso século, à semelhança dos mais famosos conjuntos culturais do passado.

O Conjunto da Pampulha, todo ele projetado por Oscar Niemeyer, se constitui da Igreja devotada a São Francisco de Assis, Iate Clube, Cassino e Baile Público e agrupa numerosa e expressiva colaboração de pintores e escultores. A destacar, de pronto, a igreja, cujas formas inesperadas oferecem aos soberbos murais de Portinari condições especiais singulares a amplas e movimentadas composições, não apenas no painel de azulejos que recobre a fachada, como o do interior, executado a têmpera e criteriosamente subordinado aos ritmos sugeridos pela curvatura da imensa parábola. Em ambas as composições, Portinari comporta-se decididamente como o entusiasta muralista que sempre demonstrou ser. Não apenas sustenta uma liberdade pictórica e compositiva que, sem escapar totalmente a moldes clássicos, faz aberturas decididas para a temática religiosa, sem lhe diminuir o conteúdo espiritual. Uma revisão da representação mística longe da vulgaridade a que havia muito tinham chegado as representações litúrgicas pelo academismo bastardo. São Francisco, numa impressionante imaginária, impõe-se à solidariedade humana, distanciando-se sobre o grupo de seus arrogantes carrascos. A mesma dramaticidade e a mesma força plástica e critério sentimental se estendem às suas demais composições na igreja da Pampulha: o ladrilho da fachada e a Via Sacra; na primeira, o azul e branco de bom gosto em nossa arte colonial, e, na segunda, o potencial cromático e a expressividade formal refletem a riqueza do instante dramático a simbolizar. No batistério, impõem-se por sua sensibilidade escultórica e delicada mas impressionante figuração os baixos-relevos de Alfredo Ceschiatti, talhados em pedras. Jovem ainda, bem no início de sua carreira, Ceschiatti já se afirma o grande escultor que se demonstraria para adiante.

No Conjunto da Pampulha ainda vamos encontrar, no Cassino e no Iate Clube (hoje Museu de Artes), a escultura sempre com sua participação coerente e decididamente harmoniosa nos espaços que a arquitetura de Oscar Niemeyer sabe destinar-lhe. O monumental nu feminino em pedra de August Zamoisky cria uma silhueta impressionante e sólida em contraste com as aberturas luminosas do exterior. A pintura aparece em cuidada harmonia com a especialidade arquitetônica em composições murais de Roberto Burle Marx, Tomás Santa Rosa e Percy Deane. A escultura retorna às mãos de Alfredo Ceschiatti. E no Baile Público, em que a arquitetura é envolta pelos contornos caprichosos da represa, a escultura grave de José Pedrosa, rítmica e graciosa a um tempo, delineando reflexos no espelho d'água. Nas três últimas construções, Paulo Werneck desincumbe-se com a maestria que lhe é reconhecida no gênero dos mosaicos que revestem largos espaços murais, fazendo com habilidade e técnica a adaptação de tradicionais padrões encontrados em nossa azulejaria colonial. É oportuno recordar que Paulo Werneck, dentro das possibilidades novas para o mosaico, é o artista que se desincumbe freqüentemente dessa arte nas ornamentações exteriores, no Rio de Janeiro e em diferentes cidades do país, como são exemplos a apontar o Banco Boavista (de Oscar Niemeyer) e o edifício Seguradoras (dos irmãos Roberto), ambos no Rio de Janeiro.

No colégio de Cataguases (Minas Gerais), Oscar Niemeyer novamente convoca a colaboração de Candido Portinari. O monumental painel, pintura a têmpera sobre tela, mede dezoito metros de largura por três metros e meio de altura e recobre totalmente o lado de uma passagem de salas de aula. Portinari desenvolve com impressionantes recursos de tratamento expressionista e nova sistemática compositiva a seqüência de episódios que historiam a Inconfidência Mineira como movimento precursor de nossa independência política, exaltando suas personagens e particularmente o alferes Joaquim José da Silva Xavier (o Tiradentes).

O arquiteto Affonso Eduardo Reidy, em seu Conjunto Residencial do Pedregulho (Rio de Janeiro), confiou a Candido Portinari o painel em azulejo que reveste toda a frente do ginásio e a Burle Marx o painel em mosaico que se estende no corredor térreo, duas composições de vulto artístico e grandes dimensões, em feliz conjugação com os espaços a que correspondem. O Monumento aos Pracinhas (Rio de Janeiro), do arquiteto Marcos Konder, tem a completá-lo, na homenagem que simboliza, trabalhos de relevante teor criativo: grupo escultórico *As três armas*, de Alfredo Ceschiatti, em travertino; escultura abstracionista de Catelli; e pinturas murais de Anísio Medeiros.

Em Salvador, o Teatro Castro Alves, em projeto de Bina Fonyat, possui escultura de Mário Cravo, artista cujo nome é, sem dúvida, dos mais destacados em nossa plástica moderna, dono de uma obra que tem evoluído de modo a corresponder a critérios renovadores de técnica e de conceito criativo.

Emiliano Di Cavalcanti é o autor do desenho para o extenso mosaico que recobre a parte superior da fachada curva do Teatro Cultura Artística, em São Paulo (capital), projetado pelos arquitetos Rino Levi e Roberto Cerqueira Cesar [...].[1]

1 A segunda parte do artigo, que trata de Brasília, foi omitida aqui. [N.O.]

O PAPEL DAS INDIVIDUALIDADES

AÇÕES FUNDAMENTAIS 1 **LE CORBUSIER** OSCAR NIEMEYER [*Módulo*, Rio de Janeiro, n. 1, p. 3, mar. 1955] 2 **AUTOBIOGRAFIA** LUCIO COSTA [Jornal do Brasil, Rio de Janeiro, 27 fev. 1982] 3 **OSCAR NIEMEYER** NELSON WERNECK SODRÉ [*Oscar Niemeyer*. Rio de Janeiro, Graal, 1978, pp. 7-11]

[1] OSCAR NIEMEYER

Le Corbusier

Convidado pelo Centro de Transmissões Francesas do Brasil para falar sobre a arquitetura daquele país, aproveitei a oportunidade para dizer algumas palavras sobre o grande arquiteto francês Le Corbusier, em cuja obra se baseia, a meu ver, toda a arquitetura contemporânea.

Arquiteto por nascimento, Le Corbusier mostra-nos num simples retrospecto de sua vida a inquietude constante que o possuía — desde os primeiros períodos de atividade profissional — ao lidar com as coisas de arte e arquitetura. Seu gênio inventivo e inovador manifesta-se em todos esses períodos — quer na pintura ou na arquitetura — como a predominante absoluta de sua personalidade. Artista plástico por excelência, Le Corbusier nunca foi um "técnico" no sentido restrito do termo. Ao contrário. Artes plásticas, arquitetura, técnicas de construção e poesia foram sempre para ele assuntos de igual importância, intimamente ligados e impossíveis de isolar. E a tudo isso aliava uma compreensão clara e justa da vida, o que lhe permitiu, posteriormente, dar aos seus estudos de urbanismo o sentido humano que tanto os recomenda.

E para nós, é esse aspecto universal de artista-técnico e sociólogo um dos lados mais nobres e generosos de seu caráter, destacando-o dos frios e compenetrados técnicos que o acompanharam nessa jornada magnífica de que resulta a arquitetura contemporânea.

Foi, precisamente, esse conjunto de conhecimentos e qualidades que lhe facultaram determinar na ocasião oportuna, em face da técnica moderna, as características básicas da nova arquitetura, disciplinando-a com uma série de princípios, à defesa dos quais dedicou toda sua vida profissional, doutrinando e exemplificando, por meio de livros e projetos, para todos os arquitetos do mundo.

Mas foi no Brasil — e isso é um privilégio para nós — onde sua influência se manifestou de forma mais profunda e onde, principalmente, encontrou maior receptividade.

Convidado pelo ministro Gustavo Capanema, Le Corbusier esteve no Rio, em 1936. Nessa ocasião, o movimento arquitetônico brasileiro, liderado pelo nosso caro mestre Lucio Costa, apresenta ainda uma série de deficiências e limitações, que a sua presença permitiu esclarecer e eliminar, dando-lhe a liberdade e a força criadora de que necessitava. Entre nós, Le Corbusier elaborou os planos para a cidade universitária, localizada em Mangueira, projeto esse que a insensibilidade dos homens responsáveis por aquela obra impediu de se realizar.

Lembramo-nos do contato que com ele tivemos nesse período e dos incidentes que acompanharam suas atividades em nosso país, e que, felizmente, não impediram que fosse convidado a colaborar nos planos da nova sede do Ministério da Educação e Saúde, obra que, graças a ele, constitui hoje um dos elementos mais representativos da arquitetura contemporânea.

Mas, a influência de Le Corbusier não se restringe ao campo da arquitetura. Vazada de um profundo sentimento de solidariedade humana, sua obra é um libelo contra esse regime de mistificações e injustiças em que vivemos, em que o interesse das coletividades está invariavelmente sujeito às imposições de classe, e as alegrias essenciais — *les joies essencielles* a que ele sempre se refere — são privilégio de pequena minoria.

Sobre uma premissa de igualdade e justiça foram traçados seus planos de urbanismo. São os grandes blocos de habitação coletiva, suspensos em colunas, cercados de parques e jardins, providos de escolas, creches, clubes, cinemas, mercados etc. E nesses maravilhosos conjuntos os homens não ficariam, como entre nós, confinados em estreitos apartamentos. Suas janelas não abririam sobre os prédios vizinhos; nem para as ruas estreitas; nem para o barulho infernal que nos impede a recuperação das energias que o trabalho diário solicita. Elas se constituíram de grandes painéis de vidro abertos para o mar e as montanhas.

Grandes espaços livres separariam as habitações, garantindo-lhes o contato direto com a natureza, que é uma das exigências da vida moderna, e as vias de circulação seriam rigorosamente distribuídas entre pedestres e veículos.

E toda a cidade seria mais humana e feliz. Suas belezas naturais protegidas e seus monumentos realçados por um plano de urbanismo correto, contra o qual se anulariam interesses subalternos.

Essa, a dádiva que Le Corbusier a todos oferece e que a incompreensão de certos homens não nos permitiu ainda aproveitar.

[Este texto deveria ser lido em programa especial da rádio do Ministério da Educação. A transmissão deixou de ser realizada por haverem informado ao arquiteto que sua palestra "tinha de sofrer alguns cortes".]

[2] LUCIO COSTA

Autobiografia

Olhando para trás e resumindo, a minha atividade profissional teve, a partir do período eclético-acadêmico, várias fases:

Primeira: A da intervenção fracassada no ensino — fracassada porque resultou no desmantelo do que, bem ou mal, havia, sem ter deixado nada em troca; felizmente foi rematada com a realização do extraordinário Salão de 31, que lamento não ter sido fotografado. Essa aventura teve ainda, como complemento, uma curta e feliz colaboração com o querido Gregório Warchavchik.

Segunda: A de disponibilidade e estudo, quando fiz uma série de projetos residenciais avulsos para lotes urbanos — 12 x 36 —, intitulada *Casas sem dono*, e duas casas de campo, que nunca vi, uma para o meu fiel amigo Fábio Carneiro de Mendonça, e outra para o querido e também médico Pedro Paulo Paes de Carvalho. A convite de Celso Kelly fui então professor — pela única vez —, juntamente com Prudente de Moraes Neto, Gilberto Freyre, Portinari e tantos outros, da lamentavelmente extinta Universidade do Distrito Federal, curso consolidado no estudo *Razões da nova arquitetura* — razões de ordem social, de ordem técnica e de ordem artística.

Terceira: Aquela em que a gorada reforma do ensino da ENBA afinal se materializou fora dela, quando o fabuloso ministro Capanema resolveu me confiar a elaboração do projeto para a construção do edifício-sede do Ministério. Edifício projetado por um grupo de arquitetos escolhido por mim e baseado num belíssimo risco feito, para outro terreno, por Le Corbusier, quando este aqui esteve por quatro semanas, convocado pelo ministro, por insistência minha, como nosso consultor. Nessa fase, ocorreu a sumária rejeição, por Inácio Amaral e Ernesto de Souza Campos, do meu projeto elaborado para a Cidade Universitária, bem como o importante caso do Pavilhão do Brasil, na *New York World's Fair*, de 1939, quando levei comigo o Oscar, visando a elaboração de um novo projeto baseado na idéia original dele de tirar partido, na construção, da curva ondulada do terreno, resultando daí um belo edifício, que foi muito louvado pela crítica internacional.

Inclui-se ainda, nessa fase, o Parque Guinle, realizado graças à interferência de Armando de Faria Castro, e o Park Hotel de Friburgo, fruto da mútua dedicação e empenho do proprietário, dr. César Guinle, e minha. Basta dizer que todo fim-de-semana eu saía correndo de madrugada, no bairro então muito deserto, a ouvir o ronco do bonde Jardim-Leblon que me levaria às barcas para, atravessada a baía, subirmos a serra de gasogênio. Mas valeu a pena. São também dessa época as casas Hungria Machado e Saavedra.

Quarta: A do início de minha participação, por indicação de Raymundo Castro Maya, na arrastada obra, onde interferiram vários arquitetos, da sede do Jockey Club, primeiro na administração Mário Ribeiro, depois na de Francisco Paula Machado. Esse difícil parto só chegou a bom termo graças à feliz intervenção "cesariana" de Jorge Hue. A minha principal contribuição foi conseguir que o prédio *engolisse* mais de setecentos carros, bem como garantir a bela comodulação das fachadas laterais. Participei também da obra do antigo Banco Aliança para os irmãos Coutinho. Obra levada a cabo graças à dedicação e colaboração — nascidas no Parque Guinle e continuadas em Brasília — de Augusto Guimarães Filho. Nessa época, viajei com as meninas a Nova York, a convite da Parson School of Design, que comemorava seu cinqüentenário, e a Paris e Veneza, a convite da UNESCO.

Quinta: De permeio, com as demais fases, houve a do *patrimônio*, em que sempre funcionei apenas como consultor do Rodrigo, esse Mello Franco de Andrade que se dedicou de corpo e alma à defesa, recuperação e divulgação de nosso patrimônio histórico e artístico. Mesmo quando, mais tarde, reorganizado o Serviço, tive de figurar, *pró-forma*, como diretor de uma Divisão, era ele, o diretor-geral, que fazia tudo; eu simplesmente o assessorava. Só então, aos poucos, conheci e compreendi, com ele e dona Lygia Martins Costa, em toda a sua monumental grandeza, a obra de Antônio Lisboa, que, como estudante, por ignorância, de certo modo menosprezara. A primeira incumbência, em 1937, foi ir de hidroavião ao Rio Grande do Sul a fim de examinar *in loco* e decidir o que fazer com as ruínas dos chamados Sete Povos da província jesuítica espanhola, que ficaram encravados do lado de cá. Projetei então o pequeno museu, construído por Lucas Mayerhofer, que também realizou a difícil tarefa de desmontar e reconstruir a torre arruinada. Em 1948, numa viagem de estudo, conheci finalmente Portugal, a metrópole de que fomos, como colônia, gigantesca província.

Sexta: Depois de tudo isso, veio a fase de Brasília. A presença de William Holford na comissão julgadora foi decisiva. Era personalidade muito considerada em seu país, tanto que foi feito *sir*, tornando-se, em seguida, membro da Câmara dos Lordes. Muito culto, falando correntemente italiano, francês e ainda um pouco de espanhol, ele me disse ter lido o memorial do Plano Piloto três vezes: a primeira não entendera suficientemente; na segunda, entendera e, na terceira — "*enjoyed*".

Apesar de todas as críticas e restrições preconceituosas ou não, entendo que Brasília valeu a pena e com o tempo ganhará cada vez mais conteúdo humano e consistência urbana, firmando-se como legítima capital democrática do país. Ela foi concebida e nasceu como capital democrática e a conotação de cidade autocrática que lhe pretenderam atribuir, em decorrência do longo período de governo autoritário, passará.

Tenho uma natural tendência a querer sempre compreender e justificar o ponto de vista dos outros e, apesar do tranco cruel que o destino me reservou — que, este, não tem perdão —, a desculpar os trancos que eventualmente levo. Certa vez, um primo em segundo grau, que há muito não via, ao chegar em casa disse à mãe: "'Esbarrei hoje numa pessoa que acho que era o Lucio, ele até pediu desculpas'. 'O tranco foi seu, e ele se desculpou? Então era ele mesmo'".

Assim, compreendo o ponto de vista daqueles que entendem que a sociedade evoluída prescinde de símbolos e gostariam que as capitais fossem cidades diluídas e terra-a-terra, despojadas de qualquer vislumbre de grandeza. Mas me permito discordar. Imanente ou transcendente, há uma intrínseca grandeza no homem e na sua obra, ainda quando aparente a sua negação, como num símbolo de repouso — a rede — que propus a Jayme Maurício para a XIII Trienal de Milão.

Sétima: Quanto à fase da Barra, as críticas, na sua maioria, procedem de pessoas que, no fundo, gostariam de uma ocupação *rarefeita* na Baixada de Jacarepaguá, de tal forma que os edifícios altos fossem definitivamente banidos. Ora, é evidente que essa enorme área agora acessível, tanto da zona norte como da zona sul, destina-se a ocupação intensiva, cumprindo ao urbanista, portanto, não se iludir e encarar esta fatalidade. Assim, em vez de uma ocupação por etapas, como ocorreu em Copacabana, Ipanema e Leblon — primeiro casas, depois pequenos apartamentos, seguidos por outros, sucessivamente maiores, até chegar ao que lá está —, começar por eles, mas definindo, de saída, onde implantá-los e onde impedir sua presença. Mas o desmantelo tomou conta da área — a coisa já foi muito explicada, é melhor ficar por aqui. Fora o mar e a paisagem, o que me dá prazer de olhar é a minha caixa d'água da SUDEBAR [Superintendência do Desenvolvimento da Barra da Tijuca], assim como, no Leblon, a cobertura do prédio onde moro.

Sou sócio honorário de instituições profissionais de vários países, entre as quais a Academie d'Architecture, o Royal Institute of British Architects e o American Institute of Architects; em 1960, fui agraciado com o título de Doutor *Honoris Causa* pela Universidade de Harvard e, em 1970, recebi, do presidente [francês] Pompidou, a Legião de Honra, no grau de *Commandeur*.

[Escrito por ocasião dos oitenta anos de Lucio Costa. Reproduzimos aqui apenas a segunda parte do mesmo.]

Oscar Niemeyer

Os grandes homens — grandes pelo que fizeram e não apenas por serem notórios — quando vistos de perto não são assim tão grandes. Os franceses, a respeito, têm um ditado, uma *lapalissada* que, como todas, encerra muita verdade. Não creio que haja muitos grandes homens que reúnam, ou tenham reunido, as qualidades com que Oscar Niemeyer foi agraciado. O seu caso foi, realmente, de prodigalidade. Quero destacar aqui algumas dessas qualidades. As do coração, em primeiro lugar: a bondade, a generosidade, a solidariedade humana. Uns poucos dias depois dos setenta anos do nosso biografado, em carta a um jornal, Francisco Stolze Cardoso contou a história seguinte:

> Como contribuição à festa nacional dos setenta anos do eterno jovem, peço licença para contar: morava, de graça, numa casa de bom terreno, um mulatinho baiano, auxiliar do arquiteto. Freqüentemente surgia um corretor, insistindo na compra do imóvel. O patrão chamava o empregado e lhe apresentava o corretor: "Baiano, este senhor quer comprar a casa onde você mora com sua família. Posso vender?" O baiano protestava: "Não faça isso, dr. Oscar!" E o dr. Oscar dava sempre a mesma resposta aos interessados: "O baiano não deixa. Que é que eu posso fazer?" A frase de Niemeyer não foi essa, mas a essência não estava nas palavras, mas no gesto.
>
> O caso não é excepcional, mas típico, na vida de Oscar Niemeyer. Os que conheceram de perto o desvelo com que acompanhou, ultimamente, a crise atravessada por Joaquim Cardozo, sabem disso.

Cumpre destacar, depois, as do espírito: o amor à beleza, a inventividade artística, a perene juventude das idéias. Ao longo de seus setenta anos, em fecundidade extraordinária, Oscar Niemeyer deixou marcos excepcionais, imperecíveis daquela inventividade. Há, certamente, poucos exemplos, na história da arte, e da arquitetura em particular, de obra tão importante e tão variada, em que cada criação inova. Nesse sentido, ele só encontra paralelo nos gênios do Renascimento. Nessa variedade infinita, que frisa a sua inventividade, existe, permanente, profunda, angustiada mesmo, busca da beleza, o dom supremo. Seus projetos enriquecem o patrimônio humano e assinalam as formas surpreendentes e comovedoras que a beleza assume. Coroando essa conjugação da inventividade e da beleza e condicionando-as, está sempre a sua juventude de espírito, essa inexcedida capacidade em aceitar o novo, esposá-lo, torná-lo seu nas criações mais ousadas que as novas técnicas permitiram.
Os pósteros as procurarão, para seu deslumbramento, como nós procuramos o êxtase na visão da cúpula de Brunelleschi, no batistério de Ghiberti, nos gigantescos painéis da Capela Sistina, no mármore da *Pietá* de Michelangelo.

É preciso destacar ainda as qualidades do caráter: a simplicidade, a dignidade, a fidelidade. As do espírito marcaram o artista; as do caráter, como as do coração, marcaram o homem. A grandeza artística, como a celebridade, não perturbaram, em Oscar Niemeyer, os hábitos simples, que em tudo regulam a sua vida. É, realmente, o homem do cotidiano, do comum, que sabe apreciar os prazeres simples, que tanto acompanha um jogo de futebol quanto o andamento de uma tocata de música popular, que não usa gravata e senta no chão. Nada, no plano do formal, o seduz ou atrai. Nem julga os outros pelo que, neles, pertence à autoridade ou à notoriedade, nem o deslumbram títulos e riquezas. As pessoas valem pelo que são, e só nessa dimensão as aceita e estima. Essa aversão ao formalismo, que está ancorada em sua simplicidade, lhe dá condições para sentir o que é popular e autêntico, que coloca acima de tudo.

A exemplar dignidade — que passa do artista ao homem — é uma das faces de sua maneira de ser. Tal dignidade, inteiriça e natural, ajudada, além de tudo, pelo seu desapego aos bens materiais, não se limita ao nível comum, mas aparece em momentos difíceis: no caso do projeto do Ministério da Educação e Saúde, no Rio; no caso do projeto do edifício da ONU, em Nova York; no caso da exposição, em Paris, quando registra de público o que pertence a Lucio Costa, omitido nos painéis. É a dignidade que o faz sempre homenagear Le Corbusier, pelo que lhe ficou devendo, no impulso dos primeiros tempos; que o faz recusar pressões para os projetos pedidos; que o leva a dispensar os honorários do projeto do Palácio Vertical, em Belo Horizonte, para que o governo mineiro empregue a importância para restituir o Hotel de Ouro Preto à fidelidade ao seu projeto. Essa dignidade, que marca a sua vida e o seu trabalho, não o abandona, acompanhando-o no dia-a-dia, tão natural nele como a respiração.

Como amigo, como admirador, como companheiro, quero destacar, nas suas qualidades, a fidelidade — fidelidade aos amigos, fidelidade aos princípios que, desde cedo, foram adotados e passaram a marcar o compasso de suas atividades, fidelidade aos compromissos com o seu povo, acima de tudo, fidelidade jamais perturbada, coerente, inteiriça, avultando nas fases difíceis, que provam os homens e os distinguem do comum das criaturas, jamais trincada por dúvidas, interpretações, recuos, ainda quando das derrotas. Nesse sentido, sua vida é exemplar. Deve ser apontada como tal, por isso mesmo. Quando acontece assistirmos intelectuais colocarem como virtude suprema aquilo que denominam "independência" quando, na verdade, são frágeis barcos ao balanço das pressões e das tempestades, naufragando com freqüência diante da encarniçada publicidade política que lhes pede permaneçam acima do bem e do mal, em neutralidade que é sinônimo de vergonhosa opção, Oscar Niemeyer, um dos maiores artistas do nosso tempo, não esconde sua deliberada escolha, sua posição clara, sua condição partidária. Poderá pecar por excesso —

vendendo nas ruas, a certa altura, o jornal do Partido —, mas jamais pecará por falta. Jamais renegará os ideais esposados na mocidade e respeitados, religiosamente, ao longo de toda a existência, enfrentando épocas duríssimas de perseguições de toda espécie. Não renegará os amigos, mais particularmente os companheiros.

Quanto mais a reação se enfurece na repressão, mais se julga ele obrigado a protestar. Estará sempre, quaisquer que sejam as circunstâncias, ao lado dos oprimidos, dos perseguidos, dos torturados; ao lado dos miseráveis, dos desprotegidos, dos trabalhadores. A sua fidelidade une, como luminoso fio, a beleza leve dos palácios que ajudou a construir à miséria dura dos casebres das favelas. Sua obra visa ao futuro, quando os contrastes da sociedade e as injustiças e maldades oriundas da desigualdade estiverem superadas. Mas não espera que isso venha senão do esforço, do trabalho e da luta dos homens. Não se julga jamais desobrigado de participar. Está sempre onde sua fidelidade o obriga. Nesse sentido, sua vida é uma grande lição política — uma lição que, hoje mais do que nunca, estamos necessitados. E que o Brasil bem merece.

AÇÕES RELEVANTES 1 **RINO LEVI** ROBERTO BURLE MARX [*Rino Levi.* Milão, Edizioni di Comunità, 1974, pp. 10-11] 2 **AFFONSO EDUARDO REIDY** FRANCISCO BOLONHA [*Affonso Eduardo Reidy*. Rio de Janeiro, Pontifícia Universidade Católica, 1985, pp. 20-22] 3 **M. M. M. ROBERTO** GERALDO FERRAZ [*Habitat*, São Paulo, n. 31, p. 49, jun. 1956] 4 **VILANOVA ARTIGAS** LINA BO BARDI [*Habitat*, São Paulo, n. 1, p. 2, out.-dez. 1950. Número especial sobre casas de Vilanova Artigas]

[1] ROBERTO BURLE MARX

Rino Levi

Conheci Rino Levi em 1935. A amizade que nos ligou desde aquela época fortaleceu-se não somente através de uma grande admiração pelo seu espírito de observação, pela compreensão e participação profunda em todas as suas ações e opiniões, como, e principalmente, por seu respeito e amor à natureza e pelas plantas em particular.

Durante uma viagem que fizemos à Europa, em 1947, tivemos oportunidade de discutir de maneira mais específica sobre sua profissão. Para Rino Levi a obra arquitetônica era a resultante de um conjunto de fatores que o levavam a considerar todos os detalhes necessários para que o projeto não fosse apenas uma solução estética, mas uma interação da beleza e da forma aliadas à função; no jogo de volumes, a forma e a cor tinham objetivos não só estéticos, mas também sociais e psicológicos. Com grande prazer externava e transmitia suas opiniões sobre essa especialidade que se propõe, em última análise, à construção de um mundo melhor, onde sociologia, política, ética e estética se irmanam, criando um todo de harmonia e equilíbrio.

Inúmeras foram as viagens que fizemos juntos à procura de novas espécies de plantas, pois Rino nunca deixava de introduzi-las em seus projetos. Nestas expedições havia tempo para travarmos um diálogo crítico sobre arquitetura. Suas observações, ditas com naturalidade e bom senso, sempre representavam uma lição inteligente e válida.

Na última excursão que fizemos, durante a qual veio a falecer, falava-me sobre problemas de urbanismo, mostrando a cidade de Lençóis, no interior da Bahia, como um exemplo vivo para urbanistas e estudantes. As ruas tortuosas e as casas procuravam localizar-se em função da topografia local; a disposição convencional era completamente posta de lado e, como resultado, apareciam perspectivas interessantes e traçados agradáveis.

A observação em Levi não era uma qualidade passiva. Ao contrário, utilizava, de maneira inteligente, a experiência adquirida através da atenção com a qual encarava a natureza. Em seu jardim, pequeno laboratório, cultivou e divulgou com interesse especial as bromeliáceas, grupo extraordinário no vocabulário das plantas. A vegetação ocupava em suas obras um papel relevante, resultando daí a criação de espaços que pudessem abrigar este mundo vegetal que tanto amava. Procurava, assim, recuperar uma forma de vida mais humana, que as moradias vinham paulatinamente perdendo.

Nos trabalhos em que contribuí para a solução de problemas de integração entre arquitetura e paisagismo, predominou o desejo de encontrar um resultado que não servisse apenas para valorizar uma parte, mas sim a unidade do todo. Lembro-me do problema surgido com o painel de azulejos para a residência da família Gomes, em São José dos Campos. Tinha papel importante na arquitetura, e Rino Levi alertou-me para o fato de que a cor dos azulejos forçosamente ligava-se à cor das folhas e das plantas escolhidas. A dominante azul do painel unia-se aos ocres da arquitetura. Foram então utilizadas plantas com folhas de cor violeta e flores amarelas e vermelhas.

Além do paisagismo, Rino preocupava-se profundamente com as demais artes plásticas e suas estreitas relações e possibilidades de aplicação na arquitetura. Nunca uma planta teve um valor isolado; relacionava-se com outros elementos. A cor era encarada em relação a outras cores, criando acordes e buscando nessa ligação uma valorização da arquitetura não só espacial, como "colorística" e formal. Interessava-se tanto pelos espaços exteriores quanto pelos interiores, nunca em limites decorativos, mas procurando dar um sentido profundo a cada um deles, ligando-os organicamente a fim de integrá-los.

A arquitetura nunca foi para ele apenas uma casa, um edifício, enfim, um volume. Mas, na medida em que permitiam as condições do exercício profissional no Brasil, procurou sempre relacioná-la ao problema da acústica, da ventilação, das condições ecológicas e do urbanismo. Sentiu em profundidade o papel do arquiteto no planejamento para que a coletividade alcançasse um equilíbrio dentro de uma melhor forma de viver. Assim lutou sempre para dignificar a profissão.

Rino Levi gostava do convívio com os profissionais. Conseguiu transformar sua casa numa convergência de interesses da classe, procurando tornar o ambiente o mais agradável e menos convencional possível. Era um centro de cultura que marcou época em São Paulo. Ali tive a oportunidade de entrar em contato com os mais representativos arquitetos internacionais como também com artistas e críticos de arte. O grande amor e respeito por todos os artistas da sua época fez com que ele os incluísse constantemente em seus trabalhos, como colaboradores.

Rino Levi fazia questão de transmitir aos discípulos e colaboradores seus conhecimentos e sua maneira de encarar a arquitetura com entusiasmo e, ao mesmo tempo, com humildade. Conseguiu firmar, assim, uma linha de pensamento e de conduta profissional cujo melhor exemplo é a continuidade que vem mantendo, no escritório por ele criado, seus antigos colaboradores, hoje titulares: Roberto de Cerqueira Cesar e Luiz Roberto Carvalho Franco. Seu desaparecimento súbito interrompeu um tanto prematuramente toda esta extraordinária atividade. No seu último dia de vida, falamos de todos os problemas ligados aos nossos ideais: a dignificação através da constante atuação e do trabalho, a necessidade de dar uma expressão a todos os nossos atos, enfim, a razão de viver. O otimismo, o bom humor e a confiança nunca o levaram a uma descrença. A humanidade devia procurar uma fórmula em que os homens alcançassem um nivelamento eqüitativo e por meio da qual a harmonia os unisse para uma forma de vida mais bela.

A obra de Rino Levi estudada em seu conjunto é, para os que fazem do seu trabalho um credo, o exemplo de honestidade e dedicação à arquitetura e de uma vida inteiramente voltada em favor da profissão que exerceu com tanto amor.

[2] FRANCISCO BOLONHA

Affonso Eduardo Reidy

Jamais vous ne pourrez vous enchanter des formes de l'architecture si vous n'êtes pas en sympathie avec les pensées d'ou sortirent. [Ruskin]

Valéry concebeu a arquitetura como uma obra poética: "A arquitetura é uma ode do espaço a si mesmo. Ela deve fazer ver propriedades do espaço e, em particular, sua heterogeneidade quanto ao homem e sua homogeneidade quanto à operação do pensamento: quanto aos movimentos virtuais".

Assim, Affonso Eduardo Reidy, estudante de arquitetura da Escola Nacional de Belas-Artes, iniciava seu curso, preocupado em especular a "ode do espaço a si mesmo" através da elaboração dos trabalhos propostos por professores nem sempre atentos à realidade social da época. Com sua poética arquitetônica tornou-se aluno de escola.

Concluídos os estudos universitários foi Reidy, em seguida, convidado a lecionar arquitetura, abandonando, porém, o magistério por falta de adaptação ao ensino acadêmico da época.

Logo após esse curto período, inaugurou seu escritório e ingressou como arquiteto nos quadros do funcionalismo municipal. Até aposentar-se, desenvolveria atuação exemplar como profissional da mais alta probidade e capacidade técnica. Por duas vezes ocupou o cargo de diretor do Departamento de Urbanismo, onde, assessorado pela equipe de arquitetos, soube com zelo e talento equacionar os problemas da cidade, apresentando soluções imunes a interferências políticas e sempre acatadas pelos governantes.

Paralelamente ao trabalho de planejador no Departamento de Urbanismo, Reidy, em seu escritório, desenvolvia intensa atividade profissional contribuindo, desse modo, para a formação da moderna cultura brasileira.

Através de paciente estudo e minucioso trabalho, adquire Reidy sua própria concepção arquitetônica: surge o intelectual. Educado, tímido, introspectivo, Reidy, no convívio social, falava pouco; nas liças da profissão, porém, sua cultura humanística e sua técnica transcendiam "as propriedades do espaço". Estudava não só os arquitetos góticos e renascentistas, senão também os modernos, surgidos da Revolução Industrial.

Tomou para si a divisa de Leonardo — *ostinato rigore*: na elaboração do projeto arquitetônico, ao reconhecer, de início, o sítio adrede escolhido, exigia completo levantamento topográfico, a orientação e o programa a obedecer. Revisitava o local, familiarizando-se com o ambiente, anotando a circulação de pedestres e de veículos, sem, contudo, desprezar a paisagem urbana, que reputava de excepcional importância. Era a preocupação da "heterogeneidade quanto ao homem". De posse dos primeiros dados, silencioso, debruçava-se na prancheta a fim de, com obstinação, estudar o problema e esquematizar a solução. Desenhava e refazia até concluir a elaboração precisa de suas idéias. Ansiava pelo perfeito funcionamento do objeto, o que o levava a acurado estudo da infra-estrutura, da superestrutura e de todas as instalações. *A priori*, o essencial era o dimensionamento dos pilares, vigas e lajes, assim como o comportamento das instalações para não ver lesado o conceito do sistema estrutural: atingia-se, então, "a homogeneidade quanto à operação do pensamento". Reidy assessorava-se de excelentes engenheiros especialistas, discutindo a forma mais racional e eficiente para a condução do empreendimento: "quanto aos movimentos virtuais".

Estabelecidos, destarte, todos os elementos, Reidy iniciava a fase de anteprojeto, tarefa assaz demorada porquanto já não era o poeta a arquitetar, mas o arquiteto a burilar o objeto de sua paixão.

Técnico-cientista, bom matemático, conhecedor da geometria, da estereotomia, Reidy analisava seu trabalho através de levantamentos, cortes, planos, perspectivas. O conhecimento lhe permitia estudar a insolação do prédio, não delegando a colaboradores competência para aquilo em que era o mais competente. Essa fase do trabalho, apresentava-a sempre desenhada, cotada, com indicação das áreas, estrutura e passagens das instalações e, por vezes, do mobiliário e acabamento do edifício.

Aprovado o anteprojeto pelo cliente, Reidy se dispunha à fase definitiva, cujo desenvolvimento confiava a seus colaboradores. Na conclusão do projeto, Reidy, reunido com seus engenheiros, discutia-o até a exaustão.

O resultado da maneira reidyana de trabalhar atesta-se nas várias obras que assinou, as mais importantes das quais destinadas a atender ao bem público, incluída aí a sua obra mestra: o Conjunto Residencial Prefeito Mendes de Moraes (Pedregulho), em Benfica, empreendimento que o absorveu ao longo de doze anos ininterruptos de apaixonado labor, especialmente na pormenorização dos vários edifícios que integram o conjunto. Sob sua orientação e supervisão, e com o apoio irrestrito do então diretor do Departamento de Habitação Popular, da Secretaria de Obras, a engenheira e urbanista Carmen Portinho, o grupo pôde dar por concluída a tarefa. O resultado é uma obra modelar, com as proporções e os espaços arquitetônicos magistralmente definidos, exemplo irretocável de excelente realização da ciência construtiva. Com esse projeto para a classe dos servidores municipais, Reidy é o pioneiro na original experiência social da habitação.

Ao planejar a escola Edmundo Bittencourt, a qual pertence ao citado conjunto habitacional, Reidy fundamenta a gênese do programa de projetos para escolas de primeiro grau, nos quais apresenta soluções salutares como salas de aula ligadas ao exterior, ginásio para esportes, piscina e atendimento alimentar, privilegiando uma liberdade espacial que viria a caracterizar seus futuros trabalhos. Para complementar esta escola, Reidy solicita a colaboração dos pintores Candido Portinari, Roberto Burle Marx — também autor do paisagismo — e Anísio Medeiros, obtendo a plena integração das artes plásticas na arquitetura.

Para caracterizar Reidy como profundo estudioso dos encargos que lhe eram cometidos, aponte-se um dos exemplos capitais de sua fulgurante trajetória profissional: a sede do Instituto de Previdência do Estado do Rio de Janeiro, construída em área resultante da abertura da avenida Presidente Vargas. Na vanguarda da moderna arquitetura brasileira, Reidy exibe um fato novo: constrói a sede do Iperj em estrutura metálica. Convoca engenheiros, inclusive técnicos da Companhia Siderúrgica Nacional, para iniciar seu aprendizado no uso do aço, até então muito pouco empregado na construção civil. Trabalha pela primeira vez com o sistema inglês de medidas, tão desenvoltamente como o faz com o sistema métrico decimal. Está atento à proteção contra corrosão e contra a ação do fogo na estrutura. Apesar da concepção prático-funcional que estabelece para o aprimoramento do seu trabalho, Reidy, homem responsável, não desprezou as exigências contidas no código de obras. Com mestria e vigor, integra o edifício na paisagem urbana da avenida.

Continua a atuar como urbanista. Planeja para a área resultante do desmonte do morro de Santo Antônio o projeto do centro cívico da cidade. Infelizmente, parte deste empreendimento, que buscaria integrar o centro à comunidade com uma solução viária, ligando à Central do Brasil o aterro do Flamengo e a praia de Botafogo, foi abandonada pelo governo. Reidy integrou o grupo de trabalho (arquiteto Jorge Machado Moreira, engenheiro Bertha Leitchic, arquiteto Hélio Mamede, botânico Luiz Emydio de Mello Filho, paisagista Roberto Burle Marx) nomeado pelo governo do Estado, sendo presidente a sra. Maria Carlota de Macedo Soares.

A ascese do arquiteto atinge seu apogeu nas construções ali realizadas, cujo ápice é o Museu de Arte Moderna do Rio de Janeiro. O modelo construtivo é exemplar, tanto no acabamento do concreto aparente quanto no emprego do tijolo aparente. O detalhamento é primoroso e os materiais são aplicados com grande requinte e sensibilidade. Faz-se oportuno lembrar que, lúcido e criativo, Reidy chega a interferir na execução do *design* das maçanetas com primores tais que hoje elas são largamente difundidas e comercializadas pelo fabricante. Incendiado, o museu não encontrou em seus continuadores a sabedoria necessária para a obra de restauração que o prédio merece. O discurso arquitetônico foi violentado pela introdução de vocábulos que jamais pertenceram à linguagem de Reidy, que, consciente do estatuto cultural brasileiro, não fazia concessões em seus conceitos. Rompeu com a concepção do museu tradicional para atingir um resultado bastante inovador: o museu dinâmico.

Obra que merece atenção é o projeto do Teatro Armando Gonzaga, construído pelo governo do Estado, em Marechal Hermes. Por abolir a caixa do palco como proposta de uma nova encenação teatral, é motivo, até hoje, de controvérsia por parte dos artistas que o utilizam.

Outro projeto, o da Escola Experimental Brasil-Paraguai, em Assunção, solicitado pelo Ministério das Relações Exteriores do Brasil para estreitar os laços de amizade entre os dois países, anuncia o futuro Museu de Arte Moderna do Rio de Janeiro.

Destacam-se ainda duas residências de propriedade da sra. Carmen Portinho: a residência de Jacarepaguá, construída em terreno acidentado, que respeita com propriedade o relevo e a vegetação do local, e a residência de veraneio, em Itaipava, que representa a jóia volumétrica de sua linguagem arquitetônica.

Foi, ainda, co-autor do projeto do Ministério da Educação e Saúde, no Rio de Janeiro, "marco da moderna arquitetura brasileira".

É justo ressaltar outros projetos não executados: Estação de Bombas, no Jardim Botânico, Rio de Janeiro; edifício da administração da Estrada de Ferro de Porto Alegre; Pavilhão, na Lagoa Rodrigo de Freitas, no Rio de Janeiro; Museu de Artes Visuais, em São Paulo. Todos estes, de alta precisão, podem servir de estudos futuros aos novos arquitetos. Promotor de cultura, Reidy consegue, no cenário brasileiro, uma posição singular, firmada pela coerência e postura profissional.

Assim, pode-se dizer que Valéry não viveu o mundo da intensa cientificidade: imaginava a arquitetura como arte. Reidy, arquiteto, no reverso do poeta, "não procurou, encontrou" a arquitetura como ciência da construção do espaço.

GERALDO FERRAZ

[3] M. M. M. Roberto

Em torno das personalidades destacadas, na atual arquitetura do Brasil, não nos parece que caiba individualizar Marcelo Roberto. Se o primeiro dos irmãos Roberto é uma das notáveis figuras da vida brasileira como personalidade, ação e afirmação humana, a sua arquitetura, individualmente considerada, não ultrapassa os primeiros seis anos depois de sua formatura. Logo surge a primeira colaboração permanente, a de Milton, a que se segue, poucos anos depois, a participação de Maurício.

Os M. M. M. Roberto fizeram-se uma equipe e em torno dessa equipe passa a gravitar um grupo de desenhistas, que os acompanha na elaboração refletida de centenas e centenas de projetos ao correr do tempo. Ainda recentemente, nos dizia Lina Bo Bardi que se tratava, no Rio, do melhor ateliê que encontrara, em seu contato com os irmãos Roberto, esse ateliê de arquitetura e urbanismo que eles mantêm.

Também, carece frisar, com os irmãos Roberto a arquitetura brasileira ganha os seus primeiros nomes típicos, do Rio, de que traduzem a graça, o espírito e a amorosa atenção para com o enquadramento paisagístico. Nascidos em Copacabana, eles fazem praça disso. Aí mesmo, nessa rua onde nasceram, no mesmo lugar, eles construíram o edifício de apartamentos onde vivem hoje, o *apartment block* tão característico, que Siegfried Giedion reproduziu em sua seleção para o CIAM (*A Decade of New Architecture*, Zurique, Girsberger, 1951). Embora viéssemos a conhecer os Roberto somente ao tempo de seu ateliê na rua Rodrigo Silva, tomamos conhecimento do primeiro arquiteto da firma quando da 1ª Exposição de Arquitetura Tropical, em 1933, em que tão tímidos ensaios foram apresentados como justificativa de adesão a uma truncadíssima versão do manifesto dos CIAMs, em La Sarraz. Ora, nesse ano, os CIAMs adquiririam maioridade, já com o seu 3º Congresso, de que emergiu o documento que é a Carta de Atenas.

Entretanto, filho de uma terra de sol, é nos projetos das primeiras séries de casas de Marcelo que surge, então, como o assinalou Lucio Costa, o arquiteto "já preocupado com o problema da sombra". Naquele mesmo ano de 1933, Marcelo terminara a residência Xavier, que causou ao mesmo tempo escândalo e sucesso, ao ser publicamente apresentada. De fato, então, os jovens arquitetos tinham de mostrar o que faziam, mais do que escrever sobre a arquitetura. Mesmo os projetos que, então, eram mostrados nos concursos não tinham realização suficiente na leitura compreensiva de um público melhor informado e então muito restrito, implicando os manifestos da nova arquitetura em serem apresentados na obra construída. Deve-se, aliás, inicialmente, tomar na devida conta a objetividade que informava essa concepção de arquitetura dos irmãos Roberto, desde seu primeiro denominador, com o sentido construtivo a norteá-la em suas indagações e soluções, jamais deixando de ser baseada em pesquisa. É sempre uma constante dessa arquitetura, visceralmente carioca, o problema da sombra [...].

O enriquecimento que a obra dos M. M. M. Roberto insere na nova arquitetura brasileira tem, assim, primeiramente, a sua objetivação construtivista e, como base dela, o conhecimento mais exato. Essa consciência profissional e técnica deu ao grupo a decisão, sempre à flor dos seus esforços, de enfrentar, em competição, os problemas que são propostos à arquitetura brasileira. Por outro lado, a consciência técnica se dispôs a enfrentar também os problemas cuidando antes de tudo da específica solução original a ser dada ao espaço a organizar, esse espaço onde o homem tem de efetuar as suas atividades, e, sendo assim considerado, racionalmente e plasticamente se torna o espaço campo da idéia arquitetônica. Não estamos aqui no caso desses artistas que pensam pintar um quadro porque possuem uma tela ou uma moldura de determinado tamanho e formato... Trata-se, muito mais, daquela consideração, abstrata e imaginativa, que põe em hipótese o conteúdo vivo do organismo a ser criado. "Um avião não é um avião no pleno sentido da palavra se não voar", dizia Hersch, em *L'être et la forme*, porque a forma não existe sem vida. É, então, no cruzamento das soluções, que emerge, para os Roberto, a arquitetura. [...]

Indubitável a significação que, para os irmãos Roberto, adquire a busca bem fundamentada de uma solução básica aos seus projetos. Nisso não vai da parte deles, portanto, nenhuma concessão formal. E é, então, surpreendente constatar que estes, artistas plásticos por excelência da moderna arquitetura brasileira, se tenham tornado tão rigorosos propagadores da medida e da contenção, numa discreta manipulação dos meios de que dispõe a arquitetura de hoje, e, com esses recursos voluntários, de uma predisposição à economia, conseguindo dar tão vibrante expressão vitalizadora às suas concepções de arquitetura.

Esse extremo equilíbrio de que se revestem os trabalhos da firma M. M. M. Roberto constitui a sua marca preponderante, complementar ao prestígio que os envolve. Concisa ordenação, forma contida, limitação dos meios plásticos numa intensidade expressiva levada ao máximo da depuração e, conseqüentemente, da pureza, significando agenciamento funcional, sempre apto a poupar o esforço, quando qualquer esforço deve ser previsto... Tais as características dominantes da mentalidade de planejamento que os irmãos Roberto defendem como arquitetos, como harmonizadores do espaço. E, então, vemos emergir uma linha reta, do edifício da ABI, ao planejamento de Cabo Frio, uma continuidade ininterrompida de soluções inteligentes e ambiciosas, pelas quais o espaço, subordinado ao estudo desses artistas e técnicos, se ordena sem cair, jamais, na mediocridade das propostas desinteressantes, ou "comercialmente" defensáveis, ou investir para o dado plástico puro, na desvirtuação do funcional e do natural, elementos sempre componentes das soluções estudadas a fundo, diante das solicitações instantes que os problemas formulam. [...]

LINA BO BARDI

[4] Vilanova Artigas

Artigas é um temperamento retraído. Trabalha na sombra; o seu nome não aparece nas revistas, e ele não gosta de publicar projetos, idéias, desenhos; para ele arquitetura é trabalho realizado, acabado, resolvido em cada pormenor. A sua é uma arquitetura *humana*, ou melhor, doméstica, no sentido mais claro da palavra. Uma casa construída por Artigas não segue as leis ditadas pela vida de rotina do homem, mas lhe impõe uma lei vital, uma moral que é sempre severa, quase puritana. Não é "vistosa", nem se impõe por uma aparência de modernidade, que já hoje se pode definir num estilismo.

As casas de Artigas não se exaurem na única impressão de prazer comunicada por uma boa arquitetura de exteriores: eliminada a sensação de aprazível novidade que sempre suscita uma obra *moderna*, depois da primeira volta em roda das paredes de fora, o observador não sofre uma brusca interrupção por ter *entrado* na casa, mas aí ele tem a percepção exata de que a continuidade de espaço se produz, solidária com o rigor constante que as formas externas denunciavam. Esta harmônica continuidade de espaço é obtida por meios límpidos, claríssimos, sem a recorrência dos efeitos forçados, da *forma livre*, que, como se pode observar em muita expressão arquitetônica contemporânea, especialmente na norte-americana, descamba para o decorativo.

Citamos uma moral de vida sugerida pelas casas de Artigas, uma moral que definimos como severa, e esta é a base de sua arquitetura. Cada casa de Artigas quebra todos os espelhos do salão burguês. Nas casas de Artigas que se vêem, dentro tudo é aberto, por toda a parte o vidro, e os tetos baixos, muitas vezes a cozinha não é separada, e o burguês que se deixasse levar pela novidade e pedisse uma casa a Artigas, chocado com "tão pouca intimidade", cego por tanta claridade, se apressaria em fechar com pesadas cortinas as vidraças, a fazer crescer sebes, a reforçar as portas, para continuar, bem defendido, a sua vida despreocupada entre os móveis *chippendale* e os *abat-jours* pintados à mão...

As casas de Artigas são espaços abrigados contra as intempéries, o vento e a chuva, mas não o são contra o homem, tornando-se o mais distante possível da casa-fortaleza, a casa fechada, a casa com interior e exterior, denúncia de uma época de ódios mortais. A casa de Artigas, que um observador superficial pode definir como absurda, é a mensagem paciente e corajosa de quem vê os primeiros clarões de uma nova época: a época da solidariedade humana.

AÇÕES CIRCUNSCRITAS 1 **GREGORI WARCHAVCHIK** PAULO SANTOS [*Quatro séculos de cultura.* Rio de Janeiro, UFRJ, 1966, pp. 164-166] 2 **AUTOBIOGRAFIA** FLÁVIO DE CARVALHO [*Folha de S. Paulo*, São Paulo, 27 jul. e 3 ago. 1975] 3 **LUIZ NUNES** ANTÔNIO BEZERRA BALTAR [*Arquitetura*, Rio de Janeiro, n. 13, pp. 6-9, jul. 1963] 4 **ATTÍLIO CORRÊA LIMA** RODRIGO M. F. DE ANDRADE [*A Manhã*, Rio de Janeiro, 24 set. 1943]

[1] PAULO SANTOS

Gregori Warchavchik

Se a pintura e a escultura modernas do Brasil tiveram nos artistas da Semana de 22 — Anita Malfatti, Di Cavalcanti, Brecheret, depois Tarsila (de algum modo ligada à equipe da Semana) — os iniciadores de um movimento de renovação, a arquitetura moderna do Brasil, ou melhor, a arquitetura contemporânea brasileira deixa à margem a Semana ou ignora a Semana, filiando-se diretamente a Le Corbusier. A Semana e os movimentos predominantemente literários que se lhe seguiram teriam influído para criar uma atmosfera propícia à aceitação de arte moderna em geral, mas em relação à arquitetura — ressalvadas as posições de Mário de Andrade, dos regionalistas do Recife e de alguns mais —, muitos modernistas, e neles incluímos os do Rio, revelaram desconhecimento ou incompreensão dos fundamentos do Movimento Moderno.

A grande figura do Movimento Moderno na arquitetura, na década de 20, foi Gregori Warchavchik, russo naturalizado brasileiro; e o marco zero dessa arquitetura, o seu *Manifesto*, publicado em 1925, no *Correio da manhã*. A cultura de Warchavchik, hauriu-a ele primeiro no curso de arquitetura da Universidade de Odessa onde permaneceu até 1917 e recebeu lições de Tatlin, Lissitzky e Fomim; a seguir, no Instituto Real Superior de Belas-Artes de Roma, por onde teve diplomação de arquiteto em 1920, completada com um curso de extensão, que o habilitou a ensinar arquitetura, sendo ali aluno de Manfredo Manfredi e Guazzaroni, eminentes conhecedores da arquitetura clássica italiana, que lhe fizeram compreender que os clássicos também foram modernos em sua época; finalmente, na mesma Roma, trabalhou durante cerca de dois anos como assistente no ateliê de Marcello Piacentini, que o destacou para dirigir a construção do Teatro Savóia, em Florença.

Extraordinário é que Warchavchik não se tenha deixado influenciar nem por Piacentini, o arquiteto oficial de Mussolini, famoso na Itália àquela época, nem por Le Corbusier, de cujos trabalhos só tomou conhecimento em 1924, quando já se achava no Brasil. Um e outro, Piacentini e Le Corbusier, pelo conteúdo doutrinário de suas obras foram a nosso ver as duas personalidades de maior antagonismo na história da arquitetura contemporânea. Se influências houve sobre a arquitetura de Warchavchik no Brasil (é dele a informação), foram as de seus mestres de Odessa, embora o *Manifesto* inequivocamente se ajuste também às idéias específicas de Le Corbusier, com a repetição inclusive da *boutade* famosa: casa, máquina de morar. Nele, Warchavchik concitava o arquiteto a amar a sua época e a se orientar pela lógica e pela razão. Exaltava as formas das máquinas (obra de engenheiros) e acentuava a defasagem em relação a elas desse outro tipo de máquina, a de morar. Desta só se achavam atualizados o *esqueleto* e as *instalações* (também obra de engenheiros). A fachada (obra de arquitetos) não passava de um "emplastro" a imitar com propósitos decorativos o que nos estilos do passado tinha sua função lógica e construtiva. Havia, por isso, discordância entre as formas das máquinas dos novos tempos — as do automóvel, por exemplo — e as da casa, quando no passado um carro de cerimônia trazia as mesmas decorações que a casa do seu dono.

O documento passou quase despercebido. Mas, em 1927-28, Warchavchik, unindo a ação à palavra, constrói em São Paulo, na rua Santa Cruz — fadada a muito maior repercussão —, a primeira casa moderna do Brasil, "a romântica casa da Vila Mariana", como a chamou Lucio, a que se seguiram várias outras, logo apelidadas pelo povo de "futuristas". A da Vila Mariana, visitada em 1929 por Le Corbusier, causou-lhe a mais forte impressão como a melhor da moderna arquitetura "na paisagem tropical desta terra", e foi motivo para que, de volta à Europa, indicasse Warchavchik como delegado de toda a América do Sul junto aos CIAMs, os Congressos Internacionais de Arquitetura Moderna, inaugurados no ano anterior no Castelo de La Sarraz, na Suíça, instituição que grajeara grande celebridade e que teve desde o primeiro momento em Le Corbusier (autor do primeiro temário) uma de suas principais figuras.

[2] FLÁVIO DE CARVALHO

Autobiografia

O início da minha atividade foi na Inglaterra, onde me formei em engenharia civil à noite, freqüentando a escola de Belas-Artes da mesma universidade. O meu interesse pela pintura e pela escultura sempre foi grande desde o começo, há uns quarenta anos. Vim para o Brasil, e aqui as minhas primeiras atividades, exclusivamente, foram ligadas à engenharia civil. Trabalhei durante muitos anos na exploração de uma estrada de ferro.

Portanto, era um trabalho de topografia e de cálculo de linha e de projeto de linha; desenhar traçado de linha e calcular aquele traçado. Depois, trabalhei em barragens na firma Barros Oliva.

Posteriormente, transferi-me para Ramos de Azevedo. Foi para mim uma grande experiência, o início da minha atividade em arquitetura. Na firma Ramos de Azevedo eu funcionava como calculista de estruturas metálicas e concreto armado. Concreto armado começava a ser usado nessa época, por volta de 1925. Ramos de Azevedo, como sabem, foi um dos grandes iniciadores da estrutura metálica no Brasil, e todas as suas obras eram feitas com arcabouços metálicos. Na minha atividade, sofri muito porque era incumbido de colocar estruturas e arcabouços na arquitetura que me era entregue. Os arquitetos da firma projetavam seus planos e entregavam aos engenheiros e calculistas para que calculassem o ligamento, as colunas, as pontes cantiléver, quando era o caso, para sustentar essa arquitetura.

E sempre tive as maiores dificuldades com os arquitetos da firma, porque eles não davam altura suficiente para encaixar. A estrutura não era racional, era uma estrutura encaixada, uma estrutura falsa, que entrava dentro de uma coisa que não tinha nada a ver com a época. Faziam-se prédios de dez, oito andares, era mais ou menos o gabarito da época, e sem preocupação nenhuma com a estrutura que tinha que entrar ali para sustentar esse prédio. O arquiteto só pensava na parte exterior, na ornamentação, e não dava altura para as vigas. As colunas tinham todas a mesma seção de baixo até em cima, o que naturalmente é errado, porque embaixo as colunas são muito maiores do que nas partes superiores. E sempre tive uma luta muito grande com os arquitetos da firma, e sempre devolvi as plantas. Não é possível colocar uma estrutura dentro desta arquitetura.

Mas não pode mudar a arquitetura, diziam. Mas tinha que mudar a arquitetura porque não cabia um vigamento, mesmo metálico. Admitindo quinze avos de altura de vão para a altura de viga, mesmo assim não cabia dentro dessa estrutura. Eles insistiam. No caso do concreto, colocavam-se barras de compressão e mesmo assim não cabiam. Tive uma luta realmente muito grande e foi o início de minha revolta contra o estado existente na arquitetura.

Nessa época, aparecia no mundo Le Corbusier. Le Corbusier apareceu com seu primeiro livro sobre urbanismo. Era um livro teórico. Começava a aparecer na França e a ter uma repercussão mundial. Foi mais ou menos em 1925 ou 1926. E eu me vi vivamente impressionado pelas idéias teóricas de Le Corbusier, que dizia que a casa era uma máquina de habitar. Apesar de ter tido um treinamento artístico na escola de Belas-Artes, que era em alto grau emotivo, me parecia que Le Corbusier tinha razão ou quase totalmente razão em dizer que a casa era efetivamente uma máquina de habitar. A minha revolta começou aí. Eu vivia brigando com os meus chefes na firma. Eu saí de lá, transferi-me para outras firmas. Trabalhei com construtora comercial e em outros lugares.

Em 1927, apoiando-me nesse sentimento de revolta antigo, eu projetei a primeira manifestação de arquitetura moderna no Brasil, o Palácio do Governo do Estado de São Paulo. O projeto era para agasalhar o governo do Estado e protegê-lo contra a eventualidade de queda do poder.

Porque, nessa época, o poder era tomado quando o Palácio do Governo caía. De maneira que se o Palácio do Governo não caísse, então o governo continuava em pé. Eu projetei o Palácio do Governo, que era, em grande parte, uma fortaleza, armado com metralhadoras, local para canhões e catapultas e coisas assim, campos de descida para helicópteros.

O projeto teve uma grande repercussão no Brasil. Alguns jornais vespertinos publicaram na primeira página, e foi muito comentado. Mário de Andrade escreveu vários artigos sobre o projeto. Guilherme de Almeida, Geraldo Ferraz e outros críticos da época comentaram esse projeto. E nessa época estava, no Teatro Municipal, o Álvaro Moreyra com sua companhia de teatro-brinquedo. Como sabem, o Álvaro Moreyra foi o iniciador do teatro moderno no Brasil, e o teatro-brinquedo teve uma grande repercussão na época e um grande sucesso no Teatro Municipal. Eles expuseram o meu projeto, junto com os projetos de todos os outros concorrentes, no saguão do Teatro Municipal. Álvaro Moreyra e sua companhia foram muito amáveis em conceder a mim o primeiro prêmio.

Depois do Palácio do Governo, eu entrei num concurso, em 1928, da embaixada da Argentina no Rio. Era um concurso bastante importante, dado o fato de ser uma embaixada e o terreno ser de esquina, muito grande, situado em frente ao mar. O presidente da comissão julgadora era um tal de Cristiano das Neves. O projeto foi julgado no Rio. Naturalmente, fui posto para fora do concurso porque o sr. Neves me expulsou irregularmente. Ele não podia me expulsar do concurso. E, em seguida, ele, por despeito, atirou os meus projetos nas latrinas da escola de Belas-Artes do Rio. E não fui buscar, deixei...

Mas para dar uma idéia de quem era o Cristiano das Neves que os senhores já conhecem, basta saber que o grande salão de honra da embaixada da

Argentina deveria ser um local em que se reunisse possivelmente uma centena ou mais de pessoas de uma vez, local espaçoso, amplo, alto, para ter um certo volume de ar. Mas o projeto que ganhou a concorrência, não me lembro o nome do arquiteto, era um projeto muito sem graça. Basta dizer que o salão nobre da embaixada da Argentina tinha a dimensão de quatro por três metros. Essa embaixada felizmente nunca foi construída.

Depois disso, entrei na concorrência do Farol de Colombo. Parece que foi em 1928 ou 1929, na República Dominicana. Recebi umas menções honrosas lá.

Posteriormente, entrei em várias concorrências públicas em Minas Gerais, para a Universidade de Minas e aqui, em São Paulo, para o Matadouro, para o Monumento ao Soldado Constitucionalista de 32, quando recebi um segundo lugar, e um Monumento a Santo Antônio, pelo qual não recebi nada. Construí a minha casa na fazenda. Entrei em diversas concorrências para decoração, baile do Teatro Municipal. Nessas concorrências todas, o resultado dependia de amizade direta, de amizade com políticos, e eu era um elemento essencialmente anti-social, complexado, com complexos de inferioridade. Isso me tornava completamente anti-social. Não freqüentava lugar algum, não ia em sociedade, não ia a reuniões porque não me sentia bem. Talvez seja isso que tenha me levado a uma certa revolta íntima. Não os aconselho a ser assim, porque o arquiteto precisa fazer parte do ambiente social para que possa exercer a sua arquitetura, para que possa construir. O arquiteto precisa ser social, precisa ter amizades políticas, porque são os políticos que distribuem as grandes obras, e é da amizade de um e de outro que depende a execução dessas obras. Daí devem cultivar as amizades políticas porque as grandes obras dependem dessas amizades.

Depois disso, entrei na concorrência, por exemplo, do Paço Municipal de São Paulo. Essa história do Paço Municipal é muito antiga. Isso data de quase vinte anos atrás, eu creio. O primeiro projeto do Paço Municipal, que é a Assembléia Legislativa hoje, foi de 1939. Entrei nesse projeto e não sei se fui classificado em algum lugar ou não. Eu não me lembro mais. Em seguida, entrei na mesma concorrência, em 1952. Entrei com dois projetos e depois, finalmente agora, recentemente, há dois anos, entrei com o projeto da Assembléia Legislativa de São Paulo, que foi um projeto com exigências drásticas e difíceis de serem cumpridas. Eu procurei cumpri-las todas com grande esforço mental e físico durante dois ou três meses, mas sem nenhum resultado. E parece que nem os concorrentes premiados cumpriram as exigências do edital.

[Extrato de palestra proferida na Faculdade de Arquitetura e Urbanismo da Universidade de São Paulo em 1963.]

[3] ANTÔNIO BEZERRA BALTAR

Luiz Nunes

A história da arquitetura moderna brasileira será incompleta e mesmo infiel na interpretação de certos fatos se não incluir entre os seus episódios mais importantes aquele desenhado no Recife com a presença e a atuação, em duas etapas diferentes, do arquiteto Luiz Carlos Nunes de Souza.

Luiz Nunes, mineiro de nascimento, formado arquiteto pela Escola Nacional de Belas-Artes, veio pela primeira vez a Pernambuco em 1934 para organizar e dirigir um serviço estadual de arquitetura e construção que se desdobrava da antiga e clássica Diretoria de Viação e Obras Públicas.

Do alto da cúpula do Palácio da Justiça — uma das inúmeras e portentosas aberrações de estilização existentes no Brasil —, onde se instalará a nova Diretoria de Arquitetura e Construção (DAC), começaram a surgir projetos de edifícios concebidos segundo novos critérios de composição, que visavam substituir o uso impensado de fórmulas estéticas superadas pela pesquisa consciente de uma adequada formulação dos problemas arquitetônicos e construtivos acompanhando, por um lado, o movimento renovador da arquitetura em todo o mundo — encabeçado por Le Corbusier, Lurçat, Mies van der Rohe entre outros — e, por outro lado, adaptando os edifícios públicos às suas funções específicas e às características do clima e do ambiente regionais.

Ali se reuniu uma primeira equipe de técnicos, artistas e artesãos com arquitetos paisagistas, engenheiros estruturais e condutores de obras, mestres pedreiros, carpinteiros e ferreiros, eletricistas e pintores, atuando em equipe, de cujo trabalho conjunto resultaram as primeiras realizações da arquitetura moderna no Nordeste do Brasil, naquele ano de 1935.

A introdução de novos métodos e materiais de construção nas obras públicas, materializando uma nova arquitetura, é que constituiu, porém, a contribuição específica da equipe pernambucana chefiada por Luiz Nunes, que levou a uma renovação que atingiu a todos os elementos essenciais dos edifícios: os de sustentação, os de vedação e os de circulação.

Quanto aos primeiros, cumpre salientar a verdadeira revolução operada nos métodos de cálculo estrutural então usuais — acarretando emprego de elementos de sustentação dimensionados de forma a tirar partido mais econômico das propriedades de resistência dos materiais e simplificados ao máximo para se integrarem ao conjunto arquitetônico.

Arquiteto e engenheiro estrutural se entenderam pela primeira vez nessa parte do país e naqueles tempos, para harmonizar as suas tarefas complementares, ganhando aqueles uma maior consciência mecânica de seus projetos — estes últimos sendo obrigados a alargar e aprofundar os seus meios de investigação e previsão estrutural.

Assim se calcularam e executaram pela primeira vez em todo o Norte do país tetos planos dos tipos *pilzendeck* e *rippendeck*, as lajes-cogumelo e as lajes mistas, cujo emprego hoje se generalizou; se fizeram avançar as taxas de trabalho dos materiais, acompanhando o seu uso de precauções e ensaios tecnológicos nunca dantes realizados, resultando em estruturas mais esbeltas, independentes e simplificadas — mais funcionais e mais belas, enfim.

Cabe aqui salientar o papel do engenheiro Joaquim Cardozo — o calculista da última e definitiva fase da Diretoria de Arquitetura e Urbanismo (DAU) —, orientador dessa renovação estrutural que mais tarde ele iria alargar colaborando intensamente com Oscar Niemeyer em alguns de seus trabalhos mais importantes a partir de 1939. Matemático, engenheiro estrutural, artista plástico e poeta, Joaquim Cardozo exerceu uma inapagável influência no progresso cultural de toda a equipe — a ela não escapando, sem dúvida, o próprio Luiz Nunes, que chefiava o grupo. Como conseqüência dessa renovação de elementos estruturais — visando a uma estrutura realmente independente —, os elementos de vedação e circulação ganharam nova concepção funcional.

Entre os primeiros se introduziram os grandes vãos envidraçados, novos tipos de esquadrias, se redescobriu o cobogó — bloco vazado de cimento que os inventores usavam enchendo os vazios com argamassa para fazer paredes fechadas —, que os arquitetos da DAU passaram a empregar em belos volumes transparentes como simples e prático quebra-sol. Entre os segundos, se destacam as rampas de acesso — construídas aqui também pela primeira vez — e algumas escadas realmente novas e bem lançadas, com equilíbrio e mesmo com uma certa audácia.

Todo esse esforço pioneiro e renovador — apreciado na perspectiva própria da época em que ocorreu e da região em que teve lugar — tem importância considerável na história da arquitetura brasileira. Originais de plantas e desenhos hoje arquivados cuidadosamente na atual Diretoria de Obras Públicas do Estado de Pernambuco e fotografias recentes ou antigas de alguns edifícios construídos constituem a documentação que aqui se apresenta dos frutos da atuação de Luiz Nunes na Diretoria de Urbanismo, que ele fundou e dirigiu no Recife entre 1934 e 1937.

A renovação dos métodos de trabalho, com a participação pessoal de todos os elementos da equipe, e o aproveitamento da experiência profissional vivida por cada um deles, fosse arquiteto, diplomado ou carpinteiro autodidata, engenheiro civil ou simples pintor de paredes, não podiam se fazer sem um escândalo de alguns solenes burocratas aferrados a uma rotina enferrujada e a uma noção hipertrofiada da hierarquia funcional, que deixavam os diversos escalões profissionais da construção civil a uma distância prudentemente suficiente ao desconhecimento das respectivas deficiências de formação. Pedreiros e arquitetos discutindo problemas de acabamento, engenheiros estruturais e carpinteiros trocando idéias sobre detalhes de execução de fôrmas de concreto armado — eis o escândalo inominável naqueles tempos. Não admira, pois, que rebentada a revolução comunista de 1935 e, sufocada esta, iniciada a repressão, tenha sido fechada a Diretoria de Arquitetura e Construção como suspeita de atividades subversivas — suspeita pitorescamente confirmada —, entre outros indícios, pelo fato de que um certo número de arquitetos, engenheiros e desenhistas da DAC ostentava, talvez por "esnobismo", fartos e despenteados bigodes.

Passada a onda de reação contra o movimento — que, na realidade, nada tinha a ver com a renovação da arquitetura brasileira —, resolveu o governo do Estado, em 1936, reorganizar o serviço agora com a denominação de Diretoria de Arquitetura e Urbanismo.

Ao novo toque de reunir, acorreram já dessa vez, de preferência, aqueles elementos que haviam tomado consciência mais profunda da revisão de conceitos que se estava operando na arquitetura e nos métodos de trabalho da construção civil, organizando-se então aos poucos uma equipe mais homogênea, para atingir uma unidade de ação mais completa entre as fases de projeto, cálculo e construção de edifícios públicos, ao mesmo tempo que se incluía o planejamento urbano entre as tarefas da diretoria. A comparação do conjunto de projetos realizados separadamente nas duas fases da diretoria revela sob todos os aspectos um progresso considerável, da concepção arquitetônica do programa à realização plástica, passando pelo partido e pela técnica construtiva adotada em cada caso.

Muito mais funcionalmente simplificados, os trabalhos da segunda fase apresentam igualmente qualidades mais distintas de composição — maior equilíbrio, melhor modulação, escala mais adequada.

Sensivelmente mais flagrante é, entretanto, o progresso constatado pela comparação do conjunto de prédios e de edifícios públicos de todo o período — isto é, das duas etapas em que, sob a direção de Luiz Nunes ou de seus sucessores, equipes de projeto e construção de edifícios se encarregaram da arquitetura oficial do Estado de Pernambuco — e tudo quanto se fez antes e depois desse período, à exceção apenas de casos isolados em que elementos daquelas equipes tiveram oportunidade de assumir, tempos depois, a responsabilidade de orientar ou conduzir a construção de edifícios públicos.

Em 1937, Luiz Nunes morreu em sua terra, aonde fora numa tentativa de recobrar a saúde abalada, e, sobrevindo o Estado Novo, a sua obra de organizador e chefe de equipe — com excepcionais qualidades de chefe e de organizador — foi em pouco tempo destruída.

Desorganizada a DAU, com a dispersão de sua equipe e, logo após, extinta a diretoria, voltou o serviço público de construção em Pernambuco à rotina anterior. Alguns marcos arquitetônicos ficaram todavia abalizando o caminho que Luiz Nunes percorrera na sua passagem de pouco mais de três anos pelo Recife. São edifícios de pequeno e médio porte que documentam essa passagem em duas etapas — de 1934 a 1935 e de 1936 a 1937 — e a atuação que lhe foi dado desempenhar comandando o grupo de técnicos, artistas e artesãos que introduziu, no Nordeste, a nova arquitetura brasileira num período cujo início data já de mais de vinte anos.

Essa atuação e as marcas que ele deixou em Pernambuco se caracterizam por alguns fatos indeléveis. Primeiro, pela superação de rotinas de serviço já esgotadas e anacrônicas em toda a escala do trabalho da construção civil, do projeto ao acabamento dos edifícios, e mesmo do aspecto burocrático do serviço público; segundo, pela introdução do uso de novos métodos de construção e de materiais novos ou empregados de maneira diferente do usual. O impulso que essas duas circunstâncias trouxeram para o progresso da construção civil e para a arquitetura no Nordeste se explica pela consideração de que um simples edifício construído segundo moldes mais racionais e adequados vale mais que centenas de livros e de monografias justificando ou expondo as razões dessa arquitetura. O Estado tendo assumido, graças a Luiz Nunes, o papel de pioneiro neste terreno no Nordeste, cumpriu a sua tarefa somente enquanto teve à frente governantes compreensivos ou simplesmente tolerantes.

Mas os exemplos ficaram e frutificaram. E os elementos dispersos da equipe foram fermentar com as novas idéias, hoje vitoriosas no Brasil, a arquitetura que aqui e ali se foi continuando a fazer em Pernambuco.

Os dois fatos apontados devem ser referidos com um pouco mais de pormenores. A superação das rotinas de serviço atingiu a todos os setores de trabalho, começando pela organização do próprio trabalho. Pela primeira vez no serviço público em Pernambuco foi tentada uma padronização de materiais — de expediente e alguns de construção também; instituído para o pessoal técnico o relatório diário de serviço; implantada a apropriação de despesas para determinar o custo real de cada obra; despertado o espírito de equipe com a reunião periódica para discussão dos problemas de cada obra; racionalizados os registros de contabilidade industrial; organizado um caderno de encargos para a construção de edifícios públicos. Basta relatar que, pela primeira vez, se desenharam detalhes de construção-esquadrias, instalações, acabamentos — que, até então, eram resolvidos na obra sem desenho prévio de qualquer espécie. Esse esforço pioneiro de racionalização do trabalho acarretou na época sensível economia no custo das obras públicas mas, sobretudo, deixou um exemplo imitado depois por outros setores da administração do Estado.

[4] RODRIGO M. F. DE ANDRADE

Attílio Corrêa Lima

O jovem arquiteto urbanista Attílio Corrêa Lima, desaparecido recentemente em conseqüência de um funesto acidente de aviação, conhecia de perto a história da formação das nossas cidades tradicionais. Colecionava-lhes as plantas antigas; estudava as vicissitudes de suas transformações através dos textos dos regulamentos e posturas municipais; procurava, em suma, apurar os fatores que presidiam e condicionavam o seu desenvolvimento.

Em 1941, a respeito de uma das pequenas cidades do litoral fluminense, fazia observações de grande interesse:

> A cidade [...], formada ao longo da praia, no fundo de uma enseada, tem a sua conformação plasmada na própria topografia. A exemplo das que se formaram em idêntica situação, o primitivo eixo de toda a vida urbana se desenvolveu ao longo da praia, com o nome de rua da Praia, em obediência ao realismo geográfico que só o povo, com seu peculiar bom senso, sabe consagrar.
>
> Com o desenvolvimento da cidade, os comerciantes e os particulares foram construindo pequenos trapiches, pontes de desembarque, estivas e estacadas que, agindo como verdadeiros *groynes*, forçaram o recuo do mar. Por sua vez, os despejos e pequenos aterros dos moradores locais contribuíram, com o correr dos anos, para o avanço da cidade sobre o mar. Outras ruas se formam, paralelas à rua da Praia, que perde assim o seu nome e, ainda desta vez pela consagração popular, adquire os nomes de rua do Comércio ou rua Direita, segundo as circunstâncias. Rua Direita, se predominantemente representa o caminho mais curto entre dois pólos importantes da cidade, e rua do Comércio, de um modo geral, pois sempre as ruas Direitas são igualmente ruas do Comércio. Na cidade em apreço, a denominação de rua do Comércio prevaleceu, embora se verifique que ela é igualmente uma rua Direita, o caminho natural e mais curto que liga o convento do Carmo à igreja da Lapa, ambos em situação de destaque entre as pontas de terra.
>
> Este é o eixo em torno do qual a cidade se formou. Os eixos transversais, insignificantes, revelam a pouca importância das comunicações com o interior, pois toda a vida da cidade se processou sempre do mar e para o mar. Essa é uma das razões por que resistiram até nossos dias as ruas tais como a de Santa Luzia, estreita e tortuosa, tão rica de aspectos do passado. Mas a célula fundamental da formação urbana é a rua do Comércio, ao longo da qual, paralelamente, se desenvolveu a cidade.
>
> As ruas Direita ou do Comércio representam para as cidades brasileiras o papel das *citées* para as cidades de formação galo-romanas, estas formadas pelo acampamento militar romano, aquelas pelos estabelecimentos de colonização.

Conhecendo, assim, profundamente os fatores históricos do desenvolvimento peculiar das nossas cidades, Attílio Corrêa Lima tinha um grande empenho de contribuir, pelos meios ao seu alcance, no sentido de preservar-lhes os traços urbanos característicos. Receava a tendência muito comum entre as autoridades locais de orientar as obras municipais visando a objetivos que, "embora pareçam a essas autoridades razoáveis, são para o profissional que as examina, logo à primeira vista, inteiramente errôneas e condenáveis pelo moderno urbanismo".

O notável arquiteto urbanista apontava, em particular, o risco a que se achavam expostos alguns trechos dos mais típicos e valiosos das nossas cidades tradicionais:

> Por falta de um plano esquemático, de visão mais ampla do conjunto, prevendo o desenvolvimento futuro das cidades, a atividade municipal se faz sentir principalmente pelas medidas, hoje consideradas inócuas, dos recuos de prédios fora de alinhamento, recuos esses que variam entre dois e três metros em média. Ora, o tráfego não será beneficiado por essa medida irrisória, muito menos o aspecto da cidade, que perde, por dois ou três metros de recuo, todo um valioso conjunto arquitetônico de raro encanto, onde de um só golpe de vista se descortinam, em harmoniosa conseqüência, edificações dos séculos XVII, XVIII e XIX.

Além dos conhecimentos vastos e seguros das matérias de sua especialidade, Attílio Corrêa Lima possuía, como se vê, o da formação histórica das nossas cidades, cujo desenvolvimento, através do tempo, ele estudava com seriedade e com ternura. Depois de cinco anos de apurada preparação técnica na Europa, em seguida a um curso memorável e laureado na nossa Escola Nacional de Belas-Artes, regressou ao Brasil sem o desamor, que seria de recear, à pobreza e à rusticidade dos antigos núcleos de nosso país.

Do mesmo modo que, como arquiteto, resistiu ao domínio das fórmulas acadêmicas, embora aluno laureado da academia, Attílio Corrêa Lima, em matéria de urbanismo, não se deixou dominar por obsessões de especialista. Posto que fosse muito explicável impor-se à sua inteligência e à sua sensibilidade o empenho vigoroso de remodelar o traçado confuso e dispersivo das nossas cidades, segundo um critério mais racional e moderno, ele manifestou, desde o início de sua atividade de especialista, o maior escrúpulo em não prejudicar a feição característica e espontânea das formações urbanas de nosso país. Desde os primeiros planos que elaborou como urbanista, pouco depois de regressar de sua prolongada permanência de estudos no estrangeiro, aquele escrúpulo se fez sentir nos seus trabalhos.

No entanto, nem a mocidade de Attílio Corrêa Lima, nem a sua predileção decidida pelas formas da arte moderna, nem mesmo a sua aspiração por uma profunda reorganização social, que importaria, em suma, em transformações urbanísticas fundamentais, nada disso pôde diminuir o seu amor aos aspectos tradicionais das nossas cidades.

É que, na sua clara inteligência, esse amor e o dever de servi-lo, contribuindo para a preservação daqueles conjuntos de valor histórico e artístico excepcional, se conciliavam perfeitamente com o impulso saudável e viril que o animava também no sentido de ordenar as aglomerações urbanas desordenadas que se lhe deparavam e indicar soluções simples e satisfatórias para os problemas de tráfego, de zoneamento e tantos outros suscitados pela vida moderna.

Para o Brasil, a perda de um homem como Attílio Corrêa Lima constitui um prejuízo tanto maior quanto mais notáveis eram suas aptidões de artista e os atributos morais que lhe valorizavam a capacidade técnica, já por si mesma muito rara entre nós.

AÇÕES INTEGRADORAS 1 **JOAQUIM CARDOZO** OSCAR NIEMEYER [*Módulo*, Rio de Janeiro, n. 26, p. 4-7, dez 1961] 2 **BURLE MARX** PIETRO MARIA BARDI [*Habitat*, São Paulo, n. 78, pp. 35-41, jul.-ago., 1964] 3 **CANDIDO PORTINARI** MÁRIO DE ANDRADE [*Portinari*, Rio de Janeiro, Ministério da Educação, 1939]

[1] OSCAR NIEMEYER

Joaquim Cardozo

Somente depois de realizar alguns projetos é que o arquiteto toma contato com os problemas e dificuldades da profissão. Antes disso, tudo lhe parece simples e fácil, o que o leva muitas vezes a assumir atitude por demais crítica em relação aos trabalhos de seus colegas. Por inexperiência, não compreende nem aceita certos compromissos, certas deficiências que a transposição de um projeto para a realidade inevitavelmente provoca, vendo-as no seu raciocínio de novato como falhas de talento, negligências profissionais etc.

Depois de realizar algumas obras, ele passa a sentir, como disse, as dificuldades que tem pela frente, que também vão envolvê-lo, dificuldades que, em certos casos, se apresentam em tal número que, para contorná-las, será igualmente obrigado a transigir, detendo-se apenas naquelas que ameaçam fundamentalmente seu trabalho. Verificará, ainda, que esses problemas não se limitam a questões de ordem construtiva, a razões econômicas, à falta de afinidade com os responsáveis pelas obras, mas que se iniciam na elaboração do projeto, no contato com os técnicos especializados, agravando-se mais ainda com os engenheiros calculistas que nem sempre aceitam ou compreendem o espírito da arquitetura, contra ele se opondo com os argumentos mais variados, baseados em princípios ou limitações técnicas, econômicas ou de lógica construtiva.

Para um arquiteto jovem, pouco familiarizado nos domínios do concreto armado, essas divergências são insuperáveis. Falta-lhe a indispensável experiência para os debates que ocorram e a convicção que a mesma possibilita, passando a aceitar modificações radicais que comprometem sua arquitetura, alterando seções de colunas, vigas e lajes, reduzindo vãos ou o próprio sistema estrutural que imaginava.

Se, ao contrário, tem ele uma idéia clara de como o concreto armado se comporta, como trabalha, que possibilidade apresenta e sugere, pode resistir e argumentar, embora perdendo tempo precioso, na defesa de seus pontos de vista. Mas quando o engenheiro calculista está atualizado na profissão e informado de tudo que se relaciona com o progresso da técnica construtiva, quando fugindo a regras e a normas que não sejam compatíveis com a experiência, especula com os problemas do concreto armado, convicto de que só assim contribui para sua melhor evolução, quando adiciona, o que não é comum, aos seus conhecimentos profissionais, os das artes visuais e da própria arquitetura, quando se entusiasma não apenas com a solução que lhe cabe encontrar como técnico, mas, também, com o sentido artístico e criador da obra em que está colaborando, aí sim, a ligação entre ele e o arquiteto torna-se fecunda e positiva.

Em minha vida profissional, tive o privilégio de encontrar na colaboração amiga e superior de Joaquim Cardozo, esse complemento essencial. Passo em revista, mentalmente, todos os trabalhos que juntos realizamos, e não me lembro de um único caso em que ele se insurgisse contra o que meus projetos sugeriam, nenhum caso em que se fizesse cauteloso, propondo alterações de caráter econômico ou de prudência estrutural. Sua atuação se mantém, invariavelmente, num alto nível de compreensão e otimismo, interessado em fixar para cada problema a solução justa, a solução que preserve a forma plástica em seus mínimos aspectos, indiferente às dificuldades que poderão advir, certo, como eu, de que a arquitetura, para constituir obra de arte, deve antes de tudo ser bela e criadora.

Se lhe proponho solução difícil de realizar, ele a estuda com redobrado carinho, desejoso de não lhe reduzir o que, porventura, apresenta de novo e arrojado, mas de adicionar-lhe outros detalhes que acentuem essas características. E a tudo isso acresce o trato ameno e simples do homem inteligente — Cardozo é o brasileiro mais culto que conheço — incapaz de impor uma opinião com a intransigência das coisas irrefutáveis, apresentando-as sempre como sugestões pessoais, que julga justas e convenientes.

Do nosso contato nesses vinte anos de trabalho, devo-lhe amizade e admiração, não vendo no meu amigo apenas o técnico aprimorado, o poeta sensível e culto que todos reconhecem, mas, também, o homem simples que se situa, modesto e lúcido, diante do mundo transitório em que vivemos, pronto a denunciar suas discriminações e injustiças.

Burle Marx

Inegavelmente, existe uma sempre crescente curiosidade por todas as coisas da arte brasileira desde que este país tomou iniciativas as mais avançadas no campo da arquitetura e cujo ápice é, certamente, a nova capital, Brasília.

Inaugurada por Le Corbusier com os riscos iniciais para o Ministério da Educação e Cultura do Rio de Janeiro, a arquitetura brasileira foi se estruturando, principalmente, por obra do engenhoso Oscar Niemeyer. Longo é o caminho percorrido pela arquitetura brasileira neste último quarto de século.

Um dos protagonistas da sempre renovada arquitetura brasileira e que apresenta caracteres que formam um estilo é Roberto Burle Marx, arquiteto, paisagista, ou jardineiro, como ele mesmo, espirituosamente, gosta de definir-se.

É um dos personagens mais vivos e mais cultos do grupo que regula as coisas da arquitetura brasileira, oferecendo sua colaboração, de uma sensibilidade naturalmente disposta a ambientar construções, aperfeiçoando-lhes as possibilidades através de arranjos e recomposições de elementos que habilmente sabe tirar da flora, complacente enciclopédia à disposição de quem tenha gosto e sensibilidade. Tal recurso externo da arquitetura em termos de racionalismo mecânico e de filosofia existencialista pode motivar certa espécie de adaptação na ruptura decisiva com toda recordação da tradição, talvez, numa correção ao rígido funcionalismo. O homem não perdeu ainda o hábito de decorar.

De uma maneira geral, os bons artistas brasileiros são instintivos, ingênuos, despidos do cerimonial rigoroso das técnicas e da história. Burle Marx, ao contrário, é exceção, lembrando um personagem de Huysmans pela sua cultura, sensibilidade, gosto apurado para a redescoberta dos matizes, com um espírito sutilmente reflexivo em panoramas de melancolia, reagindo depois em conclusões criativas de obras, diremos semoventes e lábeis por sua própria natureza, em perpétuo sofrimento e convulsionamento: ricas de tênues veias de poesia, impulsos rebeldes de uma parte e, de outra, acordos com mundos evanescentes.

Burle Marx pensa, como os ingleses, que uma paisagem é feita de tristeza; que a natureza é assim como algo despenteado e, por isso, a arruma com sutil experiência, artificialmente, como uma outra natureza. A natureza é um objeto, não uma obra de arte, um maravilhoso objeto anárquico e incoerente ao qual é necessário pôr ordem, sistematizar para que encontre sua condição de arte.

O opus topiarum, em essência, queria servir-se de uma árvore para fazer uma estátua e foi brincadeira surrealista; entendeu, todavia, que a natureza precisava de artifício, de corrupção e de correção, isto é, da arte do homem.

Foi também lógico que se modelasse o jardim segundo a simetria, com uma ordem diversa daquela da flora; o jardim geométrico destrói a idéia da imitação da natureza. Para Burle Marx, a arte deve continuar, todavia, a imitar a natureza: mas pode ser uma das contradições próprias de um artista irrequieto que adota, para exprimir-se, a própria natureza e, por isso, tem um temeroso respeito por ela.

Burle Marx parece-nos assim um artista de espírito humanístico, seiscentista e romântico ao mesmo tempo: poderia, simultaneamente, somar a idéia da onisciência da natureza de Ulisse Aldronandi à inquietude do comediógrafo e controlador de jardins de Luís XIV, Charles Dufresny, ao espírito amoroso e defensor da flora brasileira de Barbosa Rodrigues. Três personagens que exerceram influência afetiva sobre ele.

O dramaturgo francês é lembrado como um tipo exuberante, boêmio e generoso, polêmico e reivindicador para a França do jardim à inglesa, que ele mesmo teria idealizado primeiro, quando se procurava estabelecer quem tinha se destacado no gosto *a parterre*.

Roberto justamente reivindica para o Brasil a idéia do jardim tropical dramático, variado, coloridíssimo, e na sua defesa põe um calor e uma inteligência que lembram Dufresny.

Entre os personagens ideais que transmitem uma mensagem a Burle Marx, não pode faltar um brasileiro, e o escolhemos entre aqueles que, no século passado, contribuíram com ardor para criar o espírito nacional da nova cultura: João Barbosa Rodrigues, autodidata genial, insaciável explorador, buscando novas espécies de orquídeas, tribos indígenas para catequizar, lendas para anotar, um claríssimo cientista e, ao mesmo tempo, um poeta da floresta. Quando encontramos Roberto na sua chácara de Campo Grande, no seu jardim-laboratório familiar, enquanto recebe dezenas de hóspedes durante os fins de semana como um senhor que tem o Galateo junto à Bíblia, devemos então juntar aos acima citados predecessores um daqueles gentis-homens do campo, orgulhoso de haver construído, em vinte anos de paciência e emoção, um jardim que obscurecesse o *Le nôtre*.

Inclinação pela cultura, vivacidade faiscante de idéias, capacidade incrível de trabalho, versatilidade de artista curioso por toda e qualquer arte, Roberto deixa de desenhar um canteiro para estudar as formas novas de uma jóia ou para captar um complexo plástico floreal ou para realizar a encenação de um balé. E isso é apenas uma antecipação de seus interesses que compreendem, no complexo das experiências em todas as artes, o modo de integrar, no seu trabalho, a incomensurável variedade da aventura das formas e dos movimentos: de uma macrofotografia de nervuras de folhas, a *Portea* gigantesca que um dia fotografamos juntos numa floresta de Cabo Frio, de uma ágata a uma montanha, de uma teia de aranha a uma pintura de Mondrian.

Com ele se pode considerar um simples objeto de uso popular como descoberta de arte, de fantasia e relações que não acabam mais e que conduzem a divagações as mais distantes do objeto. Os seus jardins são, assim, a conseqüência, o resultado de uma intensa variação e renovação de considerações sobre idéias e coisas: parecem um pouco com a última saída de um labirinto no qual ele se introduziu por conta de uma instrutiva curiosidade. Diremos que ele tende ao ambicioso fito de dar afinidade e simpatia às ciências e às artes, começando justamente por aquilo que é menos entendido hoje, talvez porque seja o mais difícil: unidade da arte.

Arquiteto, pintor e escultor, ele se exprime por meio da paisagística que essas três artes harmonizam e integram. Para governar tal compêndio, é necessário possuir a técnica, ou melhor, o sentimento técnico da natureza, ao qual se chega por intermédio da ciência: Roberto dedicou-se — e é este um aspecto da personalidade do nosso mestre, que cultivou o seu saber não tanto dentro das estufas e laboratórios quanto sob os tetos insidiosos da floresta brasileira — à caça emocionante da flora ignorada para a nova ornamentação, tornada esta ociosa pelo uso das espécies mais fáceis de obter e divulgar.

Como artífice de jardins, Burle Marx tem o mérito de ser um inovador e um mestre ainda que a definição de sua arte seja, por enquanto, fugidia. No espaço de trinta anos, desde aquele tempo em que, ainda garoto, começava a pintar mangueiras, pitangueiras, cajueiros da praia e das praças do Recife, restaura o sentido da flora tropical, estuda-a a fundo como artista, cultiva-a e a aclimata a distâncias impressionantes, dá seu nome a plantas desconhecidas, cria o amplo e berrante jardim à brasileira que, na história paisagística, sucede ao inglês, abrindo novos caminhos dessa arte que nasce das fábulas paradisíacas.

Richard Neutra disse-lhe: "não acho nenhuma raiz de sua arte no passado, ela é inteiramente original". Tais palavras dão-nos indubitavelmente conta do fato que o presente é síntese do antigo, e que o antigo sugestiona tudo aquilo que a arte manifesta; nem mesmo Picasso foge aos misteriosos influxos da presença constante do passado.

Uma experiência depois da outra, um desejo intenso de redescobrir, um arriscar-se em outras empresas, a exploração paciente metódica e apaixonada a Humboldt, a amizade e a colaboração com os botânicos, o manter-se continuamente em dia põem no caráter deste novo poeta de *canticum botanicum* a felicidade da criação e, junto, a velada melancolia, própria dos temperamentos que tentam conjugar o efêmero das empresas cotidianas à eternidade que nos circunda.

Roberto Burle Marx chegou à botânica por instinto. A curiosidade e o desejo de participar das empresas criativas o impeliram ainda jovem a interessar-se por hibridações: as primeiras experiências foram com um *Caladium* que sua mãe cultivava no jardim à inglesa, em Pernambuco; nas folhas alongadas e reticuladas de nervuras da arácea, parecia-lhe que circulava um sangue cálido; começou a obter diferentes tons de um vermelho mais raro, imaginando-se um pintor que procura uma nova tonalidade.

Foram essas experiências de neófito, que se seguiram depois no jardim experimental criado pelo jovem na casa do pai, em Copacabana, que atraíram a atenção de um seu professor da Escola de Belas-Artes, o arquiteto Lucio Costa. Roberto estudava pintura com Candido Portinari. Costa intuiu que o jovem tinha predisposição para o paisagismo e confiou-lhe a preparação do pequeno jardim de uma casa que ele construía em colaboração com Gregori Warchavchik, um russo que tinha estudado na Itália e a quem muito se deve, na primeira renovação da arquitetura brasileira, quando esta saía do seu período conformista de repetição de estilos, entre os quais o insensato colonial.

Mas só a genialidade, o entusiasmo do jovem e o instinto da natureza não eram suficientes para projetar um jardim. Roberto era favorecido por outra forma de sensibilidade muito importante: a vontade de conhecer em todos os campos, o sentimento pela história, o respeito pelos mestres. Como primeiro mestre ideal, observou os trabalhos paisagísticos de um engenheiro de drenagens francês, François-Marie Glaziou, chamado, em 1858, ao Rio de Janeiro, para onde importou o seu gosto romântico à Rousseau.

Esse francês tinha um caráter notavelmente interessante: bom botânico, foi nomeado por dom Pedro II diretor-geral das Florestas e Jardins e se notabilizou como paisagista, particularmente na criação do Parque da Boa Vista e na arborização das ruas e praças do Rio, com plantas achadas por ele mesmo em numerosas expedições pelo Brasil. Deixou para o Museu Nacional um herbário de 24 mil exemplares. Glaziou prosseguiu, enriquecendo esplendidamente aquilo que, no fim do século XVIII, o vice-rei tinha tentado realizar na capital.

O primeiro jardim no Brasil foi projetado por um engenhoso artesão, muito versátil nas artes ornamentais, Mestre Valentim da Fonseca e Silva, em 1773, na beira-mar do Rio. Um pântano em frente ao mar foi aterrado com a terra cavada de uma colina ao lado. Mestre Valentim era imitador do barroco internacional, e o jardim que resultou obedecia ao gosto simétrico então em moda. Sobre esse terreno, Glaziou deu vida ao primeiro jardim de gosto romântico tropical. O jardineiro francês cobriu o jardim de ruínas para ficar de acordo com a moda, enchendo o recinto de bancos feitos de troncos de árvore, de grutas com estalactites, de pedras e chalés, tudo construído em cimento. Porém o verde, a variedade de plantas baixas e a estratégia da colocação das árvores anunciavam a novidade.

Burle Marx soube apreciá-la e tirar, daí, ensinamentos. Viajando pela Europa, aprendeu a verdadeira lição do passado através das obras dos grandes paisagistas. Assim, ele candidamente admitiu ter-se inspirado para projetar o traçado do jardim da antiga praça da Casa Forte, em Recife — um conjunto de três laguinhos —, em certos aspectos do Jardim Botânico de Kew, perto de Londres. No espelho da água central, o jovem, já ansioso de novidades, transplantou, pela primeira vez no Brasil, a vitória-régia. Em seus primeiros jardins já é evidente e claro o gosto de criar zonas d'água; e, logo depois, o gosto pelas pedras polidas pelo tempo, o sentido da forma sólida e escultural.

Em sua longa viagem à Alemanha, tinha descoberto no Jardim Botânico de Dahlen, em Berlim, a perturbadora beleza dos cactos: uma antologia sem limites que devia, voltando, explorar na misteriosa caatinga, a zona da seca do Nordeste brasileiro. Depois, o encontro com as helicônias, ignoradas pelos jardineiros e consideradas como plantas de banana. Na floresta, Burle Marx descobriu e continua a descobrir tesouros de plantas: de longínquos pântanos trouxe consigo, em várias expedições, sessenta espécies de helicônias, das quais dez eram desconhecidas. O seu guia, o seu mestre, na parte científica, foi o ilustre botânico Henrique Lahmayer de Mello Barreto.

As planimetrias de seus jardins ressentem do espírito, digamos, tradicional, com canteiros de contornos inspirados na forma ovalóide, uma espécie de transição entre os modelos ingleses e a novidade afetada. Roberto pensou logo no lançamento de formas novas que se adaptassem à dramaticidade da paisagem tropical e, dentro do paraíso infernal da nossa flora, amadureciam suas idéias. Sua diretriz formal foi a consideração e a reconsideração da flora brasileira desconhecida, como também a inclusão da flora de outras regiões tropicais, para enriquecer a flora local, como sucedeu na época colonial.

Recordaremos a mais célebre, a palma imperial (*Roystonea oleracea*) importada das Antilhas, em 1808, por dom João VI e plantada no então recém-inaugurado Jardim Botânico do Rio de Janeiro. Burle Marx serviu-se dessa planta, que alcança trinta metros de altura, para formar uma arquitetura de efeito estupefaciente. [...]

Mente clara, simplificador de problemas, reduzidos a esquemas elementares, contemplador de paisagens com fantasia de artista e com gosto pelo imprevisto e ocasional, unindo fecundidade de raciocínio e felicidade de achar, ele é capaz de confraternizar com a flora e, com boas maneiras, fragmentá-la, reelaborá-la, modificá-la e recompô-la em novos organismos, reconduzi-la e enxertá-la em pedras monumentais, abrir-lhe novos caminhos, levá-la às margens de um curso de água ou em volta de uma cascata.

No que se refere ao jardim, o mundo continua romântico: encontrado o tema, deve-se desenvolvê-lo distinguindo o espiritual, o sensível e o mecânico. A mesma emocionante empresa, talvez ainda mais emocionante que a recomposição paisagística, que os pré-impressionistas executaram com os infinitos detalhes e formas coloridos desenhados do original nos campos ingleses. Esses pintores procuravam representar em suas obras uma paisagem ideal da natureza; Burle Marx, em um processo análogo, representa numa recomposta e viva natureza os elementos recolhidos na exploração da selva tropical, dando-lhes sua própria forma. O resultado é o mesmo de um pintor; não por casualidade começou a exercitar-se nessa arte e ainda hoje se isola para ficar *tête-à-tête* com uma tela.

Quando começou, era o pós-cubismo que sugeria motivos para a sua genialidade, depois foi o geometrismo, e ele pagou o seu tributo à moda do concretismo. Todavia, desenvolve de preferência a forma como a encontra a cada manhã na natureza, nas linhas curvas e na liberdade das raízes irracionais intrincadas de uma árvore. Atraído por todas as experiências, participa de todas as vanguardas, não por ecletismo mas, principalmente, por afinidade espiritual, com a obstinada procura do novo quociente, e não escandalizado pelo fato de que a arte de hoje se fabrica também com palavras de manifestos e títulos alquimistas.

Burle Marx é uma pessoa espirituosa, urbaníssima, com a prerrogativa de usufruir uma cultura conciliadora do humanismo e dessa espécie de tumulto de romantismo junto às pândegas bizantinas deste fim de era: por isso, sabe adaptar-se e adquirir *savoir-faire* e cultura com o garbo que o verdadeiro senhor mostra nas situações imprevistas para seu decoro.

Todos sabem que o artista acostumado a inovar, desenfornar as excentricidades formais, os pressupostos de uma avançada estética na suspeita e indolente república das artes superpovoadas de gente que se deixa levar é destinado, à medida que a sorte aumenta, a ser primeiro copiado, depois imitado e, conseqüentemente, combatido. São esses tipos que nas escolas de todos os países e de todos os tempos articulam o fenômeno do maneirismo. Infelizmente, a sorte encontrada por ele está gerando no Brasil o maneirismo à Burle Marx. No setor de jardins, isso adveio também na Inglaterra, no século XVIII. Ele assiste ao pulular de paisagistas que improvisam no trabalho, armados de santa ignorância; o homem do mundo sorri-lhes, amavelmente.

Uma recente visita feita aos jardins de Burle Marx, nos férteis arredores do Rio de Janeiro, persuadiu-nos que a arte de construir tem cada vez mais necessidade de união com a flora. Wright e Neutra nos ensinam isso magistralmente. Pode-se observar que quarteirões inteiros da recente arquitetura eclética, fruto do cruzamento entre o pretensioso e a manipulação dos estilos, por exemplo, o famoso Jardim América de São Paulo, foram salvos pelo verde, que tem a mágica capacidade de chamar a atenção sobre si fazendo passar para segundo plano o espetáculo penoso das fachadas tipo partenon com colunas ímpares. Uma sebe, um grupo de vegetação, uma mancha de flores têm o poder de dar tom a uma casa.

No Brasil, se assiste a um fenômeno curioso: o amor cívico pela natureza é tão grande como os delitos botânicos do desbravamento das florestas. Cada mercado tem suas floristas, as casas são sempre adornadas com flores, até a mais modesta casa de terra batida tem na parede uma lata florida. Mas o reverso da medalha é a progressiva destruição das florestas. Burle Marx não perde nenhuma ocasião de bater-se em favor da preservação da flora: ele não limita o seu trabalho à arquitetura paisagística, à idéia de construir pensando no complemento verde, mas amplia o problema a uma consideração de origem geral, à recuperação do incomensurável patrimônio florestal brasileiro. Deriva, desse modo de pensar, o respeito imediato e a valorização de tudo que encontra no local quando é chamado a criar um jardim.

A sua *machine à émotions* trabalha sempre com o entusiasmo da primeira vez, imaginando o faustoso, o singular, a idéia surpreendente que, entretanto, quase sempre deve ser discutida com o cliente e deve atravessar as imagináveis discussões deixadas ao critério do gosto e das despesas, tanto que o cliente torna-se em certo sentido um colaborador, sem mencionar que dele depende mais tarde o futuro do jardim.

Já falamos como a arte do jardim é semovente e imprevista, pois sua conservação depende de fatores e extravagâncias climáticas. Acompanhando Burle Marx nas visitas aos seus trabalhos, compreende-se qual seja a condição e a dependência dessa intervenção harmonizadora na natureza. Um jardim varia continuamente aos olhos do seu conservador; qualquer coisa que lembra a fantasmagoria, na qual a imaginação e a ajuda da fantasia colaboram para a conclusão da nossa impressão.

Certa vez, ele olhou num parque algumas folhas amareladas sobre ramos de um *Ficus elastica* e nos mostrou a esplêndida e fria cor dourada, quase o tom de oüro saído de uma fusão, que se destacava num amontoado de outras folhas em vias de amarelar o verde. Uma simples observação que nos sugeriu outras maneiras de considerar um jardim, a constituição cambiante das coisas destinadas a envelhecer e a desaparecer, o seu existir na parábola natural. Disso vem outra consideração: quanto tempo dura a construção de um jardim e quanto dura um jardim? Zuello, na Ilha Bela, sobre o lago Maggiore, começou em 1622 e terminou em 1672. O Museu de Arte Moderna do Rio de Janeiro, depois de sete anos, está ainda em construção: o jardim de Burle Marx destinado a circundá-lo está agora apenas em vias de formação, o que faz prever um decênio para completá-lo definitivamente.

A um jardineiro acontecem trabalhos de vários gêneros: das pequenas áreas das vilas na cidade, que implicam verdadeiras acrobacias de construção, aos vastos espaços das vilas no campo, onde Burle Marx se sente à vontade e dá amplitude a grandes projetos. Durante sua vida profissional coube-lhe uma vez um trabalho entusiasmante, daqueles que chegam como inesperado prêmio a um artista: a criação, numa pequena ilha do Jardim Zoológico do Rio de Janeiro, dum protótipo de hábitat para pássaros característicos da região pantanosa da Guanabara. O saneamento dessa baía, com a progressiva eliminação dos pântanos, estava destruindo a vida natural que ali havia; assim, o diretor do Jardim pensou na formação desse hábitat e Burle Marx foi chamado para colaborar: experiência única de um jardim não destinado ao prazer do homem, mas à vida dos animais.

De qualquer modo, a experiência de um verdadeiro artista como Burle Marx parece-nos notável e atual. Para quem entende a vastidão e a atualidade desses problemas e sabe ver através de um pequeno caso a posição humana no recinto da natureza, Burle Marx supera o interesse contingente do arquiteto de jardins para ganhar a dimensão de um personagem do humanismo americano que, um dia ou outro, deverá determinar-se. Indicaremos Burle Marx, pela sua originalidade de inovação na arte do jardim, como um elemento digno de ser ainda mais conhecido no mundo: é a finalidade desta monografia.

[Resumo, feito pelo próprio Pietro Maria Bardi, da "Apresentação" de seu livro *The tropical gardens of Roberto Burle Marx*. Amsterdã, Colibris, 1964.]

[3] MÁRIO DE ANDRADE

Candido Portinari

Dentro da vasta obra, tão variada na aparência, do pintor brasileiro Candido Portinari, há uma íntima e profunda unidade. Esta unidade pode-se resumir numa palavra: plástica.

Em princípio, uma afirmação destas parece redundância inexpressiva, pois toda a obra de pintura tem de ser necessariamente plástica. Mas em verdade não é isto que se dá; em períodos inquietos de pesquisa como o que atravessamos, assim como nas fases de academização ou preciosismo requintado, não são pouco numerosos os artistas e as doutrinas que fogem desse princípio primeiro das artes, que é realizar a sua própria natureza.

Predisposto para a pintura, Candido Portinari vem realizando o seu destino de pintor com um entusiasmo que o honra sobremaneira. Dele já se disse que respira, come e dorme pintura, e é certo que a sua vida é um modelo do artista integralmente dedicado à sua arte e que só ela busca, através de todas as omissões, glórias e monotonias da vida.

Nessa paixão pela pintura, com uma curiosidade insaciável e uma inquietação que jamais desfalece, nem dorme sobre as verdades adquiridas, Candido Portinari se aplicou a desvendar quaisquer segredos do problema plástico. Desta sua ambição generosa, que o converte num eterno aprendiz, se originam as duas características dominantes da sua personalidade: a enorme riqueza técnica e a variedade expressional.

Candido Portinari é um infatigável experimentador. Não é preciso lhe conhecer a vida, basta seguir-lhe a obra em seus diversos estádios e manifestações transitórias para verificar que esse experimentalismo ansioso de verdades é o mais significativo traço psicológico do artista. Na técnica, tudo ele tem experimentado, todos os processos de pintar, não só já no sentido superior da técnica, como no próprio artesanato. Artista somado a artesão, os mistérios de preparação da tela, de variar a natureza das tintas, da análise das areias com que irá construir os seus afrescos lhe são tão familiares como a lei do corte de ouro, a repartição dos claros e das sombras em Rubens, as cadências de cor em Cézanne ou as doutrinas estéticas do abstracionismo contemporâneo.

Mas a Candido Portinari não lhe basta saber de leitura ou conversas de ateliê tais tradições e tais princípios, senão que os tem de exercer por si mesmo e lhes viver a experiência. E assim, de experiência em experiência, tanto no artesanato quanto na técnica expressiva, tanto no preparo de uma tinta especial quanto de um processo que lhe dê maior fulgor aos brancos ou maior profundeza aos tons, Candido Portinari aprendeu, descobriu, redescobriu uma quantidade enorme de segredos técnicos que lhe dão à fatura uma riqueza prodigiosa. Tal requinte poderia ser muito perigoso se se exercesse por si mesmo, porém Candido Portinari banha a sua cultura de pintor de uma instintiva humanidade, que não lhe permite perder-se no estéril de qualquer virtuosidade gratuita ou diletantismo. E é de se observar que a cada nova experiência técnica e a cada nova fase que lhe nasce oriunda de novos problemas estéticos a resolver, logo ele ajunta um sentido possante, uma lógica viril de criação, um significativo poético muito intenso que lhe derivam da sua vibrante compreensão humana da vida. Principalmente do seu nacionalismo.

Já se tem dito de Candido Portinari ser ele sensível à influência de outros pintores e escolas. Há que distinguir, porém. Na verdade Candido Portinari jamais imita e sequer se apóia num exclusivo exemplo alheio para criar. Tanto isto é certo que não é possível determinar, na multiplicidade de soluções estéticas diversas que a sua obra apresenta, qualquer influência alheia que seja fundamental e permanente.

Mas como se disse atrás, a pesquisa tanto estética quanto técnica apaixona o pintor brasileiro, é o significado mesmo da sua obra, como caracterização da personalidade criadora. De forma que diante de qualquer solução alheia, mesmo das que instintivamente lhe desagradam, Candido Portinari é irresistivelmente levado a repensar essa experiência e a refazê-la por si mesmo. Para ele não tem o menor interesse a originalidade só pelo gosto de ser original. Antes, o inquieta sempre qualquer lição alheia, porque pode sempre haver nela uma partícula, que seja, da verdade. E então Candido Portinari refaz a experiência pressentida, conformando-a aos elementos e caracteres que lhe são pessoais, à essencialidade plástica, ao tradicionalismo, ao realismo, ao lirismo, ao nacionalismo tão fortes da sua personalidade. É, como raríssimos, o ambicioso de acertar, o insaciável da verdade plástica, o orgulhoso da sua arte. E esta ambição mesma, este anseio e este orgulho é que lhe isentam a obra de qualquer leviandade, de qualquer "traição", de qualquer academização e fazem dele o humilde por excelência — buscador inquieto e constante, através de escolas, épocas e artistas, daquelas partículas de verdade que se despargem no mar da criação humana.

Importa é verificar que esse experimentalismo está esplendidamente fortalecido no pintor brasileiro de um conhecimento do antigo e de uma base realística, de um "bom senso" absolutamente excepcionais.

Basta examinar os seus retratos, certos quadros de assunto, como o *Futebol*, o *Circo*, o *Morro*, e ainda os seus desenhos para verificar com que saber técnico tradicional Candido Portinari levanta os vôos da sua imaginação criadora.

Os desenhos, principalmente certos nus de mulher e a série de estudos para os afrescos do Ministério da Educação, demostram os seus conhecimentos do corpo humano e da sua interpretação desenhística. Obras magníficas em que a vivacidade, a sensibilidade, a delicadeza ou força do traço nunca se desmentem, a relação bicolor se distribui, os entretons se graduam com uma fineza seguríssima, ao mesmo tempo que o vigor, a intensidade humana das figuras libertam a criação de qualquer academismo, de qualquer frieza escolástica.

Nos retratos o conhecimento do antigo se demonstra ainda mais. É mesmo possível evocar, a respeito de certos retratos de Candido Portinari, as finezas ardentes de tons de um Velázquez, e também aquele realismo, aquela exatidão plástica que nos dá tamanho sentimento de beleza e semelhança, diante de um Van Eyck, de um Holbein. A perfeição de certos acabamentos, a intensidade dos tons, certas delicadezas quase imateriais de pincelada, a concentração luminosa, a riqueza de cambiantes dentro dum só tom, a ausência de qualquer volúpia mais decorativa, o apropositado cauteloso da interpretação psicológica, o caráter físico dos indivíduos, ao mesmo tempo que são mais um desmentido formal a essa afirmativa de que a fotografia veio desautorizar o destino representativo do retrato a óleo, dão para essas obras de Candido Portinari um timbre tradicional, um sangue antigo, um respeito e um silêncio extraordinários.

Realmente o pintor brasileiro, na solução mais normal dos seus retratos, parece corresponder a uma receita. Apenas este fato é mais uma lição de honestidade; não obedece àquela esperteza de repetição de truques de embelezamento, parecenças fotográficas, sensualidades originalíssimas de composição, de lançamento das figuras ou decorativismo embriagante, que deram erroneamente para certos pintores contemporâneos o título de "retratistas". Pelo contrário: a receita de Candido Portinari — se é que se poderá chamar de receita à sua concepção mais freqüente do retrato — consiste naquele desprezo por qualquer fantasia pessoal excitante, naquele respeito à verdade secular, naquela obediência ao modelo, naquele artesanato repetidor renascentista que, evitando os palpites do autor, ao mesmo tempo que expõe a realidade do retratado e a eterniza (função mesma do gênero), reconduz o retrato à pintura, a um problema de cor, de luz, de volumes, primordialmente técnico. E assim os retratos de Candido Portinari, sem fugirem nunca à finalidade social do retrato, permanecem manifestação essencialmente pictórica, não permitindo que jamais a pintura fuja de sua própria natureza.

Como artesão humilde, como um renascentista que não se envergonha falsamente de repetir uma solução justa, evitando os valores lotéricos do expressionismo e os perigosos palpites da interpretação fantasista, o pintor brasileiro policiou a sua concepção do retrato, lhe proibindo os jogos de azar. Fixada a composição simples, focalizada a figura tanto pela sua relação áurea para com a superfície da tela quanto pela subalternidade expressiva dos fundos, resolvido o problema da parecença, o pintor está liberto do seu modelo e pode pintar livremente. O retrato é assim reconduzido a um exclusivo problema de plástica. E surgem esses acabamentos de uma delicadeza infinita, as carícias, as relações, os equilíbrios, as fantasias de cores, de tons, de esbatidos, de luzes tão múltiplos, tão infinitamente variados. Realmente, Candido Portinari nos reconduz à grande tradição renascentista do retrato.

E finalmente, nas composições como o *Café*, o *Futebol*, pelo realismo, pelo inesperado inventivo da composição, por certa asperidade sensual no tratamento das figuras, um tal ou qual miniaturismo produzindo junto à sugestividade do detalhe, certos agrupamentos prestigiosos de cores, Candido Portinari se liga aos antigos, principalmente aos pintores holandeses de gênero, principalmente aos Brueghel.

E este artista que reúne ao realismo mais respeitoso da figura, ao desenho mais sensivelmente descritivo, uma tão forte técnica renascentista, é o mesmo que irá experimentar as diversas soluções do cubismo e seus derivados, irá se auxiliar, na composição de muitos quadros, dos processos super-realistas de invenção, e tentará reunir à sua "diferença" as diferenças de um Picasso, de um Braque, de um Rivera. De tal forma ele reúne a ciência antiga de pintura a uma personalidade experimentalista e antiacadêmica moderna, que de Candido Portinari se poderá dizer que é o mais moderno dos antigos.

Além da essencialidade plástica que unifica tão profundamente a criação pictórica do artista brasileiro, há que salientar ainda, como elemento unificador, o seu realismo. Parecerá, talvez, uma audácia irresponsável falar em realismo unificador, diante de certas obras tão aparentemente afastadas da natureza... No entanto, nenhuma outra expressão há que a substitua, desde que tenhamos em vista a realidade mesma da plástica. Para Candido Portinari, a natureza jamais é senão uma fonte primeira de inspiração, uma sugestionadora de assuntos, uma reveladora de formas transitórias que ele irá converter num fenômeno de exclusiva plástica pictórica. Esta conversão é que, segundo a fase que o artista vive ou a experiência que tenta, ele realiza em vários graus de maior ou menor identidade naturalista.

Este primeiro realismo estético é, aliás, uma das mais importantes lições do pintor brasileiro. Conforme o gênero de criação, trate ele o retrato, a natureza morta, o quadro de assunto ou a pura composição livre à moderna, ele mais se aproxima ou se afasta mais do realismo visual. Mas este maior ou menor afastamento da natureza, essa maior ou menor deformação, é sempre de uma adequação temática muito exata. Jamais Candido Portinari abandona a natureza. Ela é o ponto de partida de todas as suas obras, até das que mais se aproximam do "abstrato". Porém, jamais, nem sequer nos seus retratos, Candido Portinari persegue a natureza e faz dela, por si mesma, a finalidade do seu quadro; antes, para ele, esta finalidade será sempre uma independente criação de forma. De forma plástica, evidentemente, pois que se trata de pintura. Enfim: ele parte sempre da natureza para encontrar sempre a forma.

A este seguro realismo estético, porém, reúne Candido Portinari um outro realismo, que se poderia dizer psíquico. E disto deriva o estranho, o entranhado, o grave nacionalista da sua obra toda.

Já com a vasta galeria de retratos de mulheres e artistas brasileiros, tão semelhantes, tão intensamente expressivos, ele exerce um posto de documentador. Especialmente para o conhecimento plástico da mulher brasileira contemporânea, Candido Portinari tem servido como nenhum outro pintor nacional. A isto deverá se juntar essa outra impulsividade nacionalística que o leva a se servir incansavelmente, quase como processo de identificação, de pequenos elementos formais, tão nossos, tão da nossa intimidade: a purunga, o baú de lata colorida, a gangorra, o mastro de São João etc.

De maior funcionalidade nacional são já os assuntos-síntese em que o pintor brasileiro se inspira. Aqui, sem ter a menor intenção de ser um cronista e reunir documentação iconográfica, pois o que ele pretende é primordialmente forma, o Brasil irrompe da obra de Candido Portinari, demonstrando em que grau intenso o pintor se apaixona pela coisa nacional e dela participa.

Não é pela intenção de fazer racionalismo que ele se aplicou aos seus temas favoritos, o café, o morro, brinquedos infantis, o São João, a jangada. Tais assuntos nascem apenas de uma constância imperiosa da sua personalidade; e ele os deforma, os sintetiza, principalmente, sem a menor preocupação documental. Na *Jangada* ele comporá o quadro com mulheres imprevisíveis. Do *São João* fará uma composição diurna e esquecerá os balões. Na própria série dos grandes afrescos construídos para o novo Ministério da Educação, em que se propôs recensear as principais indústrias brasileiras, se é sempre certo que para os estudos preliminares o pintor se documentou com perfeita paciência e uma minuciosidade robustamente naturalística nos desenhos, logo em seguida, completados os estudos, fixadas decisivamente as composições, e chegado o instante de criar o afresco definitivo, toda essa riqueza documental foi abandonada, partindo o artista exclusivamente em busca da sua forma.

E no entanto, qualquer desses afrescos, de grande audácia sintética, solução absolutamente pessoal, pedra de uma arquitetura rija, lógica, mas ao mesmo tempo incomparavelmente veludosa e rutilante pelos acordes, variedade e raridade dos tons, todos esses afrescos respiram uma intimidade nacional profunda. Mas esta intimidade não deriva, nem derivará nunca no artista, de uma realização exteriormente escrava do assunto, mas de um substrato nacional, de uma potencialidade brasileira, de uma originalidade psíquica que torna essas obras impossíveis de qualquer comparação com o que já se fez no mundo. Neste sentido, criações como o *Café*, o *São João* o *Mestiço* da Pinacoteca de São Paulo, os afrescos do Ministério, os painéis para a Feira Internacional de Nova York, para só citar algumas obras principais, sobre serem criações de uma admirável beleza, representam obra única, sem par, como solução nacional de pintura.

Mas é que nas suas sínteses temáticas, nos seres com que as compõe, nos atos em que as descreve, Candido Portinari não dispersa na criação do típico. A festa de São João não será mais típica da originalidade brasileira que o carnaval e o baile do congado, nem umas lavadeiras mais necessariamente festivas que o balão e o "fogo do ar". A jangada não será por certo mais genericamente brasileira que o carro-de-boi, nem mesmo mais regionalmente nordestina que a roupa de couro do vaqueiro. Mesmo ainda na criação dos nossos tipos étnicos, os seus mamelucos, os seus mestiços, os seus negros e mulatos, os seus brancos, os seus caipiras e gaúchos, não têm a menor particularização do retrato característico, não buscam as originalidades e nem mesmo as diferenciações dos tipos. Em vez de tipos, em vez de típico, tanto nos assuntos quanto nos seres e elementos com que os compõem, Candido Portinari tende ao protótipo. Tende à criação de entidades sensíveis, cuja essência, cuja fatalidade é brasileira, cujo potencial é brasileiro, sem que o seja imediatamente, e muito menos necessariamente, o seu realismo primeiro exterior.

Neste sentido, a obra com assunto de Candido Portinari é, para todos os artistas brasileiros, uma lição admirável do destino "poético" da arte. Quero dizer: sendo toda ela uma pesquisa primordial de forma plástica e beleza desrelacionada, pela íntima adequação entre forma e fundo, pelo equilíbrio entre o sentimento e sua expressão, muito mais que um elemento de caráter descritivo e analítico, a obra de Candido Portinari exerce uma função como de vaticínio. Na sua procura incessante de beleza plástica, ele mantém aquele valor antigo de definição profética de uma vida melhor, com que a arte nasceu dos primeiros ritos místicos, dos primeiros amores, dos primeiros sofrimentos do homem sobre a terra.

E essa vaticinidade, essa qualidade poética de Candido Portinari — "poética", não no sentido sentimental em que costumamos dizer de uma paisagem ou de um pianista que "têm muita poesia", mas no sentido de profecia definidora de aspectos da vida ou do ser — é tão irreprimível nele, que mesmo nas realizações da sua fase atual, aparentemente de exclusiva pesquisa plástica, em cada vereda estética que o artista penetra e em que ele se despenha nas combinações de cores, volumes, ritmos, composições mais audazes, com fúria bacântica despedaçando, devorando leis, regras, tradições na volúpia de plasmar apaixonadamente a cor, Candido Portinari se vê reconduzindo sempre ao rincão pátrio. E uma primeira liberdade logo se transporta aos poucos para uns motivos com que o pintor retorna à sua necessidade nacional. Se é certo que ele parte da natureza para encontrar a forma, não é menos certo que em cada forma achada ele encontra o Brasil.

Uma exposição de Candido Portinari que apresente documentação profusa, como esta, de todas as suas maneiras pessoais, pesquisas feitas e fases representativas, tem um enorme sentido educacional. Candido Portinari, quer se lhe admire quer não a obra completa, é sobremaneira respeitável.
As suas qualidades pessoais de pintor, o entusiasmo infalível com que pôs toda a sua vida a serviço da sua pintura, a honestidade irrecusável com que se aplicou sem descanso, nem jamais se dando por satisfeito, a desenvolver a sua técnica, o elevadíssimo grau desta técnica, a humildade com que experimenta e ama a verdade: já por si, todas estas características da sua figura de artista fazem dele um alto valor moral, exemplar para os moços que desejem tentar o exercício das artes.

E também Candido Portinari é um exemplo de vitória, uma prova otimista da vida. Hoje ele desfruta de uma consideração internacional muito grande, adquirida exclusivamente pelo seu valor próprio. É dos vitoriosos que deveremos tirar concepção de vida que nos guie. Não dos falsos vitoriosos, dos que conseguem uma possível notoriedade à custa de concessões morais e culturais ao gosto ignaro, ou dos que se impõem ao cochicho público pela teatralidade de seus gritos e escândalos, mas dos que conseguem vencer pela constância do trabalho, pela valorização de suas forças pessoais na cultura e pela fé na verdade. Candido Portinari é exemplar desta vitória. E a dramática sinceridade com que não dorme sobre os louros já conquistados não se repete no que já conseguiu o aplauso público, mas antes desconfia sempre e se lança em experiências novas, no desconforto das incompreensões, no perigo de perder seus admiradores e sua posição, a quaisquer facilidades vitais preferindo sempre a procura da sua verdade, é ainda vigoroso exemplo moral de otimismo. Dele não se dirá que sacrificou a arte humana em proveito da sua pessoa. E se a sua obra é pródiga de belezas, rica de forças poéticas, lição técnica e estética de vasta grandeza, Candido Portinari, ele mesmo, é exemplo moral excelente do verdadeiro destino do artista. Merecedor portanto, como raros, da consideração pública.

[Apresentação de catálogo de exposição retrospectiva de Portinari, realizada pelo Ministério da Educação em 1939]

APÊNDICE

estudio 5

Biografias dos autores

ABREVIATURAS USADAS NAS BIOGRAFIAS

CAPES: Coordenação do Aperfeiçoamento de Pessoal de Nível Superior. CEPAL: Comissão Econômica para a América Latina. CIAM: Congressos Internacionais de Arquitetura Moderna. CREA: Conselho Regional de Engenharia, Arquitetura e Agronomia. ENBA: Escola Nacional de Belas-Artes. FAU: Faculdade de Arquitetura e Urbanismo. FFLCH: Faculdade de Filosofia, Letras e Ciências Humanas. FNA: Faculdade Nacional de Arquitetura. IAB: Instituto de Arquitetos do Brasil. INEP: Instituto Nacional de Estudos e Pesquisas Educacionais. IPHAN: Instituto do Patrimônio Histórico e Artístico Nacional. ISEB: Instituto Superior de Estudos Brasileiros. MAM: Museu de Arte Moderna. MESP: Ministério da Educação e Saúde Pública. ONU: Organização das Nações Unidas. PSB: Partido Socialista Brasileiro. SESC: Serviço Social do Comércio. UFMG: Universidade Federal de Minas Gerais. UFRGS: Universidade Federal do Rio Grande do Sul. UFRJ: Universidade Federal do Rio de Janeiro. UNESCO: Organização das Nações Unidas para Educação, Ciência e Cultura. USP: Universidade de São Paulo.

AUTORES NACIONAIS

ABELARDO DE SOUZA

[Rio de Janeiro, 1908 — São Paulo, 1981]

Arquiteto diplomado pela ENBA (RJ) em 1932, foi um dos organizadores do 1º Salão de Arquitetura Tropical (1933). Transferiu-se para São Paulo em 1939, onde realizou inúmeros projetos para os mais diversos fins, especialmente habitacionais, destacando-se o edifício Nações Unidas (1953), na avenida Paulista. Foi colaborador da revista *Habitat* e, também, professor da FAUUSP desde sua fundação, em 1948, até aposentar-se, em 1978. BIBLIOGRAFIA: SOUZA, A. de *Arquitetura no Brasil: depoimentos* (1978).

AFFONSO EDUARDO REIDY

[Paris,1909 — Rio de Janeiro, 1964]

Arquiteto diplomado pela ENBA (1930), projetou obras fundamentais, concebidas com elegância e disciplina. Ainda estudante, foi colaborador de Alfred Agache no plano diretor da cidade do Rio de Janeiro. Tão logo formado, ingressou nos quadros da prefeitura e na ENBA, como assistente de Gregori Warchavchik. Embora sua carreira docente tenha sido breve (1931-1933), seu trabalho no setor público estendeu-se por longos anos. Nele, concentra a maior parte de sua produção, que contemplou edifícios de interesse social, com especial destaque para o conjunto de Pedregulho

(1947). Autor do projeto do MAM (1953), integrou as equipes do MESP (1936-1942) e do Aterro Glória-Flamengo (1962). BIBLIOGRAFIA: FRANCK, K. & GIEDION, S. *Affonso Eduardo Reidy: Bauten und Projekte* (1960); BRUAND, Y. *Arquitetura contemporânea no Brasil* (1981); BONDUKI, N. G. (Org.). *Affonso Eduardo Reidy* (1999).

ANÍSIO TEIXEIRA

[Caitité (BA), 1900 — Rio de Janeiro, 1971]

Bacharel em Direito pela UFRJ (1922), graduou-se em Ciências da Educação pela Universidade de Colúmbia (EUA, 1929), onde foi discípulo de John Dewey. Educador de prestígio internacional, participou da fundação da "Escola Nova". Por mais de quarenta anos, dirigiu inúmeras instituições, como a CAPES e o INEP, tendo sido conselheiro da UNESCO. Professor em várias universidades, foi o mentor intelectual da Universidade do Distrito Federal (1938-1940) e da Universidade de Brasília (1962), da qual era reitor quando ocorreu o golpe militar de 1964. O processo nela instaurado, envolvendo seu nome e os de outros professores, provocou reação de protesto, sendo convidado a lecionar nas universidades de Colúmbia e da Califórnia, onde permaneceu de 1964 a 1966. Foi Professor Emérito da UFRJ (1970). BIBLIOGRAFIA: TEIXEIRA, A. *Vida e educação* (1930), *Educação progressiva* (1932), *Educação para a democracia* (1936), *A educação e a unidade nacional* (1952), *A universidade e a liberdade humana* (1954), *A educação e a crise brasileira* (1956), *Educação não é privilégio* (1957), *Educação no mundo moderno* (1969); LIMA, H. *Anísio Teixeira, estadista da educação* (1978).

ANTÔNIO BEZERRA BALTAR

[Recife, 1915]

Formou-se engenheiro, em 1938, pela Universidade de Recife. Ainda estudante, trabalhou com Luiz Nunes na Diretoria de Arquitetura e Urbanismo, responsável pela integração de Pernambuco ao movimento da arquitetura moderna brasileira. Em 1941, ingressou como professor na Escola de Belas-Artes e colaborou durante quinze anos com o padre Louis-Joseph Lebret, tendo coordenado várias pesquisas e planos diretores. Senador pelo PSB (1958-1962), foi cassado pela ditadura militar em 1964, exilando-se no Chile no ano seguinte. Trabalhou na CEPAL, órgão da ONU, até 1977. Retornou ao Brasil em 1981, reintegrando-se aos quadros da universidade. Aposentou-se por idade em 1983. Foi agraciado com o título de Professor Emérito em 1990.

CARLOS DRUMMOND DE ANDRADE

[Itabira (MG), 1902 — Rio de Janeiro, 1987]

Diplomado em Farmácia, em Ouro Preto (1925), é reconhecido como o mais importante poeta brasileiro do século XX. Pertenceu inicialmente ao chamado "grupo mineiro" do modernismo e sua vasta produção literária contemplou também o conto e a crônica. Oficial de Gabinete de Gustavo Capanema desde 1930, quando este era Secretário e Interventor em Minas Gerais, Drummond transferiu-se para o Rio de Janeiro em 1934 e continuou a desempenhar a mesma função até 1945, na gestão de Capanema como ministro da Educação e Saúde Pública. Teve relevante papel como articulador da vinda de Le Corbusier ao Brasil e da viabilização do projeto de Lucio Costa e equipe para a sede do ministério. Trabalhou no IPHAN (1945-1962), chefiando a Seção de História da Divisão de Estudos e Tombamentos. BIBLIOGRAFIA: ANDRADE, C. D. de. *Alguma poesia* (1930), *Brejo das almas* (1934), *Sentimento do mundo* (1940), *Poesias* (1942), *A rosa do povo* (1945), *Poesia até agora* (1948), *Claro enigma* (1951), *Fazendeiro do ar* (1954), *Poemas* (1959), *Lição de coisas* (1962), *Boitempo & A falta que ama* (1968).

DEMÉTRIO RIBEIRO

[Porto Alegre, 1916]

Formado pela Faculdade de Arquitetura de Montevidéu em 1943, ingressou no quadro da Secretaria de Obras do Estado do Rio Grande do Sul em 1945. Foi fundador e professor do curso de Arquitetura do Instituto de Belas-Artes de Porto Alegre (1945) e, também, da instituição que o sucedeu, a Faculdade de Arquitetura da Universidade Federal do Rio Grande do Sul (1952). Cassado pela ditadura militar em 1964, retornou à UFRGS em 1980, sendo agraciado com o título de Professor Emérito. Presidiu o IAB — Direção Nacional no biênio 1977-1979. É autor de vários planos diretores, premiados em concursos públicos.

EDGAR A. GRAEFF

[Carazinho (RS), 1921 — Brasília, 1990]

Arquiteto diplomado pela FNA (1947), desenvolveu intensa atividade no campo do ensino e da crítica de arquitetura, presente tanto em livros quanto em inúmeros artigos. Foi professor do Instituto de Belas-Artes de Porto Alegre (1948) e da Faculdade de Arquitetura da UFRGS a partir de 1952. Um dos fundadores do curso de arquitetura da Universidade de Brasília (1962), foi cassado pela ditadura militar, em 1964. Em 1969, trabalhou com Oscar Niemeyer no projeto da Universidade de Constantine (Argélia). Em 1973, passou a lecionar no curso de Arquitetura da Universidade Católica de Goiás e, em 1988, foi reintegrado à UnB. BIBLIOGRAFIA: GRAEFF, E. A. *Arquitetura brasileira após Brasília: depoimentos* (1978), *Cidade-utopia* (1979), *Edifício* (1979), *Goiânia* (1985), *Arte e técnica na profissão do arquiteto* (1995).

EDUARDO CORONA

[Porto Alegre, 1921 — São Paulo, 2001]

Arquiteto diplomado em 1946 pela FNA (RJ), trabalhou com Oscar Niemeyer de 1945 a 1949, ano em que se fixou em São Paulo. Lecionou na FAUUSP por mais de 50 anos, de 1949 até seu falecimento.
Ocupou cargos diretivos de diversas instituições da categoria, tendo sido conselheiro do CREA durante doze anos consecutivos. Participou de diversos júris de premiação e projetou vários edifícios importantes, como o Planetário do Ibirapuera (1954) e a FFLCH da USP (1961). Colaborou de modo sistemático em revistas de arquitetura, especialmente a *Acrópole*. BIBLIOGRAFIA: CORONA, E. *Dicionário da arquitetura brasileira* (1972), *Arquitetura moderna paulistana* (1983), *Oscar Niemeyer: uma lição de arquitetura* (2001).

EDUARDO MENDES GUIMARÃES JR.

[Mariana (MG), 1920 — Belo Horizonte, 1968]

Arquiteto diplomado pela Escola de Arquitetura da UFMG, em 1945. Foi presidente do IAB-MG (1949-1952) e redator da revista *Arquitetura & Engenharia* (1952-1959). Atuou como professor da Escola de Arquitetura da UFMG de 1949 a 1954, desligando-se para dirigir o Escritório Técnico encarregado do planejamento da Cidade Universitária, para a qual projetou alguns edifícios, entre eles o da Reitoria. É também autor de inúmeras residências e do estádio do Mineirão.

ENILDA RIBEIRO

[Rio Grande (RS), 1923]

Arquiteta diplomada pelo Instituto de Belas-Artes de Porto Alegre (1950), onde fez o curso de urbanismo (1952). Participou da fundação da revista *Espaço*, primeira publicação de arquitetura no Estado, e da criação da Faculdade de Arquitetura da UFRGS (1952). Ingressou nesta instituição como professora, em 1953, e na Prefeitura Municipal de Porto Alegre, no ano seguinte, das quais foi afastada pela ditadura militar, em 1964. Elaborou vários projetos de arquitetura e planos diretores.

FLÁVIO DE AQUINO

[Florianópolis, 1919 — Rio de Janeiro, 1987]

Diplomou-se arquiteto pela FNA, em 1945. Estudioso de arte brasileira, publicou diversos artigos, ensaios e monografias. Integrou as comissões de seleção do setor brasileiro da II e IV Bienais de São Paulo (1953 e 1957). Colaborou com as revistas *Manchete* e *Módulo* e jornais cariocas por mais de uma década (1947-1958). Foi professor da FNA e da Escola Superior de Desenho Industrial. BIBLIOGRAFIA: AQUINO, F. de. *Três fases do movimento moderno* (1952), *Cândido Portinari* (1965).

FLÁVIO DE CARVALHO

[Barra Mansa (RJ), 1899 — Valinhos (SP), 1973]

Arquiteto e artista plástico, estudou engenharia e arte na Universidade de Durham (Inglaterra). Fixando-se em São Paulo em 1922, iniciou sua carreira como calculista de estruturas. Fez projetos ousados, pioneiros da moderna arquitetura brasileira, como o Palácio do Governo do Estado (1927). Polêmico, divulgou também o ideário moderno em artigos e conferências. Liderou, nos anos 30, grupos de vanguarda, entre eles o Clube dos Artistas Modernos e o Salão de Maio. Nos anos 40 e 50, foi grande agitador do meio artístico, como cenógrafo, escritor, figurinista e escultor, destacando-se como pintor de linguagem expressionista. BIBLIOGRAFIA: DAHER, L. C. *Flávio de Carvalho, arquitetura e expressionismo* (1982); TOLEDO, J. *Flávio de Carvalho, o comedor de emoções* (1994); OSÓRIO, L. C. *Flávio de Carvalho* (2000).

FRANCISCO BOLONHA

[Belém, 1923]

Arquiteto formado em 1945 pela FNA (RJ) realizou, na esfera privada, projetos para variados fins, especialmente residências. Como funcionário público da prefeitura do Rio de Janeiro, colaborou com Affonso Eduardo Reidy nos conjuntos habitacionais de Pedregulho (1947) e da Gávea (1952). Foi autor dos conjuntos habitacionais de Paquetá (1952) e de Vila Isabel (1953), além de inúmeras escolas (1960-1964).

GERALDO FERRAZ

[Campos Novos (SP), 1905 — Santos (SP), 1979]

Escritor, jornalista e crítico de arte, fundou e dirigiu o semanário *Homem Livre* (1933). Com Mário Pedrosa, lançou no Rio de Janeiro o jornal *Vanguarda Socialista*. Participou da organização do Salão de Maio (1937) e de diversos júris de certames artísticos nacionais e internacionais, entre eles a VII e a IX Bienais. Publicou inúmeros artigos e ensaios sobre arquitetura e arte moderna brasileira, especialmente na revista *Habitat*, entre os anos 1951 e 1965. BIBLIOGRAFIA: FERRAZ, G. *Gregori Warchavchik e a introdução da nova arquitetura no Brasil: 1925-1940* (1965).

GREGORI WARCHAVCHIK

[Odessa (Rússia), 1896 — São Paulo, 1972]

Arquiteto diplomado pelo Instituto Superior de Belas-Artes de Roma (1920), veio para o Brasil em 1923, contratado pela Companhia Construtora de Santos. Influenciado pela doutrina de Le Corbusier, que o fez representante dos CIAMs para a América Latina, teve papel fundamental na inserção do ideário do movimento moderno em nosso meio, inicialmente com seu proselitismo (1925) e, mais tarde, com as casas que construiu em São Paulo (1927-1930). Tais realizações fizeram-no professor da ENBA (1931) por indicação de Lucio Costa, com quem, paralelamente, manteve breve sociedade (1931-1932), realizando alguns projetos residenciais importantes. BIBLIOGRAFIA: FERRAZ, G. *Gregori Warchavchik e a introdução da nova arquitetura no Brasil: 1925-1940* (1965); BRUAND, Y. *Arquitetura contemporânea no Brasil* (1981).

GUSTAVO CAPANEMA

[Pitangui (MG), 1900 — Rio de Janeiro, 1985]

Bacharel em Direito pela UFMG (1927), iniciou sua carreira política no Estado natal. Em 1934, assumiu o cargo de ministro da Educação e Saúde Pública do governo Vargas, nele permanecendo até 1945, período em que empreendeu inúmeras iniciativas de vulto. A construção da sede de sua pasta teve decisiva importância na definição dos rumos da moderna arquitetura brasileira, com a anulação do concurso e a atribuição de um novo projeto a Lucio Costa e, especialmente, o patrocínio da vinda de Le Corbusier para participar dos trabalhos. Em 1937, criou o IPHAN, com base nas diretrizes fixadas por Mário de Andrade. Com a redemocratização do país em 1945, foi deputado federal em cinco legislaturas e, também, senador. BIBLIOGRAFIA: SCHWARTZMAN, S. *Tempos de Capanema* (1984); LISSOVSKY, M. *Colunas da Educação* (1996); GOMES, A. C. *Capanema: o ministro e o ministério* (2000).

JOÃO BATISTA VILANOVA ARTIGAS

[Curitiba, 1915 — São Paulo, 1985]

Arquiteto diplomado pela Escola Politécnica da USP (1937), contribuiu decisivamente tanto no campo do ensino quanto com os inúmeros edifícios que idealizou. Professor da Politécnica (1941-1947) e um dos fundadores da FAUUSP, em 1948, empreendeu em 1962 inovações didáticas que mais tarde seriam absorvidas por instituições congêneres e que lhe valeram o prêmio Jean Tschumi da UIA (1972). Paralelamente às reformas, concebeu a nova sede da FAU, instituição que ilustra sua fase mais expressiva, caracterizada pela especulação plástica, espacial e estrutural do concreto armado, contribuindo para a definição de uma linguagem alternativa à consagrada pela "escola carioca". Por intermédio de seu trabalho docente e de seus textos, ressaltou sempre o papel social do arquiteto, mais incisivamente na década de 50, posição que veio reafirmar no exame de professor titular a que foi submetido em 1984, cinco anos depois de reintegrado à universidade, da qual foi afastado compulsoriamente pela ditadura militar em 1969. BIBLIOGRAFIA: ARTIGAS, J.B.V. *Caminhos da arquitetura* (1962), *A função social do arquiteto* (1989); BRUAND, Y. *Arquitetura Contemporânea no Brasil* (1981); FERRAZ, M.C. (org). *Vilanova Artigas* (1994); KAMITA, J.M., *Vilanova Artigas* (2000)

JOAQUIM CARDOZO

[Recife, 1897 — Olinda (PE), 1978]

Engenheiro e poeta, formou-se pela Escola Livre de Engenharia, em Recife, em 1930. Renovou a concepção estrutural do concreto armado e os métodos de cálculo, contribuindo para a evolução da arquitetura brasileira. Entre 1934 e 1937, integrou a equipe chefiada por Luiz Nunes, responsável pelo movimento pioneiro da arquitetura moderna no Estado. Em 1936, tornou-se professor da Faculdade de Engenharia e da Escola de Belas-Artes de Recife, sendo demitido em 1939 pelo Estado Novo. No ano seguinte, transferiu-se para o Rio de Janeiro, quando iniciou uma parceria de mais de 30 anos com Oscar Niemeyer, marcada pelas obras da Pampulha e de Brasília. Foi colaborador do IPHAN e da revista *Módulo*, que ajudou a fundar (1955). BIBLIOGRAFIA: CARDOZO, J. *Poesias completas* (1971); DANTAS, M. P. R. *Joaquim Cardozo: ensaio biográfico* (1985).

JOSÉ LINS DO REGO

[Pilar (PB), 1901 — Rio de Janeiro, 1975]

Formado em Direito em Recife (1922), foi um dos mais importantes escritores brasileiros do modernismo. Morou de 1926 a 1935 em Maceió, convivendo com Graciliano Ramos, Aurélio Buarque de Hollanda, Raquel de

Queirós e Jorge de Lima. Em 1935, fixou-se no Rio de Janeiro. Desenvolveu extensa obra ficcional, na qual traça um panorama da sociedade nordestina e que constitui um libelo contra a opressão a que se achava submetida a maioria de sua população. Em 1955, ingressou na Academia Brasileira de Letras. BIBLIOGRAFIA: REGO, J. L. do. *Menino de engenho* (1932), *Doidinho* (1933), *Bangüê* (1934), *Moleque Ricardo* (1935), *Usina* (1936), *Riacho doce* (1939), *Fogo morto* (1943).

LINA BO BARDI

[Roma (Itália), 1914 — São Paulo, 1992]

Diplomada pela Faculdade de Arquitetura de Roma em 1940, integrou a resistência à ocupação alemã durante a Segunda Guerra Mundial. Trabalhou em Milão com Gio Ponti, tendo dirigido a revista *Domus*. Em 1946, casada com Pietro Maria Bardi, veio para o Brasil, fixando-se em São Paulo no ano seguinte. Sua diversificada atividade, envolvendo teatro, cinema, produção cultural, preservação do patrimônio, edição de revistas, organização de museus, desenho gráfico e de móveis em série, teve a procura de nossas raízes como substrato e assegurou-lhe posição especialíssima no cenário arquitetônico nacional. Projetou a residência do casal Bardi (1949), o MASP (1957) e o Centro de Lazer do SESC (1977). Em Salvador, projetou e dirigiu o Museu de Arte Moderna (1959) e participou do projeto de preservação e renovação urbana de seu centro histórico. BIBLIOGRAFIA: FERRAZ, M. C. (org.). *Lina Bo Bardi* (1993).

LOURIVAL GOMES MACHADO

[Ribeirão Preto (SP), 1917 — Milão (Itália), 1967]

Bacharelou-se em Direito e Ciências Sociais pela USP, em 1938. Crítico de arte, publicou inúmeros artigos em jornais e revistas. Fundador e diretor da revista *Clima* (1941-1944) e do Museu de Arte Moderna (1949-1951), organizou e instalou a I Bienal de São Paulo. Foi professor da USP na FFLCH desde 1939 e na FAU, dirigindo esta unidade no biênio 1961-1962. Em seguida, assumiu o Departamento de Assuntos Culturais da UNESCO, em Paris, até seu falecimento. BIBLIOGRAFIA: MACHADO, L. G. *Retrato da arte moderna no Brasil* (1947), *Teorias do barroco* (1953), *Reconquista de Congonhas* (1960), *Barroco mineiro* (1969).

LUCIO COSTA

[Toulon (França), 1902 — Rio de Janeiro, 1998]

Arquiteto diplomado pela ENBA (1924), teve decisiva importância na definição dos rumos do movimento moderno no Brasil, tanto na conceituação de seus princípios, quanto da viabilização de seus principais projetos. Identificado inicialmente com o ecletismo e o neocolonial, a leitura atenta da obra de Le Corbusier permitiu-lhe, como diretor, empreender uma reforma significativa no ensino da escola em que se formou (1931-1932). Nessa década, duas obras decisivas são realizadas sob sua liderança: o edifício do MESP e o do Pavilhão da Feira de Nova York, enquanto na década de 40 obras como o Parque Hotel (1944) e o Parque Guinle (1948) tratam de incorporar ao repertório do período anterior elementos de nosso passado arquitetônico considerados válidos. Alcança na década seguinte sua consagração profissional com o plano de Brasília. Este olhar atento para o passado levou-o a colaborar com o IPHAN desde sua fundação, pelo período de trinta anos, onde empreendeu relevante trabalho. BIBLIOGRAFIA: COSTA, L. *Registro de uma vivência* (1995); XAVIER, A. (org). *Lucio Costa: sobre arquitetura* (1962); BRUAND, Y. Arquitetura Contemporânea no Brasil (1981); WISNIK, G. *Lucio Costa* (2001).

LUÍS SAIA

[São Carlos (SP), 1911 — São Paulo, 1975]

Arquiteto diplomado em 1948 pela Escola Politécnica da USP, foi um dos maiores batalhadores pela preservação da memória nacional. Chefiou, em 1937, missão de pesquisa folclórica ao Norte e Nordeste do País. Nesse mesmo ano, colaborou com Mário de Andrade no anteprojeto da criação do IPHAN, órgão a que se vinculou desde sua fundação, e o qual dirigiu desde 1946 até seu falecimento. Nele desenvolveu relevante trabalho de identificação e preservação da arquitetura colonial, principalmente do ciclo bandeirista, universo que abordou em inúmeros artigos, publicados em jornais e revistas, em especial na *Acrópole*. Participou da fundação do MAM-SP (1948) e da organização da I Bienal de São Paulo (1951). Também estudioso de problemas urbanos, dedicou-se, a partir de 1950, à elaboração de planos diretores. BIBLIOGRAFIA: SAIA, L. *Morada Paulista* (1972).

LUIZ NUNES

[Belo Horizonte, 1908 — Idem 1937]

Formou-se arquiteto em 1931, pela ENBA. Quando estudante, liderou a greve de apoio à reforma de Lucio Costa, então diretor. Contratado pelo governo do Estado de Pernambuco em 1934, elaborou mais de setenta projetos para prédios das áreas de saúde, educação e abastecimento no curto período de dois anos, marcado por crises políticas e interrompido por sua morte precoce. Constituíram-se nos primeiros registros de arquitetura moderna em Pernambuco, identificada com o ideário de Le Corbusier, mas atenta às peculiaridades do meio. BIBLIOGRAFIA: BRUAND, Y. *Arquitetura contemporânea no Brasil* (1981); ALBUQUERQUE E MELO, A. A. de. *Revolução na arquitetura: Recife, década de trinta* (2001).

MÁRIO DE ANDRADE

[São Paulo, 1893 — idem, 1945]

Autodidata, desempenhou por mais de duas décadas papel decisivo na polêmica batalha pela definição e afirmação do movimento modernista, com seus novos postulados para a criação artística brasileira. Poeta, historiador, crítico e ensaísta, envolveu-se com o estudo da música, das artes plásticas e do folclore, numa produção sem fronteiras. Visitou as cidades históricas, participou da Semana de 22, fundou a revista *Klaxon* (1922), colaborou com o *Diário Nacional*, realizou o primeiro inventário dos monumentos do Estado de São Paulo (1936), redigiu o anteprojeto de criação do IPHAN (1937), dirigiu o Departamento de Cultura da prefeitura de São Paulo (1934-1937) e lecionou na Universidade do Distrito Federal (RJ, 1938-1940). Deixou uma extensa obra escrita, contemplando poesia, ficção, crítica e ensaio, além da correspondência trocada com Augusto Meyer, Manuel Bandeira e Rodrigo M.F. de Andrade. BIBLIOGRAFIA: ANDRADE, M. *Macunaíma* (1928), *Aspectos da literatura brasileira* (1943), *Poesias completas* (1955); *Aspectos das artes plásticas no Brasil* (1965); *O movimento modernista* (1968); *Cartas de trabalho* (1981); LOPEZ, T.P.A. *Táxi e crônicas no Diário Nacional* (1976).

MÁRIO BARATA

[Rio de Janeiro, 1921]

Graduou-se em Letras e História da Arte pela Sorbonne e em Ciências Políticas pela Universidade de Paris (1948). Foi professor da ENBA entre 1954 e 1969, quando foi cassado pela ditadura militar. Anistiado em 1980, retomou suas atividades docentes na mesma escola, sendo depois transferido para o Instituto de Filosofia e Ciências Sociais da UFRJ até aposentar-se, em 1990. Como crítico de arte, produziu inúmeros ensaios e estudos em jornais, revistas e capítulos de livros. Integrou júris de diversas bienais nacionais e internacionais. Organizou em 1949 a Seção Nacional da Associação Internacional de Críticos de Arte e foi conservador de museus do IPHAN. BIBLIOGRAFIA: BARATA, M. *Panorama da Arte Moderna no Brasil* (1953), *Azulejos no Brasil* (1955), *Igreja da Ordem 3.ª da Penitenciária do Rio de Janeiro* (1975).

MÁRIO PEDROSA

[Timbaúba (PE), 1900 — Rio de Janeiro, 1981]

Crítico de arte de projeção internacional. Militante político, aderiu ao Partido Comunista em 1925, sendo expulso quatro anos depois por simpatizar com o movimento trotskista. Com o golpe do Estado Novo exilou-se em Paris e Nova York (1937-1945). Como crítico, estreou em 1933, atuando regularmente de 1946 a 1957 e esporadicamente até 1968, em diversos jornais cariocas. Publicou inúmeros ensaios sobre arte e artistas brasileiros e sobre os movimentos de arte concreta e neoconcreta no Brasil. Foi diretor artístico do MAM-SP (1961-1962), tendo trabalhado na organização da II e VI Bienais de SP (1953 e 1961) e realizado o Congresso Internacional de Críticos de Arte (Brasília, 1959). Após o golpe militar de 1964, fixou-se no Chile (1970-1973) e em Paris (1973-1977). Regressando ao Brasil, participa da fundação do Partido dos Trabalhadores, do qual foi um dos ideólogos (1979-80). BIBLIOGRAFIA: PEDROSA, M. *Dimensões da arte* (1964); AMARAL, A. (org) *Mundo, homem, arte em crise* (1975), *Dos murais de Portinari aos espaços de Brasília* (1981); ARANTES, O. *Mário Pedrosa: textos escolhidos* (1995-2000: 4 volumes)

MÁRIO DA SILVA BRITO

[Dois Córregos (SP), 1916]

Bacharelou-se em Direito pela USP (1943). Além de poeta, ensaísta e romancista, exerceu a crítica literária e de arte em diversos jornais, iniciada ainda na universidade. Destacou-se como estudioso do movimento modernista no Brasil, tendo publicado inúmeros trabalhos sobre seus principais protagonistas. Ocupou o departamento editorial de várias editoras. Foi presidente da Câmara Brasileira do Livro e organizador do Congresso Internacional de Escritores, realizado em São Paulo (1954). BIBLIOGRAFIA: BRITO, M. da S. *História do modernismo brasileiro: antecedentes da Semana de Arte Moderna* (1958).

MIRAN DE BARROS LATIF

[São Simão (SP), 1902 — Petrópolis (RJ), 1968]

Engenheiro formado pela Escola Politécnica da UFRJ (1925), iniciou sua carreira dedicando-se à prospecção e à mineração. Ligando-se, mais tarde, a questões de arquitetura e urbanismo, dedicou-se ao estudo das relações entre clima e edificação. Manteve constante preocupação e vigilância sobre nosso patrimônio e nossa paisagem. Foi conselheiro do IPHAN e colaborador do *Diário Carioca* e da revista *Arquitetura*. BIBLIOGRAFIA: LATIF, M. *As Minas Gerais* (1938), *Uma cidade nos trópicos* (1948), *O homem e o trópico* (1958), *A comédia carioca* (1962).

NELSON SOUZA
[Gravataí (RS), 1925]
Diplomou-se em arquitetura pelo Instituto de Belas-Artes de Porto Alegre (1951). Lecionou na Faculdade de Arquitetura da UFRGS de 1953 até 1964, quando foi cassado pela ditadura militar. Entre seus projetos, destacam-se o plano para a Cidade Universitária da UFRGS (1957), elaborado em equipe, o Aeroporto Salgado Filho (1950) e o Hospital Mãe de Deus (1965). Fundou e dirigiu a revista *Espaço-Arquitetura*, publicada durante o ano de 1958.

NELSON WERNECK SODRÉ
[Rio de Janeiro, 1911 — Itu (SP), 1999]
Militar, historiador e crítico, foi um dos mais fecundos intelectuais brasileiros. Teve cerca de quarenta livros editados, que abordaram, sob a ótica do materialismo histórico, questões relacionadas à história, à sociologia e à literatura brasileiras. Participou da fundação do ISEB (1956-1964), organização que por uma década exerceu significativa influência sobre todo o sistema político brasileiro por sua visão "nacional-desenvolvimentista". Colaborador da revista *Módulo*, foi cassado pela ditadura militar em 1964. BIBLIOGRAFIA: SODRÉ, N.W. *História da literatura brasileira* (1938), *O que se deve ler para conhecer o Brasil* (1945), *Introdução à revolução brasileira* (1958), *Formação histórica do Brasil* (1962), *História da burguesia brasileira* (1964), *Síntese da história da cultura brasileira* (1970), *Oscar Niemeyer* (1978), *A farsa do neoliberalismo* (1995).

OSCAR NIEMEYER
[Rio de Janeiro, 1907]
Formou-se em arquitetura pela ENBA em 1934. Nome mais proeminente da arquitetura brasileira, sua produção de quase setenta anos é fortemente marcada pelo modo original como explora plasticamente o concreto armado. Já na sua primeira década de atividade, realizou as três obras que o consagrariam definitivamente no cenário internacional: a sede do MESP (1936, em equipe), o Pavilhão do Brasil na Feira de Nova York (1939, em parceria com Lucio Costa) e o complexo da Pampulha (1942, individual). Novo reconhecimento ocorreu no fim da década de 50 com Brasília, quando concebeu os palácios e os edifícios de maior relevância da capital. Três anos após o golpe militar de 1964 exilou-se em Paris, realizando trabalhos na Europa, Ásia e África. De volta ao Brasil produziu obras significativas, como o Memorial da América Latina (São Paulo,1987) e o MAC (Niterói, 1991). Em 1955 fundou e dirigiu a revista *Módulo*, suspensa pela ditadura militar em 1965 e que só voltou a circular dez anos depois. Sua obra foi objeto de inúmeras publicações, especialmente no exterior. BIBLIOGRAFIA: NIEMEYER, O. *Minha experiência em Brasília* (1961), *A forma na arquitetura* (1978), *Meu sósia e eu* (1992), *Lições de arquitetura* (1993), *As curvas do tempo* (1998); PAPADAKI, S. *The work of Oscar Niemeyer* (1954), *Work in Progress* (1956); SPADE, R. *Oscar Niemeyer* (1971); SODRÉ, N.W. *Oscar Niemeyer* (1978); BRUAND, Y. *Arquitetura Contemporânea no Brasil* (1981); PUPPI, L. *A arquitetura de Oscar Niemeyer* (1988); PETIT, J. *Niemeyer, poeta da forma* (1995); BOTEY, J.M. *Oscar Niemeyer* (1997); CORONA, E. *Oscar Niemeyer, uma lição de arquitetura* (2001); UNDERWOOD, D. *Oscar Niemeyer e o modernismo de formas livres no Brasil* (2002).

PAULO F. SANTOS
[Rio de Janeiro, 1904 — idem, 1988]
Arquiteto formado na ENBA em 1925, foi professor da Escola Técnica do Exército (1934-1954) e fundador da FNA, onde lecionou de 1946 a 1969, tendo coordenado a reformulação de seu ensino durante as décadas de 60 e 70. Pioneiro na organização de pesquisas e metodologias da disciplina de Arquitetura no Brasil, voltou-se especialmente para o período colonial, sobre o qual publicou considerável número de trabalhos. Foi, ainda, membro do Conselho Consultivo do IPHAN (1955-1980). BIBLIOGRAFIA: SANTOS, P. F. *A arquitetura religiosa em Ouro Preto* (1951), *O barroco e o jesuítico na arquitetura do Brasil* (1951), *Contribuição ao estudo da arquitetura da Companhia de Jesus em Portugal e no Brasil* (1963), *Formação de cidades no Brasil colonial* (1963) e *Quatro séculos de arquitetura* (1965).

PIETRO MARIA BARDI
[La Spezia (Itália), 1900 — São Paulo, 1999]
Museólogo, crítico e historiador de arte, naturalizou-se

brasileiro em 1946. Viveu em Milão entre 1920 e 1930, onde fundou e dirigiu galerias de arte e escreveu em jornais e revistas, assumindo importante papel na defesa do movimento moderno da arquitetura e das artes figurativas. Convidado por Assis Chateaubriand, organizou o Museu de Arte de São Paulo, inaugurado em 1947, dele tornando-se Diretor Técnico, cargo que exerceu até 1990. Como crítico e historiador, publicou inúmeros livros e colaborou sistematicamente com jornais e revistas nacionais e estrangeiros. BIBLIOGRAFIA: BARDI, P. M. *The Tropical Gardens of Burle Marx* (1964), *História da arte brasileira* (1975), *O modernismo no Brasil* (1978), *Lembrança de Le Corbusier: Atenas, Itália, Brasil* (1984), *Engenharia e arquitetura na construção* (1985); TENTORI, F. *P. M. Bardi* (2000).

QUIRINO CAMPOFIORITO

[Belém, 1902 — Niterói (RJ), 1993]

Desenhista, gravador, professor e crítico de arte, diplomou-se em pintura pela ENBA em 1929. Graças ao Prêmio de Viagem instituído por essa escola, residiu em Paris e Roma entre 1930 e 1934. Ingressou como professor na ENBA em 1938, onde lecionou até ser cassado por força do AI-5 em 1969. Atuou diariamente, de 1944 a 1974, como crítico de arte e, por mais dez anos, esporadicamente, em diferentes órgãos de imprensa. Participou ativamente da criação de associações, institutos e exposições internacionais.

RINO LEVI

[São Paulo, 1901 — Lençóis (BA), 1965]

Arquiteto formado pela Escola Superior de Arquitetura de Roma em 1926, ano em que retornou ao Brasil. Um dos principais nomes da arquitetura brasileira, realizou inúmeros projetos de marcada importância para distintas finalidades, como residências, garagens, hospitais, indústrias, cinemas, teatros etc. Caracterizados pelo rigor funcional e técnico-construtivo e por um contido tratamento plástico, seus projetos eram valorizados pela incorporação de obras de arte e de elementos paisagísticos. Receberam grande divulgação em livros e revistas, especialmente estrangeiros. No caso particular de hospitais, venceu inúmeros concursos e realizou cerca de uma dezena de projetos para o governo da Venezuela, em 1959. Foi professor da FAUUSP por breve período (1954-1959). BIBLIOGRAFIA: REIS FILHO, N. G. (org.). *Rino Levi* (1974); BRUAND, Y. *Arquitetura contemporânea no Brasil* (1981); AGNELLI, R. (org.). *Rino Levi* (2001).

ROBERTO BURLE MARX

[São Paulo, 1909 — Rio de Janeiro, 1994]

Ingressou no curso de pintura da ENBA em 1930, não chegando a concluí-lo. Seus primeiros contatos com a atividade que viria proporcionar-lhe reconhecimento internacional deram-se na Diretoria de Parques e Jardins de Pernambuco (1934-1937). Retornando ao Rio de Janeiro, iniciou sua prática paisagística e desde então colaborou com os principais arquitetos brasileiros, envolvendo-se com projetos de variada escala e significativa importância, desde jardins particulares até praças e parques, tendo também realizando obras no exterior (Caracas, Paris, Viena, Buenos Aires). Essas intervenções configuraram uma nova linguagem, tendo por princípio ressaltar os valores plásticos de nossa flora, em consonância com as possibilidades ambientais, fugindo da cópia servil dos modelos europeus, tão em voga na época. BIBLIOGRAFIA: MARX, R.B. *Arte e paisagem* (1987); BARDI, P.M. *The tropical gardens of Burle Marx* (1964); MOTTA, F.L. *Roberto Burle Marx e a nova visão da paisagem* (1983); SIQUEIRA, V. B. *Burle Marx* (2001).

RODRIGO M. F. DE ANDRADE

[Belo Horizonte, 1898 — Rio de Janeiro, 1969]

Bacharel em Direito pela UFRJ, atuou como escritor, crítico e historiador de arte. Foi o principal responsável pela indicação de Lucio Costa para a direção da ENBA, em 1930, quando ocupava o cargo de Chefe de Gabinete de Francisco Campos, ministro da Educação e Saúde Pública. Organizou e dirigiu, durante trinta anos, o IPHAN, fundado em 1937. No empenho pela defesa do patrimônio brasileiro, arregimentou técnicos e intelectuais de diversas regiões do país, formando exemplar corpo de colaboradores. Elaborou legislação pioneira na América Latina, baseada em anteprojeto de Mário de Andrade, impulsionando os trabalhos de preservação de bens culturais, tanto de edifícios quanto de cidades históricas. Foi responsável pela criação de museus como os de Ouro Preto e das Missões e pela publicação da revista do IPHAN, voltada para o estudo da arte e da arquitetura de nosso passado, especialmente do período colonial. BIBLIOGRAFIA: ANDRADE, R. M. F. de. *Rodrigo e seus tempos* (1986); COSTA, L. *A lição de Rodrigo* (1969); ANDRADE, M. de. *Cartas de trabalho* (1981); MARINHO, T. *Rodrigo e o SPHAN* (1986).

SYLVIO DE VASCONCELLOS

[Belo Horizonte, 1916 — Washington, 1979]

Formou-se arquiteto em 1944 pela Escola de Arquitetura da UFMG, onde foi professor (1948-1969) e diretor (1963-1964). Dedicou particular atenção à arquitetura colonial mineira por meio do ensino acadêmico, do seu estudo sistematizado (que gerou inúmeras publicações) e do seu levantamento e preservação, empreendidos ao longo dos trinta anos (1939-1969) em que esteve à frente do 3º Distrito do IPHAN (MG-GO). Foi bolsista da Fundação Calouste Gulbenkian, em Portugal (1965), professor da Universidade do Chile (1966) e da Universidade de Brasília (1968), consultor da DESAL, no Chile, técnico do Serviço Francês de Planejamento Territorial e consultor da OEA (Washington) para arquitetura e restauração, até seu falecimento. BIBLIOGRAFIA: VASCONCELLOS, S. *Arquitetura no Brasil: sistemas construtivos* (1951), *Vila Rica: formação e desenvolvimento* (1956), *Pintura mineira e outros temas* (1959), *Vocabulário arquitetônico* (1961), *Arquitetura: dois estudos* (1968), *Vida e obra de Antônio Francisco Lisboa, o Aleijadinho* (1979).

AUTORES ESTRANGEIROS

BRUNO ZEVI

[Roma, 1918 — idem, 2000]

Diplomou-se em arquitetura em 1941, na Universidade de Harvard, dirigida na época por Walter Gropius. Historiador e crítico de destaque, foi fortemente influenciado pela arquitetura orgânica e pela obra de Frank Lloyd Wright. Quando de seu retorno à Itália, em 1943, centrado no propósito de contrapor essa tendência ao rígido racionalismo do entreguerras, fundou o grupo APAO, Associação pela Arquitetura Orgânica. Publicou as revistas *Metron* e *L'Architettura, Cronache e Storia* (1955) e colaborou com o semanário *L'Espresso*. Professor durante trinta anos nas universidades de Veneza e Roma, é autor de um número considerável de livros, de grande influência na cultura arquitetônica. Dirigiu o Instituto Nacional de Urbanística e o Instituto Nacional de Arquitetura, fundados na década de 50. BIBLIOGRAFIA: ZEVI, B. *Verso un'architettura organica* (1945), *Frank Lloyd Wright* (1947), *Saber ver a arquitetura* (1948), *História da arquitetura moderna* (1950), *Arquitetura e historiografia* (1951), *Poetica de la arquitectura neoplastica* (1953), *Arquitetura in Nuce* (1960), *A linguagem moderna da arquitetura* (1973).

ERNESTO N. ROGERS

[Trieste (Itália), 1909 — Gardone (Itália), 1969]

Arquiteto diplomado em 1932 pela Politécnica de Milão, foi professor dessa escola por uma década (1952-1962). Conquistou sólida reputação mediante o exercício da profissão (estúdio BBPR — Banfi, Belgiojoso, Peressutti e Rogers) e de seu trabalho crítico, desenvolvido nas revistas *Quadrante* (1933-1936), *Domus* (1946-1947) e, especialmente, *Casabella-Continuità* (1953-1964). Nesta, assumiu papel de destaque no processo de revisão da ideologia racionalista, propondo uma arquitetura pensada em estreito diálogo com a cidade, carregada de significado histórico. Esteve no Brasil em 1953, participando do Júri de Premiação da II Bienal de São Paulo. BIBLIOGRAFIA: ROGERS, E. N. *Esperienza dell'architettura* (1958), *El corazón de la ciudad* (1960), *Editoriali di architettura* (1968), *Gli elementi del fenomeno architettonico* (1981).

GIULIO CARLO ARGAN

[Turim (Itália), 1909 — Roma, 1992]

Diplomado em Letras pela Universidade de Turim (1930), onde foi aluno do crítico e historiador de arte Lionello Venturi, cedo se destacou com estudos sobre a arte medieval e renascentista, tornando-se um dos críticos e historiadores de arte de maior renome internacional. Publicou numerosas monografias e coletâneas de ensaios, contemplando pintura, escultura e arquitetura, especialmente do barroco e da idade contemporânea. Seu livro *Storia dell'arte italiana*, editado em 1968 e atualizado em 1988, foi por várias décadas adotado em todas as escolas superiores italianas. Membro das mais importantes e prestigiadas academias científicas, foi também professor na Universidade de Palermo (1956-1959) e na Universidade La Sapienza de Roma (1959-1970), onde sucedeu a Lionello Venturi. Figura-chave da cultura e da sociedade italianas, elegeu-se prefeito de Roma em 1976 e senador em 1983, pelo Partido Comunista. BIBLIOGRAFIA: ARGAN, G. C. *Walter Gropius e a Bauhaus* (1951), *Borromini* (1952), *Fra'Angelico* (1954), *Brunelleschi* (1955), *La arquitectura barroca en Italia* (1957), *Botticelli* (1957), *Salvación y caída del arte moderno* (1964), *Progetto e destino* (1965), *Storia dell'arte italiana* (1968), *Guida alla storia dell'arte* (1974), *Occasioni di critica* (1981), *História da arte como história da cidade* (1983), *Arte e crítica de arte* (1984), *Classico anticlassico* (1984), *Retorica e persuasione* (1986), *Arte Moderna* (1988), *Michelangelo architetto* (1990).

MAX BILL

[Winterhur (Suíça), 1908 — Berlim (Alemanha), 1994]

Arquiteto diplomado pela Bauhaus (Dassau, Alemanha) em 1932, foi designer, matemático, pintor e escultor. Fundou e dirigiu a Escola Superior de Gestalt de Ulm (1951-1956), prosseguindo sua atividade docente na Escola Superior de Belas-Artes de Hamburgo (1967-1974). Foi dirigente do CIAM e autor de publicações nas quais abordou as relações entre arquitetura, pintura e escultura. Na I Bienal de São Paulo (1951), conquistou o Premio Internacional de Escultura e, na II Bienal (1953), participou do Júri de Premiação de Artes Plásticas. Convidado pelo Itamaraty, esteve no Brasil em junho desse ano, realizando conferências nas quais criticou severamente a arquitetura brasileira. BIBLIOGRAFIA: BILL, M. *Quinze variações sobre o mesmo tema* (1938), *Le Corbusier e Pierre Jeanneret (Oeuvre Complète, 1934-1938)*, *Moderna arquitetura suíça* (1942), *Robert Maillart* (1949), *Form* (1952), *Mies van der Rohe* (1955).

SIEGFRIED GIEDION

[Lengnau (Suíça),1893 — Zurique (Suíça), 1968]

Diplomou-se em engenharia mecânica em Viena (1913) e obteve o doutorado em filosofia pela Universidade de Munique (1922), como aluno de Heinrich Wölfflin. Em 1923, estabeleceu contato com integrantes da Bauhaus e, em 1925, com Le Corbusier. Desde então, participou da batalha de divulgação do ideário da arquitetura moderna, intensificada a partir de 1928 com a fundação do CIAM, do qual foi o primeiro e único secretário até a dissolução do órgão, em 1956. A convite de Walter Gropius, em 1938 passou a lecionar e desenvolver pesquisas na Universidade de Harvard, determinantes em sua obra teórica. A partir de 1946, tornou-se professor da Escola Técnica Superior de Zurique. Em 1951, presidiu o Júri de Premiação de Arquitetura da I Bienal de São Paulo. BIBLIOGRAFIA: GIEDION, S. *Espaço, tempo e arquitetura* (1941), *La mecanización toma el mando* (1948), *Dix ans d'architecture contemporaine* (1951), *Walter Gropius: el hombre y la obra* (1954), *Arquitetura e comunidade* (1955), *El presente eterno: los comienzos del arte* (1961).

WALTER GROPIUS

[Berlim, 1883 — Boston, 1969]

Diplomado pela Escola Técnica de Munique (1907), foi um dos mais importantes arquitetos do século XX, notável também por sua atividade pedagógica. Já no início dos anos 10, destaca-se pelo emprego audaz de materiais modernos, como aço e vidro, nas fábricas para Alfeld e Colônia. Foi fundador e diretor da Bauhaus (1919-1928), escola de arquitetura e desenho de vanguarda, para a qual projetou as instalações quando foi transferida, em 1925, de Weimar para Dassau. Ante o avanço do nazismo exilou-se, em 1934, na Inglaterra, mudando-se três anos depois para os EUA, onde tornou-se professor e diretor da escola de arquitetura de Harvard. Associado a vários arquitetos jovens fundou, em 1945, o TAC, The Architects Collaborative, com o qual realizou, entre outros, os projetos do Centro de Graduação de Harvard (1950) e do edifício da Pan Am, em Nova York (1960). Esteve no Brasil para receber o Grande Prêmio da II Bienal de São Paulo (1953), e participou do IV Congresso Brasileiro de Arquitetos, realizado simultaneamente. BIBLIOGRAFIA: GROPIUS, W. *Arquitetura internacional* (1925), *La nueva arquitectura y la Bauhaus* (1935), *Alcances de la arquitectura integral* (1955), *Arquitetura y planeamiento* (1958); ARGAN, G. C. *Walter Gropius e a Bauhaus* (1951); GIEDION, S. *Gropius, el hombre e la obra* (1954).

O ORGANIZADOR

Alberto Xavier é arquiteto e professor dos cursos de arquitetura da Universidade São Judas Tadeu e da Faculdade de Belas-Artes de São Paulo. É autor de *Arquitetura moderna em Curitiba* (1985); co-autor de *Arquitetura moderna paulistana* (1983), *Arquitetura moderna em Porto Alegre* (1987), *Arquitetura moderna no Rio de Janeiro* (1991); organizador de *Lucio Costa: sobre arquitetura* (1962) e *Depoimento de uma Geração* (1987).

Índice remissivo

Créditos das ilustrações

AFFONSO EDUARDO REIDY, CARLOS LEÃO, ERNANI VASCONCELLOS, JORGE MACHADO MOREIRA, LUCIO COSTA E OSCAR NIEMEYER
MINISTÉRIO DA EDUCAÇÃO E SAÚDE PÚBLICA Rio de Janeiro, 1936, foto: Marcel Gautherot. Acervo Instituto Moreira Salles.

OSCAR NIEMEYER
IATE CLUBE DA PAMPULHA Belo Horizonte, 1942. Foto: Marcel Gautherot. Acervo Instituto Moreira Salles.

AFFONSO EDUARDO REIDY
MUSEU DE ARTE MODERNA Rio de Janeiro, 1953 [paisagismo de Roberto Burle Marx]. Foto: Marcel Gautherot. Acervo Instituto Moreira Salles.

OSCAR NIEMEYER
CONGRESSO NACIONAL, Brasília, 1958. Foto: Marcel Gautherot. Acervo Instituto Moreira Salles.

GREGORI WARCHAVCHIK
RESIDÊNCIA LUIZ DA SILVA PRADO Rua Bahia, São Paulo, 1930. Acervo SBI / FAUUSP.

LINA BO BARDI
MUSEU DE ARTE DE SÃO PAULO ASSIS CHATEAUBRIAND [MASP], 1957. Foto: Luiz Hossaka. Arquivo da Biblioteca do Museu de Arte de São Paulo Assis Chateaubriand.

VILANOVA ARTIGAS
FACULDADE DE ARQUITETURA E URBANISMO DA USP [FAUUSP] Cidade Universitária, 1961. Acervo SBI / FAUUSP.

Foto da capa René Burri, *Rio de Janeiro*, 1960
[Ministério da Educação e Saúde Pública]

Coordenação editorial Cristina Fino
Projeto gráfico Elaine Ramos
Assistente de pesquisa João Leal Junqueira Vieira
Preparação Eugênio Vinci de Moraes e José Tatit
Revisão Ismar Leal
Tradução do capítulo "Olhar estrangeiro" Antonio Xavier
[exceto "Arquitetura moderna no Brasil": Ana Luiza Nobre]
Revisão da tradução Eneida de Almeida (italiano) e Alberto Xavier (inglês)

Catalogação na Fonte do Departamento Nacional do Livro
[Fundação Biblioteca Nacional]

Xavier, Alberto (org.) [1936-]
Alberto Xavier (org.): Depoimento de uma geração —
arquitetura moderna brasileira
[edição revista e ampliada]
São Paulo: Cosac & Naify, 2003
408 p., 7 ilust.

ISBN 85-7503-159-7 CDD 720-09

1. Arquitetura 2. História da arquitetura moderna no Brasil
3. Alberto Xavier (org.)

COSAC & NAIFY
Rua General Jardim, 770, 2° andar
01223-010 — São Paulo — SP
Tel: (55 11) 3218-1444
Fax: (55 11) 3257-8164
info@cosacnaify.com.br
www.cosacnaify.com.br

Atendimento ao professor: [55 11] 3218-1466